S. FISCHER

W0040309

PEGGY PATZSCHKE

DAS
Muschel
PRINZIP

Eine außergewöhnliche
Reise zu den
Schätzen in dir

❈ | FISCHER

Für Frieda, meine Familie, Freunde SSW
und jeden, der sich auf den Weg macht
Mit Perlengrüßen an Célia von Barchewitz

Originalausgabe

Erschienen bei FISCHER Taschenbuch
Frankfurt am Main, März 2018

© 2018 S. Fischer Verlag GmbH,
Hedderichstr. 114, D-60596 Frankfurt am Main

Satz: Dörlemann Satz, Lemförde
Druck und Bindung: CPI books GmbH, Leck
Printed in Germany
ISBN 978-3-596-70114-8

»Sei so

glücklich,

wie du nur kannst.
Time is honey.«

INHALT

TEIL III: *Endlich wieder Rückenwind*
Glück für Fortgeschrittene
375

Danke
413

Einladung
415

MEINEN KAFFEE TRINKE ICH GERN
STARK UND SCHWARZ

Das Leben aber hätte ich manchmal lieber mit einem ordentlichen Schwapp Milch. Geht nur nicht immer. Manchmal verlaufen die Dinge nicht nach Plan. Zumindest nicht nach unserem.

Als ich damals dort auf meinem Wohnzimmerteppich lag und aus dem Fenster starrte, hatte ich keine Ahnung davon, welches Abenteuer in Kürze vor mir liegen würde. An diesem Abend konnte ich mir so gut wie gar nichts mehr vorstellen. Vor allem nicht, wie jemals wieder Spaß in mein Leben kommen sollte. Der Action-Faktor meines Alltags ähnelte mittlerweile dem eines biederen Bausparers, obwohl ich von außen betrachtet nicht meckern konnte. Ich hatte eine warme Wohnung, einen Traumjob in den Medien, ein gesundes Kind und genügend Geld in der Tasche. Jedenfalls so viel, dass ich uns jederzeit ein leckeres Menü vom Japaner um die Ecke holen konnte, ein neues Autorennspiel für Junior oder diese tolle Schlafzimmerlampe für mich selbst.

Trotzdem wollte mir damals kein Licht aufgehen.

Ich lag dort seit Stunden und beobachtete die Welt hinter der Scheibe, als wäre ich nicht mehr Teil von ihr. Ich erwartete meinen vierundvierzigsten Geburtstag. Allerdings ohne den geringsten Appetit auf das, was vor mir lag. Plötzlich schmeckte mein Leben schal. Gerade noch kräftig Gas gegeben und jetzt die Vollbremsung. Irgendeine entscheidende Glückszutat musste ich unterwegs verloren haben. Vielleicht brauchte ich auch nur ein Update? Irgendeine neue Software, um mein gewohntes Power-Programm am Laufen zu halten? Keine Ahnung. Dabei besaß ich die Lösung schon damals. Hatte mir mal ein schlauer Kollege aus der IT-Abteilung verraten, als er meinen Computer reparierte:

»Der Fehler, meine Liebe, sitzt meistens vor dem Gerät. Kaum macht man es richtig, schon geht's.«

Guter Rat. Nur leider hatte ich ihn zu dem Zeitpunkt vergessen, und so sollte es noch eine Weile dauern, bis ich mich der Realität der nahenden Lebensmitte stellte, und die hieß in meinem Fall: »Willkommen in Pubertät Nummer zwei.« Leider sollte ich sie genau parallel zur ersten meines Kindes durchleben – Sorry, Großer –, aber Gott sei Dank hatte ich sie. Heute schicke ich Dankgebete gen Himmel, denn ohne die dann folgenden Begegnungen und diesen entscheidenden Spaziergang am Meer hätte ich vielleicht nie mehr hinter den Horizont meines Lebens geschaut. Meine Fundstücke auf dieser Reise zu neuen Ufern teile ich gern mit Ihnen.

Aber lassen Sie uns am besten von vorn beginnen: Am Tag nach meiner Wohnzimmerteppich-Depression hatte ich mich wieder ein wenig eingekriegt. Es war ein normaler Start. So wie immer in letzter Zeit. Sie wissen schon, keine Morgenstunden, die an einen weichen Pfirsich erinnern – samtig, saftig und süß – mit dieser haltlosen Lust auf mehr! Jener Morgen war bloß der Anfang eines weiteren Tages, an dem nichts Außergewöhnliches zu erwarten war. Ja, wenn ich die Augen schließe, ist alles wieder da ...

TEIL I

Plötzlich im Nebel

Meine Schussfahrt
in Pubertät
Nummer zwei

»Hilfe, wo sind meine Ziele hin?«

Mein Blick wandert vom Kaffeebecher hinüber zum Kühl-schrankmagneten.

»Das Leben ist schön«, steht dort. Ja, denke ich, und die Erde eine Scheibe. Kurz nach halb sieben. Ich muss mich beeilen. Kind abfertigen und dann ins Büro. Ich flitze ins Bad. Beim Kämmen betrachte ich mich im Spiegel. Im Kopfstand würden meine Mundwinkel richtig fröhlich aussehen. Wenn bloß nicht das Ziehen in der Magengegend wäre.

»Mama, mir geht's heute nicht gut. Ich kann nicht in die Schule!«, kräht es aus dem Zimmer nebenan. Das ist es. Das Signal. Junior ist wach, und für mich beginnt die erste Schicht.

Dem Jungen gut zureden, Schlappen an, runter zur Bäcker-schlange, dann den Frühstückstisch decken, Jungen ermah-nen, ihn drängeln, endlich das Bett zu verlassen, ihm helfen, im Schrankdschungel das neue Lieblingsshirt ausfindig zu ma-chen, seine Socken vom Vortag aus dem Weg schubsen, Kaffee anstellen, mich selbst zurechtmachen, Jungen weiter antreiben, ihn ermutigen, wenigstens etwas zu essen, selbst einen Bissen verschlingen, Jungen aus der Tür schieben, schnell das dreckige Geschirr in den Spüler, Junge kommt noch mal zurück, sucht Schlüssel und Füller, Belehrungen runterschlucken, erneut beim Suchen helfen, nervös werden, weil es der Junge nun nicht mehr pünktlich zur ersten Stunde schafft, Füller gefunden, Jungen erneut aus der Tür schieben, Pausenbrot hinterherreichen, die eigene Tasche packen, Junge tobt draußen im Hausflur, weil er nun auch gemerkt hat, dass er spät dran ist, Junge donnert mit Faust gegen die Fahrstuhlwand, Erkenntnis »Ach ja, Kind befindet sich längst in der Pubertät«, kurzes Herzrasen, Situa-

15

tion trotzdem entspannen wollen, weil der Junge ja gleich diese entscheidende Mathearbeit schreibt, in die Küche zurückflitzen, sich den neuen Schnellkochtopf über den Kopf stülpen, diesen glänzenden aus Silber, dabei noch im Bademantel dem Jungen ins Treppenhaus folgen, den überraschten Nachbar grüßen, der ebenfalls gerade in den Fahrstuhl steigt, seinen Blick ignorieren, auch den von meinem Jungen, diesem auf seine stumme Frage »Mama! Was machst du hier im rosa Frotteebademantel mit dem Kochtopf auf dem Kopf?« in möglichst selbstverständlichem Ton Antwort erteilen:

»Sorry, aber ich muss mich ja irgendwie vor deinen schlechten Schwingungen schützen. Hab' selbst noch einen langen Tag. Viel Spaß in der Schule. Tschühüüs!«

Mein Junge prustet los, als sich endlich die Fahrstuhltür hinter ihm schließt. Ich höre ihn noch im Erdgeschoss darüber kichern. Gott sei Dank, ich habe ihn zum Lachen gebracht! Nun aber schnell mich selbst fertig anziehen und schleunigst rauf auf die Autobahn. Wenn kein Stau kommt, packe ich es noch.

Geschafft. Schicht Nummer eins ist im Kasten.

Anhalten ist Luxus

Der Wagen rollt, das Radio läuft. Erst nach einer halben Stunde nehme ich wahr, dass heute die Sonne scheint. Tatsächlich, keine Wolke am Himmel. Herrlich. Ich atme durch und versuche noch ein wenig abzuschalten, bevor ich den Firmenparkplatz erreiche.

Ich denke an vorhin im Bad, meinen Blick in den Spiegel. Nein, nicht diese erste Linie über der Nasenwurzel ist es, die mir Angst macht. Eher das Stechen im Bauch und die Übelkeit, die mich morgens immer öfter überkommt. Wenn ich nach Schicht eins das Büro erreiche, steigt der seltsame Druck manchmal hoch bis zum Brustkorb, und in dem Moment, in dem ich die Bürotür hinter mir schließe und den Computer hochfahre, verwandelt er sich neuerdings in ein Brennen. Es begleitet mich manchmal durch den ganzen Tag, bis ich meist gegen 18 Uhr den PC wieder herunterfahre. Anschließend geht es zurück in den Feierabendstau. Schnell noch den Einkauf, etwas Abendbrot machen, die Küche putzen, den Jungen ins Bett bitten, und am nächsten Morgen geht's wieder los ...

Ich höre auf den Song im Autoradio. Sarah Connor singt gerade: »*Wie geht glücklich?*«

Ja, denke ich, gute Frage, wie eigentlich? Muss ich mal googeln. Drehe die Musik aber besser erst mal leiser. Was für ein Luxusgedanke am Morgen eines vollgepackten Tages. Anhalten auf offener Strecke ist nicht drin. Gleich beginnt die Morgenkonferenz.

Ich trete aufs Gas. Ein Blitzer. Mist.

Volle Kraft voraus – in ein Meer voller Fragen

»Hast du das gestern mitbekommen mit der Neuen?«, überfällt mich Grit aus der anderen Abteilung, noch bevor ich meine Tasche in der Redaktion abstellen kann. »Nee, was war denn mit ihr?«, frage ich und versuche ein Lächeln. Bin aber zu müde. Grit hingegen ist in ihrem Element: »Na, das war ja wohl nichts mit der schnellen Karriere!«, beginnt sie zu schimpfen. »Erst drängelte sie sich unbedingt in dieses Casting, und dann geht sie vorher noch mit dem Sendungsgast essen. Ha, aber jetzt diese Quote! Hast du die Sendung gesehen?«

Ich schüttle den Kopf. »Wie war denn die Quote?«, frage ich nach. Grit ist auf 180. »2,4 Prozent, lächerlich. Ich würde sagen, das hat sich schon wieder erledigt mit diesem Fräulein. Soll sie doch erst mal diese Ausbildung zu Ende bringen.« Grit ist immer klar und zackig. Heute Morgen ist das allerdings zu viel Energie für mich. Früher hätte ich stundenlang mitdiskutieren können. Alles ausgewertet, was unsere Branche betrifft. Castings, Gästeauswahl, die Topthemen der Woche, neue Kollegen, Flurgerüchte, Kantinenallianzen, Quoten, veränderte Formate oder schräge Ideen der privaten Konkurrenz. Momentan aber lockt mich das nicht hinter dem Ofen vor. Seltsam. Allerdings könnte ich auch nicht sagen, wofür ich mich derzeit überhaupt interessiere. In mir fühlt sich alles so taub an. Beinah so ähnlich wie bei einem Koch, der über Nacht seine Geschmacksnerven verloren hat. Ich habe den totalen Luststau.

Irgendwas stimmt nicht mit mir.

Jetzt erscheint Hartmut im Nebenzimmer. Punkt 9.30 Uhr, wie immer, setzt er sich an den Schreibtisch und fährt seinen Computer hoch. Er muss sich beeilen. Noch das Interview von gestern fertigmachen und die Sitzung für den Nachmittag vorbereiten. Er hatte sich einen neuen Talk ausgedacht, und nun wurde der erste Ausstrahlungstermin vorgezogen. Ein guter Journalist. Ich arbeite gern mit ihm. Heute sieht er allerdings blass aus. »Bist du okay?«, frage ich, noch im Türrahmen stehend. Er lächelt mich an. »Ach herrlich, wenigstens ein Mensch, der sich heute für mich interessiert. Ja, danke, Peggy, mir geht es gut.« Dann lehnt er sich für einen Moment zurück. »Haben sie dir auch gleich die Sache mit der Neuen erzählt?« Er krempelt die Ärmel hoch. »Also, heute habe ich keinen Nerv dafür. Ich muss meinen eigenen Kram fertigbekommen.« Ich nicke und trete ein Stück näher. »Ja, ich weiß. Sag, wenn ich dir etwas helfen kann.«

Hochkonzentriert tippt Hartmut seine Texte ins System. Sein Atem ist schwer. Dann stoppt er und sieht noch einmal zu mir auf. »Das mache ich seit Jahren so. Immer sitze ich hier in der falschen Haltung. Mein Rücken tut so weh. Schon seit Ta-

18

gen.« Wieder nicke ich. »Meinst du«, fragt er nach einer kleinen Pause, »ich schaffe irgendwann sogar diesen Hauptsendeplatz? Das wäre genial. Dafür bin ich nämlich gerade zehn Stunden täglich im Einsatz. Meine Frau bekommt mich kaum noch zu sehen. Aber wenn ich ehrlich bin – «, wieder eine Pause, »irgendwie glaube ich nicht dran. Die Konkurrenz ist groß.« Jetzt sieht er noch blasser aus als zuvor, und ich lächle ihm aufmunternd zu. »Na klar, schaffst du das. Du bist gut!« Hartmut legt seine Stirn in Falten. »Ich und gut?« Jetzt ziehe ich die Augenbrauen hoch. »Na klar. Aber das weißt du doch auch! Du bist einer unserer Besten. Deine Berichte sind genial.« Hartmut zuckt mit den Schultern. »Vielleicht. Lieb, dass du das so siehst.« Er tippt weiter, bis zur nächsten Denkpause. »Ob wir zwei Hübschen das auch die nächsten zehn, fünfzehn Jahre so machen? Immer emsig in unsere Computer hineintippen und dabei diese Rückenschmerzen?« Dann ein Seufzer von ihm. So kenne ich ihn gar nicht. »Das wäre schon traurig«, schiebt er noch nach.

Ich entscheide mich dafür, Hartmuts Frage nicht zu beantworten und das beunruhigende Thema, das er damit aufwirft, wie eine Erwachsene anzugehen.

Es komplett zu ignorieren.

Wie ich das Muschelprinzip entdecke

Eine Woche später ist er da. Mein vierundvierzigster Geburtstag. Ich organisiere mir zwei Tage Auszeit bei Freunden am Meer, und da hocke ich nun. Am schönsten Fleck der Erde, den Blick in die Ferne gerichtet, und bedauere mich selbst.

An Geburtstagen und Silvester neige ich ohnehin zu Melancholie. Diesmal aber ist es besonders schlimm. Nicht die Hitze ist es, die mich so fertigmacht, sondern die Bewegungslosigkeit meiner Tage. Anfang vierzig, kreist es schon wieder in mir, und nicht mal in der Lage, halbwegs glücklich zu sein. Ich denke an den Kühlschrankspruch zu Hause und beschließe, ihn demnächst zu erneuern. Klar ist das Leben schön. Aber warum wird es einem so schwergemacht, sich seine Träume zu erfüllen? Je älter man wird, desto mehr scheint dazwischenzukommen. Zumindest bei mir. Ich laufe ein paar Meter, spüre den Sand zwischen den Zehen und versuche noch einmal zu ordnen, was mich an meinem Alltag neuerdings so stört.

Auf jeden Fall gibt es deutlich reizvollere Phasen im Leben als dieses »Mittelalter« mit all seinen Pflichten der Sandwichposition. Überall muss man gleichzeitig sein. Ich flitze, schaffe, pendle, kämpfe. Entscheide alles allein. Nur irgendwie scheint mit einem Mal die Luft raus zu sein. Irgendwann muss ich, ohne hingeschaut zu haben, über eine Linie gelaufen sein, und seitdem bin ich nicht mehr im eigenen Leben. Ziele hatte ich immer reichlich, klar. Nur, mittlerweile scheinen es die von vorgestern zu sein, und neue zu finden fällt plötzlich so schwer. Warum eigentlich? Ich überlege. Entweder habe ich keine Zeit, um in Ruhe darüber nachzudenken, oder ich komme nicht auf die richtigen Ideen. Ich schaue auf die Wellen. Ja, denke ich, das Leben und das Meer, sie haben viel gemeinsam. Bei beiden liegen die Phasen mit Sturm oder Flaute eng beieinander. Gerade noch rasieren einem heftige Böen den Kopf ab, und schon sehnt man sich nach wenigstens einer Bewegung im Einerlei seiner Tage. Chaos oder Langeweile, Sturm oder Flaute, ein jedes Übermaß kann tödlich sein.

»Alles nur nervig!«, fluche ich laut vor mich hin. Am liebsten möchte ich wie ein Kleinkind die Finger in die Ohren stecken und laut »La-la-la-la« rufen, um alles um mich herum auszublenden.

Autsch! – Was ist das?

Ich hebe den Fuß, um zu schauen, woran ich mich geschnitten habe. Aber da ist kein Schnitt, kein Blut. Nur eine Muschel, auf die ich getreten bin. Ich bücke mich. Hübsch ist sie, denke ich. Viel Weiß, etwas Schwarz und nicht mal kaputt. Ohne Perle, natürlich. Macht sie aber nicht weniger wertvoll. Irgendwie, finde ich, schafft es jede Muschel sofort, gute Laune zu verbreiten. Schließlich sieht man sie im Alltag viel zu selten, jedenfalls bei mir in der Stadt. Und sie haben etwas Magisches! Ich liebe es, sie mit geschlossenen Augen ans Ohr zu halten und den Wellen in ihnen zu lauschen. Vielleicht ist es aber auch die geduldige Art, mit der diese Lebewesen alles um sich herum zu überstehen scheinen, die mir Bewunderung abringt. Ich lächle und fahre mit dem Finger über die feste Schale in meiner Hand. Denke an die ewigen Meeresströmungen, die so ein kleines schwarzweißes Ding unentwegt hin und her schubsen, schleifen oder aussetzen an fremden Sandstränden. Eine Muschel erträgt das einfach.

Respekt.

Ich hocke mich wieder hin und versuche das Gedankenkarussell endgültig zu verlassen. Der Sand ist schön weich. Noch spüre ich das Brennen am Fuß. Dort an der Stelle, wo ich gerade in die Schale aus Perlmutt getreten bin. Dann schließe ich die Augen. Das gleichförmige Rauschen des Wassers entspannt mich. Plötzlich erfasst mich ein Gedanke:

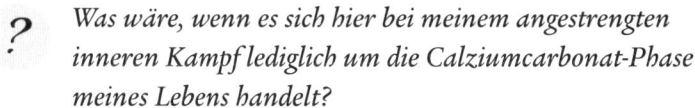

Was wäre, wenn es sich hier bei meinem angestrengten inneren Kampf lediglich um die Calziumcarbonat-Phase meines Lebens handelt?

Also diese kostbare, lang andauernde Etappe, in der eine erfahrene Muschel auf einer in ihr heranwachsenden Perle kostbar schillerndes Perlmutt anlegt. Schicht für Schicht. Eine, noch eine und noch eine ... Ein Prozess, der seine Zeit braucht, und eine Mühe, für die später, je nach Perfektion und Ausdauer, betuchte Kunden bereitwillig Tausende Euro hinblättern.

21

Ja, warum sollte nicht gerade die zweite Lebenshälfte - die, in der wir gestählt sind durch jede Menge Erfahrung - das Potential in sich tragen, den vielleicht wertvollsten Schatz unseres Lebens hervorzubringen? Den kompletten Reichtum im Inneren zu veredeln und schließlich sichtbar zu machen? Vielleicht muss ich nur darauf vertrauen, dass unter der Schale der Unzufriedenheit und Routine meines derzeitigen Alltags gerade noch mal etwas sehr Wertvolles heranreift? Auch wenn es noch niemand erkennen kann. Nicht einmal ich selbst.

Ich halte den Gedanken fest, denn die Erklärung gefällt mir.

Genauso wie die Philosophie, die Muscheln seit jeher verkörpern. Störungen nutzen sie klug. Verletzt sie zum Beispiel ein Sandkorn und können sie den Eindringling nicht mehr loswerden, ist das nicht zwangsläufig ihr Ende. Erwachsene Muscheln leisten keinen Widerstand. Sie denken um und nutzen Schwierigkeiten zu ihrem Vorteil. Ummanteln den Störenfried mit selbsterzeugten Sekreten, verwenden somit Altes als Ausgangsmaterial für etwas Neues. Die künftige Perle eben. Herrlich, denke ich. Alte Erfahrungen, Schmerzen oder vermeintliche Störungen als bewusste Basis für einen neuen Schatz.

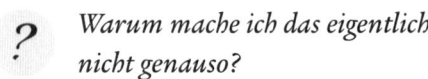

? *Warum mache ich das eigentlich nicht genauso?*

Ich springe auf und formuliere die Idee noch einmal laut vor mich hin:

»Mein nächster Erfolg - also die noch unentdeckte Perle - durchläuft in der lebendigen, zu alles fähigen Muschel - das bin ich - nur gerade einen nächsten, langen und notwendigen Reifeprozess, um sich später in neuem Glanz zu zeigen.« Ich strahle. »Ja, Geduld, Peggy, G-e-d-u-l-d!«, bete ich als Mantra vor mich hin, denn ich weiß: Das ist des Pudels Kern. Ich mag viele liebenswerte Eigenschaften besitzen. Geduld gehörte bisher nicht dazu. Dann konzentriere ich mich wieder auf die soeben gefasste Erkenntnis:

Dinge, die in meinem Leben plötzlich ganz anders laufen als gedacht, muss ich nur mit anderen Augen sehen und auf einen sinnvollen Ausgang vertrauen. Selbst dann, ja *gerade* dann, wenn mir scheinbar die Zeit davonläuft. Perlmuscheln praktizieren das schon immer so und haben großen Erfolg damit. Außerdem wissen sie, dass Wunder immer im Inneren entstehen. Sobald wir Menschen dasselbe Prinzip anwenden, ist keine Erfahrung im Leben umsonst. Nicht mal die schmerzhafteste. Im Gegenteil. Plötzliche Krisen sind dann der Wink mit dem Zaunpfahl. Der nötige Tritt in den Hintern und eine erstklassige Chance, um den selbigen endlich wieder hochzukriegen.

Diese Sichtweise hat etwas Beruhigendes. Frischluft fürs Hirn, danke.

Ich lasse die Augen geschlossen und freue mich noch eine Weile an dem Perlmutt-Gedanken. Dann umschließe ich das kleine Strandgut fest mit den Fingern und lasse mich endgültig zurückfallen in den Sand.

Heute warten keine Termine.

Worin sich Charles Darwin irrte

Mein Schlaf in der darauffolgenden Nacht ist unruhig. Irgendwann zwischen zwei und drei Uhr morgens trägt er mich zurück an den Strand. Selbst im Traum hat das Rauschen der Wellen etwas Entspannendes.

»Hatte es sich wirklich noch nicht zu dir herumgesprochen?«, sagt der Mann, der mit einem Mal neben mir steht und mich ungläubig anschaut. Irgendwie kommt er mir bekannt vor. Er trägt einen altmodischen Bart, und sogar im Traum wundere ich mich darüber, dass er mich einfach so duzt. Er wirkt wie aus der Zeit gefallen. Doch erst als er sich vorstellt, macht es klick bei mir:

»Darwin, Charles Robert Darwin«, sagt der Bärtige klar und deutlich. Er reicht mir seine Hand und deutet mit dem Kopf einen Gruß an. Keine Frage. Ich schlafe! Trotzdem fühlt sich alles so echt an. Ich stehe wieder am Strand. Dieses Mal ist es windiger. Die Welle, die mir über die Zehen läuft, ist kalt, und unter den Fußsohlen kann ich den grobkörnigen Sand spüren. Okay, also mit Charles Darwin am Strand, irgendwo bei ... ich habe keine Ahnung, wo ich hier in meinem Traumland bin. Einfach nur weit weg, aus Raum und Zeit gefallen.

»Ich gebe es ja nicht gern zu«, beginnt der Alte, »aber sie ist falsch, meine Evolutionstheorie.« Er schüttelt den Kopf über sich selbst und sieht bedeutungsschwer in die Ferne. »Dabei war ich immer so stolz auf meine Arbeit. Ich war geehrt, wie lange sie an Schulen und Universitäten gelehrt wurde, und in wie vielen Büchern und Bibliotheken sie bis heute nachzuschlagen ist!«

Er kratzt sich am Kopf und wendet sich wieder mir zu. »Aber was soll's! Als Wissenschaftler bin ich der Wahrheit verpflichtet, und die hat nun mal größere Bedeutung als der Stolz eines alten Sturkopfs.«

Hier will ich etwas entgegnen, finde aber in meinem Traum keine Stimme. Ich öffne den Mund. Doch es kommt kein Ton heraus. Den Alten neben mir scheint das überhaupt nicht zu stören. Er versteht meine Frage auch so und nickt: »Ja, zugegeben: Dass Menschen und Affen von denselben Vorfahren abstammen und viel gemeinsam haben, das klingt schon plausibel. Ich habe ja zahlreiche Beweise in meiner Arbeit dazu erarbeitet. Ist aber falsch! Heute weiß ich, dass meinen Forschungen zur Entstehung der Korallenriffe eine wesentlich größere Bedeutung zukommt. Wir Menschen sind nämlich mit einer anderen Artenfamilie verwandt. Mit diesen Lebewesen verbindet uns in unserem Alltag deutlich mehr, und wenn du mich fragst, können wir uns von ihnen in einigen Punkten wirklich noch eine Scheibe abschneiden. Ich halte sie jedenfalls für ein ausgesprochen großes Vorbild in Sachen Lebenserfolg! Vorausgesetzt natürlich ...«, lacht er in seinen Bart hinein, »man schaut genauer hin.«

Umständlich beugt sich der Alte hinunter und sammelt etwas aus dem Sand auf. Dann richtet er sich schniefend wieder auf, wartet eine Sekunde und zwinkert mir geheimnisvoll zu. Doch gerade als er seine Hand öffnen will, um mir den Schatz darin zu zeigen, schrecke ich auf.

Straßenlärm hat mich aus dem Traum gerissen. Ich reibe mir die Augen, setze mich langsam auf und fühle mich wie erschlagen. Noch habe ich ihn innerlich vor mir, diesen alten Darwin am Strand.

Was er in seiner Hand hielt, hatte ich nicht mehr sehen können.

Aber ich ahne ja, was es war.

Sehnsucht nach dem Ich-weiß-nicht-Was

Neue Woche, neues Glück.

Der erste Teil unserer Konferenz ist beendet. Ich renne zur Toilette. Will mich kurz frisch machen. Habe immer noch Sehnsucht. Weiß nur nicht wonach? Ich stelle mich vor den Spiegel und untersuche die Stirnfalte, die kürzlich dazukam.

»Hallo, Glück, *hier* bin ich!«, rufe ich der Frau im Spiegel zu und erinnere mich an die Frage, die mir mein Sohn heute Morgen stellte: »Warum guckst du denn so traurig, Mama?« Es traf mich wie ein Schlag. Denn es war genau derselbe Satz in genau demselben Ton, den ich vor Jahren zu meiner Mutter gesagt hatte, als sie in der Mitte ihres Lebens stand. Damals hatte ich

mir geschworen, später nie so müde und traurig auszusehen. –
Und jetzt?

? *Einfach die Stopptaste*
drücken?

Ausbruch, Aufbruch, Umbruch Ü40? Klingt nach zweiter Pubertät, und genauso fühlt es sich auch an. Nur, dass die Personen,
gegen die ich diesmal rebelliere, nicht Mutter, Vater oder Lehrer
heißen. Diesmal scheine ich selbst der Feind zu sein, oder sagen
wir besser: Mein »altes Ich«. Die schal gewordene Kopie der eins-
tigen Abenteuerin, zu der ich durch all die Routine geworden
war. Also mal überlegen, wie macht man das noch mal: sich vom
Leben »tragen lassen« und nicht ständig neue Aufgüsse produzieren?

Die Person im Spiegel verzieht das Gesicht. So, als wollte sie
sagen: Na toll, dass du dich das jetzt schon fragst, nachdem das
Bandmaß deiner Lebenszeit um die Hälfte geschrumpft ist! Ich
lasse eine Ladung kaltes Wasser in die Handflächen laufen und
werfe sie mir ins Gesicht. Was ist mit mir passiert? Es scheint,
als läge das Glück direkt vor meinen Füßen. Ich müsste mich
nur bücken und es aufheben. Doch irgendwie kann ich es nicht
mehr. Wie bei einer Fata Morgana laufe ich darauf zu. Aber
sobald ich mich annähere, verschwindet die Oase vor meinen
Augen. Ich muss herausfinden, wo hier der Fehler liegt. Entweder befinde ich mich tatsächlich in der Wüste, oder es liegt an
meinem Blick auf die Dinge, und in dem Fall gibt es nur zwei
Lösungsmöglichkeiten. Variante eins: Ich muss etwas an meiner
inneren Einstellung ändern, oder, Variante zwei: Ich muss dringend zum Augenarzt.

Ein Würgen. Ausfallschritt rüber zur Toilette. Mir ist schlecht.
Bin im Panikmodus. Irgendwann der nächste Gedanke: »Okay,
ich kann nicht verhindern, dass ich älter werde. Aber dass ich mich

dabei derart besch... fühle!« Da ist er also, mit dem Kopf über der Kloschüssel, der Punkt in meiner Vita, an dem es keine Ausrede mehr gibt. Es muss sich etwas ändern. Beschlossene Sache. Bloß wie?

Keine Ahnung. Ich betätige die Spülung und gehe zurück zur Sitzung. Meine Kollegen brüten über dem letzten Interview für die Sondersendung. Bevor ich mit einsteige, notiere ich im Kalender noch etwas für meine private Lebenspolitik: eine Liste gutgemeinter Ratschläge an mich selbst.

12 Tipps, die ich beim Neustart gleich weglassen kann
1. Abwarten und Tee trinken. Wird schon werden.
2. Mir selbst jeden Tag laut und tapfer die Vorteile der derzeitigen Situation aufzählen. Zum Beispiel mein Auskommen, meine Freunde oder die Absehbarkeit eines Lebens, in dem alles seinen gewohnten Gang geht.
3. Mich komplett auf schöne Ablenkungen konzentrieren: Restaurantbesuche, Partys, nette Filme.
4. Mir besonders kostspieligen Urlaub leisten. Ablenkung durch Luxus funktioniert – allerdings nur für ein bis zwei Wochen. Danach ist die Erholung wieder futsch.
5. »Auf Arztattest« machen, um innerlich aufzutanken. Doch auch die längste Krankschreibung der Welt würde irgendwann zu Ende gehen.
6. In Alkohol oder Zigaretten flüchten. Ist teuer und geht auf die Nerven! Im wahrsten Sinne des Wortes.
7. Darauf vertrauen, dass ich von jemandem gerettet werde.
8. Darauf vertrauen, dass Glauben, Weisheit und innere Ruhe mit dem Alter automatisch kommen oder nach Beherzigung von Punkt 1.

9. Mich an denen orientieren, die das Bandmaß bis zur Rente einfach weiter abschneiden und auf Durchzug schalten.
10. Ein und denselben Kampf gegen die »Umstände« auf ein und dieselbe Weise wieder und wieder ausfechten.
11. Im Kopf den idealen Plan für eine logische, risikoarme Veränderung so lange entwickeln, bis er perfekt klingt. Bis dahin Punkt 1.
12. Wünsche beim Universum anmelden. (Nicht, dass ich die Technik grundsätzlich für Humbug erkläre. Nur hält mich, wenn ich sie konsequent zu Ende denke, mit einer derart miesen Ausstrahlung doch noch nicht einmal das Universum für sexy genug, um mir meine Wünsche von den Augen ablesen zu wollen, oder?)

Ohne Kompass durch Nebelhausen

Trotz der Liste, trotz ausgetauschter Kühlschranksprüche und kleiner Erleuchtungen zwischendurch passiert es zwei Wochen später: Ich nehme ein nächstes zusätzliches Angebot in der Firma an, obwohl es nicht zu mir passt. Hauptsache, etwas Neues! Und schwupp, schon ist sie da: Diagnose Sackgasse. Unsere Firma ist groß, man hatte gerade einige Abteilungen umstrukturiert. Dabei eine Schaltstelle zwischen technischem Support und redaktioneller Planung gebildet, und ich hatte mich umgehend gemeldet.

Aber warum eigentlich?

Gut, 150 Euro netto sind nun jeden Monat zusätzlich auf dem Konto. Aber dafür gibt es ein anderes Minus. Noch nie war ich inhaltlich weiter entfernt von meinem Traumjob und meinen eigentlichen Stärken als jetzt. Nah an den Menschen, mit spannenden Fragen und Mikrophon.

»Kommen Sie mit?«, stupst mich ein neuer Kollege von der Seite an. »Mit, wohin?«, frage ich. Er lächelt. »Na, zur zweiten Runde? Nach der 9.00-Uhr-Sitzung haben wir 10.30 Uhr immer die zweite Abstimmung.«

»Die zweite?« Wie wenig entspannt ich rüberkomme, fällt mir erst auf, als die Bemerkung bereits raus ist. Was ist bloß los mit mir? Früher war ich mal fröhlich und cool. Jetzt nur noch ernst und getrieben. Unlocker eben und mit so vielen Fragezeichen im Bauch. Ich laufe mit.

Kurz darauf stehen wir im Konferenzraum. »Ah, Frau Patzschke, herzlich willkommen! Schön, dass Sie unser Team verstärken. Als erfahrene Redakteurin würde ich Sie bitten, sich gleich der Übersetzung aller technischen Bezeichnungen für die Nichtingenieure anzunehmen, die dann alle Programmmacher im Haus erhalten. Bitte schreiben Sie dabei doch auch gleich ein neues Manual. Die Fachbegriffe sollten mit Blick auf die Zielgruppe relativ kurz gehalten und für jeden verständlich sein. Ich nicke und setze mich in die Runde. Mir ist heiß, obwohl das Fenster hinter mir sperrangelweit offen steht.

Manual, Technik, Fachbegriffe, denke ich während der nächsten Minuten, kann ich das? Bin ich das? Warum hatte ich das gleich noch mal so entschieden? Wahrscheinlich, um mich abzulenken oder die eigentlichen, die mutigen Entscheidungen aufzuschieben? Ja, aufschieben kann schön sein. Manchmal zumindest. Das kann, wie ein lieber Freund von mir sagt, jeder bestätigen, der schon einmal zum Tode verurteilt war. Für mich aber entpuppt sich die Methode als unpassend. Bin weder ein Technik- noch ein Verwaltungstalent. Will mir Themen ausdenken, verständlich darstellen, Menschen interviewen, erspüren, was sie bewegt, und so anderen einen Mehrwert bringen. Jetzt aber, ich ahne es, wird abgerechnet. Entscheidungen, die ich weiter so mit sturem Kopf treffe, werde ich immer teurer bezahlen müssen. Mit bleierner Müdigkeit, Migräne oder Kopfschütteln über mich selbst. Innerlich schimpfe ich wie ein Rohrspatz. Mal auf die Umstände, mal auf andere, meist auf mich selbst. Wirkt natürlich wie Schattenboxen. Man kann heftig zuschlagen. Tut sich aber am Ende bloß selber weh. Außerdem mache ich eine weitere Beobachtung. Neuerdings scheint mein Gehirn aus Watte zu bestehen. Durch das innerliche Chaos werde ich fahrig und unkonzentriert. Es geht rückwärts.

Für Perfektionisten wie mich eine bittere Pille.

Später, auf der Heimfahrt, versuche ich einen alten Trick. Den, dass man sich auch ohne Grund einfach zwanzig Sekunden selbst anlächelt, um wieder gute Laune zu bekommen. Hatte ich mal von einem Neurologen gehört und schon oft als zuverlässiges Placebo eingesetzt. Aber nicht mal darauf habe ich heute Lust. Da kommt mir ein Laster in auffälligem Orange und einer riesigen Aufschrift entgegen. »Schade« steht dort. Wahrscheinlich der Name eines Fuhrunternehmens und gleichzeitig der passende Kommentar zu dem, was ich gerade in meinem Leben verzapft hatte. Ich zwinkere verschwörerisch hinauf zum Himmel und sage laut hinter meinem Steuer:

»Ich hab's ja verstanden! Künftig werde ich vorher auf deine Zeichen achten und auch gern auf jeden deiner mitteilungsbedürftigen Laster, die meinen Weg kreuzen. Wenn du ihn dann bitte auch in Zukunft weiter in knalligem Orange halten und etwas eher losschicken könntest? Dann müsste selbst ich das mitbekommen. Danke!«

Alles beginnt mit einer Talkshow – wie ich einen Mentor finde

Zum Glück kommt manchmal ein Anstoß von außen, der unser Leben verändert. Bei mir ist es, wie sollte es anders sein, eine Fernsehsendung.

Irgendwie habe ich die erste Woche in der ungewohnten Aufgabe bewältigt und mich ins Wochenende gerettet. Gerade noch mit genügend Energie, um aufs Sofa zu kriechen und den Fernseher einzuschalten. Eine Talkshow läuft, aber ich bekomme nichts davon mit. Bin noch immer mit meinem eigenen Film beschäftigt. Hole mir einen Wein aus der Küche und nehme mich beim ersten Glas noch mal so richtig selbst auseinander. Jetzt fällt mir auch wieder der Spruch unseres IT-Spezialisten ein. Ja, mittlerweile habe ich das Gefühl, total falsch programmiert zu sein oder zumindest mit einer Software von vorgestern dazustehen.

Mein Blick fällt auf den Tisch vor mir. Wie unordentlich ich meine letzte Lektüre abgelegt habe! Sofort springe ich auf und ändere das mit ein paar Handgriffen, denn Ordnung muss sein. Als ich mich wieder setze, schüttle ich den Kopf über mich. Wahnsinn, denke ich, jetzt ordne ich schon irgendwelche Buchrücken, die zu quer auf dem Couchtisch liegen. An einem freien Freitagabend. Ich knabbere an einer Salzstange und schaue aus dem Fenster. Heute hängt der Mond als Schaukel am Himmel. Wie gern würde ich mich da jetzt hineinsetzen und die Welt vergessen. In zwei Tagen müsste ich allerdings wieder zurück sein, um dieses Manual für »Nichttechniker« zu schreiben.

Vielleicht sollte ich alles komplett über Bord werfen? So wie diese Aussteiger in den Fernsehdokumentationen? Aus Verzweiflung gleich das ganze Umfeld erneuern. Umziehen, andere Leute kennenlernen.

Oder vielleicht doch etwas bei *mir selbst* verändern?

Ich müsste wieder kreativ werden. Vor allem diese Müdigkeit loswerden! Die, die man nicht von zu vielen Aufgaben bekommt, sondern von den falschen. Von Plänen, die nicht mehr zu einem passen. Gut, dann also alle Optionen durchspielen: Wie komme ich wieder an stimmige neue Ziele? Ich überlege und überlege. Aber mir wird himmelangst, denn mir fällt nichts ein.

 Es sind immer nur alte Fragen, die auftauchen:
- *Warum bin ich mir selbst gegenüber eigentlich so streng und unnachgiebig, während ich mich bei anderen stets hineinfühle?*
- *Warum hatte ich damals dieses eine berufliche Angebot ausgeschlagen?*
- *Warum hatte ich mich eigentlich gegen diese eine Beziehung entschieden?*
- *Wäre ich heute längst getrennt oder glücklicher als jetzt?*
- *Warum glaube ich ständig, den Wettbewerb im Kümmern gewinnen zu müssen?*
- *Und vor allem: Will ich so, wie ich momentan meine Tage abarbeite, die nächsten zwanzig Jahre weitermachen?*

Bei dem Gedanken schmerzt mein Herz. Aber als Erwachsene hat man nun mal kein Baumhaus mehr, in das man sich in solchen Momenten zurückziehen und schmollend abwarten kann, bis alles wieder gut ist und einem jemand eine dampfende Tasse Kakao mit Keksen bringt, sobald man irgendwann die Nase herausstreckt.

»Da musste dieser Mann erst vierundvierzig Jahre alt werden, um endlich aus dem Schatten seines großen Vaters zu treten. Herzlich willkommen, Walter Kohl!«, sagt die Moderatorin im Fernseher ihren nächsten Gast an, und ich werde hellhörig. Greife zur Fernbe-

dienung und stelle lauter. Wurde hier nicht gerade noch über Leibgerichte von Prominenten gesprochen? Zurück aus meinen Gedanken, hallen die letzten Sätze des Fernsehtalks in mir nach.

»*Nun, für mich ist es Saumagen. Serviert mit ganz trockenem Riesling, dann fängt der Himmel an zu leuchten*«, meint der Gast mit großem Namen, und alle in der Runde lachen. Schnell aber kommt man zum Eingemachten. Der einsamen Jugend im Schatten des Kanzlervaters. »*Wann haben Sie denn Ihren Vater Helmut Kohl das letzte Mal getroffen?*«, fragt die Moderatorin schon bald. Danach spricht Walter Kohl über den frühen Tod seiner Mutter, die Vorbereitung seines Suizidversuchs in der Krise seines Lebens und über Versöhnung. »*Das Leben ist voller Überraschungen. Alles kann sich ändern. Immer wieder.*«

Wirklich? denke ich.

Ich glaube nicht mehr daran. Mittlerweile scheint mir vieles in meiner Welt so zementiert. Da sind Wunder kaum vorstellbar. Sicher, mein Vater ist Ingenieur und kein Kanzler. Er und Mama sind noch am Leben. Gott sei Dank. Aber die Worte des Mannes dort im Fernsehen scheinen trotzdem irgendetwas mit mir zu tun zu haben.

»*Wissen Sie, Versöhnung*«, erklärt er, »*geht sogar mit jemandem, der tot ist. Mit Leuten und Situationen, die wir also nicht mehr körperlich erreichen können. Denn Versöhnung bedeutet zunächst einmal, den Frieden mit sich selbst zu finden, und wenn ich den hinbekomme, dann läuft es auch mit den anderen Menschen besser.*« – »*Also erst einmal den eigenen Rucksack anschauen und leeren?*«, lässt auch die Moderatorin den Gedanken auf sich wirken. »*Ja*«, nickt Walter Kohl, »*und wenn man das nicht angeht, wird der eigene Rucksack immer schwerer und schwerer.*«

Ich stelle mein Weinglas ab und den Fernseher noch lauter. Ja, genauso fühlt es sich für mich gerade an. Zwar schleppe ich in meinem Rucksack keinen prominenten Vater und keine Kindheit ohne Freunde mit mir herum. Auch hatten wir früher daheim nicht das Familien-Mantra der Kohls: »Du musst stehen!« Aber wir hatten andere Sätze, die oft fielen: »Das Leben ist Kampf«, »Wir denken nicht an uns. Sondern erst einmal an die anderen.« Oder, gern mit Nachdruck von meiner Mutter formuliert, wenn sie sich Sorgen um mein Wohlergehen machte: »Du brauchst keine Ehe. Du stehst allein besser da!«

Und da bin ich jetzt, mitten in einem Leben, das ich mir nach diesen Vorgaben geschaffen habe. Klar, der Mann hat recht. Nur wie soll ich das jetzt ändern?

»Ich habe ein Zentrum für eigene Lebensgestaltung gegründet und möchte Menschen zusammenbringen, die diese Idee der Versöhnung leben und mithelfen, sie weiter unter die Leute zu bringen. Ich freue mich dabei über jede Unterstützung«, sagt der Mann, dessen Stimme und Gesten manchmal sehr an seinen Vater erinnern, der dennoch irgendwie anders ist. Er wirkt echt und sensibel auf mich. Ich mag ihn und seinen Einsatz für Menschen. Dann kommt mir ein Gedanke. Ich kenne viele Leute, kann schreiben, Pressemitteilungen erstellen, organisieren. Damit könnte ich ihn doch in meiner Freizeit unterstützen? Ja, das würde mir Spaß machen und mich ein wenig ablenken.

Ich freue mich über die Idee.

Dass es eigentlich viel mehr ist, nämlich der Beginn einer abenteuerlichen Reise – der Weg zurück zu mir –, das kann ich in dem Moment, hier auf der Couch, noch nicht ahnen.

Ab durch die Mitte — Entscheidung zum Aufbruch

Zwei Tage später klingelt mein Handy. 069... Die Vorwahl kenne ich nicht. Wer ist das?, denke ich. Irgendwer im Frankfurter Raum.

»Peggy Patzschke«, sage ich mit fester Stimme.

34

»Walter Kohl«, entgegnet mir die Stimme am anderen Ende in einem Ton, der noch tougher ist. Da ist jemand, der oft telefoniert und auch kein Problem mit schwierigen Gesprächen hat. Das merkt man sofort. Die Mail, die ich ihm nach der Talkshow geschrieben hatte, um meine Unterstützung für sein Zentrum für eigene Lebensgestaltung anzubieten, war demnach angekommen, und nun nimmt er sich auch gleich die Zeit, um die Absenderin besser kennenzulernen.

»Ihre Zeilen waren so herzlich verfasst, Frau Patzschke. Sie haben mich sehr berührt, und da wollte ich mich so schnell wie möglich melden«, sagt die Stimme am anderen Ende jetzt in einem warmen Ton. Ich freue mich, so schnell mit ihm reden zu können, und plaudere gleich los.

Dass ich mir sofort nach der Sendung sein Buch geholt habe, was es mir gegeben hat, wie persönlich und ehrlich er über seine eigene Lebenskrise schreibt, dass ich ihm gern helfen möchte bei seinem Einsatz für andere, dass es mir einfach ein Bedürfnis ist und so weiter und so fort …

Er bedankt sich für mein Angebot und Engagement, und dabei fällt mir auf, dass er mindestens drei Längen langsamer spricht als ich. Er lässt mehr Zwischenräume zwischen seinen Gedanken und den Worten, die er daraus formt. Dadurch wirken seine Sätze kraftvoller und nachdrücklicher. Wer war hier noch mal der Moderator? Verdiente nicht ich mein Geld mit der Wahl von Worten? Ja, auf der Bühne bin ich sehr auf Wirkung und Rhythmus bedacht. Privat aber scheine ich mir immer seltener Zeit für die Dinge zu lassen. Sogar beim Sprechen! So viel muss in die vierundzwanzig Stunden meiner Tage passen. Dadurch wirke ich neuerdings gehetzt. Lasse mich kaum noch zu Pausen hinreißen. Nicht mal zwischen den Gedanken. Interessanter Aspekt. Muss ich mir merken.

Auch mein Gegenüber scheint gerade zu überlegen.

»Was halten Sie davon«, sagt er schließlich, »wenn Sie versuchen, mir zu helfen, Veranstaltungen in Ihrer Region zu organisieren? Nicht viel, nichts Großes. Ein paar Lesungen zu meinem neuen Buch vielleicht. Darin gibt es viele Tipps und Gedanken, um auch andere dabei zu unterstützen, den Weg aus der Krise zu finden. Ich coache ja auch in vielen Einzelfällen, halte Vorträge und Seminare in großen Unternehmen, und glauben Sie mir, es ist so toll zu erleben, wie Menschen wieder zu ihrer Kraft zurückfinden. Wie sie sichtbar ihr Leben verändern. Also, was meinen Sie? Zwei, drei Orte und Termine in Ihrer Stadt oder woanders, und dann überlegen wir, was wir vielleicht noch alles gemeinsam bei dem Thema tun können?«

Da brauche ich nicht lange nachzudenken. Ich bin begeistert. Eine schöne Ergänzung zu diesem Manual, an dem ich gerade sitze.

»Sehr gern!«, rufe ich ins Handy. »Na wunderbar«, kommt es zurück. »Dann verbleiben wir so, und Sie geben mir ein Zeichen, wenn Sie erste Terminvorschläge haben. Ich freue mich darauf und danke, dass Sie auf mich zugekommen sind.«

Dieser Walter Kohl ist ein Mann der schnellen Entschlüsse, und ich freue mich auf das, was ich mir für ihn überlegen werde. Dafür müsste ich etwas anderes weglassen. Ein paar private Verpflichtungen vielleicht und auch sonst mal keine Extra-Aufgabe annehmen. Dafür kurz einen Schritt zurücktreten, um anschließend einen nächsten nach vorn machen zu können. Meinen Klammergriff an Altbekanntem lösen, um die Hände und den Kopf freizubekommen und mir neue Routen zu überlegen. Überhaupt mal wieder zurückgehen ans Steuerrad meines Lebens. Ja, genau so! Wie aufregend.

Ohne mir in dem Augenblick schon Genaueres vorstellen zu können, sagt mir etwas im Inneren: Das hier ist ein Beginn. Der Zauber eines Anfangs.

Und mal ehrlich, wie lange hatte ich den schon nicht mehr gespürt?

TEIL II

Frische Brise

*Meine Inspiratoren
und ich*

Werde du selbst

so wie Walter Kohl, als er aus dem Schatten
seines großen Vaters trat

Recht hat er, denke ich, als ich zwei Wochen später in mein Auto steige und an einen von Walters Tipps aus unseren letzten Telefonaten denke. Nicht nach dem eigenen Drehbuch zu agieren ist Mist. Gerade in reiferen Jahren. Da hat man keine Lust mehr, sich verbiegen zu lassen. Außer bei gutem Sex.

Ich drehe die Musik auf und singe lauthals mit. Es ist »*Dieser Weg*« von Xavier Naidoo. Endlich ist mir mal wieder nach Singen und Tanzen, und zwar nach der eigenen Pfeife. In dem Moment bemerkt mein Navi eine Verkehrsbehinderung auf der Strecke und passt sich den Umständen an. »Die Route wird neu berechnet«, sagt die elektronische Stimme. Ich lächle. Ja, wurde höchste Zeit. Auch für mich. Ich trete aufs Gas und bin gespannt auf das Treffen mit Walter Kohl. Als er klein war, das weiß ich bereits von ihm, war einer seiner Helden der französische Meeresbiologe Jacques-Yves Cousteau. Tiefseeforscher ist Walter Kohl dann trotzdem nicht geworden. Aber so etwas Ähnliches. Jemand, der als Coach, Redner und Buchautor nach Wahrheiten taucht und damit auch anderen bei wichtigen Entdeckungen hilft.

Als ich bei ihm im Büro ankomme, führt er gerade ein Telefonat zu Ende. Ich lasse meinen Blick durch den Raum schweifen. Sofort fällt mir das Holzkreuz auf, das hinter seinem Stuhl an der Wand hängt. Es wirkt selbstgemacht. Zwei abgeschälte Äste übereinandergelegt und in der Mitte mit einem groben Strick verbunden. Schön, denke ich. Meine Neugier ist geweckt. Sicher hat es eine besondere Geschichte. Als er auflegt, frage ich sofort danach. Er lächelt und lässt einen Moment vergehen.

»Ja, das ist selbstgemacht«, sagt er schließlich. »Treibholz von der Rheininsel Burg Pfalzgrafenstein bei Kaub, auf der ich mich gern aufhalte, wenn ich auftanken, nachdenken oder etwas Bestimmtes entscheiden möchte. Es ist ein schöner, kraftvoller Ort für mich, und er war es auch an einem dieser wichtigen Punkte in den vergangenen Jahren. Am Schnittpunkt für meinen neuen Weg. Sie wissen schon, an dem ich mich traute, mein erstes Buch zu veröffentlichen. Plötzlich kam da dieses Treibholz vorbeigeschwommen. Ich fischte es heraus und bastelte zwei Kreuze daraus. Eins für mich und eins, das ich meinem Sohn schenkte.«

Ein schönes Symbol zum Teilen, denke ich und spreche es dann auch aus. Er nickt »Ja, ein Kreuz steht schließlich für zwei Themen: die Last, die man trägt, und das Symbol der Auferstehung.«

»Das ist wirklich gut«, sage ich laut. »Doch was sagen Sie denen, die noch nichts Neues aus ihrem altem Treibgut basteln können? Die sich noch immer als getrieben empfinden, als ohnmächtig gegenüber den Umständen? Menschen, die jeden Tag zum ungeliebten Job an die Werkbank müssen, weil sie Geld für die Familie nach Hause bringen müssen? Die für sich keinen Ausweg sehen, um diesem Trott und Ausgeliefertsein zu entfliehen?«

Der Mann vor mir ist nicht aus der Ruhe zu bringen.

»Nun, jeder muss selbst entscheiden, ob für ihn der Punkt da ist, an dem er klar spürt: So will ich nicht mehr! Wir sind nicht verurteilt, für immer in einem Gefängnis zu sitzen. Wir sind frei. Davon bin ich überzeugt. Aber es muss die Situation kommen, in der wir genau das auch erkennen und für uns entscheiden. Ich nenne das gern die Trotzmacht der Seele. Meine These ist Folgende: Wir haben 30 000 oder vielleicht 35 000 Tage hier auf dieser Welt, und wir sollten uns fragen, wie wir sie verbringen wollen: leidend oder erfüllt. Jeder von uns hat andere Themen, die er lösen muss oder die ihn schmerzen. Wichtig ist letztlich:

Wie gehe ich mit dem Thema um? Versöhne ich mich mit der Situation, oder löse ich sie für mich auf?«

Ich nicke. »Nur ist das eben nicht so einfach.«

»Es ist ein Prozess«, unterbricht mich Walter Kohl. »Der Aufbruch aus dem alten Leben in ein neues ist wie ein Auswandern, und das ist nicht im Handumdrehen zu schaffen, das stimmt schon. Jeder hat dabei seinen eigenen Weg. Es gibt kein einheitliches Patentrezept dafür. Ich denke, wir alle brauchen dabei unsere Leuchttürme, die uns helfen, die Richtung zu erkennen, und die uns stärken. Inspiratoren, die wir allerdings nicht kopieren sollten. Eher Fackelträger, die wir mögen und die unserer eigenen Art, unserem persönlichen Ziel am meisten entsprechen. Bei mir waren es Menschen wie Seneca oder Viktor Frankl. Ich erzähle davon in meinen Büchern, Coachings und Vorträgen für Unternehmer. Als ich das erste Mal las, was Viktor Frankl im KZ erleiden musste, dass er trotzdem immer wieder ja zum Leben sagte und unter all den Umständen dort tatsächlich einen neuen, starken Sinn für sich entwickelt hat, da empfand ich damals erst einmal nur Scham mit Blick auf meine eigenen Probleme, die mir gerade so zu schaffen machten.«

»Und was haben Sie dann mit dieser Scham gemacht?«, frage ich sofort.

»Gewandelt«, kommt genauso schnell die Antwort, »in eine neue Kraftquelle für mein Leben. Sie wissen ja, ich habe da eine Übung mit Briefen, die man an sich selbst schreibt, um die eigenen Kraftfresser aufzudecken und einen neuen Blickwinkel einzunehmen. Apropos, was machen denn Ihre Übungen, und haben Sie mittlerweile Ihre drei wichtigsten Freundschaften fürs Leben gefunden?« Er lächelt mich an, mit einem freundlichen und zugleich herausfordernden Blick. »Welche drei Freundschaften waren das gleich noch mal?«, fragt er direkt.

Ich schlucke. »Nun, die Freundschaft zu anderen, zu Gott und ... zu mir selbst«, sage ich etwas zögerlich.

Walter behält sein Lächeln. Wiegt aber den Kopf hin und her. »Ja, das sind alle drei. Interessant ist nur Ihre Reihenfolge bei der Aufzählung. Noch immer nennen Sie sich selbst am Schluss. Eigentlich ist es ja ein klein wenig anders, oder?«

Ich lache. »Ja, Sie haben recht. Die Freundschaft zu mir selbst gehört weiter nach vorn.«

»Genau«, ergänzt er mit fester Stimme, »und zwar auf Platz 1. Nur so können Sie auch mit anderen und mit Gott in Frieden leben. Das ist kein Egoismus, das ist Seelenhygiene.«

»Haben Sie auch manchmal noch solche Einbrüche?«, frage ich etwas leiser und sehe sein Stirnrunzeln. »Also ich meine, Einbrüche der Selbstliebe, Unsicherheit, Momente, wo auch Sie sich wieder ganz hinten anstellen in dieser Aufzählung, obwohl sie schon viel länger auf dem Weg sind als ich?«

Er nickt. »O ja, natürlich. Öfter, als Sie denken.«

»Und was machen Sie dann?«

»Aushalten«, kommt seine Reaktion wie immer zügig. »Die Täler aushalten und akzeptieren, dass ich eben mal wieder Treibholz bin.«

»Wann denn zum Beispiel, in welchen Momenten, verraten Sie mir das?«

Walter überlegt. »Am schlimmsten war es wahrscheinlich, als ich das erste Mal nach der Buchveröfflichung mit meinem Vortrag dazu auf eine Bühne gestiegen bin. Ein Freund hatte mich immer wieder angestiftet, es zu wagen, und so hatte ich irgendwann zugesagt. Bühnen, öffentliche Auftritte hatte ich immer strikt vermieden. Dort, in der Öffentlichkeit, war mir seit meiner Kindheit zu viel Bitteres geschehen. Jetzt aber sollte ich mich plötzlich freiwillig ins Rampenlicht stellen, mich zeigen, ausliefern? Ich hatte so viele Selbstzweifel und Angst. Ich kam gehörig ins Schwitzen.

»Und was haben Sie dann gemacht?«, frage ich gespannt. »Wie haben Sie das in den Griff bekommen?«

Er lehnt sich zurück. »Nun, da waren zwei Stimmen in meiner Brust. Die eine sagte: Ich gehe da auf keinen Fall hoch. Ich habe einfach nichts zu sagen. Ich bin dafür nicht gut genug – und die andere: Was kann schon schiefgehen? Das Schlimmste, was dir passieren kann, ist, dass Sie dich rausschmeißen.«

»Und dann?«

»Dann fing ich einfach an zu reden. Ich sprang ins kalte Wasser, und plötzlich bemerkte ich etwas. Ich stand nicht vor den Leuten und referierte, sondern ES begann aus mir zu sprechen, aus meinem Herzen, und das Beste: Die Menschen im Publikum hörten mir tatsächlich zu. Sie waren bei mir.«

»Wie haben Sie das gemerkt?«

»Na durch ihre Gestik, Mimik, ihr Nicken, ihre Fragen, und ich spürte plötzlich diesen Flow. Wie ein Holz, das vom Wasser sicher getragen zu einem neuen Ufer gebracht wird. Diesen Moment werde ich niemals vergessen. Ich hatte mein Herz geöffnet, und es wurde warm empfangen.«

Er hat immer so schöne Sprachbilder, denke ich, während ich die Freude über diesen Moment von damals noch immer auf seinem Gesicht ablesen kann. Ein so erfahrener Mann, der erst lernen musste, sich verwundbar ins Rampenlicht zu stellen und sich ganz zu zeigen.

»Aber genug mit meinem Leben. Was macht Ihres? Wie steht es um dieses Vorhaben mit der einen Person, mit der Sie sich innerlich versöhnen wollten?«, holt mich Walter Kohl zurück.

Ich senke meinen Blick und suche die richtige Formulierung. Auch deshalb bin ich ja hier, um ihm persönlich von meinem Zwischenerfolg zu berichten. »Nun, ich habe diese Briefe an mich selbst geschrieben, und dabei wurde mir einiges über die schwierige Beziehung von damals klar. Später habe ich mir ein Herz gefasst und die Person angerufen. Ich war so nervös. Habe geschwitzt. Wahrscheinlich genauso wie Sie damals bei Ihrem ersten Vortrag. Erst wollte die Person auch gar nicht mit mir sprechen. Ich habe es aber immer wieder und wieder versucht und sie dann tatsächlich getroffen. Es war ein gutes Gespräch, und mein Gegenüber hat sich bei mir bedankt, dass ich mich gemeldet habe.« Ich mache eine Pause. »Aber nun ärgere ich mich, dass die Person weiter die Stille pflegt. Sie könnte sich doch auch mal wieder bei mir melden.«

Walter hört mir aufmerksam zu und nickt ein wenig.

»Mmm. Aber gut, dass Sie den Schritt gewagt haben. Sie sind aus Ihrem Schneckenhaus gekommen und haben etwas getan. Das ist toll! Der Rest ist die Entscheidung des anderen. Versöhnen können wir uns ja auch einseitig. Sogar mit Menschen, die gar nicht mehr in unserer Nähe sind oder am Leben. Es geht hier nur um die Verwandlung unserer eigenen Einstellung, die uns ein paar alte Wackersteine aus dem Rucksack entfernt. Darüber haben wir ja schon gesprochen, und das, was Sie da getan haben, war gut. Belassen Sie es jetzt dabei.«

»Aber trotzdem«, entgegne ich und spüre plötzlich einen seltsamen Druck in der Magengrube, »mein Gegenüber lebt doch noch und sogar ganz in der Nähe! Jetzt könnte doch auch dieser Mensch mal was *tun*, nachdem *ich* den ersten Schritt gewagt habe.«

Walter sieht mich durchdringend an. Wieder diese freundliche, aber herausfordernde Blick. »Interessante Formulierung. Vielleicht sollten Sie sich doch noch einmal richtig mit der Person versöhnen.«

»Aber«, rufe ich jetzt mit noch festerer Stimme, da er mich wohl nicht richtig verstanden hat, und stemme dabei empört beide Fäuste in die Hüfte, »ich dachte, ich hätte mich doch schon längst versöhnt!«

Jetzt muss Walter Kohl laut loslachen. So hatte ich ihn noch nicht erlebt. »Ach, ich wünschte«, meint er, während er nach Luft ringt, »ich hätte hier einen Spiegel und Sie könnten sich in diesem Moment sehen!«

Jetzt bemerke auch ich meinen wutschnaubenden Ton und meine geballten Fäuste in der Hüfte, während ich von Versöhnung rede, und pruste ebenfalls los. Zusammen lachen wir, bis uns die Tränen kommen. Ja, so viel zum Thema Körpersprache und dem Projekt Versöhnung. Walter hat recht: »Es ist nun mal ein Weg und keine Pille, die man einwirft, und schon funktioniert's.«

Ein paar Tage später sitze ich wieder in der Redaktionskonferenz und suche zusammen mit den Kollegen Ideen für ein paar graphische Elemente, die eine Sendung begleiten sollen. Das Thema: »Neustart in der Landespolitik – wie kann er gelingen?« Momentan beschäftigt mich der eigene Neustart, und so fällt es mir schwer, mich zu konzentrieren. »Wer Dinge gern ändert, sollte Schneider werden und nicht in die Politik gehen«, witzelt einer der Reporter. »Die sind doch auch bloß alle bestimmten Zwängen ausgeliefert.« Ausgeliefert, bei dem Stichwort bleibe ich hängen. Greife nach meiner Tasche, hole das Notizbuch heraus und blättere zu der Seite mit den Stichpunkten, die ich nach dem Gespräch mit Walter Kohl aufgeschrieben habe.

Was hatte er mir noch mal für die zweite Halbzeit empfohlen?

 Walters Tipp
Es lohnt sich zu entscheiden, kein Treibholz mehr sein zu wollen!
Aber der Aufbruch aus dem alten in ein neues Leben ist wie Auswandern. So wie Versöhnung ist es ein Prozess und funktioniert nicht über Nacht. Die kleinen Abstürze und Einbrüche zwischendurch müssen wir aushalten.
Das Leben ist nicht schwarzweiß. Es ist grau, und Grau ist eine gute Farbe.

Ja, denke ich später auf der Fahrt nach Hause, zu oft hänge ich in diesem Schwarzweißdenken, und noch immer fehlen mir neue Ziele. Derzeit stochere ich im Nebel herum. Einer, der so dicht ist, wie der hier vor meiner Frontscheibe. Zur Sicherheit gehe ich vom Gas und schaue zwischendurch auf den Beifahrersitz. Dort liegt seit meiner letzten Fahrt Walters Buch »*Leben, was du fühlst*«. Mein Blick fällt auf das Cover. Das größte Wort auf dem Umschlag ist in Gelb-Orange gehalten und lautet LEBEN. Zum Spaß lese ich es auch rückwärts und bin erstaunt über die neue Bedeutung: NEBEL. Wie passend! So, wie die Buchstaben einen schöneren Sinn ergeben, wenn man sie vorwärts liest, sollten wir auch leben. Rückwärts gerichtet fehlt uns der Durchblick.

Kurz vorm Schlafengehen schreibe ich mir noch ein paar Anmerkungen hinter Walters Tipps ins Notizbuch:

 Fragen an mich selbst
Wo beharre ich auf meinem Schwarzweißdenken?
An welche Position setze ich mich selbst auf der »Liste« meiner Freunde?
In welchen Situationen bin ich mein eigener unerbittlicher Kommandeur?

Das nächste Wochenende ist wie geschaffen für einen langen Spaziergang.

Die Sonne steht tief hinter mir, und ich nehme mir beim Laufen die ganze Breite der Straße. Ich staune über meinen übermächtigen Schatten, der sich durch den Einfallswinkel ergibt, und irgendwie erinnert mich das Bild an das, was mir Walter Kohl über die Macht der Versöhnung erzählt hat. Die mit sich selbst und die mit der Vergangenheit, denn tatsächlich: Wenn sich die Wolken hinter mir verziehen, wird das Schattenbild, das vor mir liegt, deutlich schärfer. Schöne Metapher, denke ich. Hinter sich aufzuräumen bringt vorn mehr Klarheit. Wie ein Kind springe ich einige Male hin und her, spiele mit dem eigenen Schattenriesen und genieße die Ankunft des Frühlings.

Wird auch Zeit. Ich freue mich schon sehr auf ihn.

Sonntag treffe ich mich mit meiner Freundin zum Kaffee. Zeige ihr meinen neuen Glücksbringer, berichte ihr von der Muscheltheorie und meiner Begegnung mit Walter.

Sie hört aufmerksam zu. »Ja«, sagt sie nach einer Weile, »ich denke, die Menschen, die auf dieser Welt vorankommen und eine Perle nach der anderen formen, warten nicht auf ein scheues Glück. Sie sind diejenigen, die was tun, die immer was daraus machen, aus dem, was ihnen in ihrem Leben begegnet. Komme, was wolle.«

Später an dem Tag setze ich mich an den Schreibtisch, denn ich habe eine Idee. Walter hatte mich in den letzten Wochen dazu inspiriert, diese Briefe an mich selbst zu schreiben. »Durchdachtes von eigener Hand auf Papier aufgeschrieben«, hatte er gesagt, »zeigt alles viel klarer«, und tatsächlich ist das ein nützlicher Kniff. Angeregt durch den Erfolg meiner ersten kleinen Übungen, beschließe ich, einen besonderen Brief zu verfassen. Einen, den ich nicht nur im Computer speichere oder in der Schublade ablege, sondern wirklich per Post abschicke, und zwar an mich selbst! Ich werde mir selbst einen Brief mit den wichtigsten Sehnsüchten, Wünschen und Zielen schreiben, damit er mich zu einem späteren Zeitpunkt weiter in der Spur hält. Also werde ich ihn mit der eigenen Adresse versehen, frankieren, einem guten Freund übergeben und ihn bitten, die Post nach genau einem Jahr wieder an mich abzusenden. Mal sehen, was sich bis dahin getan hat. Ob sich überhaupt etwas in meinem Leben verändert haben wird? Ich weiß auch schon, wen ich bitte, hier den Postboten zu spielen.

Also Stift raus und los. Spontan aus dem Bauch heraus:

Meine liebe Peggy,

das ist ein historischer Brief.

Mein erster in dieser Form an Dich / mich selbst! Erst einmal Hut ab für alles, was Du bisher geschafft, gelernt, gelöst, immer wieder ausprobiert hast in Deinem Leben. Jetzt wird es Zeit für eine neue Reise, denn es ist schade, wie wenig Du momentan von Deiner eigenen Stärke und Schönheit siehst. Auf geht's zu einem neuen Blick auf Dich und Deine inneren Schätze! Lass Dich vom Leben und all den schönen Zufällen unterwegs führen. Noch kannst Du nicht hinter den Berg schauen, der vor Dir liegt, und erkennen, was sich dahinter verbirgt. Wage es trotzdem! Es wird Dir das Gefühl zurückgeben, lebendig zu sein. Wie war noch Dein erster Satz in dem Tagebuch als Achtzehnjährige – damals, als Du Dir als Auszubildende die ersten Schritte auf dem Weg in die Medien erkämpft hattest? Ich habe es nachgelesen. Damals hast Du geschrieben:

»Wir haben nur dann die Chance auf ein zufriedenes, erfülltes Leben, wenn wir mutig unsere Träume angehen.«

Damals warst Du so hungrig und voller Lust. Gilt das auch heute noch für Dich? Wenn nicht, was willst Du tun? Warten und hoffen, dass sich neue Träume von alleine zeigen, oder willst Du Dir einreden, dass schon alles getan ist, was Dir hier auf der Welt Freude bereiten könnte und wofür Du die richtigen Talente mitbringst?

Hab keine Angst!

Du hast Dich nur verloren, um Dich wiederzuentdecken. Also dann komm, lass uns jetzt auf das schauen, was wir uns beide für die zweite Lebenshälfte wünschen:

Ich hebe den Kopf und überlege einen Moment. Dann schreibe ich meine neuen Anliegen auf. Eins nach dem anderen. Insgesamt zehn und zum Abschluss noch eine nette Verabschiedung darunter:

In Liebe, Deine Peggy

Ich lege den Stift beiseite. Denke noch einmal an das neugierige, risikobereite Mädchen, von dem ich in meinen Zeilen sprach. Erinnere mich an ihr halbstarkes »Na und«, sobald etwas schwierig erschien. Ja, denke ich, warum sollte diese Haltung der Jugend vorbehalten sein?

Während ich das Kuvert zuklebe, kommt mir eine zweite Idee. Nicht nur dieser Brief soll ein Jahr lang auf Reisen gehen. Ich könnte es genauso tun. Nichts verschiebt den eigenen Horizont besser, als unterwegs zu sein. Schon der Besuch bei Walter Kohl hat mir viel gegeben. Die Energie, mit der ich von der Begegnung zurückkam, konnte ich lange spüren, und auch jetzt schaue ich immer mal in das kleine Notizbuch, in dem ich seine Inspirationen für mich festgehalten habe.

Ja, das ist es. Weitere Reisen!

Mittlerweile laufe ich in meinem Wohnzimmer auf und ab. Bin richtig aufgeregt angesichts dieser Vorstellung. Setze mich zurück an den Computer und starte die Suche nach einem zweiten Kontakt, der mich ein Stück aus meiner jetzigen Landkarte herauslocken würde. Jemanden, den ich seit langem gut finde und schon immer mal treffen wollte. Ich überlege. Dann springe ich auf und suche nach meiner Bahncard. Mal sehen, was das Ablaufdatum sagt.

Wie machen es andere – Abgucken bei den Erfolgreichen

Die Dame am Ticketschalter ist freundlich. »Mannheim? Mit Rückreise?«

Ich nicke und freue mich auf das erste Interview in eigener Sache. Habe es telefonisch ausgemacht und dafür extra Urlaub genommen. Mein erstes Interview ohne Auftrag der Firma, ohne Honorar und Rückvergütung der Reisespesen. Nur für mich allein. Eine Art private Weiterbildung, Investition in die Zukunft. Für die nächsten Monate habe ich jedenfalls eine Menge Pläne geschmiedet.

Habe mich für die Bahnhofslogik entschieden.

Damit man umsteigen kann, muss man zuvor einmal aussteigen. Und für eine gewisse Zeit werde ich mein Tempo drosseln. So kann ich bestimmt besser erkennen, ob die Richtung des bisherigen Weges noch stimmt; und irgendwie ist die Entscheidung auch aufregend, denn zum ersten Mal in meinem Leben plane ich gezielt Reduzierungen: ein paar Stunden weniger arbeiten, weniger verdienen und weniger ausgeben. Dafür möchte ich mir erlauben, in nächster Zeit öfter innezuhalten. Das selbstgebastelte Hamsterrad anzuhalten und in der zusätzlichen privaten Zeit quer durch Deutschland zu fahren.

Ich werde »*meine Inspiratoren*« treffen!

Habe mir alle in Frage kommenden Namen auf einem Zettel notiert. Mit Walter Kohl sind es jetzt Bekannte und erfolgreiche Macher aus Wirtschaft, Kunst, Medien, Sport und zupackende Familienoberhäupter, die ich mag und die eines gemeinsam haben: Sie haben es geschafft, Krisen zu meistern und ihre Träume zu leben. Haben in Form von großen Erfolgen eine »Perle« nach der anderen gezaubert. Sie müssen ja wissen, wie es geht. Wie das mit dem immer wieder *neu aufbrechen* gelingen kann und auf welche Stolpersteine man zwischendurch achten muss? Warum sollte ich bestimmte Fehler noch einmal machen? Vor allem interessiert mich, ob es einer von ihnen mal bereut hat, Risiken einzugehen, und wie sie es hinbekommen, sich nicht selbst im Weg zu stehen? Wie sie mit Pflichten und Zweifeln umgehen, die es zu meistern gilt? Wie sie ihre Ängste im Griff haben? Die vorm Älterwerden oder die vor Grenzen?

Wer neue Antworten will, muss neue Fragen stellen.

Das hatte ich in meinem Job als Redakteurin gelernt, und genau das würde ich nun auch im Persönlichen tun. Gut, nicht alle, die auf der Liste stehen, kenne ich bereits direkt. Von manchen habe ich noch nicht einmal die Telefonnummer. Bekomme ich aber hin. Manche von ihnen werde ich in ihrem Wohnzimmer treffen. Andere im Café oder Backstage vor einem großen Auftritt. Einige Gespräche könnten vielleicht einen Tag dauern. Andere nur eine Stunde. Doch von jeder Begegnung erhoffe ich mir, dass dabei auch etwas mit mir passiert. Ich freue mich darauf, neue Impulse zu tanken und damit mein eigenes Lebensschiff wieder auf Kurs zu bringen.

Also schnappe ich mir das Ticket nach Mannheim, mein kleines, schwarzes Notizbuch und starte zur nächsten Verabredung. Zu Florian Sitzmann, dem Supermann ohne Beine.

Spinne deinen Schmerz zu Gold

so wie »Der Halbe Mann«, Paralympicssportler, Redner und Buchautor Florian Sitzmann

Im Zug lese ich in Florians Büchern »Der halbe Mann« und »Bloß keine halben Sachen«. Seine Freunde nennen den früheren »Zwei-Meter-Mann« Flo. Er liebt es, ins Autokino zu fahren. Genau diese Stelle mag ich auch so in seinem ersten Buch. Darin beschreibt er einen Abend, an dem er mit einem querschnittsgelähmten Kumpel in seinem 67er Mustang Cabrio an der Kasse vorfährt. Sie freuen sich auf den Film »Blues Brothers«. Die zwei Rollstühle der Männer sind hinten verstaut. Der von Florian auf der Rückbank des Wagens. Der des Freundes im Kofferraum. Der Kassenwart arbeitet die Schlange vor sich ab. Als der Mustang vorfährt und er den Rollstuhl auf der Rückbank erblickt, räuspert er sich für eine Zusatzinformation: »Die Begleitperson von Behinderten ist bei uns frei.« Und schiebt gleich eine Nachfrage hinterher. »Wer von Ihnen ist denn der Behinderte?« Flo sieht ihn an und meint: »Mit uns beiden haben Sie heute Abend 200 Prozent, und mehr werden Sie auch nicht bekommen!« Das Hirn des Kassenwarts fängt an zu rattern, und allmählich wird ihm klar, dass er mit diesen zwei Gästen heute Abend nichts verdienen wird.

Als ich Florian zwei Stunden später bei unserem Treffen in einem Mannheimer Café auf die Geschichte anspreche, kann er sich immer noch darüber amüsieren. Sie ist ein fester und humorvoller Bestandteil seines Tour-Programms. Ich studiere seine Augen. Selten habe ich eine derartige Lebenslust gesehen. Er liebt es, Dinge anders zu machen als andere. Er will kein Standard sein. Und genauso tat es das Leben auch mit ihm.

Wir reden über den 31. August 1992, die Nacht, in der er als Fünfzehnjähriger auf dem Rücksitz eines Motorrads unter einen Lkw geriet und beide Beine verlor. »Nach dem Aufwachen aus dem Koma hatte ich das Gefühl, meine Beine sind unglaublich schwer, und ich bat meine Familie, sie mal etwas anders hinzulegen. Daraufhin nahm mich mein Vater in den Arm. Erinnerst du dich an den Unfall?, fragte er mich und sagte dann: Was meinst du, was von Beinen übrig bleibt, wenn ein Laster drübergefahren ist?« Ich schlucke, während mir Florian von diesem Moment erzählt. Aber schon kommt sein nächster aufbauender Kommentar: »Ja, das war damals eine neue Chance für mich und ein spannendes Leben.«

Ich bin ganz still. Andere würden bei so einer Weggabelung des Lebens wohl eher von Schicksalsschlag sprechen, von Prüfung und Leid. Florian nicht. »Ich habe drei Jahre gebraucht, bis ich das selbst so formulieren konnte und dann auch wirklich so meinte!«, schiebt er noch nach.

Drei Jahre, denke ich. Immer noch verdammt schnell! Manch einer kommt nie aus alten Denkschleifen heraus. Aus all der Traurigkeit, den Fragen, der Anklage ans Leben. Und genau das sage ich ihm auch so. Frage ihn, wie er es geschafft hat.

»Ich bin ins kalte Wasser gesprungen«, antwortet er. »Ich hatte den Mut loszulaufen, hab nicht nachgedacht, wohin mein Weg mich führt. Er ging erst mal geradeaus, das war das Wichtigste. Jeden Tag aufs Neue! Nicht lange über Situationen grübeln, die sich nicht ändern lassen, der Bauch sagt dir, wie es ist und werden kann. Schon damals in der Klinik. Genauso wie ein klares ›Ja, ich will‹: Will gesund werden, wieder laufen lernen in meinem eigenen Leben. Eine eigene Wohnung haben, Auto fahren, arbeiten, Geld verdienen, Kumpels treffen, Mädchen kennenlernen, Sport treiben. Ich habe mich konfrontiert mit dem Leben. Bin rausgegangen und habe den Mund aufgemacht.« Er überlegt. »Ja, am Anfang habe ich das wirklich extrem umgesetzt. Bin zu den Leuten auf der Straße, die mir seltsame Blicke zuwarfen, sofort hingerollt. Habe sie gefragt, warum sie mich anschauen? Ich war provozierend, polarisierend. Schon krass. Aber es war mein Weg, und nach drei Jahren war es mir schließlich egal, was andere dachten. Meinen roten Faden im Leben wollte ich verfolgen und mir treu bleiben. Das war und ist mein Erfolgsrezept für all mein Tun.«

»Wer das aber nicht von selbst schafft, was würdest du diesem Menschen raten?«, frage ich nach. Florian überlegt. »Du musst dir selbst eine Chance geben.« Seine Blicke sind direkt und voller Kraft. »Du musst es schaffen zu spüren, dass da draußen noch etwas ist, was auf dich wartet! Natürlich fand ich meine Situation anfangs auch echt beschissen. Aber letztlich war ich doch zu sehr in dieses Leben verliebt. Da draußen sind noch so viele Fragezeichen, Peggy. Die wollen eine Antwort bekommen! Das zu spüren und zu haben ist ein großes Geschenk.« Was ihn heute unterscheidet von dem Florian vor dem Unfall, frage ich.

Er überlegt etwas länger. »Ich habe mich im Grunde nicht verändert«, sagt er schließlich. »Ich bin wohl etwas schneller gereift als ohne den Unfall. Du musst dem Leben Beine machen, das war schon immer mein Credo. Egal, ob du nun laufen kannst oder in einem Rollstuhl durch die Gegend fährst. Ich stehe mit beiden Beinen voll im Leben.«

Toller Typ, denke ich. Wir reden über ein Kinderprojekt in Mannheim, für das sich Florian seit Jahren engagiert, und natürlich über Frauen. Ob sich da etwas verändert hat nach dem Unfall. Ich merke, dass er das Thema liebt. »Letztlich«, sagt er, »bedauere ich nur, früher so schüchtern gewesen zu sein und Chancen nicht bemerkt zu haben. Das mit den Frauen habe ich später aber nachgeholt!« Er schnappt sich den Keks zum Kaffee und lacht laut. Dann rückt er ein Stück näher. »Weißt du, eins habe ich bemerkt. Frauen, die ich kennenlernte, verliebten sich nie in meine fehlenden Füße, sondern in den Rest vom Kerl. Und da war ja noch genug dran. Was suchen Frauen? Hab ich mich öfter gefragt. Aus meiner Sicht suchen sie einen Partner, bei dem sie sich ankuscheln können, wollen mitunter einen starken Mann. Einen zuverlässigen Partner, den Fels in der Brandung, mit dem sie auf Augenhöhe sprechen können. Sie wollen Spaß mit ihm haben, lachen können und Sport mit ihm treiben. Und das passt für mich.« Ich verstehe. Auch davon hatte ich in seinen Büchern gelesen. Für Florian ist die Welt in Ordnung, wenn er so oft wie möglich auf seinem Rad sitzen und Touren drehen kann. Auch bei den Frauen hat er mittlerweile die richtige gefunden. Ist zum zweiten Mal verheiratet und erst vor einiger Zeit zum dritten Mal Papa geworden: Die beiden Kleinsten, Hanna und Georg, sind Zwillinge und mindestens so agil wie ihr Vater.

Ob er noch vor irgendetwas Angst hat? »Ja, vor Spinnen!«, sagt er ernsthaft. Dann schnappt er sich das Papier, auf das ich gerade das Wort Angst notiere, trennt es aus meinem Notizbuch und zerreißt es in der Luft. »Schau mal, so musst du mit Ängsten umgehen!« Dann spielt er eine kleine Entschuldigung, weil er gerade meine Mitschrift vernichtet hat.

»Welche Charaktereigenschaft hat dir nach dem Unfall am meisten geholfen, um in dein neues Leben zu finden?«, frage ich, als ich mich wieder gesammelt habe, und Florians Blick geht in die Weite. »Weißt du, ich erinnere mich gern an Georgius Adamidis. Er war mein behandelnder Arzt, der mir damals nach einer fünfstündigen OP das Leben gerettet hat. Nach ihm habe ich auch meinen Sohn Georg benannt. Er sagte damals zu mir: ‹Flo, du warst schon immer ein Kämpfer, und jetzt kommt eine neue Aufgabe für dich. Deine Arme sind dein Kapital, und du musst gut auf sie aufpassen.› Es ist wahr! Aufgeben ist keine Option für mich. Die Sachen durchziehen ist mir wichtig. Ein Ziel setzen und dranbleiben. Wie bei meinem Styrkeproven-Rennen damals von Trondheim nach Oslo; der großen Kraftprobe, wie das übersetzt aus dem Norwegischen heißt. Damals bin ich 540 Kilometer und 4500 Höhenmeter in 30 Stunden und 30 Minuten mit dem Fahrrad quer durch Norwegen gefahren. Kam ins Ziel und stellte einen neuen Rekord auf. Aber egal wie schnell oder elegant man da auch ist. Ankommen, darum geht es letztlich doch?«

»Ja«, sage ich und denke über mich nach. Auch ich kann kämpfen. Tapfer und zäh. Nur sind es immer die richtigen Dinge, für die ich meine Kraft verwende? Ich kenne das Gefühl von Reue. Und er? »Wie trifft man denn deiner Meinung nach die besten Entscheidungen im Leben?«, frage ich laut. »Also ich meine so, dass man später nicht ewig weitergrübelt oder der Sache nachtrauert?«

Florian versteht. »Mit dem Bauch«, sagt er. »Eindeutig mit dem Bauch, Peggy.« – »Ist das letztlich dein Lebensrat?«, frage ich und zücke meinen Stift. »Was würdest du einem Menschen empfehlen, der gerade vor einer wichtigen Veränderung steht, sich diesen letzten, entscheidenden Schritt aber noch nicht zutraut?« Florian zeigt bei der Antwort auf die Buchseite, die er mir gerade zerrissen hatte. Die mit der Aufschrift Angst. »Tu's einfach. Angst ist Mist! Nur wenn du dir selbst etwas zutraust, kann du am Ergebnis wachsen. Ganz gleich wie das aussieht. Hör auf dein Bauchgefühl. Halte den Kopf schön oben und übersieh nebenbei nicht die vielen kleinen Dinge, die am Wegesrand auf dich warten: das nette Lächeln in der Fußgängerzone, ein schönes Lied; die meisten von uns verpassen das ständig, weil wir jeden Tag so schrecklich viel Wichtiges zu erledigen haben.«

Später, allein für mich auf der Rückfahrt nach Hause notiere ich:

 Florians Tipp
Angst ist Mist. Beweg dich jeden Tag. Mit oder ohne Beine und egal, was passiert: Versuch allem etwas Positives abzugewinnen. Spinne Schmerz zu Gold und vergiss dabei nicht: Das Leben traut uns nur das zu, was wir auch schaffen können!

Ich starre aus dem Zugfenster, nehme aber nichts von der Landschaft wahr. Bin in Gedanken noch in dem Mannheimer Café und glücklich über die Begegnung. Fühle mich richtig lebendig durch sie. Freue mich, überhaupt auf diese Idee mit den Reisen gekommen zu sein. Dann erinnere ich mich an den Abschied von eben. Wie mir Florian anbot, ihn ebenfalls beim Spitznamen zu nennen. Schon lustig. Ein Kerl mit derart starken Oberarmen und so vielen Tattoos, den nenne ich nun Flo. Aber irgendwie passt es. Es drückt eine Verbundenheit aus, die nichts mit Äußerlichkeiten zu tun hat. Genau deshalb musste vorhin bei der letzten Umarmung auch noch diese allerletzte Frage aus mir heraus:

Was er nach allem, was er erlebt hat, nun über Gott denkt, hatte ich noch wissen wollen, und seinen Gesichtsausdruck dazu werde ich nie vergessen.

Er hatte die Frage aufmerksam aufgenommen und sich dann hektisch im Rollstuhl zurechtgerückt. So, wie er mich in dem Moment ansah, war eine Explosion als Antwort zu erwarten. Seine Augen begannen zu glühen, und obwohl unser Gespräch bis dahin komplett klischeefrei gewesen war, mutmaßte ich plötzlich in reinstem Schubladendenken, dass dieser Mann jetzt hinausschreien würde: »Gott? Geh mir bloß weg mit dem!« Flo aber hatte sich nur gesammelt. Es hatte den Anschein, als sollte in diesem Augenblick die Essenz seiner vergangenen fünfundzwanzig Jahre in einen Satz gegossen werden.

»Gott?«, hatte er meine Formulierung schließlich noch einmal bedeutungsvoll wiederholt, ohne mich aus den Augen zu lassen, dann kam sein Statement: »Ein klares JA zu Gott, denn ich habe tatsächlich das, was man Gottvertrauen nennt. Nach dem Unfall war mir sehr schnell klar: Jetzt kann definitiv nichts Schlimmeres mehr kommen.« Diesen Satz ließ er dann einfach so stehen. War zufrieden mit ihm, und ich hatte verstanden.

Trotzdem kam doch noch ein »Aber« von mir hinterher:

»Aber du hättest damals im Krankenbett doch auch total verzweifeln können! Hättest Gott anklagen können: Warum er das alles in deinem jungen Leben passieren lässt?«

Dann nickte Flo. Das war eine gute Vorlage für ihn. »Klar, logisch. Und weißt du was? Genau das habe ich auch getan! Ich lag da und klagte ihn an. Nächtelang! Ich redete verdammt oft mit ihm. Habe ihn immer wieder gefragt, warum er hier so eine Scheiße mit mir durchzieht. Und dann kam irgendwann die Antwort.«

In diesem Moment hatte er wie ein Kind an Weihnachten gestrahlt und sich auf meine nächste Nachfrage gefreut. Ich spielte den Ball auch zurück.

»Warum, Flo? Sag mir bitte deine Antwort!«, fragte ich, und er lächelte. Nicht überlegen. Ganz im Reinen mit sich. Noch eine kleine dramaturgische Pause und dann: »Weil ich es kann. Das ist die Antwort, Peggy.«

»Ihre Fahrkarte bitte!« tönt es plötzlich neben mir. Die Stimme holt mich zurück in die Gegenwart. Eilig reiche ich das Ticket dem Zugbegleiter, um schnell wieder allein sein zu können mit meinen Gedanken. Trage auch immer noch dieses Lächeln im Gesicht. So ein echtes. Ach wie schön, denke ich, denn das letzte Mal ist lange her. Außerdem bin ich dankbar für die drei Stunden Zugfahrt, die nun vor mir liegen. So kann ich Flos Gedanken erst einmal verdauen. Gott, so hatte er es mir vorhin erklärt, tat all das ausgerechnet mit *ihm*, weil er es kann. Diese neue Kraft, die aus dem Unfall, dem Schmerz, dem Neuanfang entstand und die er jetzt an andere weitergeben kann, das ist *seine* Aufgabe hier in der Welt, und die erfüllt er gern.

Ich lehne mich in den Sitz und beobachte einen vorbeifliegenden Vogel. Sein Anblick erinnert mich an die Geschichte vom farbenprächtigen mauritischen Dodo, die ich mal las. Er starb aus, weil er sich weigerte, fliegen zu lernen. Nein, so möchte ich nicht enden. Hübsch, bequem und in Kürze tot. Danke für den Tritt in den Hintern, lieber Flo. Deine letzte Antwort heute werde ich nicht vergessen. Dann greife ich wieder nach dem Notizbuch und schreibe:

 Fragen an mich selbst
Für meinen Supermann ohne Beine sind es seine Familie, das Schreiben von Büchern, die anderen Mut machen, und sein 67er Mustang. Was bewegt mein Herz?
Habe ich, so wie Florian, auch bereits meine Dreijahresfrist beim Trauern hinter mir gelassen? Auf welchem »Unfall« meines Lebens kaue ich noch immer herum?

Flos Chirurg bewunderte sein Kämpferherz. Was würden andere über mich sagen: Welches ist meine stärkste Eigenschaft, um schwierige Zeiten zu überstehen?

Seit dem Austausch mit Flo habe ich das Gefühl, auf meinem neuen Weg ein Stück voranzukommen. Doch mit Gefühlen ist das so eine Sache. Keine Heldenreise ohne Prüfung, und was würde sich für eine Frau, die derzeit Single ist, besser als Härtetest eignen als einer der angeblich romantischsten Tage im Jahr. Ich stehe vor meinem Küchenkalender und verziehe das Gesicht. Morgen ist der 14. Februar. Der Tag der Verliebten. Stimmt, da war ja noch was. Die Liebe ...

Sollte ich da auch mal wieder aufräumen und Neues ansteuern? Diese Aufgabe scheint mir momentan zu kompliziert. Jedenfalls komplizierter als alles andere, was ich mir gerade vornehme. So lange hatte ich nicht mehr auf mein Herz gehört. Ob es überhaupt noch mit mir spricht?

Kurz vor Mitternacht liege ich wach. Das Fenster steht offen, also lausche ich. Ein kräftiger Wind fährt in die Bäume, das Rauschen schwillt an und erinnert mich an das Spiel hoher Wellen am Strand. Sonst hätte ich das Geräusch in all seiner Romantik genossen und mich einfach entspannt. Jetzt aber denke ich an das Datum des nächsten Tages und finde es irgendwie bedrohlich. Steigere mich richtig hinein und empfinde nach langer Abstinenz mal wieder so etwas wie Einsamkeit. Fühle mich regelrecht verhöhnt von dem Wellenspiel vor dem Fenster. Irgendwie treibt es einen nur noch tiefer in die Kissen der zweiten Betthälfte hinein. Doch irgendwann kommt der Schlaf.

Gegen 16 Uhr des neuen Tages, jenem provozierenden Valentinstag, der immer noch acht lange Stunden dauern wird, ticke ich aus. Checke Briefkasten und Handy. Irgendwie will heute niemand an mich denken. Gut, eine SMS mit Smiley und Herz von einer Bekannten. Aber sonst nichts! Keine Rose, kein Überraschungspaket, kein Geschenk mit rosa Schleife vor der Tür. Auch sonst eher lästige Verehrer halten sich heute vornehm zurück. Keine E-Mails und keine WhatsApp, nichts!

Zwei Stunden später, ungefähr gegen 18 Uhr ist mein Sohn fällig. Niemand sonst ist greifbar. Beim nächstbesten Wortwechsel schlage ich zu und setze einen Seitenhieb auf unterlassene Liebesbeweise an einem so bedeutungsvollen Tag. Obwohl Söhne nun wirklich nicht für Valentinsgrußkarten an ihre Mütter zuständig sind, stört mich – aufopferungsvoll, wie ich im Alltag bin –, dass ich an dem Tag weder eine extra Umarmung noch irgendetwas Selbstgebasteltes vom liebenden Kind erhalte. Zwar geht mein »Kind« straff auf die Volljährigkeit zu. Trotzdem. Verständnis hin oder her, das ist der Gipfel! Doch am Ende knallt mir mein Junge die nackten Tatsachen in Sachen Liebe treffsicher vor den Latz.

»Entschuldige bitte, Mama, ich wusste ja nicht, welche Bedeutung dieser Tag für dich hat. Aber wenn er dir so wichtig ist und du dich so darüber ärgerst, dass heute niemand an dich denkt, dann mach dir doch selbst ein Geschenk. Belohn dich heute mit etwas Hübschem, geh essen und tu dir selbst etwas Gutes. Sei doch dein eigener Valentin!«

Damit hatte er mich. Wie oft hielt ich ihm in letzter Zeit Vorträge zum Thema Selbstliebe. Und was tue ich, wenn es darauf ankommt?

Zwischen »tun« und »wollen« liegt zwar gerade mal ein Unterschied von lumpigen drei Buchstaben. Im Ernstfall aber ein ganzes Universum, wenn es darum geht, diese Worte zu leben. Also, selbst ist die Frau! Selbst beim »sich mögen«.

Am Tag der Liebe und an allen anderen 364 Tagen im Jahr.

Glaub immer an das Gute

so wie es Gregor Meyle von seinem Opa lernte

Ob ich ihm sage, dass mich sein Titel »*Du bist das Licht*« schon öfter gerettet hat, denke ich am Tag vor dem Treffen mit Gregor Meyle. Oder wäre das zu kitschig? Jedenfalls macht es mich immer, wenn es im Radio kommt, fröhlicher, und sein Text hilft mir, mich durch diese Umbruchzeit zu manövrieren.

Auch ohne ihn persönlich getroffen zu haben, nur beim Erleben seiner Fernsehsendungen und Konzerte wirkt der Mann authentisch auf mich. In meinem Beruf durfte ich schon einige Künstler interviewen. Viele von ihnen mit einer umwerfend sympathischen Ausstrahlung auf der Bühne. Dahinter besitzen manche dann das gewisse Nichts. Zumindest charakterlich. Ihre Freundlichkeit ist ein Pawlow'scher Reflex, sobald der Scheinwerfer angeht. Dieser Mann aber scheint anders zu sein. Ich vermute, dass er nicht nur ein guter Musiker ist. Sondern auch das, was ich bei meinen Inspiratoren hier suche. Ein Herzmensch und Mutmacher. Vielleicht sogar ein Heiler. Seine Medizin steckt in Liedern, und die Verkaufszahlen zeigen, dass sie offenbar ganz gut wirken. Auch Gregor selbst sagt, dass Musik Seelen heilen kann.

Na schauen wir mal.

Ich treffe ihn vor seinem Konzert in Leipzig. Als ich ankomme, fotografiert er gerade ein handgemaltes Schild am Stromkasten im Backstage-Bereich. Die sächsischen Techniker haben es dort aufgehängt, und Gregor hat sichtlich Freude daran. Als er es mir vorliest, muss auch ich sofort loslachen.

»*Hier is Brie of dor schnurr. Nich nei datschen! Des macht nur kleen und runzlisch.*«

Chapeau für seinen sächsischen Akzent. Wir setzen uns, und mir fällt ein Stein von Herzen. Er hat nicht die Ausstrahlung eines vielbeschäftigten Künstlers mit einem chronisch hektischen Managerstab im Rücken. Er nimmt sich Zeit. Anderthalb Stunden bis zum Abend vor dreitausend Fans, und schon nach wenigen Augenblicken und Kaffeeschlückchen bin ich mir ganz sicher: Dieser Mann ist echt. Wir reden über seine Alben. Über »Die Leichtigkeit des Seins« und viele seiner Lieder davor.

»Du singst ja auch *Das Beste kommt noch*. Wenn das Beste also immer am Schluss kommt, hast du dir deshalb schon so oft Leipzig als letzte Station deiner Tour ausgesucht?«, lautet meine erste Frage. Sie gefällt ihm. Er macht es sich bequem, und ja, er liebt Leipzig. Erzählt von seinem ersten Konzert hier, und zwar zu einer Zeit, wo er an einem Punkt war, an dem er beinah aufgegeben hätte. Nur mit und von Musik zu leben, vielleicht war das doch ein zu großer Traum? In solchen Momenten kommt dann manchmal ein Schub von außen. Leute, die an einen glauben und helfen. Roy, der Chef der Leipziger Theaterfabrik, plakatierte damals die komplette Stadt mit Gregors Konterfei. Illegal im Schatten der Nacht und von Hand. Als Gregor dann mit seiner Band in die Stadt hineinfuhr, traute er seinen Augen nicht. Beinah an jedem Baum, jedem Stromkasten und jeder Straßenlaterne klebte sein Bild. Davor war er zehn Jahre Tontechniker gewesen. Wollte irgendwann der Abenteuerlust folgen und als Ausbilder nach Südafrika auswandern. Bis ihn sein jüngerer Bruder mit einem Trick zur Castingshow von Stefan Raab lockte. Gregor landete mit fast ausschließlich eigenen Songs im Finale und wurde zweiter hinter Stefanie Heinzmann. Wieder etwas später gab es den berühmten Anruf von Xavier Naidoo. Ob er sich vorstellen könne, zusammen mit anderen Stars bei »Sing meinen Song« mitzumachen und dafür zu einem exotischen Drehort zu fliegen? Also doch auf nach Südafrika! Aber nicht als Ausbilder im Hintergrund, sondern selbst mit der Gitarre vor der Kamera. Als Newcomer im Musikolymp, so empfand er sich damals.

»Ein unglaubliches Gefühl, wenn plötzlich andere deine Songs singen. Erfolgreiche Leute. Kollegen, vor denen du Respekt hast, und toll, wenn auch du sie mit deinem Auftritt vom Sofa holst!«

Ob er an Schicksal glaubt, frage ich ihn.

Sofort ein Ja. »Mit dem, was mir widerfahren ist, sollte ich daran glauben. Ich glaube einfach an das Gute im Menschen und im Leben. Bin damit bisher auch ganz gut gefahren. Weißt du, ich denke, es ist so wie auf dem Tennisplatz. Manchmal kommen plötzlich fünfzig Bälle gleichzeitig angeflogen. Manchmal nur einer und manchmal auch gar keiner. Ich denke, wichtig ist, dass wir jeden Tag realisieren, wie gut es uns doch geht. Dass wir das, was wir bekommen, genießen und dass wir davon auch etwas abgeben.«

Ich nicke. »Aber was würdest du denen raten, bei denen kein Ball angeflogen kommt? Vielleicht schon seit langer Zeit. Menschen, die zu viel Druck verspüren, um ihre Träume anzupacken, oder Angst haben, die alten noch einmal auszugraben?«

Gregor hört mir aufmerksam zu.

»Nun ja, letztlich liegt es natürlich an jedem selbst. In Deutschland haben wir erst mal gute Grundvoraussetzungen. So ein deutscher Pass macht vieles leichter. Wir dürfen auf keinen Fall diejenigen vergessen, für die nicht immer die Sonne scheint, aber solange wir gesund sind und es wirklich wollen, können wir eine Menge schaffen. Uns steht in jedem Alter die Welt offen. Auch mit fünfundvierzig könnten wir noch nach Spanien gehen und dort nordvietnamesische Soziologie studieren.« Wir lachen. »Ganz im Ernst, ich denke«, redet Gregor ruhig weiter, »es ist wichtig, herauszufinden, was man wirklich möchte im Leben, und dass man die Zeit, die man hat, dann auch wirklich nutzt.«

Wir reden über Alltagshelden. Über einen Familienvater mit drei Kindern, den Gregor in einem Flüchtlingscamp traf. Über deutsche Krisenhelfer, die freiwillig ihre Zeit dafür opfern, anderen zu helfen, und selbst nach Jahren mit heftigsten Einsätzen noch immer freundlich und hilfsbereit agieren. Solche Menschen sind Gregors Helden.

»Oder mein Opa Hans Walter. Der ist auch ein Held für mich.«

»Warum?«

»Weil er so viele Dinge in seinem Leben gemeistert hat und trotzdem ein humorvoller Mensch blieb. Mit sechzehn musste er an die Front. Russland, Italien, das hat er alles überlebt. Von seinem Sold unterstützte er die achtköpfige Familie zu Hause. All seine Geschwister. Die eigenen Kinder erzog er mit Liebe und Gelassenheit. Trotz der krassen Zeiten, die er hinter sich hatte.« Gregors Stimme wird leiser. »Ja, daran sollten wir uns immer mal zurückerinnern. An all das, was Menschen überlebt und durchgestanden haben. Genauso wie damals diese Trennung von Ost und West. Wo Menschen ihr Leben riskiert haben bei der Flucht in ein anderes Leben. Das waren Zeiten des Umbruchs, und die haben wir heute wieder. Da müssen wir lernen zu teilen und einander zu helfen. Letztlich ist das das einzig Wichtige, was man im Leben machen kann: freundlich sein und sich gegenseitig Liebe geben. Hört sich poetisch an. Ist aber so.«

»Was war denn der beste Lebensrat, den dir dein Opa mitgegeben hat? Seine Kernbotschaft, die du in dir trägst?«, frage ich ihn.

Gregors Augen zeigen, was er für diesen Mann fühlt. »Seine Hinterlassenschaft ist genau dieser Glaube an das Gute im Menschen. Den habe ich von ihm übernommen. Er war ein offener Mensch, lebte mit Libanesen und Türken in wunderbarer Nachbarschaft, und er blieb bis zu seinem Tod humorvoll. Sagte selbst am Schluss in der Klinik noch: So jetzt gehe ich mal zwei Stockwerke tiefer. Ja, ihm ist selten der Humor ausgegangen.«

Irgendwann sind wir wieder bei Gregors Leben und seiner Musik, und ich frage ihn, was ein Künstler braucht, um lange erfolgreich und glücklich in seinem Beruf zu bleiben. Er überlegt, gibt keine Nullachtfünfzehn-Antworten. Er will mir eine ehrliche Antwort geben.

»Du wirst dann glücklich, wenn du in den vielen schönen Momenten, die du zum Beispiel bei einem Konzert mit dem Publikum teilst, auch wirklich realisierst, dass das alles gerade passiert. Wenn du es schaffst, ein paar Sekunden oder Minuten pro Abend auch selbst Gänsehaut auf der Bühne zu bekommen, weil der Moment gerade so geil ist – das ist das, was dich langfristig motiviert. Ja, ich denke, wenn du dir zwei, drei Lorbeerblätter für deine Arbeit mitnimmst und irgendwo hinklemmen kannst. Zwei, drei Lorbeerblätter brauchst du ja auch, um vernünftige Soße zu machen. Aber mehr brauchst du nicht. Dann kommt schon wieder ein neues Rezept. Da freue ich mich dann, wenn ich wieder ein neues Album machen kann.«

Er erzählt mir, wie eine seiner ersten Erfolgssingles »*Hier spricht dein Herz*« entstand. »Ich bekam damals von einer guten Freundin zum Geburtstag eine Postkarte. So eine mit einem Spruch drauf, die kennst du sicher, und dort stand: ›*Hüte dich vor einem Entschluss, zu dem du nicht lächeln kannst.*‹ Schön, oder? Ich denke, man ist mit sich im Reinen, wenn man sein Lächeln behält, und zwar bei jeder Entscheidung, die man im Leben trifft. Tja, und so entstand dieser Song.«

Ich freue mich über diese Begegnung. Sie ist ungezwungen und macht etwas mit mir. Mir fällt wieder ein, dass er diesen einen Gedanken seines Großvaters gern auf der Bühne zum Publikum sagt: »Lasst euch nie davon abhalten, an das Gute im Menschen zu glauben.«

»Und an euch selbst«, würde ich vielleicht noch hinzufügen, wenn ich diesen Mann hier so vor mir sitzen sehe und mir seine Geschichte anhöre. Ihm ist es jedenfalls gelungen, und das macht Mut.

Innerlich fasse ich Gregors wichtigste Gedanken zusammen, die nachher mit in mein Notizbuch kommen:

Gregors Tipp
Glaub an das Gute. In jedem Alter steht uns die Welt offen. Auch, wenn es im Leben zugeht wie auf dem Tennisplatz. Manchmal kommen plötzlich fünfzig Bälle gleichzeitig angeflogen, manchmal nur einer und manchmal gar keiner. Wichtig ist, dass wir jeden Tag realisieren, wie gut es uns trotzdem geht, und dass wir das, was wir bekommen, genießen und davon auch etwas abgeben.

Als unser Gespräch beendet ist, erscheint ein Kamerateam von einem befreundeten Sender. Sie wollen noch schnell einen offiziellen Gruß für Radio und Fernsehen mit dem Star aufnehmen. Gregor bleibt mittlerweile kaum noch eine Pause vor dem Auftritt. Der Kameramann beeilt sich mit dem Aufbau, und auch der Tonkollege gibt alles. Doch plötzlich das Malheur. Die Technik versagt. Irgendwas am Tonmischer und ein fieses Störgeräusch bei der Aufnahme. Ein großes Wuseln, Stecker raus, Stecker rein, Batterien prüfen. Blasse Gesichter. Alle im Raum spüren den Zeitdruck und die Peinlichkeit. Den Kollegen sitzt der Auftrag vom Programmchef im Nacken. Sie sollen unbedingt eine Aufnahme von dem Star mitbringen! Wenigstens einen kurzen Gruß an die Zuhörer. Möglichst noch fürs Abendprogramm.

Stress.

Gregor aber bleibt ruhig und freundlich. Steht auf, hilft dem Tontechniker, verkabelt sich anschließend selbst wieder für den nächsten Aufnahmeversuch und wechselt vorher noch schnell die Batterien am Ansteckmikrophon. Das kann er ja noch. War schließlich jahrelang auf der anderen Seite. Von dort kennt er solche Situationen genau. Zum Haareraufen. Meine Kollegen sind beeindruckt. Nicht nur von Gregors Technikkenntnissen. Vor allem von seiner Art. Dieselbe, mit der er später, nach dem Konzert, im Backstage-Bereich für die Crew und sich noch Spaghetti kochen wird.

Jetzt wird es Zeit. Gregor muss zur Bühne, und wir verabschieden uns. Ich wünsche ihm viel Spaß mit den Leipziger Fans, und Gregor zitiert aus Forest Gump. »Ja, das Leben ist wie eine Schachtel Pralinen. Man weiß nie, welches Publikum man bekommt.« Seine Augen blitzen. »Aber mei' Leipz'sch loob isch mir!«

Als ich mich später mit ins Publikum stelle, hat er es bereits in verschiedene Stimmen eingeteilt und dirigiert. Seine Leipziger sollen mitsingen. Mal laut, mal leise. So wie wir alle durchs Leben gehen. Manchmal tanzend auf großer Bühne, unerschrocken und selbstbewusst mit einem extra dicken Bläsersatz im Rücken. Dann wieder allein, nachdenklich und still. Während ich über den Vergleich nachdenke, deutet Gregor auf seinen Mund, und sofort verfällt der Publikumschor um mich herum ins Pianissimo. So dezent, dass man das Schlagen der dreitausend Herzen hören kann, die gerade dem Mann dort im Rampenlicht zufliegen. Ich schaue in die Gesichter neben mir. Auf allen ein Lächeln. Auch auf denen der mitgeschleppten Ehemänner. Plötzlich steigt Gregor von der Bühne herunter und läuft mit einem Teil der Band ins Publikum. Das bildet geistesgegenwärtig eine Gasse, und irgendjemand trägt noch schnell ein Mikrophon und Lichtstativ hinterher. So sind die Musiker auch hier unten in der Masse gut zu erkennen und zu verstehen.

Erwartungsvolle Stille.

Gregors Augen blitzen. »Habt ihr Lust auf ein kleines Lied, ohne viel Tamtam? Einfach akustisch, hier mitten unter euch?«

Ein Johlen und Klatschen. »Dann tut mir bitte einen Gefallen. Steckt mal kurz eure Handys weg. Die drei Minuten überlebt ihr auch ohne sie. Ihr braucht jetzt nichts filmen oder aufnehmen. Seid in diesem Moment bitte einfach ganz bei uns. Die besten Erinnerungen im Leben hat man doch ohnehin im Kopf, oder?«

Ein Nicken und Gespanntsein. »Hier, das ist für euch!«

Gregor greift in die Gitarre. Neben ihm seine Musiker. Freunde unter Freunden singen »Das kleine Lied«. Ohne Verstärker und ohne Abstand zum anderen. Echter geht's nicht, und ich höre auf jede Liedzeile.

»Tief im Innern träumst du, tief im Herzen wünschst du, glücklich und ewig zu sein, deine Leiden kennst du, deine Schmerzen spürst du, du bist jetzt nicht mehr allein … werd immer das Licht für dich sein.«

Ich schaue mich um. In jedem Gesicht Freude. Manchmal auch Tränen. Ein großes Gegenwärtigsein. Dreitausend Menschen, die einen Moment teilen. Einen, der gern auch ewig dauern könnte. So viele verschiedene Lebensgeschichten. Männer, Frauen. Jünger, älter. Trotzdem alle mit ähnlichen Sehnsüchten, Enttäuschungen oder Glücksmomenten in ihrem Alltag, und alle lieben es, gerade Teil dieser Gemeinschaft zu sein. Etwas so Berührendes und Schönes habe ich noch nie bei einem Konzert erlebt.

Ja, Gregor hat recht: Musik heilt Seelen, und dass er das nicht vergisst, egal auf welcher Welle ihn das Leben gerade trägt, macht ihn für mich zu einem Leuchtturm, so wie ich ihn gerade suche. Jemandem, dem ich es von Herzen gönne, seinen Traum zu leben, und der nach großen Fernseherfolgen nicht nur davon redet, *»Jede Sekunde dankbar das Leben zu genießen und davon etwas an andere abzugeben«*.

Er tut es auch.

Am nächsten Tag habe ich Spätdienst.

Vormittags habe ich noch etwas Zeit für mich, und die nehme ich mir dann auch. Spaziere durch den Park und beobachte Leute. Vor mir eine joggende Mutter mit Kinderwagen und Kopfhörern im Ohr. Noch schnell eine Telefonkonferenz mit Kunden. Mittlerweile eine typische Szene hier. Gleichzeitig für die Erhaltung der Art sorgen, dem Job nachgehen und auf ewig gesund und schön bleiben. Multitasking für die wahren Must-haves unserer Zeit eben. Und auch unsere Kinder erziehen wir in diesem Stil. Später sollen sie mal einen guten Job anstreben. Vielleicht auch einen mit Sicherheit. Dazu ein Auto, ein Haus, ein paar Rücklagen. Dabei findet Entwicklung meist auf unsicheren Wegen statt. Aber hätte ich selbst überhaupt noch mal den Mut, einen anderen zu gehen?

Ich bleibe stehen. Am Weg entdecke ich eine alte Kastanie, die offenbar von Spaziergängern zum Glücksbaum umfunktioniert wurde. Überall an seinen Zweigen hängen kleine Zettel mit persönlichen Wünschen, und auch für nächste Besucher liegen Stifte und Papier bereit. Ich trete heran und lese: »Ich wünsche mir mehr Gelassenheit«, »... dass ich wieder Kontakt zu meinem Bruder bekomme«, »dass ich das vergangene Jahr endlich vergessen kann«, »dass mehr Leute mehr Bücher lesen«, »Glück für mein Kind«, »diesen Job«, »dass Otto zurückschreibt!«, »Mama gesund wird«, »weniger Stress und einen wahren Freund«, »mehr Morgensamt und Duftgestreichel«, »dass die Irren in dieser Welt nie die Oberhand gewinnen«, »dass ich wieder an mich glaube«, »Nicht viel, nur das Richtige!« und hier, ganz oben mit krakeliger Kinderschrift: »Ich wünsche mir, dass du weiter wächst, lieber Baum«. Mitten im Lesen halte ich inne und überlege. Welchen Wunsch würde ich aufschreiben, wenn ich nur einen frei hätte? Höre lange in mich hinein. Doch irgendwie will mir nichts einfallen! Also nehme ich mir einen Zettel und notiere: »Etwas Klarheit wäre schön.« Sehe auf den Rasen vor mir, schließe die Augen, atme tief ein und aus, und plötzlich scheint jedes Geräusch um mich herum stärker zu werden. Das Plaudern der Krähen im Baum über mir wird zum Streit um Leben und Tod. Das sanfte Rascheln des fallenden Laubs schwillt an zum bedrohlichen Prasseln einer längst überfälligen Gewitternacht. Herrlich, endlich bin ich mal dort, wo ich hingehöre. Im Hier und Jetzt. So also fühlt sich das an.

Ich suche mir eine Bank und zücke mein Notizbuch. Blättere noch einmal zu den Stichworten aus dem Gespräch mit Gregor. Da war einiges zusammengekommen.

 Fragen an mich selbst
Eine von Gregors Kraft- und Glücksquellen ist das Gegenwärtigsein in schönen Momenten. Wie oft schaffe ich es, den Augenblick zu genießen und meinen Kopf auszuschalten?
Gregor liebt es, Musik zu machen, und findet, sie kann Seelen heilen. Was liebe ich aus tiefstem Herzen, und was davon könnte Medizin für andere sein?
Gregors Großvater lebte ihm vor, in schwierigen Zeiten nicht den Humor zu verlieren. Wie leicht wechsle ich die Perspektive und wie oft bevorzuge ich die Rolle der Drama-Queen?
Als Gregors großer Traum noch nicht Realität war, erhielt er Unterstützung von anderen. Wo sind die Menschen, die an mich und meine Träume glauben, und wie oft treffe ich sie im Alltag? Oft genug?

Ein paar Tage später habe ich Streit mit meinem Sohn.

Einen von neuer Qualität, denn mittlerweile ähnelt er einer Wand, an die man einen Ball spielt. Der aber durch den harten Aufprall sofort wieder ins eigene Gesicht zurückspringt. Der Anlass unserer Auseinandersetzung ist das Thema Ordnung.

Was sonst. Da habe ich einfach den richtigen Moment verpasst. Als er irgendwann groß genug war, die Spülmaschine ein- und auszuräumen, hätte ich sofort ein neues Regelwerk einführen sollen. Haushaltshilfe als Mitwirkungspflicht, und zwar *ohne* Ausnahmeparagraphen. Aber er war ja immer so beansprucht und müde von der Schule. Also habe ich den Kram eben öfter mal selbst gemacht, und nun geht er auch mit sechzehn Jahren völlig selbstverständlich davon aus, dass Mütter beim Hausputz immer dieses Superman-»S« auf der Brust haben und somit die Beseitigung von benutztem Geschirr und abgewilderten Abendbrottischen komplett in deren Zuständigkeitsbereich fällt. Nicht seine Schuld. Pädagogischer Fauxpas von mir. Dies im Nachhinein korrigieren zu wollen funktioniert nicht. Mein Vorschlag zur fairen Arbeitsteilung findet kein Gehör.

Also brauche ich eine andere Strategie. Etwas, was sofort greift. Ich brauche ein neues Mantra. Ich überlege. Am besten etwas Kurzes. Vielleicht nur drei Wörter, so etwas wie:

»*N-i-c-h-t m-e-i-n T-h-e-m-a!*«

Ja, so könnte es gehen. Wenn die Gegenseite nicht mitzieht, muss ich eben auf meiner Seite für eine dickere Teflonschicht sorgen. Muss lernen, mich nicht mehr so zu ärgern oder öfter wegzuschauen. Also fixiere ich die von meinem Sohn soeben frisch abgelegte Wasserflasche auf dem Sofa, atme tief ein und versuche mich tapfer in gleichbleibender Tonlage:

»Nicht mein Thema, nicht mein Thema, n-i-c-h-t m-e-i-n T-h-e-m-a!«

Am nächsten Tag im Büro schlage ich meinen Timer auf und entdecke einen Haftzettel mit einer Erinnerungsnotiz:

»*An das Pippi-Langstrumpf-Prinzip erinnern*«, steht dort.

Okay, aber wie ging das noch mal? Ich lese weiter: »*Schau, was du jetzt gerade brauchst, um es dir schön und passend zu machen!*« Und dann: »*Stell dir einfach die Frage: Worauf habe ich gerade Lust?*«

Ich betrachte den gelben Zettel und schüttle den Kopf. Wahnsinn, hätte nie gedacht, dass ich mal ein Memo dafür brauche, wie Spaß funktioniert. Auch auf der Heimfahrt denke ich darüber nach. Was hält uns Erwachsene so oft davon ab? Sofort fallen mir all die erzieherisch wertvollen Glaubenssätze ein, mit denen die meisten von uns aufwachsen. Spätestens ab dem Kindergarten geht es los mit ihrer Verabreichung, und auch die Palette der eingeflößten Lebensweisheiten kann sich sehen lassen. Ganz vorn in der Hitliste stehen Sätze wie *»Zuerst die Pflicht, dann die Kür«*, *»Das Leben ist kein Ponyhof«* oder auch *»Das Leben ist kein Wunschkonzert«.*

Aber warum eigentlich nicht?

In der I-Tunes-Sammlung meines Laptops speichere ich doch auch keinen Schrott, nur weil die Welt unendlich viele Schlager zu bieten hat. Dort treffe ich doch auch meine *persönliche* Auswahl. Abgespeichert wird das, was *mir* gefällt! Punkt. Also, warum sollte ich weniger selbstbestimmt mit meinem Leben umgehen? Erst jetzt bemerke ich, wie ich – tief versunken in meine Gedanken – die ganze Zeit auf der rechten Spur hinter einem Tanklaster hinterherzuckle. Witzigerweise trägt er als Schriftzug die Aufforderung »Go!«.

Okay, denke ich, kannst du haben. Gebe Gas und bringe mich wieder auf Spur.

Entdecke neue Meere

so wie Tino Schumann, als er seine Apotheke
gegen ein Segelboot tauschte

»Du weißt nie, wie schnell das Leben zu Ende ist. Lass uns gleich mit dem Dessert beginnen!«, sagt Tino, als wir im Restaurant Platz nehmen und er mir sofort die Karte mit den Nachspeisen reicht.

Tolle Lebenseinstellung, denke ich. Lege aber aus Spaß einen theatralischen Gesichtsausdruck auf. »Warum nicht. Obwohl ich mich gestern erst gewogen habe.« Tino schaut mich gespannt an. »Und?« Ich verziehe keine Miene. »Wie ich mir schon dachte. Ich bin zu klein.«

Wir lachen von Herzen.

Ganz bestimmt wird es ein schöner Abend mit diesem Mann als Gesprächspartner. Heute bin ich seine letzte Verabredung in Deutschland, bevor es für ihn zurückgeht zum Indischen Ozean. Er ist der Bruder einer Freundin, den ich schon lange einmal treffen wollte, denn er hat sich die Begeisterungsfreude eines Jungen bewahrt und das, obwohl er längst das ist, was man einen gestandenen Mann nennt. Mitte fünfzig, zwei Geschäfte erfolgreich aufgebaut, geschieden. Er besitzt zwei Dinge, die sich die meisten Menschen zwar wünschen, doch selten bekommen. Erstens: diese unverschämte Klarheit, für das eigene Leben selbst verantwortlich zu sein, und zweitens: den Mut, auch wirklich danach zu handeln! In Tinos Fall wurde dieser Mut mit Freiheit belohnt und einer Weltreise im Segelboot. Ein Gluck, das auch hörbar in seinem Lachen liegt. Wir reden über seine Entwicklung zu dieser Lebenshaltung, obwohl er aus meiner Sicht bereits als Kind von einem erstklassigen Startblock sprang. Nämlich durch diese Du-schaffst-das-wir-vertrauen-dir-Mentalität seiner Eltern.

Als die erste Leckerei auf unserem Tisch steht, ruft er plötzlich: »Ist das nicht herrlich?« Ein Satz, den er gern im Gespräch verwendet, bei jeder passenden Gelegenheit. Egal, ob bei der Einrichtung des Restaurants, dem, was sich draußen vor unserem Fenster abspielt, oder innerhalb der Gedanken, die wir gerade in der Unterhaltung entwickeln – immer wieder diese Formulierung! Dabei benutzt Tino sie weniger als Frage. Bei ihm gleicht sie eher einem Ausruf, einem Kompliment ans Leben. Ich bin beeindruckt. Der Mann kann sich an allem erfreuen.

»Erzähl mir von deinem Boot!« bitte ich ihn, und er berichtet mir von seiner »Blue Sky«. Den einfachen, schönen Mahlzeiten, die er an Deck kocht, von Sonnenuntergängen, die manchmal mit der Farbe in seinem Rotweinglas konkurrieren, von der unberührten Natur, in die er bei seinen Ausflügen an Land tief hineinkriecht, von Inseln, auf denen es kein Geld gibt, sondern Angelhaken zur Währung werden, und davon, dass seine kleine Tochter – die lange Zeit mit ihm reiste – die Welt nur in Inseln einteilt. Tino lacht. »Auch wenn wir in Deutschland von einer Stadt in die andere fahren, fragt sie mich: Papa, sprechen die Menschen auf der anderen Insel auch deutsch?«

»Herrlich«, sage ich und baue Tinos Lieblingswort gleich in meine eigene Formulierung ein. Tino sucht inzwischen in der Karte das Pistazieneis mit Früchten, das man später noch probieren könnte.

»Wie war das denn früher – in deinem alten Leben als Pharmazeut? Hast du da manchmal gezögert, wenn es etwas Großes zu entscheiden gab?«

Tino denkt nach. Kehrt zurück zu dieser Station seines Weges. Damals, als er im weißen Kittel in seiner Apotheke stand, mit Führungs- und Budgetverantwortung, mit Ernährungsprogrammen und Marketingstrategien, neben den Regalen mit

Hustentees und Halstabletten, mit Fußpilzcremes und Medikamenten, mit denen man glaubte, seelische »Quälereien« einfach wegbehandeln zu können. »Nun ja«, beginnt er, »zunächst erinnere ich mich an diese eine Klippe. Nachdem ich meine Apotheke erfolgreich aufgebaut hatte, plante ich einen Standortwechsel. Wollte sie in einem neuerrichteten, gutbesuchten Einkaufszentrum platzieren. Wie mein Steuerberater meine neugeplante Investition beurteilte, war ernüchternd. Seine Berechnung zur Amortisation abschreckend. Das damalige Apothekengebäude hatte ich extra bauen lassen. Es war mein Eigentum. Da geht man doch nicht raus in ein riskantes Mietobjekt, war die erdrückende Marktanalyse der Eingeweihten. Der ganze Zahlensalat, die Falten auf der Stirn meines Beraters und meine emotionale Bindung an mein Eigentum waren wie Gummibänder, die mich zurückzogen, wenn ich mich zu weit in diese Veränderung hineindachte. Obwohl die gefühlte Richtigkeit ständig genährt wurde von den Kundenströmen, der Nähe zu den Arztpraxen, der Entwicklungsphantasie zu diesem Standort und der Bushaltestelle direkt am Eingang, zögerte ich. Noch!« Tino überlegt. »In diesem Prozess lernte ich, meiner Intuition wieder mehr zu vertrauen, mich auf sie zu verlassen, selbst wenn Analytiker meine Euphorie zugrunde rechnen.« Er nimmt einen Schluck Wein. »Eine beiläufige Bemerkung eines Freundes gab schließlich den Ausschlag. Er sagte, die besten Geschäfte mache man dort, wo sich die Ärsche reiben. Also erklärte ich *ihn* kurzerhand zum Top-Experten und legte los, und zwar mit Erfolg!« – »Toll«, sage ich nur, und Tino nickt. »Ja, auch ich hatte damals die Tendenz, die Meinungen und Ratschläge anderer überzubewerten. Das galt auch für Korrekturen in meinem privaten Leben. Mir war damals eben manchmal noch wichtig, was andere von mir denken, und ich strengte mich an, meine Pläne, Ideen, Vorhaben noch blumiger, schillernder und schmackhafter zu verpacken, nur um die Akzeptanz und das Verständnis anderer zu erhalten.«

Tino sieht mir ganz tief in die Augen.

»Aber am Ende müssen wir unsere Entscheidungen alleine treffen und auch dazu stehen, wenn etwas schiefgeht. Dieses ›Was sollen die Nachbarn denken?‹ darf gar keine Rolle spielen, Peggy. Mit so einer Orientierung lebt man das Leben der anderen, oder du glaubst zumindest, dass es den anderen gefallen könnte – was ja auch bloß eine Illusion ist. Denn was machst du, wenn deine Nachbarn plötzlich ausziehen und du bekommst neue? Änderst du dann wieder dein Leben, oder ziehst du den alten hinterher?« Er lacht.

»Wenn du etwas Gravierendes änderst in deinem Leben, klopfen dir vielleicht andere auf die Schultern, und eine neue Gruppe wettert ihr Unverständnis gegen dich. Der Prozentsatz bleibt gleich. Eine kritikfreie Lebensart wird es niemals geben, und das kann ja auch nicht unser Ziel sein. Also kannst du auch gleich dein eigenes Leben so wunderschön für dich gestalten, wie du es dir denkst.«

Ich höre ihm aufmerksam zu und frage ihn, ob er aus den Zeiten, in denen er sich unsicher war, auch diese tiefe Traurigkeit kennt? Die, wenn plötzlich alles fad schmeckt. Man die neue Route aber noch nicht kennt.

»Kenne ich!«, sagt er. »Es gab eine Phase in meinem Leben, in der ich erkannte, dass, wenn mein Dasein jetzt so weiterläuft, ich niemals das verwirklichen kann, was noch in meinem Kopf ist. Neben anderen Vorhaben ging ich mit dem Traum schwanger, die Welt auf dem eigenen Boot zu umsegeln. Noch steckte ich in einem Rahmen fest, der dies nie und nimmer zuließ. Doch sollte dieses ›Baby‹ nie geboren werden? Ich fuhr auf der gewohnten Straße weiter und spürte, dass, egal was ich während dieser Fahrt auch Tolles tat und schaffte, es nie zu dem Punkt führen würde, wo ich eigentlich hinwollte. Das nahm depressive Züge an. Zu Dingen, die ich vorher mit Lust getan hatte, konnte ich mich nur noch quälend motivieren. Die bisher so kreative Arbeit in der Apotheke verwandelte sich in einen leidigen Plan, der abgearbeitet werden musste. Immer seltener beteiligte ich mich aktiv an Gesprächen, weil ich mir einredete: Es interessiert sowieso keinen. Ich zog mich aus Vereinen zurück. Aus all den gelesenen und gehörten Erklärungsversuchen für solche Lebensphasen kristallisierte sich für mich eines heraus: Eine Depression ist ein Rettungsmanöver unserer Seele. Wenn unser Weg, nicht mehr zu uns passt, er uns immer tieferes Unbehagen spüren lässt, er in schmerzhafter, körperlich fühlbarer Disharmonie mit unserer Seele steht, müssen wir etwas neu ausrichten in unserem Leben. Wenn wir das nicht tun, zieht unsere Seele irgendwann schmerzverzerrt die Reißleine. Wir bekommen keine Energie mehr, um auf dem nun falschen Weg weitergehen zu können. Das ist die Chance, endlich zu erkennen: Ich muss etwas ändern. Und schon als ich die ernsthafte Entscheidung traf, die nächsten Schritte in eine andere Richtung zu gehen, blühte wieder Leben in mir, obwohl deren Umsetzung ja noch einige Zeit auf sich warten lassen würde.«

Dann erzählt mir Tino mehr von diesen Schritten. Auch seine Partnerschaft konnte er nicht mehr weiterführen, da er noch nach seinem Paradies suchte, während seine damalige Frau es schon für sich gefunden hatte, und zwar dort, wo sie damals gerade stand. Irgendwann hatte er begriffen, dass man niemanden aus seinem Paradies wegholen kann. Es gar nicht darf. Man muss ehrlich zu sich sein. Also trennten sich die Wege der beiden, und bald darauf schwamm das eigene Segelboot in Tinos Leben. Die Apotheke wurde verkauft. Er kannte nun seinen Weg. Warf die Leinen los. Die Weltumsegelung begann. Er fing an, seinen Traum zu leben, und das war einer der emotionalsten Momente seines Lebens. Das kann ich spüren, während er mir davon erzählt.

Zwischendurch lassen wir es uns schmecken.

»Weißt du«, sagt er nach einer Weile, »die Welt wurde größer, farbenreicher, bestaunenswerter für mich. Kulturen wurden verständlicher. Die Natur begann unberührter und faszinierender zu werden. Die extra angeschaffte Ausrüstung für Unterwasserfotografie eröffnete mir ein völlig andersartiges Universum. Die Farben müsstest du mal sehen! Von den Bildern muss ich dir unbedingt welche schicken. Du wirst hüpfen vor Glück.«

Tino freut sich aufrichtig über die Geschenke seines neuen Lebens, und er hat die Gabe, seine Zuhörer unmittelbar mitzuziehen in dieses Meer aus Lebensfreude. »Du klingst wie ein Schatzsucher!«, sage ich. »Wie jemand, dem es gelingt, überall Glück zu finden und vor allem: es auch wirklich in dem Moment genießen zu können. Woher hast du dieses Talent?« – »Das kann ich, glaube ich, schon recht lange«, sagt er. »Dass äußere Dinge für das Glücklichsein gar nicht entscheidend sind, habe ich erst nach und nach begriffen. Erfolg, Anerkennung, Besitz, viele Freunde – ich hatte das alles und habe es noch. Aber es ist nicht die Quelle meines Glücksgefühls. Ich ziehe meine Freuden aus anderen Dingen. Mich tief in die Wildnis hineinzubegeben und den Atem der Natur um die Ohren zu spüren zum Beispiel. Ich liege im Morast und fotografiere kleine Schlammspringer bei genau dem, was ihnen ihren Namen gab. Schieße Fotos. Solche Details von unserem Planeten auf einem Foto eingefroren zu haben, das berauscht mich. Immer und immer wieder.« Er beugt sich über den Tisch. »Manchmal frage ich mich: Was wäre geworden, wenn ich nicht abgebogen wäre von dem damals so komfortabel aussehenden Weg und ich nicht die Schritte in Richtung Traumverwirklichung gesetzt hätte? Wenn ich meine Träume begraben hätte? Hätten mich Depression und gefühlte Ausweglosigkeit in eine Verzweiflung getrieben? Unwahrscheinlich? Ich sage niemals nie.«

Jetzt beobachtet er die Kerze auf dem Tisch. »Sicher, als ich damals den Faden meines Lebens neu strickte, verlor ich auch einiges, von dem ich mich gar nicht trennen wollte.«

»Was zum Beispiel?«, frage ich schnell. Er hebt den Blick. »Freunde zum Beispiel.« Wieder eine Pause. »Kaum jemand hat diese wilden Sprünge verstanden. Ein Aufschrei ging durch mein soziales Umfeld. Es wurde regelrecht erschüttert. Vermeintliche Freunde wendeten sich ab. Mich hat es nicht weiter gestört. Das Hitzige der neuen Umstände dampfte meinen Freundeskreis auf das Wesentliche ein. Diese Klarheit hat was Reinigendes. Ich wusste, wo ich hinwollte. Und da bin ich jetzt.«

Er hebt sein Glas.

»Schön, dass wir heute so zusammensitzen können, Peggy, Salute!« Ich proste ihm zu. »Wenn du auf *deinem* Weg gehst, Peggy«, sagt er dann, »wirst du nie ganz alleine sein. Du triffst auf Menschen, die für dich in der jeweiligen Situation wichtig sind. Wenn ich mich manchmal wie ein unverstandener Exot gefühlt hatte, merkte ich spätestens an Punkten wie dem Panamakanal oder der Torres-Straße in Nordaustralien, dass das, was ich tue, gar nicht so außergewöhnlich ist. Durch diese geographischen Nadelöhre müssen so ziemlich alle Segler, die um die Welt wollen. Dort traf ich diejenigen wieder, mit denen ich schon anderswo mit großen Augen unseren Planeten bestaunt hatte. In dieser Schar von Gleichgesinnten fühlte ich mich wie auf der Autobahn der Traumverwirklicher.«

Schöner Vergleich, denke ich. Komme dann aber mit einem Einwand. »Nur wie soll denn jetzt beispielsweise ein Familienvater mit drei Kindern von einem Segelboot träumen? Jemand, der weniger Erspartes besitzt als du oder der noch mehr Verpflichtungen an Land hat.« Tino überlegt nicht lange. »Nun, drei Kinder passen auf ein Segelboot, wenn wir mal bei diesem Beispiel bleiben wollen. Aber es gibt ja unzählige Zwänge, von denen man sich befreien kann, sobald man eine mutige Entscheidung trifft. Ich denke, das meiste lässt sich den finanziellen Möglichkeiten anpassen. Ich habe unterwegs Familien getroffen, die haben ihr Boot komplett selbst gebaut. Zwar ohne Toilette, ohne

Kühlschrank, ohne jeden Schnickschnack. Aber sie sind unterwegs auf ihrem Traumpfad, und so ein Erbauer freut sich dann wie ein König, wenn ich ihm bei mir an Bord ein kühles Bier hinstelle. Den Wert von vermeintlichen Alltäglichkeiten neu zu entdecken ist meiner Meinung nach auch ein glücklich machender Effekt einer manchmal entbehrungsreichen Reise.« Tino rutscht mit dem Stuhl etwas näher. »Und weißt du, was dieser Familienvater mit dem eigenen Boot noch macht? In jedem Hafen hängt er eine gut sichtbare Fahne an Deck auf, und darauf steht: ›Repariere Ihre defekte Elektrik an Bord. Meine Frau näht ihre kaputten Segel und unterrichtet ihre Kinder.‹« Tinos Augen leuchten. »Das ist doch toll, oder? Irgendwie kriegen sie es hin. Man muss nur den Chancen, die einem vor die Füße fallen, die Hand reichen.«

Ich lege meinen Kopf zur Seite und träume mich mit seinen Worten hinaus in die Weite. »Was ist denn nun Freiheit für dich?«, frage ich.

Er überlegt. »Völlige Unabhängigkeit gibt es nicht. Jeder ist von irgendetwas abhängig. Auch die vielbesungene grenzenlose Freiheit auf See existiert nicht. Meine täglichen Entscheidungen werden beeinflusst vom Wetter, dem Wind, der Strömung, den Gezeiten, den Reglementierungen in fremden Ländern, den kulturellen Gepflogenheiten, der Willkür mancher Büroangestellten, und an alldem scheitern gelegentlich auch Segler auf ihrer Suche nach dem Glück. Für mich ist Freiheit, wenn ich mir meine Abhängigkeiten selber aussuchen kann.«

Ich nicke. Weiß allerdings von ihm, dass er kürzlich auch noch einmal heftig bangen musste um sein Glück. Nach einem Arztbesuch bekam er eine hässliche Diagnose. Hautkrebs. »Was ist da in dir vorgegangen?«

Tino schlägt die Speisekarte zu. Hatte sie noch ein zweites Mal rauf und runter studiert, damit uns nichts von den guten Angeboten entgeht.

»Mit dieser Diagnose überkommt dich ein kalter Schauer, und du denkst, es ist Ende Dezember in deinem Leben. Lähmende Gedanken spritzen im ersten Moment durch deinen Kopf und besudeln alles. Statistiken beginnen dein Leben zu umzäunen, und unzählige Ratschläge pflastern deinen Weg. Trotz allem habe ich mir meine Lebenslust erhalten und nichts an meinen Vorhaben geändert. So viele Ideen und Pläne liegen noch in den Schubladen in meinem Kopf. Auch wenn ich mit achtzig diese Welt verlassen würde, reichte die Zeit nicht, alles zu verwirklichen, bliebe so vieles ungelebt. Es muss eben nur bis zum Schluss Spaß machen, erfüllend und freudvoll sein. Das ist wichtig, finde ich, und heute sieht es bei mir auch medizinisch wieder gut aus. Ich plane also bis neunzig.«

»Und was hast du vom Segeln fürs Leben gelernt?«, frage ich nun ganz in Journalisten-Manier. Tino denkt nach.

»Der Betrachtungswinkel auf die Welt und die Dinge, die in ihr passieren, hat sich für mich neu justiert. Ein Analphabet in Indien kann sehr intelligent sein. Die Bergindianer in Mexiko sprechen bis zu fünf Sprachen der ethnischen Gruppen um sie herum. Ich habe lange an der polnischen Grenze gewohnt. Keiner meiner Freunde sprach Polnisch. – An den Küsten Asiens werden jedes Jahr die einfachen Behausungen der Taldörfer vom Monsunregen weggespült. Die Bewohner bauen diese immer wieder neu auf. Diese Menschen laufen nicht niedergeschlagen durch den Tag. Sie können ihren Wert nicht am Besitz messen. Sie gehen mit dem, was sie in sich tragen, aufrecht und stolz durch das Leben. – In den Flussgebieten Panamas werden Entfernungen nicht in Kilometer oder Meilen gemessen, sondern in Stunden oder Tagen, je nach Transportmittel. Ich habe gelernt, dass in vielen Kulturen unseres Planeten die Welt nicht mit unserem Koordinatensystem vermessen wird. Sie haben ihre eigene Weltbetrachtung, die perfekt zu ihrem Leben passt, und so muss auch jeder von uns sein eigenes ›Koordinatensystem‹ finden. Mir gelingt das gut auf den langen Segeltörns im offenen Meer. Da existieren keine menschengemachten Reize. Keine Nachrichten, keine Katastrophenmeldungen, keine Aktienstände, keine Feindbilder. Es wird still um dich. Du hörst wieder die Melodie deiner Seele. Du fängst an, tiefer in deinem inneren Bergwerk zu schürfen, und förderst Dinge zutage, von denen du gar nicht wusstest, dass sie in dir stecken. Du fühlst immer deutlicher dich selber – ganz ohne Schulterklopfen, Anerkennung, Bilanzen und Kontostände. Danach brauchst du auch in den Turbulenzen zu Hause die Jubelschreie der anderen immer weniger und kannst über angriffslustige Kritiker hinwegsehen.«

Toll, denke ich, im inneren Bergwerk schürfen. Also wäre jetzt die entscheidende Frage: Was ist mein Apothekenthema? Von wem oder was muss ich mich lösen, und was versteckt sich bei mir hinter dem symbolischen Traum vom Boot? Ich weiß es noch nicht. Nur, dass auch mich etwas ruft. Das ist so klar wie der Grappa, der mittlerweile neben unserer Pistazieneis-Sünde steht, und doch – denke ich, während ich loslöffle – ist da noch immer diese Restangst in mir. Die vor dem Moment des Absprungs. Vor diesem einen Zentimeter, der den Unterschied macht. So wie ich es damals auf der Plattform vor einem Bungee-Sprung erlebt habe. Damals ließ ich mich einfach fallen. Unter mir befand sich zwar ein Luftkissen zur Sicherheit. Das war allerdings an dem Tag kaputt. Erfuhr ich zum Glück erst später, als ich wohlbehalten zurück auf dem Boden war. Doch die vorgegaukelte Vorstellung von Sicherheit beim Absprung gab mir etwas Ruhe. Aber habe ich diese Rückversicherung wirklich gebraucht? Am Ende gibt man sich immer in Gottes Hand, und ich weiß noch, was ich sagte, als mich später am Boden alle befragten, wie es nun gewesen war. »Das war das Geilste, was ich in meinem ganzen Leben je erlebt habe!« Ich war außer mir, mit roten Wangen und ein paar gerissenen Äderchen in den Augen nach dem ganzen Adrenalin-Kick. Aber so glücklich, und ich weiß auch, warum: Ich hatte mich getraut und mich dabei gespürt. So, wie schon lange nicht mehr. Ja, denke ich, mit Blick auf Tino, der sich gerade über den erstklassigen Grappa freut, so würde ich mich gern mal wieder fühlen. Aber nicht nur bei einem einmaligen Sprung, dem Kick durch Sportgeräte oder ein neues Paar Schuhe. Sondern hier, mitten in meinem Alltag. Gleich morgens beim Aufwachen, mittags beim Döner-Mann oder abends beim Heimkommen, wenn ich den Schlüssel in meinem Türschloss herumdrehe.

Nach dem Essen zeige ich ihm einen Schnappschuss, den ich beim letzten Ostseeurlaub eingefangen habe. Ein Segelboot, das durch die Perspektive meiner Aufnahme unter einem Regenbogen hindurchfährt, und auch das begeistert ihn. Er erzählt mir von einer ganzen Insel voller Regenbogen. Durch bestimmte Wetterkonstellationen ereignet sich dieses Naturschauspiel dort fast an jedem Tag und manchmal sogar mehrmals. Er nennt sie seine Regenbogen-Insel. In Wahrheit heißt sie Rarotonga und ist die größte von den Cook Islands im Südpazifik. Dort, sagt Tino, habe er von einem Einheimischen auch die schönste Antwort zu hören bekommen, die man auf die Frage ›Wo wohnst du eigentlich?‹ jemals erhalten kann. Der Mann zeigte in eine Richtung, etwa einen Kilometer von dem Standort entfernt und sagte nur: »Da, gleich hinter dem Regenbogen!«

Bei der Verabschiedung nimmt mir Tino einen Schwur ab. Ich solle meinen Träumen in den nächsten zwölf Monaten ein großes Stück näher kommen. Dann nämlich wäre er zurück von seiner Tour, und zwischendurch würde er mir Grüße und Fotos von der herrlichen Unterwasserwelt schicken.

Ich nicke und wünsche mir von ganzem Herzen, dass ich die Energie, die ich heute zwischen ihm, dem Dessert und dem gerade aufkeimenden Pflänzchen Mut in mir spüre, mit nach Hause nehmen und durch das ganze Jahr tragen kann. Bis Tino wieder zurück ist von seinem Boot, es dann irgendwo in Australien winterdicht gemacht hat und mich fragt: »Na, was ist aus deinen Träumen für dieses Jahr geworden, Peggy?« – »Ich habe sie gelebt!«, möchte ich dann sagen. »Und ist das nicht herrlich?«, wird Tino dann mit dem Gesichtsausdruck eines kleinen, abenteuerlustigen Jungen ausrufen, und wir beide werden anstoßen. Auf uns, das Dessert und das Leben. Ja, das wünsche ich mir von ganzem Herzen.

Als ich einige Augenblicke später in mein Auto steige und meinem Weltentdecker ein letztes Mal zuwinke, hält er seine Hände als Trichter vor den Mund und ruft quer über die Straße: »Und verlier nie dein Lachen, Peggy. Andere leben davon!«

Tinos Tipp
Kämpfe nicht gegen Naturgewalten. Arrangiere dich mit ihnen.
Du musst das Abenteuer nicht suchen, du brauchst ihm nur nicht aus dem Weg zu gehen.
Du weißt nie, wie schnell das Leben zu Ende ist. Beginne also zügig mit dem Dessert!

Fragen an mich selbst
Um aufzubrechen, meint Tino, braucht es keine teuren Boote. Es tut auch ein kleines selbstgebautes oder ein neuer Blick auf alte Dinge. Welche Ausreden für einen Aufbruch benutze ich noch immer?
Mit Tinos Unterwasserkamera sieht er die Dinge, auf die es ankommt, noch schärfer. Wo könnte ich ein neues Objektiv wählen, um Dinge in einem anderen Licht zu sehen?
Bei seiner Entscheidung fürs eigene Glück ging Tino bewusst das Risiko ein, Menschen zu verlieren, die ihn nicht verstehen. An welche Menschen oder welches Etikett klammere ich mich noch, obwohl es unerheblich ist, wie mich andere bewerten?

Zwischen den Terminen am nächsten Tag habe ich Zeit für eine Pause im Café.

Am Eingang hat der Wirt eine alte Bahnhofsuhr aufgehängt. Nur ohne Zeiger. Schöne Idee, denke ich und suche mir draußen einen Platz. Blinzle dankbar in die Sonne, bestelle Kaffee und ein Croissant und beiße sofort hinein. Lecker. Die wunderbarsten Dinge sind oft die einfachsten. Dann denke ich über diese eine Erklärung von Tino nach. Dass er ein plötzliches Nichtfunktionieren im Alltag und Depressionen nicht schlimm findet, sondern etwas Gutes darin sieht. Ein Rettungsmanöver unserer Seele, das uns die Fehler im System aufzeigt, und wieder kommt mir der Moment beim Bungee-Sprung in den Sinn. Der, wenn wir uns beim Fallen Flügel wachsen lassen und an den wir uns immer erinnern werden, weil wir auf die Weise verstanden haben, dass uns nur diese *eine* Sekunde, dieser *eine* gewagte Schritt *vor* dem Absprung Angst gemacht hatte. Später, nach der Landung, sind wir Riesen. Ich nippe am Kaffee.

 Aber will ich, so wie Tino, meinen kompletten *Alltag* *verändern? Ist das mein Weg?*

Ich blättere in der Zeitschrift, die auf dem Tisch liegt, und entdecke, so als hätte mir jemand den Artikel absichtlich vor die Nase geschoben, die Geschichte eines weiteren Unternehmers, der sich ins Segeln verliebt. Verrückt, denke ich, während mir das fettgedruckte Zitat unter dem Foto sofort ins Auge springt: »*Für mich ist derjenige ein guter Segler*«, steht dort »*der nicht aufgehört hat, von anderen oder durch neue Erfahrungen zu lernen, um jederzeit sicher ans Ziel zu kommen.*« Tino nannte es gestern »stranden, um neu loszulegen«. Ich nenne es Schiffbruch vor dem Aufbruch. Ach schön, über solche Dinge mal in Ruhe nachzudenken. Dafür braucht man solche Auszeiten, in denen man einfach nur in sich hineinlebt.

85

Am nächsten Samstag will ich mal schnell in die Drogerie. Ich brauche ein paar CD-Rohlinge. Also gleich in den Laden um die Ecke, und zwar ungeschminkt und im Wohlfühl-Outfit. Fahre mit der Rolltreppe in die erste Etage, schnappe mir die CDs, bezahle, hole am Kosmetikstand noch schnell eine Creme und verfolge dabei kritisch, was mir die Verkäuferin als kostenloses Extra in die Tüte packt. Einen Concealer für die reifere Haut? Normalerweise freue ich mich über kostenlose Extras. In dem Fall aber bin ich beleidigt. Auch über den Gesichtsausdruck, den sie aufsetzt. Selbst ein verschwörerisches Zwinkern meine ich erkannt zu haben. Jetzt aber wirklich schnell zurück nach Hause! Doch kurz bevor ich mit der Rolltreppe wieder im Erdgeschoss lande, denke ich, mich tritt ein Pferd.

Dort unten, an dem Regal gleich neben der Rolltreppe, mitten zwischen den Damendüften: *Er* mit einer Frau.

Mein Herz steht still.

Wie schön sie ist. Schlank, jung, geschmackvoll gekleidet, perfekt geschnittenes Gesicht. Meins ist laut Maskenbildner ja eher kaukasisch. Und wie sie ihn anstrahlt! Bestimmt kauft er ihr gleich das Chanel-Fläschchen. Er sieht gut aus. Irgendwie erholt. Schöner Mantel ...Warum hatte ich ihn noch verlassen?

Ich sehe an mir herab. Auf meine Wohlfühlhose. Die von der Sorte: »Ich renne nur mal schnell um die Ecke. Wird mich schon keiner sehen!« Tolle Idee. Das Haar zum Dutt gezwirbelt, im Gesicht kein Make-up. Nicht mal für einen dünnen Kajalstrich hat es vorhin gereicht. Mein Look, wenn ich frei habe eben, wenn ich faul sein darf. Mist, denke ich gleich noch einmal. Dann eine Entscheidung. Nicht mehr denken. Handeln! Also drehe ich mich um und beginne rückwärts zu laufen. Auf der herunterfahrenden Rolltreppe einfach spontan die Richtung wechseln und entgegen der Fahrtrichtung nach oben rennen. Mich einfach zurückretten, in Etage eins!

Wow, wie mühsam.

Schon nach den ersten fünf Schritten spüre ich die Oberschenkel. Lange keinen Sport mehr gemacht. Überall zwickt und zieht es. Aber ich bin fest entschlossen, den beiden dort unten unter keinen Umständen zu begegnen.

Never ever!

Ich verdopple die Anstrengung. Die Leute neben mir, die natürlicherweise bergab wollen, reagieren verdutzt. Aber sie machen Platz. Ein wenig Staunen und Raunen um mich herum, ab und zu zeigt jemand mit dem Finger auf mich, eine Dame schüttelt heftig den Kopf ... Egal. Ich muss nach oben! Koste es, was es wolle. Sind ja nur noch ein paar Meter. Vielleicht muss ich einen Zahn zulegen. Dann der Endspurt! Bin kurz vor der letzten Stufe. Um eine zu meistern, brauche ich allerdings vier Schritte ... Ich keuche. Komm schon, gib Gas, Peggy! Gott, wie peinlich! Wahrscheinlich die peinlichste Situation meines Lebens. Nur eben nicht mehr rückgängig zu machen. Nach unten kann ich nicht mehr. Ich keuche, strample, renne, krampfe. Hole das Letzte aus mir heraus! Aber ich schaffe es einfach nicht.

Fuck.

Ich gebe auf. Setze keinen Fuß mehr vor den anderen. Ergebe mich der Technik und der vorgegebenen Fahrtrichtung. Rolltreppen wurden nun mal nicht dafür erbaut, um rückwärts vor jemandem wegzulaufen. Nur, um sich vorwärtszubewegen! Klar, zielbewusst und mit erhobenem Haupt. Gut, also dann wieder abwärts. Mir wird heiß, und ich lasse mich treiben. Schnurstracks zurück in die Arme der beiden. Mit dem Oberkörper immer noch rittlings zur Fahrtrichtung. Neben mir ein Kichern, und siehe da: Da sind sie wieder. Alle beide, lachend zwischen den Regalen, kurz vor der Kaufentscheidung. Sie sehen mich nicht. Also umklammere ich meine Tasche, erhebe den Kopf mit Dutt und verlasse in meiner Wohlfühlhose betont arschwackelnd den Laden. Direkt an den beiden vorbei. Ohne einen weiteren Blick. Habe zu tun. Bin schließlich eine vielbeschäftigte Frau und in Eile. Außerdem – ha, gewusst wie – wenn ich eins gelernt habe, damals als Kind beim Verstecken spielen im Hof, Lektion eins im kindlichen Überlebenstraining:

»Wenn du deine Augen schließt und einfach nicht hinschaust, können dich auch die anderen nicht sehen.«

Am Ende der darauffolgenden Woche ist mein Leben immer noch Mist.

Dafür sieht mein Flur klasse aus. So wie viele Frauen, die bis zur Halskrause in einem Gefühlschaos stecken, besorgte auch ich mir – direkt nach dem Rolltreppen-Desaster – eine Aufgabe, die meine Finger davon abhalten sollte, eine Dummheit zu tun. Zum Beispiel *seine* Nummer zu wählen. Für Ablenkungsmanöver eignet sich eines am allerbesten:

Ab in den nächsten Baumarkt und frische Wandfarbe besorgen.

Ich trete zurück, um das Ergebnis im Ganzen zu betrachten. Ich bin zufrieden. Kein wirklich dezentes, dafür aber ein recht optimistisches Grün. Irgendwie tröstlich. Vielleicht ja auch für die restlichen Zimmer und Themen meines Lebens geeignet? Mal schauen.

Am Freitag darauf liege ich in der Wanne, um mir was Gutes zu tun. Warmes Wasser an der Haut spüren und um mich herum Rosmarinschaumberge, Teelichter, Räucherstäbchen und gegenüber am Spiegel ein Schild mit dem nächsten Motivationsspruch: »Sing like no one is listening.«

Plötzlich eine Vibration an der Wand neben mir, die mir Angst macht. Ein Unwetter, ein Erdbeben? Ärger in der Hausgemeinschaft? Ich drehe meine Entspannungsmusik leiser und lausche. Lautes Gelächter, schwere Tritte in meiner Wohnung. Geräusche, die an das Öffnen von Bierflaschen erinnern und, jetzt wird der Hund in der Pfanne verrückt, Techno-Rhythmen, die selbst meinen Wannenrand in Vibration versetzen. Dass mein Sohn heute Abend Besuch von ein paar Freunden haben würde, das wusste ich. Auch, dass er in seinem Zimmer dann etwas Musik hören wollte, war mir bekannt. Aber nicht im Ausmaß eines Live-Konzertes!

Ich atme ein und aus und drehe meine Entspannungsmusik ebenfalls auf Anschlag.

Dann konzentriere ich mich wieder auf mein Wannenglück. Warmes Wasser an der Haut, um mich herum Rosmarinschaumberge, Teelichter und Räucherstäbchen ...

Ein Sturmklingeln an der Wohnungstür. Die nächste Partyhorde ist im Anmarsch. Immer schwerere Schritte marschieren durch meinen Flur. Was, wenn das jetzt die ganze Nacht so geht? Was, wenn bei der Feier irgendetwas kaputtgeht, und wie werden die Nachbarn auf den Krach reagieren? Erneut zwinge ich mich zur Ruhe. Einfach den Kopf entspannt zurücklegen, das Badewasser spüren und tapfer das neue Mantra aufsagen:

»Nicht mein Thema, nicht mein Thema, n-i-c-h-t m-e-i-n THEMAAAAA!!!!«

Mist, funktioniert nicht. Ich tauche unter.

»Es wird Zeit, dass du dich wieder mal verliebst«, rät mir meine Freundin beim nächsten Feierabend-Rosé. Ich winke ab. »Das geht doch nicht auf Bestellung!« Sie lächelt. »Na wenigstens etwas offen sein könntest du mal wieder.« Ich schüttle den Kopf. »Da, wo ich mir einen Mann mal wirklich gewünscht hätte, war er nicht da. Also, wozu sollte er jetzt noch nötig sein?« Eine Bemerkung, über die meine Freundin nur müde lächelt. »Na, zum Beispiel, um ab und an etwas Spaß zu haben? Du bist doch noch viel zu jung, um dich abzuschotten! Ab fünfzig wirst du ohnehin unsichtbar für die Männerwelt.«

Plötzlich hat sie meine ganze Aufmerksamkeit.

»Also Carpe diem«, beendet sie ihre Lektion, »selbst wenn es statistisch gesehen schwer ist, den Richtigen zu finden, ist es doch noch lange kein Grund, es nicht zu versuchen, oder?«

Beim nächsten Wochenendspaziergang überprüfe ich noch einmal den Ratschlag meiner Freundin.

Ob das wirklich stimmt, das mit dem Unsichtbarwerden ab fünfzig? Ich klappe den Kragen hoch und schaue mich im Park um. Der Herbst ist nicht mehr aufzuhalten. Die Sonne längst dem Dauerregen gewichen, und auch das heruntergefallene Laub hat sich verändert. Es knackt und raschelt nicht mehr unter den Füßen. Durch die Feuchtigkeit liegt es da wie ein alter, dicker Teppich, der draußen vergessen wurde und deshalb nun deutlich an Farbe verliert.

Dann am besten zurück nach Hause und vorher noch etwas zum Abendbrot einkaufen. Als ich später die Einkaufstüten in der Küche abstelle, sehe ich aufs Handy. Kein Anruf, keine wichtige Verabredung. Mein Privatleben fließt gerade so dahin. Ungestört und unbeeindruckt in grandioser Ereignislosigkeit. Ich überlege. Dabei mangelt es mir nie an Verehrern. Natürlich grast man ab vierzig eher auf dem Secondhandmarkt. Zu dem Zeitpunkt sind die besten Exemplare ausverkauft, und die, die ebenfalls neu starten wollen, sind noch nicht geschieden. Aber vielleicht, denke ich, während ich Zwiebeln zerhacke, ist in meinem Fall gar nicht das Angebot das Problem? Wohl eher dieser selbstgebastelte Filter, den ich momentan einsetze. Allerdings langweile ich mich mit diesem Muster längst selbst. Also treffe ich eine nächste Entscheidung: Auch auf dem Gebiet muss sich etwas verändern. Um für Abwechslung zu sorgen, könnte ich meine Herangehensweisen in Privat- und Berufsleben ja beispielsweise mal vertauschen. Also mehr Risiko im Geschäftsleben und dafür austesten, wie mir ein sicherer Hafen im Privaten gefällt? Ich schlucke, denn dazu müsste ich mich ja zunächst bereit erklären, überhaupt mal wieder mit jemandem auszugehen.

Die nächste Zwiebel köpfe ich gleich mit einem Hieb. Na schauen wir mal.

Bleib unterwegs

so wie Laith Al-Deen zwischen Lebenskrise und neuem Album

Als ich zwei Wochen später die Konzerthalle betrete, in der gleich Laith Al-Deen auftreten wird, steht gerade ein Newcomer auf der Bühne. Damian Lynn, die Ein-Mann-Vorband für den Hauptact. Der 23-jährige Schweizer ist gut und singt gerade »Sittin' on the Dock of the Bay«.

Dann passiert etwas Unerwartetes.

Ohne dass es bereits Zeit wäre für den Star des Abends, kommt der mit einem zweiten Mikrophon auf die Bühne und unterstützt den jungen Musiker in dieser für ihn fremden Stadt. Laith Al-Deen hängt sich einfach mit in sein Lied hinein, und das Publikum tobt. Auch ich bin begeistert. Vor allem davon, wie unprätentiös er den Abend beginnt. Verzichtet auf den späteren Paukenschlag für sich selbst. Diesen unverbrauchten, pompösen Auftritt mit Spot, Rauch und großer Ansage, wie ihn die meisten Künstler lieben. Stattdessen kommt er einfach raus und »supportet« den eigenen Support. Dabei überlässt der Star dem Newcomer die vordere Reihe und die erste Stimme. Lässt ihn seinen Erfolg richtig genießen und wird später einfach übernehmen. Bescheidener Typ, dieser Laith, denke ich. Das hat Stil. So wie seine Treue zu Cowboystiefeln.

Eine Viertelstunde später ist Zeit für die eigene Show. Er

kommt a capella auf die Bühne. Ganz pur, nur mit dieser unglaublichen Stimme. Der Song »Alles hat seine Zeit« ist von seinem Album »Bleib unterwegs« und passt genau zu der Lebensphase, in der ich mich gerade befinde. Wahrscheinlich auch zu seiner eigenen. Laith kommt aus einer mehrjährigen Lebenskrise mit Burn-out. Weiß gut um die Achterbahnfahrt der Lebensmitte. Genau deshalb will ich heute mit ihm sprechen. Ich beobachte ihn beim Singen und habe das Gefühl, dass er glücklich ist. Er badet in der Musik und der Atmosphäre mit dem Publikum vor sich. Diese Art, derart im Augenblick zu sein, erinnert mich an das Schwimmen im Meer, wenn alles um einen herum stimmt. Die Temperatur, die Wellen, der sich darin spiegelnde Himmel, das Vertrauen in die eigene Kondition, das sichere Ufer im Rücken und die totale Grenzenlosigkeit vor sich.

Ich träume mich weg und werde erst unterbrochen, als Laith sein Publikum begrüßt.

»Macht euer Herz auf!«, sind seine ersten Worte, und so wie er sie sagt, klingen sie nicht wie ein auf Wirkung bedachter Spruch. Immerhin hat er genau das vor einiger Zeit selbst getan, nachdem etwas Seltsames passiert war. Das, was er am meisten geliebt hatte in seinem Leben, daran hatte er plötzlich keinen Spaß mehr. Kein Bock mehr auf Musik. Weder aufs Machen noch aufs Hören. Bei genauerer Betrachtung war dieses »Plötzlich« allerdings nur der Endpunkt von einem schleichenden Prozess, und irgendwann hatte Laith das bemerkt.

»Du musstest lernen, gelassener zu sein und lockerzulassen, hast du mal gesagt«, frage ich ihn nach dem Konzert in seiner Garderobe. »Wie macht man das denn?«

Er lächelt. »Das ist sackschwer! Mich hat erst mal der Körper gestoppt. Hat mir gezeigt, dass ich nicht immer an allen Ecken präsent sein kann und muss. Immer überall die Kontrolle haben zu wollen, das ist mein Thema, und trotzdem ist mir selbst damit nicht immer alles gelungen. Meinen ersten Plattenvertrag zum Beispiel, den habe ich nach einer ungünstigen Beratung völlig verkehrt abgeschlossen. Gleich auf zehn Jahre ausgestellt.« Laith nimmt sich etwas Süßes vom Tisch und denkt nach. »Tja, und wenn etwas lange Zeit erfolgreich läuft, sieht man auch nicht die Gefahr, dass man sich übernimmt, wenn man sich ständig überall einbringt. Gut, als Künstler muss man das in gewisser Weise. Schließlich geht es ja um einen selbst. Aber damit ist auch die Gefahr da, ein Kontrollfreak zu werden und kaum loszulassen. Erst meinem jetzigen Produzenten überlasse ich tatsächlich bestimmte Arbeiten. Habe zum ersten Mal abgegeben und fing an zu erkennen, dass ich mich selbst viel mehr öffnen muss. Gerade privat, im Freundeskreis. Ich erkannte, dass ich die Leute ehrlich an mich heranlassen muss. Auf der Bühne gelang mir das recht leicht. Da war ich schon immer sehr emotional. Privat aber war ich wohl sehr bedeckt, ohne dass ich das selbst überhaupt bemerkt habe. So kam es also darauf an, etwas von mir preiszugeben. Auch mal schwach, offen, angreifbar zu sein. Heute habe ich durch die Offenheit auch mehr an Nähe gewonnen. Eine Geborgenheit und ein Aufgefangen-Werden im Freundeskreis. Ich weiß jetzt, dass immer jemand in Reichweite ist, der mich im Ernstfall mal in den Hintern tritt oder für mich da ist. Das ist toll.«

»Und wie hast du das hinbekommen?«, frage ich nach.

»Mit vielen Gesprächen und mit Impulsen von einer guten Therapeutin. Vor allem, indem ich mir Zeit nahm, alles zu reflektieren und Dinge bei mir selbst zu erkennen. Die körperlichen Symptome waren schnell weg. Das Öffnen hat am längsten gedauert, und später habe ich den Prozess auf einem neuen Album mit dem Titel ›Was wenn alles gut geht‹ öffentlich gemacht.« Er nickt. »Ja, das war dann der nächste Schritt.«

Mutig, denke ich, mit einem bekannten Namen das mit dem Burn-out so auszusprechen, und frage Laith auch direkt danach. »Fiel dir das nicht schwer, das so öffentlich zu machen?«

Er schüttelt den Kopf. »Nein, ich denke, wenn du aus Schwäche Stärke ziehen kannst, dann macht es keinen Sinn, die Offenheit wieder aufzugeben und auf privat zu machen.«

Leuchtet ein, denke ich und überlege, wie offen ich durch mein eigenes Leben gehe. Das ist tatsächlich auch mein Thema, das er hier anspricht, und Laith erklärt mir gleich noch genauer, wie er das meint. »Ich glaube wirklich, dass es keinen Sinn macht, mit seiner Wahrheit hinter dem Berg zu halten. Nachdem ich die Dinge, die mich bewegt haben, in meinem Freundeskreis ausgesprochen hatte, fiel mir auch der Schritt in die Öffentlichkeit leicht. Anschließend habe ich den ersten Song für das nächste Album geschrieben. »Lass es los« heißt er. Er ist für mich und für einen guten Freund, und ich dachte mir, vielleicht kann ich damit auch anderen Leuten ein Tor aufmachen. Einfach einen Denkanstoß geben, ohne groß auf Coach machen zu wollen oder etwas in der Art.«

Jetzt nehme ich mir auch etwas Süßes. »Aber wie hast du die Zeit dazwischen überstanden? Als du noch nicht wusstest, wie das mit der Musik weitergeht? Ob irgendwann wieder ein neuer Song herauskommt, wie es überhaupt mit deinem Leben weitergeht? Das ist doch schwer auszuhalten.«

Laith nickt. »Ja, das ist nicht leicht. In so einer Phase kommen andere, die helfen wollen, auch kaum an einen heran. Die einzige Lösung ist, selbst aktiv zu werden, und wenn man ein paar entscheidende Dinge in seinem Leben erneuern will, dann sollte man zunächst irgendeine kleine Struktur verändern. Mich zum Beispiel hat die Bandscheibe gezwungen, plötzlich jeden Tag Rückenübungen zu machen. Nichts Großes. Aber ich musste das Ritual in jeden Tag einbauen. Ja, ich denke, Zeit für sich selbst, eine neue Aktivität, die einen kurz woanders hintreibt, und dann vielleicht auch noch jemanden haben, mit dem man über alles sprechen kann. Bei dem man sich mal schwach zeigen darf und der einen stärkt, das hilft!«

»Ist das mit dem Wunsch, sich mehr fallen zu lassen und mal schwach zeigen zu dürfen, nicht vor allem ein Männerthema?«, unterbreche ich ihn. Liegt ja nahe, wie ich finde. Laith verneint. »Also ich kenne eine Menge Frauen, denen es genauso geht.« Stimmt auch wieder, denke ich. Für Laith ist die Lebensmitte jedenfalls ein großes Thema. Ein kreativer Pol, der nicht Stillstand bedeutet, sondern genau das Gegenteil. Austausch und Bewegung. Schließlich ist das ganze Leben ein Weg, eine Suche, ständige Veränderung eben.

»Und es liegen so viele Schätze unter der Oberfläche«, sagt er und verrät mir sein neues Lebensmotto, obwohl er früher nie viel von Leitsprüchen hielt. Seiner heißt nun: »*Was wenn alles gut geht?*«

Er macht es sich bequem. »Ja, diese Frage ist irgendwann zu meinem Mantra geworden. Das trifft es ganz gut für mich.« Ich schreibe mir den Satz auf und schaue auf die Glücksbringer, die er trägt. Eine Kette mit Bergkristall-Anhänger und ein Armband mit einem Anker. Er sieht meine Blicke. »Ach, ich habe die schreckliche Angewohnheit, Schmuck, den ich geschenkt bekomme, so lange zu tragen, bis er abfällt.« Er zeigt auf den Anker. »Dieses Armband zum Beispiel habe ich von einem Fan bekommen.« Schönes Symbol. Aber dass er so etwas nie ablegen würde und trägt, bis es abfällt, erstaunt mich. »Warum, aus Aberglaube?«, frage ich. »Keine Ahnung, es ist einfach so«, antwortet er und denkt dann doch noch etwas darüber nach.

»Woran glaubst du überhaupt?«, frage ich nach einer Weile.

Hier muss er nicht lange überlegen. »An den Glauben an sich selbst und an Liebe. Daran, sich zu akzeptieren und eine Heimat in sich selbst zu finden. Sich zu mögen. Sich auch mal selbst zu umarmen.« Er macht eine Pause. »Also an die Selbstliebe. Immer mit der Option, sie auch an andere weiterzugeben. An das Publikum oder den Partner. Ja, der Glaube an sich selbst ist die Königsdisziplin im Leben.« Ich nicke. »Und wie gut bist du schon darin?« Laith lacht. »Ich übe. Bin fleißig dabei. Dafür muss ich eben auch Kontrollängste und Argwohn abbauen, und auf die Art habe ich dann meinen Beruf als etwas sehr, sehr Schönes wiederentdeckt und sehe ihn nicht nur als etwas, was man gut erledigen muss.« Ich weiß genau, wie er es meint, und denke an meinen Job. »Du hast dich also wieder richtig verliebt ins Musikmachen?« Er nickt. »Ganz genau! Natürlich sind die Details für jeden etwas anders. Wenn man eine große Familie hat, drei Kinder, einen Hauskredit, da kann man nicht immer spontan den Job wechseln oder so. Aber man kann sich vielleicht einen guten Ausgleich für sich persönlich suchen. Im Vollgasprogramm des Alltags ist es manchmal verdammt schwer, auf sich aufzupassen. Ich weiß das. Ich habe es ja erlebt. Aber man kann nicht alles an der Arbeit festmachen. Der Tod von Roger Cicero, der damals so alt war wie ich, hat mich sehr mitgenommen. Wir Menschen neigen dazu, uns kaputtzumachen, und irgendwann geht das eigentliche Ziel verloren, weil wir uns zwischendurch in viel zu viele Aktivitäten verstricken. Das, was mir früher Freude bereitet hatte, ging tatsächlich unterwegs verloren. Ich denke, weil keine Zeit da war, mal beiseitezutreten und alles in Ruhe anzuschauen. So schaut man dann irgendwann an sich selbst vorbei. An sich oder an seinem Partner. Man verliert sich einfach aus den Augen. Die Gründe dafür liegen in einem Mix aus Komfortzone und Alltag, und irgendwann geht das Feuer verloren.«

Laith beugt sich wieder ein Stück vor und ist voll im Thema. Toll, wie offen er mit mir über all diese Dinge spricht. Er kennt sämtliche Bühnen. Die großen und kleinen. Hat angefangen mit zwölf Leuten im Publikum. Und er weiß, wie es sich anfühlt, vor siebzigtausend zu spielen. Das volle Programm eben. So wie im Leben. »Aber auch wenn man mal das Feuer verliert, ist es immer möglich, wieder Kraft zu ziehen. Wieder in Bewegung zu kommen«, bringt er seinen Gedanken zu Ende.

»Und wie?«, frage ich, um mir die Antwort zu notieren.

»Ich denke, es funktioniert mit einer Mischung aus Loslassen und diesem ›sich mal aufmerksam umschauen‹. Anschließend müssen wir unsere Entscheidung treffen und nicht abwarten, bis sie sich von selbst trifft oder äußere Umstände uns dazu zwingen. Womöglich noch unter Zeitdruck, und wir haben dann überhaupt keine Wahl mehr. Es *selbst* machen und bestimmen, das gibt uns doch ein gutes Gefühl, oder? Das macht uns glücklich. Frust hingegen haben wir, wenn wir etwas nicht in der Hand haben dürfen. Häufig gibt es dann nur schlechte Alternativen.«

Er lacht und lehnt sich wieder entspannt im Sofa zurück. Wirkt, als wäre er wirklich mit sich im Reinen. »Weißt du, ich habe immer viel gearbeitet. Tue das auch jetzt noch. Ich möchte nur nicht mehr das Gefühl haben, dass ich an der falschen Stelle aktiv bin. Mich irgendwie vertue, verstehst du?«

»Und was willst du jetzt nicht mehr?«, frage ich.

Laith kneift die Augen zusammen. »An mir selbst will ich nicht mehr diese ungestümen Momente! Emphatisch sein, auch mir selbst gegenüber und immer bewusster entscheiden. Ja, gegenwärtig sein, das macht mich heute glücklich.«

»Und was hat dir dieses ganze Aufräumen für deinen Alltag gebracht?«

Laith zählt in Ruhe auf. »Eine neue Freiheit, weniger Stress, neue Blickwinkel. Ja, eine freie Sicht auf Dinge, die ich vielleicht noch machen kann. Ich denke, ich habe jetzt auch das nötige Selbstvertrauen, dass, egal, was passiert oder ansteht, sich immer etwas ergeben wird.«

Dann wird er noch einmal sehr nachdenklich. »Weißt du, so ein Beschäftigen mit sich selbst und seinem Lebensglück ist ja eine Krise auf hohem Niveau. Ich habe kürzlich das Buch von einer Frau gelesen, die durch eine Immunerkrankung jahrelang an einer Herz-Lungen-Maschine hing, und am Ende schreibt sie: An manchen seltenen Tagen käme sie mit ihrer Laune mal nicht ganz so gut klar. Ist das nicht Wahnsinn? Auch Florian Sitzmann, den du schon besucht hast, habe ich getroffen, und auch er hat mich unglaublich beeindruckt mit seiner Stärke und Haltung dem Leben gegenüber. Ich habe größten Respekt vor solchen Menschen!«

Altersgrenzen für Veränderung gibt es für Laith jedenfalls nicht und auch keinen Grund für Reue, falls man etwas vermeintlich zu spät entdeckt oder geändert hat. »Reue macht einfach keinen Sinn. Es ist vorbei, und mit Reue kommst du nirgendwohin. Höchstens schlecht drauf. Ich versuche das Leben wirklich so zu nehmen, wie es gerade stattfindet, und bis jetzt war das auch der richtige Weg für mich!«

Auf der Heimfahrt bin ich voller Eindrücke und todmüde. Hatte die letzten Tage wenig geschlafen, viel gearbeitet und außerdem noch diese ersten intensiven Reisen und Gespräche mit meinen Inspiratoren gehabt. Und auch morgen muss ich wieder früh raus. Also schnell zurück. Am besten über die Autobahn. Lande dort allerdings sofort im Stau. Verdammt. Frust macht sich in mir breit. Aber dann, nach einigen Augenblicken, zum Glück auch eine Erkenntnis: Es bringt überhaupt nichts landauf, landab tolle Gesprächspartner zu treffen und dabei jede Menge Impulse einzusammeln, wenn ich sie immer nur in mein Notizbuch schreibe. Ratschläge sind erst dann sinnvoll, wenn man sie auch tatsächlich umsetzt. Ich könnte also einen davon gleich mal ausprobieren, und zwar genau hier: mitten im Stau, hinter meinem Steuer, nach einem viel zu langen Tag! So, wie es Laith vorhin gesagt hat: »Auf das Leben vertrauen und auch die unabänderlichen Dinge so annehmen, wie sie sind. Lockerlassen eben.«

Somit höre ich auf, mich zu ärgern, und schiebe ein Album von ihm in den CD-Player. Höre noch mal Laith' Titelsong *»Bleib unterwegs«*. Geschrieben von seinem Freund Gregor Meyle. Auch davon hatte er mir noch erzählt. Wie schön er es findet, einen guten Freund auf seiner Platte zu haben und einen Song, der leise ist, aber derart intensiv. Von wegen leise. Ich drehe die Lautstärke richtig hoch: »*Ich bin nicht so weit gegangen, um jetzt den Faden zu verlier'n!*«

Der Stau löst sich auf, und ich fahre lauthals singend weiter. »*Ich bleib unterwegs, ich bleib unterwegs!*«

Laith Al-Deens Tipp
Lass einfach mal alles laufen. Viele Dinge im Leben funktionieren besser, wenn man auch mal lernt, die Kontrolle abzugeben. Und vergiss nicht: Mit Reue kommst du nirgendwohin. Höchstens schlecht drauf!

Fragen an mich selbst
Wo bin ich immer noch der totale Kontrollfreak?
Wie oft traue ich mich, Schwäche zu zeigen, und vor allem, vor wem?
Wie offen bin ich meinen Freunden gegenüber wirklich?
Wie oft bitte ich sie um Hilfe, und mache dann doch alles mit mir alleine aus?

Am nächsten Morgen sitze ich in der Straßenbahn und beobachte die anderen Fahrgäste.

Mal durchzählen. Wie viele lachende, fröhliche Gesichter sehe ich hier? Die meisten wirken unglaublich ernst. Suchen etwas im Handy oder schauen mehrfach zur Uhr. Die Energie, die mir entgegenkommt, wirkt dunkel und eng. Ich frage mich – erstaunlich, dass ich selbst überhaupt mal wieder Luft und Muße dazu habe –, was sind das für Menschen, die mir hier gegenübersitzen? Haben sie Freude an den Dingen, die sie nun den ganzen Tag lang tun werden? Haben sie heute auch Freiräume, um aufzutanken? Was würden sie gern tun, wenn sie sich um

Geld keine Sorgen machen müssten? Haben sie manchmal noch verrückte Impulse, und folgen sie ihnen dann auch? Ja, denke ich, während ich die Gesichter der Fahrgäste studiere, wenn es diese berühmte Fee geben würde – die, die einem drei Wünsche erfüllt, und einer davon wäre ein Leben ohne Angst: Was würde sich bei uns allen verändern? Auf unseren Gesichtern, im Leben unserer Familien, im ganzen Land?

Wie würde sich die Atmosphäre verwandeln, hier im Waggon oder in sämtlichen Bussen und Bahnen und Köpfen all over the world?

In den nächsten Wochen mache ich mir zunehmend Sorgen um meine Eltern.

Mein Vater muss an die Dialyse, und auch meiner Mutter geht es immer schlechter. Ihr Herz ist schwach und setzt immer mal aus. Die Herzklinik sieht uns jetzt regelmäßig, und meine Ängste um die beiden wachsen mit jedem Tag. Also habe ich mir angewöhnt, noch öfter bei ihnen anzurufen oder mal kurzerhand vorbeizuschauen. Meist melde ich mich abends, wenn der Job geschafft ist und sie selbst gerade hoffen, dass sie diese Nacht durchschlafen können. Dabei sprechen wir immer häufiger über diese eine unangenehme Sache. Die mit dem Älterwerden. Dass es mit den zunehmenden Veränderungen des Körpers und wachsender Vergesslichkeit nichts für Feiglinge ist. Außerdem erzählen sie mir von Dingen, die sie vor lauter Arbeit verpasst haben. Dass es genau *diese* Dinge sind – und eben nicht unsere Fehlentscheidungen oder Fehlversuche –, die wir im Alter bedauern. Ihre Botschaft kann ich mit den Händen greifen, und mit der Liebe, die ich für beide empfinde, schmerzt mich ihr Schmerz, so als wäre es mein eigener. Gleichzeitig brennt sich ein Gedanke immer tiefer in mich ein: Reue ist schlimmer als Angst. Und genau das spüre ich auch an diesem Abend, als ich wieder einmal mit meiner Mutter telefoniere. »Ach, und weißt du, mein Mädchen«, sagt sie in dem Moment, »worüber ich auch sehr traurig bin? Selbst meine Stimme beginnt sich zu verändern.« – »Deine Stimme, Mama?«, frage ich zurück. »Ja, ich kann gar nicht mehr so schön singen wie damals. Weißt du noch, wie oft wir früher zusammen gesungen haben?« Ich schlucke. Natürlich weiß ich das noch. »Ja, Mama, wir haben viel zusammen gesungen, und ich bekam auch immer ein Schlaflied von dir.« Ein tiefes Luftholen am anderen Ende. »Ja, heute könnte ich das gar nicht mehr, obwohl ich es so gern machen würde.« – »Na, dann singe ich jetzt eben *dir* etwas vor, Mama«, sage ich spontan, und noch bevor sie etwas erwidern kann, fange ich an. »Guten Abend, gut' Nacht, mit Rosen bedacht«, nehme den Telefonhörer noch etwas näher an den Mund. »Mit Näglein besteckt ...« Meine Mutter lacht am anderen Ende und verbessert mich. »Nein, mein Mädchen, nicht Näglein. Mit Nelklein heißt das!« Ich lache auch. Jetzt stimmt sie doch mit ein, und wir singen das Schlaflied gemeinsam zu Ende: »... Morgen früh, wenn Gott will, wirst du wieder geweckt. Morgen früh, wenn Gott will, wirst du wieder geweckt.«

Als ich eine Minute später auflege, weiß ich, wie sehr sich meine Mutter über dieses Gespräch gefreut hat. Wie gut ihr überhaupt unsere Telefonate in letzter Zeit tun. Mir aber ist der Hals wie zugeschnürt. Plötzlich ist da dieses Brennen in Kehle und Augen, denn bei der letzten gesungenen Zeile sah ich gerade zwei Szenen vor mir. Einmal diese junge Mama, früher an meinem Kinderbett. Die, die mich mit ihrem Lied immer so schön beruhigen konnte und in den Schlaf wiegte, und dann dieselbe Szene, nur umgekehrt. Viele Jahrzehnte später. Jetzt, da ich als erwachsene Tochter mit demselben Lied meine Mutter beruhige. Entweder abends am Telefon oder – vielleicht wieder einige Jahre später – in einer nächsten Situation. Einer, bei der mich meine Mutter für immer verlässt. Dann, wenn ich in der Stille einer Kirche ein letztes Mal ihre Hand halte. Bei der Vorstellung ist das Brennen im Hals nicht mehr auszuhalten. Also stehe ich auf, um mir einen Schluck Wasser zu holen und den Fernseher einzuschalten.

Ich brauche Ablenkung.

Ein paar Tage später dann der nächste Streit mit meinem Sohn.

Klar bin ich auch manchmal nervig. Habe eben das Gefühl, parallel zur Mutterliebe auch das harte Männervorbild in diesem Haushalt geben zu müssen. Gerade jetzt, wo er älter wird. Ein Rollenmix, der vielleicht manchmal verwirrend ist. Aber er könnte ja auch endlich bitte seine Jobs im Haushalt erledigen! Wenigstens eine gewisse Grundordnung im eigenen Zimmer herstellen und dabei beachten, dass der Bettkasten unter der Matratze nicht für die Aufbewahrung von alten Socken oder Tellern mit Nudelresten gedacht ist. Ich versuche mich zusammenzureißen und es ein weiteres Mal in dieser Woche mit Argumentation zu probieren. Ich bemühe mich, ihm auch mal meine Sicht klarzumachen. Nämlich die, wenn ich hier an bestimmten Tagen im Homeoffice arbeite und das mit Blick auf Socken, Wasserflaschen oder Keksschachteln tun muss, die sich mit einer auffälligen Spur von unserer Küche hinüber in sein Zimmer ziehen. Versuche ihm dabei die Dringlichkeit und Hintergründe meiner persönlichen Umstände klarzumachen und alles besonders anschaulich zu formulieren, während ich gleichzeitig wie wild mit einer Flasche Mineralwasser herumfuchtele. Nach dem Vortrag zuckt mein Sohn lediglich mit den Schultern und meint, dass er das schon alles bei Gelegenheit wegräumen würde. Dafür bräuchte man sich doch nicht so aufregen. Er wisse auch nicht, warum mich das bisschen Unordnung überhaupt von meiner Büroarbeit abhalten sollte und ob sich denn eigentlich noch etwas Essbares im Kühlschrank befinde? Vielleicht könne ich sogar noch eine Kleinigkeit kochen. Am liebsten etwas ohne Kohlenhydrate, und es müsse bitte schnell gehen, da er in einer halben Stunde eine Verabredung habe. Inzwischen soll ich seine

Zimmertür einfach zumachen und mich bitte nicht so unter Stress setzen, sondern lieber entspannen. Ich drohe jeden Moment zu platzen. Klar, brauche ich Entspannung! Fürs Erste vielleicht einen Schluck Wasser. Drehe energisch den Verschluss der Flasche herum und zisch – prompt stehe ich in einer unfreiwilligen Mineralwasser-Dusche, und das Gemeine: Darüber kann ich mich jetzt noch nicht einmal bei meinem Sohn beschweren!

Zu oft geschüttelt, zu viel Druck ausgeübt, und ich hätte die Aufschrift auf dem Etikett lesen sollen. Dort steht es ja schwarz auf weiß. »Extra spritzig«.

Die Flasche hatte nur ihren Job gemacht.

Noch am selben Abend verfasse ich eine E-Mail an einen Moderator, den ich als Kind oft im Fernsehen sah und der auch Talkgast einer meiner ersten Sendungen war. Die Öffentlichkeit weiß einiges von ihm. Zum Beispiel, dass er im Alter von fünf Jahren bei einem nächtlichen Bombenangriff in Hamburg unter einer Kellertreppe verschüttet wurde und wegen dieses Traumas später zu stottern begann. Dass er das mit einer Gesangsausbildung wieder ablegte und nun die Fähigkeit des Schnellsprechens besitzt. Dass er Schauspieler, Sänger und einer der erfolgreichsten, bekanntesten Moderatoren Deutschlands ist, wofür er das »Verdienstkreuz am Band« erhielt und den Echo für sein Lebenswerk. Heute habe ich andere Fragen an ihn. Solche nach Kraftquellen für neue Wege; seine Impulse für ein erfülltes Leben. Für Glück und Erfolg. Bereits zwei Tage später kommt die Antwort.

Fokussiere dich auf dein Ziel

so wie Dieter Thomas Heck
auf seinem Weg zu »Mr Hitparade«

Liebe Peggy,

Glück und Erfolg im Leben sind zwei vollkommen verschiedene Schuhe. Glück bekommt man geschenkt, dafür kann man nichts, außer dankbar sein. Erfolg muss man sich selber erarbeiten.

Wichtig ist, man muss das, was man sich vornimmt, auch wirklich wollen und dann dranbleiben! Ich habe festgestellt, dass nur dann der Erfolg kommt, wenn man alle Kräfte mobilisiert und sich auf das Ziel fokussiert. Alle meine wichtigen Entscheidungen waren gut überlegt und sind dann sowohl aus dem Bauch, vor allem aber mit dem Kopf getroffen worden. Dabei gab es für mich drei wichtige Weggabelungen. Die erste war die Entscheidung, nach meiner Scheidung »Fräulein Möller« zu heiraten. Das war privat meine wichtigste und bisher immer noch beste Entscheidung.

Beruflich war es eine wichtige Weggabel, mit der »Hitparade« abzuschließen, um dann mit der Sendung »Melodien für Millionen« einen Neuanfang im Abendprogramm zu machen. Eine Entscheidung, die ich nie bereut habe. Und die dritte wichtige Entscheidung war, mit siebzig Jahren komplett mit dem Beruf aufzuhören, um das Leben hinter der Kamera zu entdecken. Auch diese Entscheidung habe ich nie bereut.

Zum Thema innere Kraft, die man zum Erfolg braucht: Eigentlich waren mir einige Eigenschaften schon in die Wiege gelegt, waren immer vorhanden. Dass sie sich weiterentwickeln, je reifer man wird, ist klar. Wichtig war für mich immer, dass ich »mein« Team, auf das ich mich zu hundert Prozent verlassen konnte, immer um mich hatte. Das ist keine Selbstverständlichkeit.

Meine Frau Hildchen war und ist immer noch mein bester Ratgeber. Ich weiß, dass ich mich immer auf sie und ihre gut durchdachten Ratschläge verlassen kann. Wenn man, wie ich jetzt, älter wird, auch die eine oder andere Krankheit durchstehen muss, so kommen gewisse Ängste auf. Aber, wie gesagt, da ist dann Hildchen immer an meiner Seite.

Außerdem vertraue ich darauf, dass Gott mir helfen wird.

Sie fragen in Ihrem Brief, was ich jungen Menschen, die mir aufmerksam zuhören würden, für ein erfülltes Leben vielleicht mit auf den Weg geben würde? Das ist eine interessante Frage, die man so pauschal überhaupt nicht beantworten kann. Ich persönlich habe mir immer überlegt, ob das, was ich mir als Nächstes vorgenommen habe, wirklich ein ganz fester Wunsch ist, zu dem ich alle meine Kräfte mobilisieren muss. Dann hat es auch immer geklappt.

Ich hoffe, dass Ihnen meine Gedanken ein wenig weiterhelfen.
Alle Liebe, Ihr Dieter Thomas Heck

Dieter Thomas Hecks Tipp
Überlege dir gut, ob du dein neues Ziel auch wirklich willst. Dann mobilisiere alle Kräfte und fokussiere dich ganz darauf! So kommt der Erfolg, mit Gottes Hilfe.

Fragen an mich selbst
Für Dieter Thomas Heck war es wichtig, die »Hitparade« abzuschließen, um mit einer anderen Sendung einen Neuanfang im Abendprogramm zu machen. Welcher Bereich meines Lebens ist ebenfalls »getan« und bereit, einer neuen Aufgabe Platz zu machen?
Dem erfolgreichen Moderator war klar, dass es nicht ausreicht, den Beruf zu lieben. Um etwas Großes zu erreichen, muss man die Sache wirklich wollen und sich konsequent darauf ausrichten. Welche ist meine Sache?

Mr Hitparade hatte ein Team, auf dass er sich zu hundert Prozent verlassen konnte. Wo sind meine Mitstreiter, auf die ich mich blind verlassen kann?

In dieser Nacht sitze ich noch eine Weile am Fenster und beobachte, wie sich das Treiben auf unserer Straße beruhigt.

Freue mich, dass Dieter Thomas Heck so schnell geantwortet hat. Dass er so echt und treu ist, wenn er Menschen mag. Manche Dinge verändern sich eben nie. So wie der Mond, denke ich, den Blick zum Himmel gerichtet. Irgendwo hatte ich gelesen, er sei niemals größer als der eigene Daumen. Man müsse nur ein Auge zusammenkneifen und die Hand ausstrecken. Ganz egal aus welcher Perspektive man dann schaut, die Größenverhältnisse blieben immer gleich. Ich stehe auf und öffne das Fenster. Nehme einen Zug von der Abendluft. Dann strecke ich eine Hand nach vorn und kneife ein Auge zusammen, und tatsächlich: Auf den Mond ist Verlass. Genauso wie auf meinen Daumen. Der eine verdeckt den anderen.

Zur Wiederherstellung der friedlichen Mutter-Sohn-Atmosphäre gehen mein Junge und ich am nächsten Wochenende im Park etwas zu Abend essen.

An der dort aufgestellten Steinplatte legen wir anschließend spontan eine Runde Tischtennis ein. So wie früher, als er klein war. Damals war das ein festes Ritual, und auch heute lege ich mich ordentlich ins Zeug. Ich will gewinnen. Bemerke deshalb erst spät, dass mich die ganze Zeit jemand von der Seite beobachtet. Ein Vater mit seinem Jungen, der wahrscheinlich gerade Ähnliches geplant hatte. In jedem Fall hat auch er zwei Tischtennisschläger in der Hand, und es ist ein attraktiver Vater, wie ich beim nochmaligen Hinschauen feststelle. Eine dazugehörige Mutter ist nicht in Sicht, und die Art, wie mich der Mann beobachtet, gefällt mir. Etwas direkt, etwas schüchtern. Auf jeden

Fall scheint sein Interesse *mir* zu gelten und nicht der besetzten Platte. Sofort verfeinere ich die Grazie meiner Arm- und Beinarbeit, lege ein nettes Lächeln auf, und das Pingpongspiel nimmt seinen Lauf. Er lächelt zurück, bis ihn sein Junge weiterzieht. Er selbst will zwar noch bleiben. Hat aber keine Chance gegen das quengelnde Kind. Also lässt er sich abführen. Winkt aber noch mal beim Gehen. Gut, denke ich, mit Blick auf meinen Sohn, diese Tischtennisplatte werden wir in nächster Zeit wieder öfter besuchen.

Könnte sich lohnen.

Ich weiß nicht, warum, aber irgendwie dachte ich bisher immer, es gäbe im Großen und Ganzen nur zwei Kategorien von Menschen. Die Netten und die weniger Netten. Die, die das Chaos beherrschen, und die, die es verursachen. Die Beherrschten und die, die jeder Laune folgen. Die Raucher, die ihre Zigarette langsam ausdrehen, und die, die sie hektisch zerdrücken. Heute aber treffe ich einen mir bisher unbekannten Menschentyp. Nämlich den, der zwischen verschiedenen Charakteren in Sekundenschnelle hin- und herswitchen kann. Gemeinsam mit einem Freund besuche ich einen erfolgreichen Unternehmer, der uns seine neuen Geschäftsräume zeigen möchte. Schon die Hinfahrt läuft alles andere als erwünscht. Erneut erwischt mich ein Blitzer. Diesmal punktverdächtig! Bin also immer noch zu schnell unterwegs. Vermutlich nicht nur für Flensburg. Mist.

»Frau Patzschke, willkommen. Wie schön, auch Sie einmal kennenzulernen!«

Überschwänglich begrüßt uns der Firmenboss am Eingang, vernetzt meinen Bekannten mit einem seiner Geschäftsführer und führt mich inzwischen höchstpersönlich durch alle Räume. Die Aura, die von ihm ausgeht, ist speziell. Unmöglich, sie zu ignorieren. So ähnlich wie Schweiß, der sich mit dem Duft eines teuren Parfüms mischt. Lasse mich dann aber doch von der Einrichtung seines Reiches ablenken. Von all den herumstehenden Preisen und Fotos mit internationalen Geschäftspartnern. Er hatte es zu enormen Ehrungen gebracht und damit, wie ich schon wusste, auch zu zahlreichen weiblichen Fans. Sein Sex-Appeal liegt dort, wo andere ihre Brieftaschen haben, und seine Macht beginnt da, wo man geschäftliche Infos und pikante Details aus dem Privatleben einflussreicher Macher der Branche benötigt. Dieser Mann hat sie. Er kennt hier jeden und ist damit der lebende Beweis: Große Geschäfte funktionieren auch heute noch nach demselben Prinzip wie schon damals bei den Ewings im Fernsehserien-Blockbuster der achtziger Jahre »Dallas«. Dort beruhte der Erfolg im (Öl-)Geschäft auf zwei Dingen. Dem Bohren im Dreck und dem nach Informationen.

Der Mann hier vor mir, nennen wir ihn mal Kurt Kramer, erinnert mich jedenfalls sofort an den Dallas-Titelhelden J. R. Ewing, denn auch bei ihm möchte man nicht auf der falschen Seite des Verhandlungstisches sitzen, wenn er so grinst. Er behält zwar immer einen freundlichen Gesichtsausdruck. Doch vermutlich verhält es sich mit ihm so wie mit Koboldhaien. Die sind auch nicht lustig, nur weil sie einen komischen Namen tragen. Im Gegenteil. Sie sind sechs Meter lang und haben ein hinterhältiges Maul, das schlagartig wachsen kann, sobald die Beute in Reichweite ist. Und um bei meinem Fernsehhelden aus den Achtzigern zu bleiben, der brachte es damals so auf den Punkt: »Einen Mann lernt man am besten im Gespräch mit seinen Freunden kennen und mit seinen Feinden.« Diesen Satz habe ich mir gut gemerkt.

Ja, eindeutig. Der Mann vor mir muss ein Zwillingsbruder des Ölbarons sein! Nur dass er mit Technik handelt anstatt mit schwarzem Gold.

J. R. Kramer bietet mir einen Stuhl in seinem Büro an. Er macht eine kleine Verbeugung. »Sie sind eine unglaublich faszinierende Frau, Frau Patzschke, aber das wissen Sie ja längst.« Ich bedanke mich für das Kompliment, und er bedankt sich zurück. Dann wieder dieses Grinsen.

»Ich hätte da spontan ein Angebot, was eine Frau wie Sie interessieren dürfte!« Ich lächle zurück. Allerdings ist mir unklar, worüber wir hier tatsächlich sprechen. »Aha«, höre ich mich sagen, und J. R. Kramer rückt mit seinem Stuhl etwas näher an mich heran. »Sie müssen wissen, ich bin ein Menschenkenner«, holt er aus, »meine Pressechefin verlässt in Kürze das Unternehmen, und ich denke, wir beide könnten sehr viel Spaß in so einer Zusammenarbeit haben. Was meinen Sie?« Eine wirklich seltsame Betonung liegt dabei auf dem Wörtchen »Spaß«. Jeder andere wäre an dieser Stelle verunsichert gewesen. Ich nicht. Ich habe Angst. Bleibe nach außen allerdings geschmeidig. Freundlich, neutral. Kein Problem als Moderatorin. »Sie schmeicheln mir«, höre ich mich wieder reagieren. »Was erwarten Sie denn von Ihrer künftigen Pressechefin?« Jetzt verändert sich Kramers Gesichtsausdruck innerhalb einer Sekunde. Aus dem geschäftstüchtigen Ölbaron wird nun »Kaa«, die Schlange aus dem Dschungelbuch. Seine Blicke und Worte kommen mit derselben verdächtigen Zutraulichkeit, die auch die Disney-Figur einst verwendete, als sie Mogli, das verirrte Menschenkind, in einen gefährlichen Schlaf wiegen wollte: »Nun, Professionalität, Ausstrahlung und«, Kramer rückt noch ein Stück näher, ich kann seinen Atem spüren, »eine *große* Offenheit für *alles*, was sich Ihnen hier *bietet*.«

Die Art und Weise, wie er nun die Wörter »groß«, »alles« und »bietet« betont und der Abstand unserer Stühle, der mittlerweile so weit geschrumpft ist, dass sich unsere Knie berühren, lassen keine Frage mehr darüber offen, was sich dieser Chef von seiner neuen Pressefrau wünscht. Vermutlich deutlich mehr, als in seiner Stellenausschreibung stehen würde. Mir wird schlecht, und mir fällt eine Formulierung meines Sohnes ein, als er noch klein und wenig begeistert von einem meiner Angebote war: »Geht nich, weil is nich!«

Ich erhebe mich und die Schlange mit mir. Ihr Gesichtsausdruck wechselt zurück in den des Ölbarons. Lachender Mund, eiskalte Augen. »Darf ich daraus schließen, dass Sie nicht interessiert sind, Frau Patzschke?«

»Das dürfen Sie, lieber Herr Kramer. Ich bedanke mich ganz herzlich für Ihr großes Angebot! Allerdings liebe ich meine derzeitige Aufgabe. Zu sehr, als dass ich sie aufgeben könnte, Sie verstehen?«

J. R. Kramer versteht und begleitet mich nicht mehr zur Tür.

Zurück zu Hause tausche ich meinen schicken Blazer gegen Wohlfühlklamotten. Die Fußbodenheizung ist noch nicht eingeschaltet. Also trage ich Haussocken, und zwar auf halb acht. So wie ich es am liebsten tue, wenn ich daheim auf Entspannungsmodus umschalte. Nur zur Hälfte über den Fuß gezogen. Die andere Hälfte baumelt beim Laufen lustig umher, so wie Eichhörnchenschwänze, die neugierig voraushuschen, um mit ihrem eingebauten Navi schon mal den Weg zu suchen. Ich schaue an mir herab und lache, denn langsam bekomme ich eine Ahnung davon, was mich tiefenentspannt.

Weniger Input, zum Feierabend richtig schön hässlich sein dürfen und mich mit einer solchen Klarheit gegen etwas entscheiden.

Glaube daran, dass dir das Leben immer wieder neue Türen öffnet

so wie Schiedsrichter, Mentaltrainer und Redner Babak Rafati nach seinem Suizidversuch

Eine Woche später besuche ich eine Veranstaltung mit Babak Rafati in Göttingen.

Als er vor dem Publikum von dieser einen Nacht spricht – der, in der er mit Schnaps, hundert Tabletten, Glasscherben und einem Bademantelgürtel versuchte, sich vor dem nächsten Spiel im Hotelzimmer das Leben zu nehmen –, als er erzählt, wie er in dem Moment sein Gesicht im Spiegel erblickte und darin nur noch einen hässlichen Krieger sah, ist es so still im Raum, dass man nicht mal ein Atmen hört.

»Damals durfte in meine Seele jeder rein«, sagt Babak und schaut dabei den Zuhörern in den ersten Reihen direkt in die Augen. »Ich habe andere ständig meine Grenzen überschreiten lassen, und wenn mich heute jemand fragt, ob ich ein Vorbild bin, dann sage ich ja – und zwar dafür, wie man es nicht macht. Jeder von uns ist Burn-out-gefährdet. Ich hatte mich damals nach dem ganzen Mobbing in der Bundesliga aufgegeben. Aber glauben Sie mir, es gibt einen Weg da raus. Einen, um im Leben zu brennen, ohne auszubrennen, und es macht unglaublich stark, zu seinen Schwächen zu stehen.«

Als der Vortrag beendet ist, wird es schwer, an Babak heranzukommen. Sofort pilgert eine Zuschauergruppe nach vorn zur Bühne. Will noch das direkte Gespräch mit ihm. Andere Gäste drängeln sich im Saal, um das eben Gehörte untereinander auszuwerten. »Beeindruckend, wie ehrlich er ist«, sagt einer der Männer in der Runde. »Vielleicht zu ehrlich für eine so hohe

Ebene«, fügt ein anderer hinzu. »Ja«, sagt der Dritte, »Fußball ist ein hartes Geschäft. Irgendwie auch ein Spiegel unserer Gesellschaft. In unserer Firma möchte ich auch nicht da oben im Aufsichtsrat sitzen.« Alle nicken. »Es ist schon so, wie er sagt«, sagt nun wieder der Erste, »dass uns Männer emotionale Krisen viel härter treffen als Frauen. Die reden über alles. Aber ein Kerl hat nicht zu jammern. Der geht notfalls in den Wald und stirbt.« Wieder ein Nicken in der Runde.

»Wenn du dort vor den Leuten stehst oder sie im Einzelcoaching bei dir hast, was gibt dir das?«, frage ich Babak später, als ich ihn und seine Frau Rouja für mich alleine habe.

Durch seinen Körper geht ein Ruck. »Es ist ein unglaubliches Glücksgefühl, wenn ich aus diesen – entschuldige bitte – Scheißerlebnissen, die ich da vor ein paar Jahren hatte, etwas Gutes für andere reflektieren kann. Damals im Stadion wurde ich als Schiedsrichter für jede fragliche Entscheidung ausgepfiffen. Heute gehe ich in solche Vorträge und stehe ganz klar zu Fehlern, die mir in dieser Zeit passiert sind, und so viel wie ich damals, glaube mir, kann man gar nicht auf einmal falsch machen! Damit meine ich keine angeblich falsch verteilten Karten oder Strafstöße auf dem Rasen, sondern die Fehler in meinem eigenen Denken. Ich hatte dieses männliche Ideal, immer stark sein zu müssen und dass man als Kerl auch mit Leistungsdruck locker umzugehen hat. Eine falsch verstandene Stärke, die zur Fassade wird, ist in Wirklichkeit aber Schwäche. Heute stehe ich zu ihr und stelle mich damit vor Menschen, die vielleicht auch gerade irgendwo gefangen sind. Dadurch merken sie, dass sie nicht allein sind mit ihren inneren Kämpfen, und das macht ihnen Mut.«

»Von welchen Gefängnissen berichten dir denn die Leute in ihren Geschichten?«, frage ich.

Babak lehnt sich zurück und kommt nach dem langen Abend

langsam in den Entspannungsmodus. »Na zum Beispiel den Stress, den jeder im Alltag spürt. Wir haben mittlerweile diese unglaubliche Zeitverdichtung. Müssen in den acht bis zehn Stunden auf Arbeit Topleistung bringen, ein aufgeschlossener und flexibler Kollege sein, E-Mails an Kunden zügig beantworten, nebenbei die Frau am Telefon trösten, an das Problem mit dem Kind denken. Wir machen zu viel in einem Moment. Gehen dann sicher auch mal zu diesem tollen Zeitmanagement-Seminar, das uns beibringt, alles strukturierter anzugehen, um am Ende wieder Spaß bei allen Aufgaben zu haben. Klingt auch unheimlich gut. Aber in unserem Kopf kreist es trotzdem weiter. ›O Gott, o Gott. E-Mail, Telefon, Kollegen, Frau, Kind, Chef ...‹«

Ich nicke. »Als du deine Geschichte mit dem Suizidversuch, der Therapie und der Heilung in deinem Buch *Ich pfeife auf den Tod* veröffentlicht hast, hattest du da keine Angst vor den Reaktionen der Öffentlichkeit?«

Seine Frau lächelt mich an. »Klar, hatte ich Angst«, sagt Babak. »Ich befürchtete sogar, einen Rückfall zu bekommen. Dann aber dachte ich: Warte mal, wenn du das Durchlebte für andere wiedergibst und damit nur *ein* Menschenleben rettest«, bei dem Stichwort schaut er zu seiner Frau, »und wir wissen, was ein Leben bedeutet, da wir beide selbst betroffen waren, dann wird so ein Buch oder Vortrag wie heute schon viel wert sein. Derjenige kann es hier vielleicht nicht mit Worten ausdrücken, kann seine Gefühle vor anderen nicht zeigen. Aber ich nehme das trotzdem wahr. Allein durch seinen Blick oder seine Körpersprache.«

An diesem Punkt bleibe ich dran. »Denkst du, das mit dem Ehrlich-zu-seinen-Gefühlen-Stehen geht immer mehr verloren?«

Er nickt. »Ich glaube, in den Zeiten der Globalisierung sind wir alle manipuliert. Du gehst in die Schule und musst Einsen schreiben, damit du einen guten Job bekommst und Geld verdienst. Die wahren Werte bleiben auf der Strecke. Ich nenne das Ganze Selbstkonfrontation aus internen Werten und externem

Druck. Über die Jahre werden wir fehlgeleitet, und Gefühle werden in einer Leistungsgesellschaft nicht zugelassen. Gefühle bedeuten Schwäche, und Schwäche bedeutet weniger Leistung. Genau da ist der Ansatz für mich zu sagen: ›Wir dürfen über Gefühle reden. Reden bringt Klarheit.‹ Mein Geschenk, das mir hilft, wenn ich da vorn auf der Bühne stehe, ist die Tatsache, dass mir Menschen auch aufgrund meines früheren Berufs zuhören. Fußball ist für viele eine große Sache, und da werden sie bei meiner Story hellhörig.«

Ich schaue zu seiner Frau und erinnere mich, wie sie ihm vorhin beim Vortrag zur Seite sprang, als bei einem Filmeinspieler die Technik ausfiel. Dann drehe ich mich wieder zu ihm.

»Obwohl ich euch als so tolles, inniges Paar wahrnehme, hast du dich damals deiner Frau nicht anvertraut, als es dir immer schlechter ging?«

Babak schüttelt den Kopf. »Nein, auch Rouja habe ich nie gesagt, was in mir vorging. Ich wollte ihr nicht zeigen, dass mir Reaktionen meines Chefs weh tun. Hätte mich dann nicht gut vor ihr gefühlt. Wollte nicht, dass sie merkt, dass mich mein Chef am Telefon kleinmacht. Stattdessen bin ich bei solchen Anrufen echauffiert aus der Küche rausgerannt und habe vor ihr solche Sachen gesagt wie ›Dieser Blödmann!‹. Habe auf den anderen geschimpft und wollte nach außen weiterhin stark sein.«

Wieder schaue ich zu Rouja. »Was ging denn nach dieser schlimmen Nacht deines Mannes im Hotelzimmer als Erstes in dir vor?«

Ihr Blick zeigt mir, wie nah plötzlich wieder alles ist. »Das Erste, was du als Frau empfindest, sind Schuldgefühle«, sagt sie. »Sofort habe ich mich gefragt: Hätte ich das nicht erkennen können?« Ihr Blick geht nach unten, dann wieder hinüber zu ihrem Mann. »Ja, als Frau ist es schwer, damit umzugehen, und nach dem Suizidversuch wollte er es erst nicht wahrhaben, dass er krank ist. Er wollte es auch immer wieder versuchen. Ich habe ihn davon abgehalten, die ganze Familie hat ihn gemeinsam durch diese Zeit geschleppt, und dann sagte er: Ich gehe nur in die Klinik, wenn du von morgens bis abends in meiner Nähe bist, und ich war dann auch überall dabei. Habe meine Doktorarbeit verschoben und war die ganze Zeit bei ihm.« Ich rutsche ein Stück näher zu ihr. »Wie hast du das denn alles ausgehalten?« Ihr Blick ist nachdenklich. »Die Ärzte sagten mir, dass das seine Zeit dauert, und so habe ich mich auch irgendwann für ambulante Therapiestunden entschieden, um Kraft für alles zu behalten. Das hat mir geholfen.« Mein Blick geht wieder zu Babak. »Wo waren denn in dieser Nacht, dort mit den Tabletten im Hotelzimmer, deine Gedanken an sie? An deine große Liebe?«

Sein Lächeln ist nun eins von der Art, das man besitzt, wenn man auf ein Wissen zurückgreifen kann, was man vorher nicht besaß. Auf eine Erfahrung, die einen Menschen komplett verändert.

»In so einer Situation denkst du nicht rational, Peggy. Depression ist kein Schauspiel. Seele und Körper gehen in so einem Moment auseinander. Bei Rouja wusste ich immer, dass bei diesem Menschen mein Glück ist. So habe ich das ja auch gefühlt, als ich ihr den Antrag gemacht habe. Klar, wollte ich das alles nicht einfach wegwerfen. Aber die Bedrohung in mir war trotzdem da. Somit denkst du in einer solchen Nacht nicht eine Sekunde an die Familie. Dein Kopf ist zu einem großen Märchenerzähler geworden, und du hast dein eigenes Drehbuch nicht mehr in der Hand. Nach dem Suizidversuch war ich höchstens verbittert, dass es nicht geklappt hat. Drei bis vier Wochen später habe ich wieder gesagt: Rouja, ich muss mir das Leben nehmen. Diesmal geplant. Sie hat mir dann drei Packungen Tabletten auf den Tisch geknallt und gesagt ›Wenn du gehst, gehe ich mit‹, und ich bekam nur so etwas heraus wie ›Ah, was?‹.«

Ich schaue zu ihr. »Du wolltest ihn schocken und damit aufhalten?«

Sie nickt. »Ja, ich wusste, wenn ich das sage, kann ich ihn davon abhalten. Aber ich wusste nicht, dass das dann nur für einen kurzen Moment hält.«

»Die Liebe«, spricht Babak etwas leiser weiter, »sie war, glaube ich, trotzdem im Unterbewusstsein der Grund, warum ich im letzten Moment in der Badewanne den Kopf wieder rausgenommen habe. Als ich dort ausstieg, lag mein Handy auf dem Boden. Ich glaube, das Badewasser war drübergeschwappt. Ich habe es liegen sehen und erkannte unzählige Anrufe in Abwesenheit auf dem Display. Ich glaube, die waren alle von meiner Frau. Diese unbewusste Verbindung zu ihr, ihre Liebe, hat mich geschützt und mir sogar dort in diesem Moment Kraft gegeben. Irgendwas muss in mir vorgegangen sein. So nach dem Motto: Die sind alle böse. Aber hier von diesem Menschen wirst du gebraucht.« An dieser Stelle wird Babaks Stimme etwas brüchig. »Ja, in dieser Zeit hatte ich trotzdem zwei Sechser im Lotto. Meine Frau und meine Familie.«

Für ein, zwei Augenblicke schweigen wir alle drei. »Was würdet ihr den Menschen raten, die in so einer extremen Situation ganz allein sind?«, frage ich nach einer Weile. Babak schnellt aus dem Sessel nach vorn. »Du brauchst nicht zwingend einen festen Partner oder eine Familie, die zu dir hält. Da reicht ein einzelner Mensch, der dir wichtig ist und bei dem du in der Lage bist, dich anzuvertrauen. Und wir müssen überall das Bewusstsein dafür wecken, genau auf andere Menschen zu schauen. Wenn du für so eine Erkrankung die Alarmzeichen bemerkst, musst du irgendwie aktiv werden. Wegschauen bedeutet mitmachen und zulassen. Deswegen hole ich die Menschen in meinen Vorträgen oder Beratungen für Firmen so gern an dieser Stelle ab. Vielleicht können sie auf die Weise später einmal einem Bekannten, Kollegen oder Nachbarn helfen. Zuhören ist etwas, was uns heute wirklich sehr fehlt.«

Ich bin so vertieft in die Begegnung mit ihm, in seine Ehrlichkeit und Erfahrungen, dass ich den Tee, der vor mir auf dem Tisch steht und der seit einer Ewigkeit zieht, komplett vergesse. »Wie bist du denn da herausgekommen?« Babak überlegt. »Du reitest eigentlich die ganze Zeit in die Teufelsfalle. Es ist unglaublich wichtig, das zu erkennen und endlich die Bereitschaft zu entwickeln, wirklich etwas zu verändern. Laut für sich zu sagen und zu entscheiden: Jetzt hole ich mir Hilfe! Denn durch das Reden können wir so viele Dinge in uns erkennen, Blockaden lösen und uns wieder frei machen für Neues. Ich zum Beispiel habe erkannt, dass nicht die anderen, also auch nicht mein Chef, an so einer Eskalation schuld sind. Klar, gab es nach vierundachtzig Bundesligaspielen plötzlich über einen Zeitraum von achtzehn Monaten seelische Misshandlungen für mich. Es fielen Sätze wie: ›Das Geschäft verbrennt nun mal Leute. Mal sehen, was wir mit dir machen.‹ Aber trotzdem war ich ja immer selbst verantwortlich. Ich entscheide im Leben, wie ich mit Verletzungen umgehe, und wie sollte mich mein Chef respektieren, wenn ich es damals noch nicht einmal selbst tat?« Wieder eine Pause. »Mein Therapeut fragte mich damals zum Beispiel als Erstes: ›Okay, Sie schämen sich momentan für einige Dinge, Herr Rafati. Aber was passiert denn Schlimmes, wenn Sie sich schämen?‹ Und mir wurde schlagartig klar: Überhaupt nichts! Außerdem stellte er mir noch eine zweite wichtige Frage: ›Sie haben doch bestimmt noch andere Dinge, die Sie gern tun?‹ Auch die wurde dann zu einer Schlüsselfrage für mich, denn er hatte recht: Wir haben alle so viele Ressourcen, die wir noch gar nicht kennen, weil wir uns zu wenig mit uns selbst beschäftigen, und wenn du mich nun fragst, wie mich all diese Fragen und der neue Umgang mit mir selbst verändert haben ...« In seinen Augen liegt Kraft. »Weißt du, wenn ich heute über den Suizidversuch spreche, denke ich, ich rede über eine dritte Person.« Er nickt. »Das ist tatsächlich so.«

Ich nicke. »Verstehe. So wie du erzählst, hast du dir früher unglaublich viel selbst zugeschrieben. Die verhöhnenden Gesänge im Stadion, Mobbing, deine Absetzung als internationaler Schiedsrichter ohne vorheriges Gespräch. Wie lernt man denn nun, Angriffe an sich abprallen zu lassen und sich von Dingen zu befreien, die einem nicht guttun?«

Babak denkt nach. »Nun, ich bin auch sehr selbstkritisch. Zunächst einmal habe ich gelernt, das nur noch im gesunden Maße zu sein. Also mein eigener bester Freund zu werden. Mich selbst auch dann mal zu belohnen, wenn ich einen Fehler gemacht habe. Und mir ist noch etwas aufgefallen. Ich hatte damals mein Herz für jeden geöffnet. Als ich ein Problem hatte, ließen mich allerdings die meisten von ihnen links liegen. Weißt du, wenn man so hingerichtet wird – in meinem Fall öffentlich –, dann erreicht man irgendwann den Punkt, sich selbst zu hinterfragen. Ich zum Beispiel habe früher immer gedacht, ich muss bei bestimmten beruflichen Auseinandersetzungen den einen oder anderen um mich herum schützen. Aber waren diese Menschen auch für mich da, als ich es brauchte? Heute habe ich sie losgelassen und akzeptiert: Die Menschen sind eben so. Kommerz schlägt Herz, und so habe ich die richtige Balance für mich gefunden.

»Und was ist dein Tipp, um einen so großen Veränderungsprozess im Inneren zu schaffen? Um ihn durchzuhalten?«

Er lässt sich wieder entspannt zurückfallen. »Es ist wichtig zu wissen, dass du da erst durchkommen musst, bevor sich ein neues Land zeigt. Wenn davor viel schiefgelaufen ist, hat sich eben auch viel angesammelt, was man nun aufräumen muss. Das braucht seine Zeit. Wenn man sich darauf einstellt und von vornherein akzeptiert, dass es auch schwierig werden kann, dann ist es nicht mehr so schwer.«

Ich nippe nun doch mal an meinem Tee. »Du hast dir mit deiner Bekanntheit nach der Therapie eine neue tolle Aufgabe geschaffen. Aber was sollen die Leute tun, die nicht euren finanziellen Hintergrund haben?«

Babak scheint diese Frage erwartet zu haben. »Egal welchen Kontostand wir haben, Peggy, den meisten von uns macht Veränderung Angst. Wir haben doch alle eine ähnliche Situation. Wir müssen arbeiten, Geld verdienen, und zwischendurch stressen uns irgendwelche alten Denkmuster, die wir haben. Letztlich müssen wir uns aber die richtigen Fragen stellen. Nicht immer nur: Warum? Warum passiert das gerade mir? Warum ist dies und das ausgerechnet so? Sondern mal mich selbst hinterfragen, und zwar konstruktiv: Ich habe einen Fehler gemacht, mein Chef hat ein Problem mit mir, oder diese eine Sache ist schwierig und so weiter. Und wie kann ich das jetzt lösen? Wir müssen uns fragen: Wollen mir mit unserem Denken, unserer Sichtweise weiter in den Dreck hinein, oder was wäre uns stattdessen lieber? Das Leben öffnet dir immer wieder neue Türen, wenn du genau hinschaust.« Er lacht. »Es gibt doch diesen schönen Spruch: Wer nach draußen schaut, träumt, und wer nach innen schaut, erwacht. In jedem von uns ist noch so viel Potential, das wir erwecken und nutzen können. In jedem Lebensabschnitt, Peggy. Schau genau hin. Da liegt vielleicht nur etwas Staub drauf. Du bestimmst, wo es langgeht. Das ist deine Lebensversicherung!«

Diese Formulierung von Babak brennt sich mir ein.

Auf dem Heimweg beobachte ich die Menschen am Bahnhof. Wie schnell sie in verschiedene Richtungen laufen. Das Bild erinnert mich an diese Ameisenstraßen im Garten. Jeder der Reisenden eilt mit seiner Aufgabenliste durch den Tag. Im Gepäck die persönliche Vorstellung von Glück und mit jedem neuen Morgen ein weiterer Versuch, es einzufangen. Als ich auf meinen Anschluss warte, zähle ich die Gesichter am Bahnsteig, die meiner Meinung nach zufrieden aussehen. So wie vor einiger Zeit in diesem Bus. Die Mehrzahl wirkt innerlich weit weg. Versunken in ein Meer aus Gedanken. Umso mehr freut es mich, als mich beim Einsteigen ein älterer Herr von der Seite antippt und mir ein Kompliment macht. »Sie lächeln so in sich hinein, junge Frau. Sie hatten wohl einen schönen Tag?« Jetzt strahle ich über das ganze Gesicht: »O ja, bis jetzt war er ganz wunderbar!« Und der Mann strahlt zurück: »Ach schön. Leider sieht man das viel zu selten. Also ich meine, dass jemand einfach so lacht und sich des Lebens freut. Gute Weiterreise, junge Frau!«, ruft er mir zu, bevor er im Inneren des ICE verschwindet. Wenn er wüsste, dass diese Ausstrahlung derzeit auch bei mir eher Seltenheitswert besitzt. Aber umso schöner, was das Treffen mit Babak und seiner Frau heute ausgelöst hat.

Ich atme tief durch und gönne mir einen Platz im Bordrestaurant. Freue mich auf die Rückfahrt. Ohne Zeitdruck und Ablenkung werde ich auf den Schienen quer durch die Landschaft fliegen und dabei mindestens zwei Stunden vor mir haben, in denen mich niemand stört. Genügend Zeit und Raum, um all die neuen Eindrücke zu ordnen. Ja, irgendwie bin ich gern unterwegs, steigt in diesem Moment eine Erkenntnis in mir auf. Selbst wenn ich manchmal über das häufige Reisen für Jobs klage. Wenn ich ehrlich bin, ist es ein wichtiger Teil von mir, denn hier unterwegs fühle ich mich frei. Kann mich spüren, sammeln, gehöre nur mir. Als das Essen kommt, bin ich gedanklich noch mal beim letzten Teil meiner Unterhaltung mit Babak. »Das mit dem sich immer wieder neu erfinden und selbst managen, klingt immer so gut«, hatte ich vorhin noch dagegengehalten. »Darüber denken bestimmt viele Menschen nach. Gerade jetzt. Aber es gibt doch auch Verpflichtungen in unserem Leben. Partner, Kinder, Eltern, Freunde. Menschen, die sich auf uns verlassen. Aufgaben und Versprechen, die wir gegeben haben und für die wir weiterhin funktionieren müssen. Deshalb glaube ich, dass viele das mit dem Verändern am Ende gar nicht durchziehen können.«

Babak hatte sich dabei auch noch einen Schluck Tee genommen. »Kennst du diesen dicken Dubai-Reiseguide?« fragte er mich, und ich wurde neugierig. »Gut. Aber wenn du all die wunderbaren Orte dort sehen willst, musst du selbst hin.« Dabei beugt er sich ein Stück zu mir herüber. »Natürlich wollen wir Menschen nicht von anderen hören: Komm, du musst loslegen und etwas erneuern in deinem Leben! Das ist ähnlich unangenehm wie früher als Kind, wenn uns die Eltern sagten: Du musst dein Zimmer aufräumen! Also lass es. Aber meckere nicht, und wenn du doch weiter meckern musst, dann verändere etwas. Ich musste erst versuchen, mir das Leben zu nehmen, um ein neues beginnen zu können. Jetzt habe ich zwei Leben. Ein Teil von mir ist abgestorben. Für den anderen – nach meinem einundvierzigsten Lebensjahr – bin ich nun dankbar. Ich habe das Glück, überlebt zu haben im Gegensatz zu Robert Enke. Doch die alten Gedanken, die jeder hat und die auch der alte Babak Rafati besaß, die sind jetzt weg. Nun denke ich: Schau, was du alles Tolles in dir hast und was du wert bist.« Dann hatte er mir noch von den bewegenden Momenten seiner heutigen Arbeit erzählt. Dem kleinen Mädchen, das ihm nach einer Schulveranstaltung schrieb, dass sie ebenfalls Suizidgedanken hätte und wie er ihr Mut machen konnte. Auch davon, was Fußball heute für ihn bedeutet und wie er nun Bundesligaspiele verfolgt. »Als Fan«, war dabei sein Kommentar. »Ich habe jetzt viel mehr Verständnis für das Schimpfen auf Schiris. Fußball bleibt in jedem Fall meine Leidenschaft!«

»Und was wäre dein Wunsch für die nächsten Jahre im Fußball?«, hatte ich ihn noch gefragt.

»Dass sich am System wirklich etwas ändert. Dass das Geschäft, auch wenn es jedes Jahr um noch mehr Geld geht und deshalb noch mehr Leistung eingefordert wird, wieder menschlicher wird. Dass Führungskräfte sich ihrer verantwortlichen Rolle bewusstwerden, besser kommunizieren und nicht das Geschäft oder das Ergebnis in den Vordergrund stellen, sondern ihre Angestellten. Vor ein paar Jahren haben so viele Menschen genau das gefordert und versprochen, entsprechende Maßnahmen zu ergreifen. Hat nur niemand gemacht. Aber das Wegggucken verjährt nicht.«

Als mein ICE wieder in Leipzig hält, schaue ich noch einmal auf mein Selfie mit Babak und Rouja. Schön, dass es Menschen wie diese beiden gibt, denn es sind welche von jener Sorte, mit denen man befreundet sein möchte.

Babaks Tipp
Das Leben öffnet dir immer wieder neue Türen. Du musst nur die richtigen Fragen stellen und dich selbst reflektieren sowie respektieren – mit all deinen Schwächen.
Nimm dein Leben in die Hand. Du bist deine eigene, beste Lebensversicherung.
Nicht die vermeintlich bösen Chefs, Kollegen oder der Job sind die Ursache für unseren Stress, sondern wir sind es, die sich selbst verbrennen.

? Fragen an mich selbst
Durch den Glauben, dass Männer immer stark sein müssen, schlitterte Babak in die größte Krise seines Lebens. Wo tappe ich als berufstätige Frau in eine ähnliche Falle? Durch welche Ansprüche an mich selbst bin ich noch immer nicht meine eigene Freundin?
Babak stellte sich die Frage: Was gibt es, was mir neben dem Fußball Freude macht? Was heißt das für mich? Welche Talente kann ich noch leben, und auf welchen inneren Schätzen liegt vielleicht etwas Staub?
Babak hat mit seiner Familie und Ehefrau Rouja einen Sechser im Lotto. Welche Menschen sind meine größten Vertrauenspersonen?

Am Wochenende darauf hocke ich gedankenverloren auf dem Sofa. In der Hand das Handy mit der geöffneten Kontaktliste.

Wie gefährlich ist eigentlich ein offenes Herz, frage ich mich irgendwann laut. Meine dabei aber nicht das auf dem OP-Tisch eines Chirurgen, sondern das, was man manchmal anderen zu freizügig zur Verfügung stellt. Mir, das wird mir in dem Moment klar, geht es da ähnlich wie Babak. Auch meins ist häufig offen wie ein Scheunentor. Ich mag Menschen, und ich baue sie auch gern auf, wenn sie es brauchen. In letzter Zeit aber scheine ich zum Fliegenfänger für jeden geworden zu sein, der süchtig nach Aufmerksamkeit ist.

Also wird es Zeit, auch diese Herangehensweise zu überdenken. Nicht nur Schränke, Kammern und Keller auszumisten, wie ich es derzeit in jeder freien Minute tue, sondern eben auch mal die WhatsApp-Liste hier in meiner Hand. Ich denke nach. War ja eigentlich nie der Typ, der Freundschaften und Bekanntschaften schnell auflöst. Doch vielleicht wird es Zeit, beides besser voneinander zu trennen und auch da näher hinzuschauen. Selbst bei alten Freundschaften. Derzeit gibt es mindestens eine, die mir schon lange nicht mehr guttut, und eine zweite, die seit anderthalb Jahren unausgewogen hin und her schwappt. Nach einem Missverständnis versuchen wir beide, uns wieder anzunähern. Irgendwie aber habe ich das Gefühl, dass ich mir mit üppigsten Liebesbeweisen ein Bein herausreiße. Sich die andere Seite aber lieber noch feiern lässt. Für meinen Geschmack ein wenig zu lange. Gut, manchmal haben Freundschaften nicht denselben Rhythmus. Doch wie lange beobachtet man das für sich, und wann ist die Verbindung von beiden Seiten nicht mehr gewollt oder nicht mehr echt? Wie auch immer. In dem einen Fall werde ich es noch ein wenig darauf ankommen lassen. Bei dem anderen halte ich die Frist für abgelaufen. Offensichtlich werde ich altersradikal. Ich lösche die Person aus der Kontaktliste. Komme damit auch erstaunlich gut klar. Habe keine Angst mehr davor, mich unbeliebt zu machen. Ich tue das, was ich will. Auch hier. Wirklich eine neue Qualität. Vor allem aber: Es funktioniert! Warum, frage ich mich nach einiger Zeit, hatte ich das nicht schon früher erkannt? Mit siebenundzwanzig oder vierunddreißig Jahren zum Beispiel? Wäre nicht schlecht gewesen.

Ein paar Tage später begleite ich meinen Jungen auf eine dieser Spiele-Messen.

Pickelige Teenies und halberwachsene Männer mit Dreitagebärten, schwarzen Klamotten und auffallend bleichen Gesichtszügen kämpfen um die wenigen freien Plätze vor den Konsolen. Ihre Blicke kleben an flimmernden Bildschirmen, so als würden sie gerade eine persönliche Ansprache von Gott erhalten. Nichts und niemand kann sie ablenken. Warum ich mir das an meinem freien Samstag antue, weiß ich nicht. Die Luft in der Halle ist zum Schneiden. Also mache ich einen Treffpunkt mit meinem Jungen aus und begebe mich auf die Suche nach Sauerstoff und Kaffee. Gerade als ich in den nächsten Gang einbiegen will, entdecke ich wieder diesen Vater mit seinem Jungen. Den Netten von der Tischtennisplatte im Park. Ich erschrecke und weiche sofort einen Schritt zurück, anstatt auf ihn zuzugehen. Also was jetzt? Flüchten, stehen bleiben, ihn ansprechen, was wäre das Beste? Ich entscheide mich für den passiven Angriff und werfe mich ihm so zufällig in den Weg, dass er über mich stolpern muss! Klappt aber nicht. Genau in dem Moment zerrt ihn sein Kind wieder in eine andere Richtung. Die Zielperson ist abgelenkt und wählt leider einen anderen Gang. Irgendwann entdeckt er mich aber doch aus der Ferne, und daraufhin schleichen wir beide eine Weile wie Hyänen umeinander herum. Laufen durch sämtliche Parallelgänge, bis wir uns erneut aus den Augen verlieren. Ich bleibe stehen und atme erst einmal durch. Hat keinen Sinn, denke ich und erinnere mich wieder an den Kaffee, den ich eigentlich besorgen wollte. Gerade als ich loslaufen will, tippt mir jemand von hinten auf die Schulter. Er. Dabei bin ich so schreckhaft! Aber auch er steht neben sich. Wirkt hilflos, irgendwie aus der Übung. Hatte sich wahrscheinlich genau deshalb für den Überraschungsangriff entschieden. Ohne hallo zu sagen, poltert er los. »Sind Sie morgen Nachmittag zufällig auch wieder an dieser Tischtennisplatte im Park?« – »Nein«, stoße ich ebenso überfordert heraus. Komme weder dazu, einen klaren Gedanken zu fassen, noch ihn zu begrüßen. Bevor ich mich sammeln und das eilige Gestammel aufklären kann – also erläutern, dass ich mit diesem »Nein« natürlich nur den morgigen Nachmittag meine und natürlich sonst jederzeit gern dort erscheinen würde, um ihn unbedingt wiederzusehen –, erkenne ich in seinem Blick bereits die totale Enttäuschung über die Abfuhr. Schneller als ich nach Luft schnappen kann, bringt er mit einem kurzen »Ach so« sein Bedauern zum Ausdruck und wendet sich ab. Die überfüllten Gänge der Gamer-Messe verschlucken ihn in Bruchteilen von Sekunden, und egal, wie lange ich anschließend sämtliche Hallen nach ihm absuche, der Mann bleibt unauffindbar.

Dabei hatte er mir doch so gefallen. Wie bescheuert bin ich eigentlich? Derart aus der Übung? Scheußlich.

Aber Jammer hin, Jammer her. Game over.

Oft sind ja genau die Abende am schönsten, von denen man es nicht erwartet, und genauso ist es bei einem Termin zwei Wochen später.

Bei einer Veranstaltung mache ich die Bekanntschaft mit Frauen, die ihrem Leben auch gerade einen neuen Schubs gaben. Alle guten Dinge sind drei, und genauso treten sie auch in mein Leben: Célia, Felicitas und Christel. Célia von Barchewitz, eine erfahrene PR-Frau und Fotografin, mit vielen Erfolgen in der Modebranche. Schon als junges Model tanzte sie durch das »Die da«-Video der »Fantastischen Vier«. Später organisierte sie erstklassige Events. Nun aber verwirklicht sie ihre nächste Vision. Sie gründet ein Perlenschmucklabel für Frauen, die es gleichzeitig elegant und lässig mögen. Diesen Schmuck also mal anders tragen möchten, als man es aus Großmutters Schatulle kennt. Wow, eine Perlen-Lady, denke ich beim ersten Hallo. Wie passend zu meiner eigenen Muschelfaszination und eine Unternehmung, für die man nicht nur Geschmack, Kreativität und Konsequenz braucht, sondern auch Mut. Aber der wird belohnt. Die Kundinnen lieben Célias Stil. Felicitas Zorn und Christel Schlegel sind von ähnlichem Schlag. Felicitas ist Doktor der Tiermedizin und machte extrem erfolgreich Karriere als verantwortliche PR-Frau eines großen Unternehmens. Irgendwann verabschiedete sie sich aus diesem Schneller, Höher, Weiter, um für die Familie da zu sein. Nun wiederum hat sie als Medizinjournalistin eine gefragte Agentur für PR-Beratung, Texte und Konzepte. Bringt Kunden in die Poolposition, indem sie mit erfahrenem Blick von außen die Stärken und Schätze ausgräbt, die den Auftraggeber am Markt einzigartig machen. Auch mir gibt sie gleich eine Denkaufgabe mit: »Ich glaube, du bist sehr gut darin, andere Menschen zu präsentieren! Aber was ist denn mit deinen eigenen Schätzen, die du zu bieten hast?« Die Dritte im Bunde, Christel Schlegel, eine seit Jahrzehnten erfolgreiche Rechtsanwältin, viele Jahre mit eigener Kanzlei, studierte ein zweites Mal. Zusätzlich zu ihren Aufgaben als Anwältin erfüllte sie sich ihren Traum und absolvierte ein Studium im Bereich Mediation, um das bisherige Know-how mit Neuem zu verschmelzen. Mit neuen Konzepten löst sie Konflikte für Firmen und Mandanten nun nachhaltig. Ohne Gericht. Zeit- und kostenschonend, so, dass immer beide Parteien gewinnen und durch zufriedene Mitarbeiter und Partner der Erfolg wächst.

Wir vier sind sofort bei der Sache. Es gibt ja diese Menschen, mit denen man nicht aushandeln muss, ob man sich das Du anbietet. Man hat das Gefühl, sich schon ewig zu kennen. Als ich die drei bei ihren Berichten beobachte, fällt mir auf, wie unterschiedlich sie vom Frauentyp her sind. Aber es verbindet sie ein und dieselbe Haltung. Nämlich die, niemals im Leben stehen bleiben zu wollen und das umzusetzen, wovon man träumt. Dafür ging jede bereits durch schwierige Zeiten. Trotzdem würden sie es künftig immer wieder so tun. Letztlich, so erzählen sie mir, besinnen sie sich immer wieder auf sich selbst und die in ihnen wohnende Kraft. Gestärkt von einer Vision, die groß genug ist, um sie nie aus den Augen zu verlieren. Als wir uns kennenlernen, hatte jede der drei zum wiederholten Male einen neuen Weg ein geschlagen. Dabei sind Célia und Felicitas gerade knapp fünfzig und Christel sechzig Jahre alt.

Als ich an dem Abend nach Hause gehe, weiß ich, dass auch diese Bekanntschaften ein Geschenk des Himmels sind. Dass ich ihre Beispiele kenne und sie künftig jederzeit anrufen kann, das ist der perfekte Proviant für meine Reise. Ja, sich mit Menschen zu umgeben, die bereits so leben, wie man es selbst möchte, das scheint mir ein schlauer Kniff zu sein.

Es ist nie zu spät, etwas Neues zu beginnen

so wie es Inge Sieber tat, als sie mit achtzig Jahren Schlagzeug lernte

Ein paar Tage später treffe ich Inge Sieber, die Mutter einer meiner neuen Freundinnen, und bin auf Anhieb fasziniert.

Vor mir steht eine siebenundachtzigjährige Frau, die die Erfahrung eines langen Lebens auf eine Weise im Gesicht trägt, die die Schönheit ihrer Jugend bis heute erkennen lässt. Dabei hat sie gerade eine harte Zeit hinter sich. Verlor erst vor kurzem ihren Mann, mit dem sie dreiundsechzig Jahre verheiratet war und den sie intensiv gepflegt hatte. Es fiel ganz besonders schwer, denn trotz Krankheit und Schmerzen war vor allem er nicht bereit dazu gewesen, sich von dieser Welt und seiner Frau zu trennen. Ich stelle mich auf ein Gespräch ein, das von großer Traurigkeit getragen sein wird. Doch Inge überrascht mich. Nach einigen Gedanken, an denen ich ihre große Liebe, Trauer und Sehnsucht nach dem vertrauten Menschen ablesen kann, wechselt sie das Thema. Ich bin mir noch nicht sicher, ob sie das aus Rücksicht auf mich tut oder weil es so ihrem Charakter entspricht. Sie erzählt mir von dem neuen Stift, in dem sie nun wohnt. Umgezogen von ehemals dreihundert auf jetzt einundvierzig Quadratmeter. Weg vom eigenen Hof, hinein in eine Welt mit neuer Umgebung und neuen Zimmernachbarn. »Oh«, sage ich spontan und gehe von dem aus, wie ich mich in so einer Situation fühlen würde. »Das ist sicher nicht einfach, das muss eine große Umstellung für Sie sein.«

Inges Reaktion kommt schnell.

»Wenn man sich entschieden hat, etwas zu verändern und loszulassen, Peggy, dann muss man es auch tun! Wer immer sammelt und sich nicht trennen kann, wird untergehen, und wer abgeben kann und sich für Neues öffnet, wird gewinnen.« Dabei, das kann ich spüren, kommen ihre Worte aus einer Klarheit, der man weder mit Fragen noch mit Widerworten begegnen kann. Aus einem Wissen, das auf einem siebenundachtzigjährigen Leben beruht. Sorgfältig geprüft und schließlich tief abgelegt im Inneren. Inge berichtet mir von ihren Blumen, den Menschen, die sie an dem neuen Ort bereits kennengelernt hat, und der herrlichen Aussicht vom Balkon. »Das ist allerdings wirklich schade«, ergänzt sie dann doch einmal in anderem Ton, »dass mein Mann den Ausblick nicht mehr genießen kann. Er würde ihn auch bewundern, so wie er überhaupt immer die Berge geliebt hat.«

Sie erzählt mir von ihrem Kennenlernen vor siebzig Jahren. Es war eine Liebe auf den ersten Blick, die dennoch zwei Anläufe brauchte. Einmal unterbrochen durch ein Missverständnis und einmal gestört von Dritten, die ihr Zusammenkommen verhindern wollten. »Als ich Rolf das erste Mal am Gymnasium sah, war ich gerade fünfzehn. Ich war sofort fasziniert von seinem Äußeren, seiner Art und seinen Tenniskünsten. Einmal lud er mich zu einem Tennisturnier ein.« Sie lacht wie die damals Fünfzehnjährige. »Und das, obwohl ich so unsportlich bin! Bevor es losging, fing es jedenfalls an zu regnen, und Rolf stellte sich mit unter meinen Baum.« Inge erinnert sich an jedes Wort. »Gnädiges Fräulein, sagte er damals, darf ich Ihren Tennisschläger tragen? Später gingen wir noch auf den Platz. Aber ich hatte ja weder Ahnung noch Übung. Gleich mein erster Ball ging ins Gebüsch, und ich musste ihn lange suchen. Gott, war mir das peinlich.« Bei einem Faschingsball, bald darauf, erschien Inge als Kleopatra. Sie betrat den Raum, Rolf nahm ihre Hand und ließ sie seitdem nie mehr los. Das mit der Liebe zu einem Mann, mit dem sie ihr Leben teilen wollte, war geklärt. Die gelebte Liebe zu Musik und Kunst musste noch warten. Zwar spielte sie seit ihrem siebten Lebensjahr Klavier, und das so gut, dass ein Musikstudium in Frage kam. Und sie arbeitete neben der Schule bei einem Bildhauer, der in der Nähe sein Atelier hatte. Doch ein Leben als Künstlerin war keine Option für sie. Sie wollte eine Familie gründen, und auch ihr Vater war gegen diesen Weg. Nach dem Abitur wollte er sie am liebsten in ein Hauswirtschaftsinternat schicken, was ihr sicherlich auch Spaß gemacht hätte. Später war es dann der Ehemann und der neue gemeinsame Alltag, der andere Prioritäten erforderte. Inge erklärt mir, warum. »Es kann nur einer Karriere machen. Das war damals so ein typischer Spruch.« Sie macht eine Pause. »Ja, in meinen jungen Jahren wurde ich immer irgendwie dominiert. Aber letztlich war ich ja auch von Herzen gern Hausfrau und Mutter. Wollte unbedingt Kinder.« Sie lacht. »Ich wollte eben alles, und wahrscheinlich will ich immer zu viel!« Den ersten Sohn verlor sie durch einen ärztlichen Kunstfehler trotz Kaiserschnitt. Ihre Stimme wird leiser. »Eine Erfahrung, die man nie verwindet. Aber später bekam ich zwei weitere Kinder, obwohl mir die Ärzte davon abrieten.«

Inge erzählt mir von ihrem Alltag. Er bestand aus dem Gestalten eines liebevollen Familienlebens, Musizieren, Modellieren, dem Bauen von Häusern, mehrfachen Umzügen wegen der Karriere des Mannes, dem häufigen Alleinsein und dem Erziehen der Kinder. Eine Frau mit Herz und gleichzeitig so stark, denke ich, und Inge beugt sich ein Stück zu mir herüber. »Soll ich Ihnen das Rezept für eine lange, zufriedene Ehe verraten?« Ich nicke. »Man muss dem Mann immer zu fünfzig Prozent recht geben und zu weiteren fünfzig Prozent nachgeben. So erreicht man am meisten.« Jetzt lachen wir beide.

»Sie haben so viel erlebt. Auch Trauriges. Sind aber trotzdem nie in die Opferrolle gegangen. Was denken Sie: Kommt man mit so einer Veranlagung bereits auf die Welt?« Inge überlegt. »Mir hat immer die Kunst geholfen. Etwas mit der Hand erschaffen zum Beispiel. Künstlerisch veranlagte Menschen sind ja meist noch etwas sensibler. Auch Schmerz empfinden sie damit tiefer als andere. Aber eben auch Freude.« Sie sucht nach einem Tipp für mich. »Ein väterlicher Freund hat mir mal geraten: Man muss seine Gefühle mit dem Verstand in den Griff bekommen, und diese Sichtweise hat mir oft geholfen.«

Ich höre aufmerksam zu. »Aber geht das denn immer?«

Sie nickt. »Wenn man mal nicht so gut drauf ist, sollte man sich eben nicht gerade die Metamorphosen von Strauss anhören, sondern lieber den Geschirrspüler ausräumen.« Wieder dieses tolle Lachen. »Eine halbe Stunde Gymnastik ist auch ein guter Tipp. Das hält einen gleich noch in Form. O ja, ich halte sehr viel von Disziplin und Moral.« Inge greift nach meinem Arm und freut sich über die folgende kleine Geschichte: »Stellen Sie sich vor, meine fünfzehnjährige Enkelin sagte kürzlich einmal zu mir: Omi, ich liebe dich, weil du so stark bist. Ich wiederum würde sagen, dass mir meine Kindheit Demut, Verständnis und Dankbarkeit gelehrt hat. Natürlich habe ich damals auch Minderwertigkeitskomplexe mitgenommen, die konnte ich aber im Laufe der Zeit abbauen. Vor allem mit der Hilfe meines Mannes, der mich so liebte, wie ich bin, und mit dieser wachsenden Sicherheit stieg schließlich auch mein Selbstbewusstsein.« Sie legt ihren Kopf zur Seite und ist innerlich noch einmal ganz bei ihrem Mann. »Ja, Liebe ist wahrscheinlich die größte Heilerin auf dieser Welt. Gleichzeitig glaube ich, ich wäre nicht zu dem Menschen geworden, der ich heute bin, ohne diese Kindheit. Denn ich stellte immer wieder fest: Es gibt nichts Schlechtes, dem nicht auch etwas Gutes innewohnt.«

»Eine schöne Sichtweise«, sage ich nach einigen Augenblicken. Noch gefesselt von ihren letzten Gedanken. »Und warum musste es nun noch das Schlagzeug sein?«

Inge kommt wieder ein Stück nach vorn. »Als ich achtzig Jahre alt war, blieb eines Nachmittags plötzlich mein Herz stehen. Die schwere Zeit, die dann folgte, kehre ich mal unter den Teppich. Auf alle Fälle habe ich überlebt, und heute hilft mir ein Herzschrittmacher, dass der Blutkreislauf einwandfrei funktioniert. Aber jetzt kommt der positive Aspekt. In der anschließenden Reha machte ich im Musik- und Therapieraum Bekanntschaft mit einem Schlagzeug. Jede Woche fanden sich dort Patienten zum gemeinsamen Musizieren zusammen, und als ich wieder diese herrlichen Klänge hörte, kamen mir sofort die Tränen. Mit einem Mal wurde mir klar, was mir in all den Jahren gefehlt hatte. Nun waren viele Verpflichtungen getan. Die Kinder und Enkel gingen aus dem Haus, und dafür kam eine neue Perspektive, und die hieß: Jetzt bin ich dran!« Wieder berührt sie meinen Arm. »Ja, in der Tat, so war es. Der Kreis schloss sich. Erst als mein Mann pensioniert wurde, begann meine Emanzipation, und ab achtzig war eben auch wieder mehr Zeit für Musik!«

»Ist es denn im Alter nicht schwerer, so etwas zu erlernen?«, frage ich sofort. Inge schüttelt den Kopf. »Nein, ich hatte den unbändigen Willen, etwas Neues zu lernen, und Schlagzeug interessierte mich. Ich wollte unbedingt mal Jazz in einer Band spielen. Wissen Sie, Burghausen, meine Heimatstadt, ist seit vier Jahrzehnten eine international bekannte Jazzstadt. Auch Ella Fitzgerald habe ich schon bei uns erlebt, und in dem Rahmen gibt es regelmäßig hochangesehene Musik-Workshops für Leute im Alter zwischen dreizehn bis fünfundachtzig Jahren.« Sie amüsiert sich. »Also bin ich hingegangen und ins kalte Wasser gesprungen. Habe einen guten Lehrer gefunden, und der hat mit mir eine Art Aufnahmeprüfung gemacht.« Inges Worte kommen immer schneller. »Stellen Sie sich vor: Gleich fünf verschiedene Takte sollte ich nachspielen! Aber anscheinend war er zufrieden mit mir und nahm mich als Schülerin an. Zurzeit übe ich den Wirbel. Auch nicht leicht, denn der muss locker aus den Armen herauskommen.«

Dann zeigt sie mir auf ihrem Handy ein Video. Das Abschlusskonzert ihrer Musikschule im Jazz-Keller des Mautnerschlosses mit einem Swing- und Jazz-Programm. Ich bin begeistert. Inge am Schlagzeug und völlig in ihrem Element. Später, nach der Show, noch mit einem Abschlusssatz am Mikrophon: »Man muss immer noch etwas anfangen, auch wenn man über achtzig ist. Das kann ich nur empfehlen!«

»Was gibt Ihnen denn so ein Abend?«, frage ich, nachdem sie das Video weggeklickt hat. Sie strahlt mich an. »Ach, das ist so toll!« Schon in diesen fünf Wörtern liegt eigentlich alles. »Da bin ich im Himmel«, fügt sie trotzdem noch an. »Ich hatte so viel Applaus, das glaubt man gar nicht, und wir haben gejammt bis drei Uhr morgens. Wie ich gern sage: Lieber Hardrock als Tanztee, yeah!«

Ich lege meine Hand auf ihre. »Warum, Inge, lohnt es sich, immer wieder etwas Neues zu beginnen?«

Sie zögert keinen Augenblick. »Das hält jung, Peggy, und auch später im Alter ist es wichtig, immer wieder einen Neuanfang zu riskieren.«

Kurz vor der Verabschiedung schaut sie mich eine Weile an. »Sie sind da gerade in einem sehr gefährlichen Alter. So vieles zerrt noch an Ihnen. Ich kenne das. Passen Sie gut auf sich auf, und glauben Sie mir, mit dem Alter wird manches schöner.« Bisher hatte ich von Senioren häufig anderes gehört, und Inge scheint meine Gedanken lesen zu können. Sofort nimmt sie den Zweifel auf. »Sicher muss man im höheren Alter mit Schmerzen, Verlust und manchmal auch Behinderungen umgehen. Man muss abwerfen und zurücklassen können. Aber es wird vieles auch schöner. Glauben Sie mir.« – »Was denn?«, frage ich direkt. Inge denkt nach. »Nun, Sie sind nicht mehr so gehetzt durch Termine oder das, was sie ein Leben lang für andere taten. Für Kinder, Enkel, Familienmitglieder, Freunde, Verwandte, den Job. Von solchen Aufgaben sind Sie nun weitgehend befreit, und damit haben Sie mehr Zeit für sich und Ihre Seele. Für Dinge, die nur Ihnen wichtig sind, die Sie ausmachen und vielleicht lange hintenanstellen mussten. Für das Wesentliche.« Sie nickt. »Ja, auch im Alter gibt es viele Gründe für Lebensfreude.« Ich lasse ihre Worte einen Moment lang nachwirken. »Kommen Sie mich doch einmal in meinem neuen Zuhause besuchen«, sagt sie. »Ich würde mich sehr freuen!« – »Gern«, gebe ich sofort zurück, »und in der Zwischenzeit können wir ja auch telefonieren.« Sie lacht mich an. »Oh, das wäre schön. Am besten erreichen Sie mich immer vor der Mittagszeit, denn ich habe viel zu tun. Üben, malen, Bridge spielen und in die Natur gehen. Dann natürlich auch meine Pflanzen, und ich habe noch einiges im Kopf, was ich vielleicht mal in einem Buch festhalten möchte. Ach, und demnächst zieht übrigens ein Professor von einer Kunsthochschule bei uns ein. Mit ihm werden wir uns ein festes Zimmer einrichten, in dem wir unsere Staffelei nach der Arbeit immer stehenlassen können.«

Wir umarmen uns, und sie schenkt mir noch einmal ihr schönes Lächeln.

Später auf der Heimfahrt gerate ich wieder in einen langen Stau. Ich versuche es positiv zu sehen und die Zeit zu nutzen. Greife mir mein Notizbuch vom Beifahrersitz und halte zu der Begegnung von eben fest:

Inges Tipp
Wenn man sich entschieden hat, etwas loszulassen, dann muss man es auch tun.

Wer immer sammelt und sich nicht trennen kann, wird untergehen, und wer abgeben kann, wird gewinnen.

Es ist niemals zu spät, etwas Neues zu beginnen, und mit dem Alter wird vieles auch schöner.

? Fragen an mich selbst
Wenn Inge mit achtzig Jahren beginnt, Schlagzeug zu lernen, warum denke ich schon jetzt manchmal, dass ich für bestimmte Dinge zu alt bin?

Inge hält Zielstrebigkeit und die Entlastung von Pflichten für große Vorteile des Älterwerdens. Welche angesammelten Fähigkeiten und Erfahrungen könnten auch mir meinen Alltag in Zukunft erleichtern?

Ein gutes Familienleben und sich trotzdem als Künstlerin betätigen, Inge wollte alles und lebt es auch. Nur eben hintereinander. Für das Umsetzen welcher meiner Träume ist jetzt ein guter Zeitpunkt, und für welche kann es ein späterer sein?

Ja, gerade diese letzte Frage scheint mir wichtig zu sein, denke ich hinter dem Steuer. Mittlerweile habe ich schon so viele neue Eindrücke gesammelt. Jetzt wird es Zeit, ein wenig zu ordnen.

 Welche Träume sollte ich jetzt angehen, welche könnten noch warten und von welchen – ich erschrecke, denn auch diese Option wird es nun über vierzig bei einigen Themen geben – von welchen sollte ich mich in Frieden verabschieden?

Sofort fällt mir etwas ein, was vor fünf Jahren noch auf meiner Wunschliste gestanden hätte. Nämlich der Punkt, vielleicht noch einmal Mutter zu werden.

Eine Vorstellung, die ich nun loslassen werde. Genauso wie den Gedanken, meinem Jungen irgendwann das Modell Großfamilie vorzuleben. Doch kaum fädele ich diese Kette mit alten Gedanken noch einmal auf, fühle ich mich auch wieder anders. Die Kraft, die ich gerade aus dem Treffen mit Inge gezogen habe, ist verschwunden. An ihrer Stelle sitzt plötzlich schlechte Laune mit mir am Steuer.

Ich schließe die Augen und lausche. Mit viel Vorstellungskraft klingt das Rauschen auf der Gegenfahrbahn wie ein Meer. Phantasie ist manchmal alles und so lasse ich die Augen ein wenig zu. So lange, bis ich mich besser fühle. Irgendwann holt mich ein einsetzender Platzregen aus dem Tagtraum zurück. Der Scheibenwischer meines Autos gibt alles. Aber selbst in der höchsten Stufe schafft er es nicht. Also schalte ich ihn aus, lehne mich zurück und warte, bis es vorbei ist. Anschließend drehe ich das Radio lauter, um wieder Schwung zu holen, und tatsächlich: Auf die neuen Zeichen vom Universum ist Verlass: »*Supergirls don't cry, supergirls just fly*«, tönt es aus den Lautsprechern, und zu allem Überfluss steht neben mir dieser Kieslaster. Wieder mit einem nicht zu übersehenden Werbeslogan über die gesamte Breite des

Anhängers. Ich lese: »*Was wir anpacken, schaffen wir auch.*« Na bitte, denke ich. Sogar zwei Zeichen auf einmal. Jetzt öffnet sich die Tür im Wagen vor mir. Der Fahrer kommt direkt auf mich zu. Bittet mich, kurz die Scheibe herunterzufahren, und bevor ich mich wundern kann, steckt er mir eine Hülle durch das geöffnete Fenster. »Hier«, sagte er mit breitem Lächeln, »eine meiner Lieblings-CDs. Die beruhigt, denn das mit dem Stau kann noch dauern. Hab ich gerade im Verkehrsfunk gehört.« – »Danke«, sage ich völlig perplex. Er winkt ab. »Gern geschehen. Ich hatte heute einen wirklich erfolgreichen Tag, und da dachte ich mir, ich verschenke mal einen Teil meiner guten Stimmung an andere weiter. Schafft ja gutes Karma!« Dann dreht er sich um und ruft im Gehen: »Kommen Sie gut nach Hause!« – »Danke!«, rufe ich hinterher und winke ihm noch einmal zu.

Wow, denke ich, was ist denn heute los? So viele Zeichen an einem Tag und gleich zwei persönliche Begegnungen mit Engeln.

Die bisherigen Begegnungen mit Inge, Babak, Flo, Laith, Gregor und all den anderen beschäftigen mich nun ständig. Trotzdem ist es mir noch nicht gelungen, absolute Klarheit für die eigene neue Route zu finden. Vielleicht auch normal. Die Welt ist ja rund. Wie soll man da das Ende aller Dinge einsehen können? Auch meiner Freundin erzähle ich davon.

»Du, ich weiß immer noch nicht genau, was mir fehlt oder was genau ich suche. Weiß ja noch nicht einmal, was sich gerade in meinem Inneren abspielt und ob ich mit mir selbst schon etwas weitergekommen bin.« Sie hört mir zu und überlegt, was ihr in solchen Situationen hilft. Dann lächelt sie.

»Na, dann schau doch einfach auf das, was sich gerade um dich herum abspielt. Ich denke, dann weißt du sehr schnell Bescheid.«

Den Heimweg trete ich zu Fuß an. Trotz Kälte. Möchte noch etwas durchatmen, und prompt fährt wieder eins dieser Autos mit Werbeaufschrift an mir vorbei. »Amor« steht dort an der Fahrertür, und ich muss lächeln. Bestaune den Winterhimmel über mir. Heute leuchtet er auf besondere Weise. Wirkt, als hätte jemand hinter dem dicken Himmelsvorhang einen Spot mit der Strahlkraft von mindestens anderthalb Kilowatt aufgehängt. So ein Leuchten kann nicht einmal der stärkste Samt verdecken.

Vor dem Einschlafen liege ich bäuchlings auf dem Bett und beobachte einen Marienkäfer, der sich in mein Schlafzimmer verirrt hat. Verfolge, wie er sich gerade zwischen den hohen Schlaufen des Teppichs verheddert. Sich aber trotzdem unermüdlich nach vorn kämpft. Vielleicht landet er mit dieser Entschlossenheit auch irgendwann auf dem Parkett und findet, tapfer, wie er ist, sogar den Weg hinauf zum Fenster und zurück in die Freiheit! Erstaunlich, denke ich, so ein kleines Tierchen in einer fremden Umgebung – komplett ohne Übersicht und ohne Erfolg in diesem Moment. Nur mit einem Instinkt in seinem Inneren. Dem Drang, immer weiter vorwärtszukrabbeln, und egal, wie die Nummer hier ausgeht: Stehen bleiben wird er nicht!

Mach, was dein Herz bewegt

so wie Musiker Henning Wehland, wenn er sich für neue Projekte entscheidet

Eine Woche später bin ich zu einer Verabredung in Berlin unterwegs. Treffe mich mit Henning Wehland.

Irgendwie hatte mir seine Antwort in diesem Zeitungsinterview gefallen. Machte ihn mir gleich sympathisch: »*Eigentlich habe er sich sein ganzes Leben nur so durchgewurschtelt*«, stand dort. »*Nur wäre es bislang niemandem aufgefallen.*«

Henning hat Humor. Seine Hits mit den *H-Blockx* und den *Söhnen Mannheims* kenne ich alle und auch ein paar andere Fakten über ihn. Seinen privaten Musikgeschmack zum Beispiel. Auch davon hatte ich mal gelesen, und auf den letzten Metern zu unserem Treffpunkt in einem Berliner Café läuft tatsächlich der Song einer seiner Lieblinge im Autoradio. Ich drehe lauter:

»*... Navigator eingestellt, werd mein eigener Chef auf dieser Welt.*«

»*Plan B*« vom Altmeister des »sich immer wieder neu Erfindens« Udo Lindenberg. Auch für mich ein Horizontverschieber. Henning wurde später sogar mal ziemlich wichtig für den Panikrocker, als der künstlerisch gerade an einer schwierigen Weggabelung stand. Irgendwie, las ich, hatte ihm Henning damals beistehen können. Ihm, dem musikalischen Helden seiner Kindheit. Mit neun Jahren konnte er bereits alle Songs von Udo mitsingen. Mit dreizehn fing er an, selbst Musik zu machen. Mit achtzehn dann der erste Plattenvertrag, und Ende zwanzig hatte er mit seinen *H-Blockx* über zwei Million Tonträger verkauft. Mit der Band prägte er die deutsche Musikszene und galt als Vorreiter der Stilrichtung Crossover. Hennig war im Olymp der Rockmusik angekommen, gründete ein Musikbüro, moderierte im Fernsehen, managte andere Künstler wie Boss Hoss, nahm ein Album mit Stefan Waggershausen auf und wurde Juror in der »The Voice Kids«-Jury. Später produzierte er sein Soloalbum »*Der letzte an der Bar*«, schrieb gemeinsam mit Sarah Connor »*Bonnie und Clyde*«, ein Duett über wahre Freundschaft, und sang für eine Kindersendung Pippi-Langstrumpf-Lieder. Ein Tausendsassa eben. Mittlerweile auch ein gefragter Impulsredner für Firmen und Kongresse. Ein Redner, der nicht nur redet, sondern eben auch singt und zu Terminen nicht unbedingt im großen Schlitten vorfährt. Henning ist gern mit den

Öffentlichen unterwegs. Als ich ihn anrief, um dieses Treffen auszumachen, erwischte ich ihn auch gerade in der Straßenbahn. Aber ich hatte Glück. Mindestens acht Stationen lagen vor ihm, und diese Zeit nahm er sich dann auch für mich am Handy.

Was ihn antreibt, bei einer so langen Liste von Aktivitäten und Erfolgen, will ich wissen, als wir in der Sonne vor seinem Lieblingscafé brutzeln und erst einmal zwei Flaschen Wasser leeren.

»Den Sinn des Lebens beziehungsweise die Wahrheit in sich selbst zu finden und das dann zum Beispiel in Musik für andere zu verpacken. Außerdem ist es für mich wichtig, für Menschen, an die ich glaube, im Guten wie im Schlechten da zu sein, ohne dass sie mir diesen Glauben erst noch groß beweisen müssen.«

Wir reden über Menschen, die uns trotzdem enttäuschen, und über Fehler, die jeder von uns hat.

»Ich liebe Leute, die mir ihre Schwächen zeigen«, sagt Henning. »Dann weiß ich nämlich auch gleich, wo ihre Stärken liegen.«

Er macht eine Pause und sieht mir direkt in die Augen. Zwei, drei Sekunden lang, um zu checken, ob ich ihn richtig verstanden habe. Im nächsten Moment verrät er mir gleich eine seiner Schwächen. »Ich kann zum Beispiel nicht gut nein sagen.« Er lacht. Die Tatsache, dass er mir das so offen erzählt, bestätigt meine Meinung, die ich durch den Zeitungsartikel von ihm hatte.

»Was war denn die erste wichtige Entscheidung deines Lebens, Henning?« Er überlegt. Erzählt mir von seinen Anfängen in Münster. Damals hatte ein gewisser David Rebel das erste Tanzstudio in seiner Heimatstadt, und der war es dann auch, der ihm den Floh ins Ohr gesetzt hatte. »Mach doch Musik!« Sein älterer Bruder hatte es ihm vorgelebt. Aber von Anfang an Klartext geredet. ›Wenn du Musiker werden willst‹, riet er mir damals, ›musst du jeden Tag üben!‹ Tja und dann traf ich meine erste wichtige Entscheidung. Nämlich die für ein kreatives Leben mit ganz viel Musik.«

»Woher hast du den Mut genommen«, frage ich. »So ein Künstlerleben mit all den Aufs und Abs ist ja keine sichere Verdienstquelle?«

Er nickt. »Wahrscheinlich entscheidet man das gar nicht wirklich selbst. Man tickt so oder eben auch nicht. Es gibt ja verschiedene Menschentypen. Die einen können nur frei leben, und die anderen wollen es wieder ganz anders. Mich hat es immer gereizt, verschiedene Dinge auszuprobieren. Ich wollte Musiker werden, weil ich jeden Tag etwas Neues entdecken und meine eigenen Fähigkeiten erkunden möchte. Wenn du dich für ein kreatives Leben entscheidest, dann stehe dazu. Erwarte nicht, dass es dir auch noch Sicherheiten und Garantien serviert. Dann bist du da falsch. Dann solltest du lieber Bankangestellter werden.«

Peng, das saß. Habe ich vielleicht auch gebraucht. Denn ohne bereits genau zu wissen, wohin mich meine Suche hier treibt, spüre ich, dass es immer etwas mit kreativem Arbeiten zu tun haben wird, weil genau das auch meine Vorstellung vom Leben ist: Mich immer weiterentwickeln und neu ausdrücken. Hennings eigener Appetit auf Neuanfänge scheint immens zu sein. Die Band, die ihm heute viel bedeutet, *Die Söhne Mannheims*, schloss ihn 2003 ins Herz. Bei einer Musikaufnahme bekam Henning eine spontane Einladung, bei den Söhnen im Studio in Mannheim vorbeizuschauen. Er kannte Michael Herberger und Xavier Naidoo flüchtig von anderen Gelegenheiten. Fast alle Söhne waren dort an dem Tag versammelt. Xavier und Michael schlugen ihm schon nach wenigen Minuten vor mitzumachen. Henning dachte zunächst, das wäre ein Scherz. »Aber wer die Söhne Mannheims kennt, der weiß, dass sie den Mut haben, immer wieder neue Wege einzuschlagen«, erzählt er mir. »Ich war total begeistert. Schloss noch die gerade laufende H-Blockx-Tour ab, und dann wurde ich ein Sohn.«

»Hast du keine Zweifel bei Entscheidungen für neue Projekte, Bedenken, dass etwas schiefgehen könnte? Wie stehst du überhaupt zum Thema Angst?«

Henning lacht und hält sein Gesicht in die Sonne.

»Es gibt kein Leben ohne Angst, Peggy. Keinen Menschen, der sie nicht hat. Es ist wie beim Skat. Das Leben gibt dir eben manchmal schlechte Karten. Aber die Biene sticht von hinten.« Er freut sich, dass ihm der Vergleich eingefallen ist. »Man muss einfach Entscheidungen treffen und dann die Augen offen halten. Entscheiden und nicht klagen. Natürlich muss man dann auch Dinge beenden, um Neues in sein Leben hineinlassen zu können, und das hat mit Scheitern, Abschied und Loslassen zu tun.« Er kommt ein Stück näher. »Weißt du, mir ging es bei Projekten immer so: Wenn ich gemerkt habe, meine eigene Faszination hört auf, wusste ich, dass ich die Sache aufgeben muss.«

Ich nicke und überlege. Seine Metapher stimmt. Kartenspiele haben viel mit unseren täglichen Entscheidungen gemeinsam. Soviel ich weiß, gibt es im Skat sogar den passenden Spruch für Leute, die ihre Karten zu zögerlich spielen. Die stichelt man dann nämlich mit der Aufforderung: Auf dem Tisch gehen sie kaputt! Denn zögerlich aufspielen ist nicht. Henning hat recht. Man kann zwar nicht immer gewinnen, aber es muss immer gespielt werden. Beim Skat und im Leben.

Dann erzählt er mir, wie begeistert er von der Steve-Jobs-Biographie war, als er sie das erste Mal gelesen hat. Dass natürlich auch so ein Genie charakterliche Schattenseiten besitzt. »Aber die hat er bewusst im Buch dringelassen, als er die Texte freigeben musste. Das finde ich toll.« Er überlegt. »Wo Licht ist, ist eben auch Schatten. Bei jedem von uns. Ich hasse nur Menschen, die Verantwortung abgeben. In gewisser Weise sind wir ja selbst der Gott unseres Lebens. Was mich betrifft, und das ist wirklich etwas Schönes: Ich habe mittlerweile keine Angst mehr davor, dass mir noch etwas zum Glück fehlen könnte. Ich empfinde mittlerweile so etwas wie eine innere Grundsicherheit. Es gibt nichts mehr, wonach ich erst noch dringend streben muss, um mich gut zu fühlen.«

Ich bin beeindruckt, denn bei mir könnte das noch dauern.

Ob er an Gott glaube, frage ich nach dieser Aussage, und auch hier kommt ein promptes Ja. Wie bei den meisten, die ich bisher auf meinen Reisen traf. Für beinah jeden von ihnen gibt es mehr als das, was wir mit unseren Augen wahrnehmen können. Ich halte meinen Kopf auch in die Sonne. »Was war denn deine nächste einschneidende Weggabelung, Henning?«

Er wird stiller.

»Der Tod meiner Mutter vor ein paar Jahren. Sie hatte Krebs. Das war schon hart. Aber ich glaube, danach begann das dann auch langsam mit dieser Angstfreiheit in mir.« Henning macht eine Pause. »Das war nicht immer eine einfache Beziehung zwischen meiner Mutter und mir. Aber wir haben zum Glück am Ende alles miteinander besprechen können. Da blieb nichts offen, nichts ungesagt zwischen uns. Das ist wirklich schön.«

Ich nicke und denke an meine Familie.

»Weißt du«, spricht er weiter. »Ich glaube, Eltern wollen ihre Kinder oft beschützen und Dinge für sie erledigen. Aber man muss das alles selbst erfahren, und auch unglücklich zu sein gehört dazu. Mir ist schon klar, dass das für Eltern schwer auszuhalten ist. Aber gerade in späteren Jahren sollten sie nicht mehr retten, helfen und machen. Sie müssen einfach nur da sein.«

Die zweite wichtige Botschaft für mich, denn sofort denke ich an meinen Großen zu Hause. Momentan ja fast eine kuriose Situation: Während ich mich auf den Weg zum Erwachsenwerden für Fortgeschrittene mache und mich mutig zu neuen Ufern aufmachen will, stehe ich bei meinem Kind noch oft mit dem Rettungsseil daneben. Sage ihm zwar ständig: Wage mal etwas! Aber sobald er es tut und dann was schiefgeht, er todunglücklich ist und keinen Rat mehr weiß, erscheint Mutter mit Blaulicht und Rettungskommando. Sicher kein Zufall, dass Henning dieses Thema anspricht und mir solche Dinge auch von sich erzählt. Ich mag, wie er inspiriert. Nicht mit feingeschliffenen Ratschlägen. Sondern einfach durch die Art, wie er lebt und mit seinem Gegenüber umgeht.

In diesem Moment kommt ein Junge an unseren Tisch und spricht Henning an. Hat ihn erkannt und entschuldigt sich, dass er mal stören muss. Er will auch Musik machen. Sucht gerade ein Fachgeschäft. Möchte sich vielleicht ein kleines DJ-Pult kaufen oder einen neuen Mischer. Weiß es noch nicht genau. Henning nimmt sich Zeit für ihn, so wie für eine detaillierte Wegbeschreibung zum nächsten passenden Laden. »Wenn du es nicht findest, dann klingle noch mal durch!«, ruft er dem Jungen hinterher.

Beim Abschied reden wir über sein Album »*Der letzte an der Bar*«, zu dem es nun auch eine Talkreihe im Internet gibt. Ich schwärme von seiner Videoauskopplung »*Tanz um dein Leben*«, und Hennig freut sich. »Ja, die Geschichte hinter alldem ist die einer neugewonnenen Freiheit oder besser gesagt: meiner neu akzeptierten. Die Freiheit, ich selbst zu sein, und zwar nur ich selbst. In dem dazugehörigen Talk lade ich mir verschiedene Freunde, Vorbilder und Wegbegleiter ein, um mit ihnen über Musik und das Leben zu reden.« Er sieht mir fest in die Augen. »Dass ich das alles machen kann, diesen Traum umsetzen, das erfüllt mich immer noch mit unfassbar viel Glück. Denn das alles sind jetzt nicht nur Videos und fertige Tonträger. Vielmehr ist es der Durst nach Geschichten, die ich am Tresen des Lebens höre. Sehen, sortieren und aufschreiben möchte ich sie und immer wieder wunderbaren Menschen begegnen.«

»Und du möchtest irgendwann Bürgermeister deiner Heimatstadt werden, das war doch auch ernst gemeint, oder?« Henning lacht und nickt, und ich hänge gleich eine Nachfrage dran.

»Münster, so hast du das mal gesagt, ist für dich wie eine schöne Frau. Was muss ein Ort oder ein Mensch denn für dich haben, damit du ihn liebst?«

Er stockt und überlegt. »Oh, eine wirklich gute Frage. Lass mich nachdenken. Ich glaube, dieses Gefühl, etwas sehr gut zu kennen und sich dort wohl zu fühlen. Ja, dieses Gefühl von Heimat, von angekommen sein.«

Henning scheint es gefunden zu haben.

Hennings Tipp
Manchmal verteilt das Leben schlechte Karten. Aber es ist wie im Skat. Die Biene sticht von hinten, und gespielt werden muss in jedem Fall. Dabei müssen wir auch Dinge beenden, um Neues in unser Leben hineinzulassen. Entscheide und klage nicht. Tanze einfach jeden neuen Tag um dein Leben!

? Fragen an mich selbst
Henning wusste schon früh, dass man bei der Entscheidung für ein kreatives Leben nicht gleichzeitig Erfolg und Sicherheit erwarten darf. Bei welchen Dingen in meinem Leben will ich alles auf einmal, und wo bin ich wirklich bereit, den vollen Preis zu zahlen?
Henning hat mittlerweile nichts mehr, was er dringend erkämpfen will. Er lässt sich aufrichtig auf die Dinge ein, die passieren, und schaut dann. Vertraue ich schon, oder kämpfe ich noch? Wie oft begebe ich mich aufrichtig in den Fluss des Lebens?
Henning ist es wichtig, im Guten wie im Schlechten zu Menschen zu stehen, an die er glaubt, ohne dass sie diesen Glauben vorher »beweisen« müssen. Wie oft müssen mir andere oder ich mir selbst erst noch etwas beweisen?

An einem der nächsten Abende wird mir auf dem Nachhauseweg klar: Es ist Zeit für den Rückzug. Das Jahr ist beinahe rum, und der Park in unserem Kiez hat längst sein Herbst-Outfit angelegt. Nur einer der Bäume, wahrscheinlich ein Neuling, erst kürzlich gepflanzt, tut sich immer noch mit besonderem Strahlen hervor. So als hätte er Glück gehabt und bei all der Herbstmalerei die letzten kräftigen Farben des Tuschkastens abbekommen oder aber: Er ist einfach zu jung und denkt doch tatsächlich noch, es könne ewig so weitergehen mit dem schönen langen Sommer. Eine Naivität, die mich rührt.

Ich schüttele den Kopf über den tapferen Träumer und laufe weiter.

Nachts liege ich noch eine Weile wach. Es ist eine dieser Nächte, in denen man sich wünscht, man wäre im Film. Mitten in den eigenen Grübeleien würde einfach irgendwer »Cut!« rufen, die Szene könnte wechseln, und es läge wieder fröhlichere Musik darunter. Allerdings ruft hier niemand »Cut«. Unermüdlich dreht sich das Gedankenkarussell. Wie mache ich beruflich weiter? Wie im Umgang mit meinem Sohn? Dem eigenen Leben? Was, wenn ich meine Eltern bald verliere? Wie kann ich ihnen künftig noch besser helfen und wie dieser einen Freundin, die mich gerade so dringend braucht? Gott, denke ich irgendwann nach Mitternacht, warum können Frauen eigentlich nie direkt einschlafen? Einfach reinplumpsen in ihr Bett und dann aus die Maus! Aber nein, bei uns Mädels wird der Tag immer erst noch durchgekaut. Irgendwann ist es 3.30 Uhr. Zum Verrücktwerden. Schließlich muss ich wieder früh raus! Ich wälze mich hin und her. Schaue wieder und wieder zum Wecker. Überlege, ob ich mir eine heiße Milch machen soll. Je tiefer es in die Nacht geht, desto mehr Gespenster legen sich mit in mein Bett. Als keines mehr hineinpasst, höre ich das erste Vogelzwitschern. Draußen beginnt der Morgen, und auch in mir beginnt es zu dämmern. Gegen Einsamkeit und einen in der Nacht sinkenden Hormonspiegel, beruhige ich mich, ist eben kein Kraut gewachsen. Der einzige Strohhalm, an dem wir uns festhalten können, sobald wir in diese Stimmung abtauchen, ist die Gewissheit, dass wir bisher jede dieser Nächte überstanden haben. Bis mich doch etwas Schlaf überkommt. Wenigstens für zweieinhalb Stunden.

Am nächsten Abend räume ich die Kammer auf und entdecke eine alte Fotokiste. Eine längst vergessene Aufnahme aus meinen Zwanzigern fällt mir in die Hände, und ich staune. Ich sehe ein junges Mädchen, das gerade nichts vermisst. Hier auf dem Bild steht es vor mir. Bluse und Rock spielen mit dem Wind. Sind aus einem leicht fallenden Stoff und von ähnlicher Farbe. Zwei Töne, die ineinander übergehen. Sorglos und schön. Ein Mädchen mit bedeutsamen Träumen und leichtem Gepäck. Die Nase neugierig in die Höhe gereckt in ein Blau ohne Wolken. Ein Mädchen, das ich schon lange nicht mehr gesehen habe. Aber an das ich mich noch gut erinnern kann. Ich lächle. Ach schön, dass ich ausgerechnet dieses Foto mal wiederfinde, denke ich. Dann setze ich mich an den Schreibtisch, schlage das Notizbuch auf, lege meinen Glücksbringer, die kleine Muschel, neben mich und überlege:

Was wäre wohl die sicherste Methode, keine *neue Perle zu erschaffen und keins der nächsten Ziele auch tatsächlich umzusetzen?*
1. Überzeuge dich und andere davon, dass du es nicht kannst!
2. Bleibe in Opferhausen und beklage deinen Schmerz!
3. Bleibe bei dem, was du schon immer gedacht und getan hast!

4. Pflege deine alten Ängste und zweifle, was das Zeug hält!
5. Lache über die, die Neues wagen und dem Leben vertrauen!
6. Lüge und passe dich an, bevor du mit den Dingen Ärger bekommst, die du wirklich willst und wonach du dich sehnst!
7. Vermeide den Blick nach innen und suche dein Glück weiter im Außen!

Ich erfreue mich an der Liste und überlege nun ernsthaft weiter. Was will ich tatsächlich erschaffen? So genau weiß ich das zwar immer noch nicht. Aber zumindest so viel, dass ich mir künftig ein Leben à la carte gestalten will. Keine Fertigmenüs oder Pauschalangebote mehr. Wenn mein Alltag wieder reichhaltiger werden soll, muss ich drei Dinge unbedingt weiter tun:

 Neue Fragen stellen, neue Menschen kennenlernen und dabei neue Emotionen empfinden.

Also dann, Punkt eins, neue Fragen stellen. Ich liste auf:

 Meine Fragen für die Zielfindung
1. *Wonach sehne ich mich?*
2. *Wie würde sich mein Leben ändern, wenn sich dieser Wunsch erfüllt?*
3. *Bin ich bereit, alles dafür Nötige in meinem jetzigen Alltag zu verändern, damit dies geschieht?*
4. *Müsste ich wirklich alles dafür aufgeben – oder*
5. *... welche einzelnen Dinge genau?*

Es gibt immer eine Lösung

so wie es Schauspielerin Jenny Jürgens erlebt hat,
als sie ihr Leben noch einmal komplett umkrempelte

»Lebe deine Träume, das ist so ein netter Facebook-Slogan«, legt Jenny sofort los, als ich eine Woche später vor einer Fernsehsendung Zeit habe, mit ihr über Veränderungen in der Lebensmitte zu sprechen. »Aber für die meisten Menschen«, fügt sie gleich an, »ist das gar nicht realistisch, weil ihnen die Mittel dazu fehlen!«

Stimmt, denke ich. Außerdem setzen wir uns mit solchen Sprüchen häufig selbst unter Druck. Müssen Erfolg im Beruf haben, Geld auf der Bank, tolle Partner, Kinder und Freunde, Zeit für Eltern und Sport, uns möglichst gesund ernähren und immer schön selbst verwirklichen! Eine Hochglanz-Biographie produzieren. Ja, da muss man in einer großen, perfekten Welt ganz schön aufpassen auf sein kleines Glück.

Jenny nimmt einen Schluck und ist voll bei der Sache. »Ich denke, das Erfüllen unserer Träume zu jedem Zeitpunkt auf unserem Weg, das ist schon ein riesiger Luxus! Für mich selbst wusste ich immer, dass ich da aus einer sehr starken Ecke kommentieren kann. Ich habe zwar immer fleißig gearbeitet in meinem Leben, klar, aber ich hatte durch meine Familie trotzdem einen anderen Hintergrund. Nicht immer. Aber oft. Und so stand ich doch relativ sicher da, um meine Lebensideen umsetzen zu können. Ich denke, so etwas ist ganz entscheidend. Ich denke, man tut vielen Leuten unglaublich unrecht mit seinen klugen Ratschlägen. Zum Beispiel jemandem, der lediglich ein paar hundert Euro im Monat verdient, sich daheim um zwei, drei Kinder kümmert und vielleicht auch noch sehr unglücklich in seiner Ehe ist – so nach dem Motto: ›Jeder schafft sich sein Glück selbst, wir sind alle gleichberechtigt. Wenn dir etwas nicht gefällt, dann ändere es doch! Wechsle deinen Beruf, verlasse deine Frau, deinen Mann. Leg los.‹ Ja, wie denn? Das ist nicht so einfach.«

Ich nicke, und während ich Jenny zuhöre, deckt sich mein Eindruck von ihr aus dem Fernsehen mit dem hier bei der echten Begegnung. Ja, echt ist wahrscheinlich das passende Wort, überlege ich, und eine ähnliche Formulierung verwendet auch sie in der Antwort auf meine zweite Frage. Die nach ihrem Anspruch ans Leben.

»Authentizität ist mir sehr wichtig. Der Leitsatz meines Lebens lautet: Du bist, was du denkst! Nicht: Du bist, was du sagst, zeigst, anhast oder wie du wohnst. Wir erleben doch jeden Tag, dass solche Dinge nicht stimmen müssen und dass wir alle, auch ich, ein Bild von uns abgeben, um anderen zu gefallen. Um gewisse Auflagen zu erfüllen, die von uns erwartet werden, und die schwierige Herausforderung ist dann, diese Erwartungshaltung, die andere an uns haben oder wir an uns selbst, zu kombinieren mit Authentizität. Das geht nur, indem wir zu vielen Dingen auch nein sagen.«

»Musstest du das erst lernen?«, frage ich sofort.

Jenny nickt. »O ja, und wie ich das lernen musste, und zwar, weil ich seit meiner Kindheit so etwas wie einen Komplex hatte. Nämlich den, dass man mich ganz anders wahrnimmt, als ich mich eigentlich fühle, und dass das mit dem Fakt, das Kind eines berühmten Mannes zu sein, verbundene Vorurteil mir immer vorauseilt. So nach dem Motto: Ach, jetzt kommt die Tochter vom Udo. Das ist bestimmt eine verwöhnte Göre. In einer Villa aufgewachsen! Da hatte ich immer das Gefuhl, mich unbedingt gegen dieses Bild stemmen zu müssen. Was wiederum dazu geführt hat, dass ich manchmal zu übertrieben dagegen agiert habe, und das ist ja auch nicht authentisch. Im Laufe des

Lebens klappte das aber immer besser. Dabei geht es eigentlich ums Grenzenziehen.« Ich erkenne mich absolut wieder in dem, was sie von sich verrät. »Wie gelingt das denn? Das ist ja gerade am Anfang so schwer.«

»Ja, das geht nur über Schmerzen«, kommt sofort ihre Antwort. »Nur, indem man immer wieder auf die heiße Herdplatte fasst. Indem man sich immer wieder darauf einlässt, solchen Menschen dienlich zu sein, ihnen einen Gefallen zu tun oder ihnen gefallen zu wollen. Ja zu sagen, obwohl man tief drinnen bereits spürt: Du hast jetzt nur ja gesagt, weil du dich nicht getraut hast, nein zu sagen. Es hatten sich doch schon alle Nackenhaare bei dir aufgestellt, weil du es nicht wirklich wolltest, und dann kommt die selbsterfüllende Prophezeiung. Es tritt natürlich genau das Negative ein, wovor du dich gefürchtet hast. Dann hat man endlose Diskussionen. Muss sich vielleicht noch entschuldigen, oder es kostet Geld, wenn eine geschäftliche Abmachung dabei war. Es hat ja immer irgendeine Konsequenz, die schmerzt oder verärgert, und man sagt sich: Mensch, das habe ich doch eigentlich vorher geahnt! Und genau diesen Prozess, wie du von vornherein zu einer Anfrage stehst, das musst du üben, noch besser an dir zu beobachten.«

»Also gelingt dir das mittlerweile besser?«

Sie lacht. »Auf jeden Fall traue ich mir heute öfter die Frage zu stellen: Was bringt es für mich? Da hatte ich früher immer Angst, das klänge anmaßend oder arrogant. Heute aber kläre ich auch ab: Wo ist ein Mehrwert für mich? Natürlich nicht bei meiner Herzwerk-Stiftung, nicht bei karitativen Sachen. Das wäre ja fatal. Doch die beruflichen Projekte oder Menschen, mit denen ich dabei zu tun habe, müssen mir letztlich auch persönlich etwas geben. Sonst braucht man diese Aktivitäten ja nicht.«

Wir genießen die Pause und sind uns einig, dass speziell die Lebensmitte all diese Fragen auf den Tisch bringt. Geburtstage über vierzig, das bestätigt auch Jenny, machen etwas mit einem.

»Ja, an dem Punkt hat mein Leben begonnen, sich noch einmal so richtig zu drehen. Ich war siebzehn Jahre lang verheiratet mit einem tollen Mann und habe dann meinen heutigen Ehemann kennengelernt. Da war ich vierundvierzig, und das war eine tsunamiartige Begegnung. So intensiv, dass ich sofort wusste: Ab jetzt wird nichts mehr in meinem Leben so bleiben, wie es vorher war. Entweder bin ich konsequent, sehe diesen Mann nie wieder und versuche, meine Ehe in irgendeiner Weise zu retten – oder nicht. Man kann ja immer lügen. Eventuell auch sich selbst belügen. Nur tief drinnen weiß man schnell die ehrliche Antwort auf so eine Frage, und genau die habe ich mir gestellt: Jenny, ist es möglich, diesen Mann nie mehr wiederzusehen? Und sofort wusste ich die Antwort. Nein. Also musste ich konsequent entscheiden und mich von meinem damaligen Ehemann trennen. Und nicht nur das. Ich hatte einen Mann kennengelernt, der zwei Kinder hat, in einem anderen Land lebt, Spanier ist, spanisch spricht. Ich musste für diese Beziehung also auch noch ins Ausland gehen, habe eine neue Sprache gelernt und lebe nun mit Kindern. Ein Thema, das ich vorher eigentlich bewusst für mein Leben abgewählt hatte.« Jenny überlegt. »Das, was ich hier beschreibe, war natürlich ein langer Prozess. Es dauerte, diese Entscheidungen umzusetzen. Auch die Verletzungen, die ich zu Hause ausgelöst hatte, erst einmal ruhen zu lassen. Diese Zeit muss man dem anderen lassen. Muss durch Gespräche versuchen, sich beim Gegenüber zu entschuldigen.« Wieder eine kleine Pause. »Ja, ich denke, man muss die verbrannte Erde, die man hinterlassen hat, auch wieder in Ordnung bringen, und natürlich kann diese Entscheidung zum Aufbruch auch sehr nach Egoismus klingen. Nach dem Motto: Ich mache jetzt, was ich will. Aber, bei allem Guten, was man zuvor in seinem Leben hatte, und das hatte ich, muss man sich in so einer Situation trotzdem die Frage stellen: Möchte ich die nächsten zwanzig, dreißig Jahre genauso weiterleben, wie ich jetzt lebe?

Diese Frage habe ich für mich ebenfalls mit Nein beantwortet, und zwar, ohne in die reine Erotik-Falle zu tappen. Diese Wolke sieben, die man beim Kennenlernen eines neuen Mannes hat. Das habe ich mir alles sehr genau angeschaut und mir auch Zeit dafür genommen. Mein neuer Ehemann David übrigens auch. Auch er hat mich in Ruhe meine Entscheidung finden lassen. Hat keinerlei Druck aufgebaut. Respektiert, wie lange ich brauche, um alles gut zu prüfen. Auch mit Respekt vor meinem ersten Ehemann. Das ist sehr wichtig! Unter Druck entscheiden zu müssen ist immer eine Gefahr. Da trifft man die falschen Entscheidungen, und ich hatte ja nun auch die Verantwortung, mich für einen Mann zu entscheiden, der Kinder hat. Da kann man später, nach der großen Verliebtheitsphase, nicht leichtfertig sagen: Holdrio, das klappt leider nicht! Zum Glück kann ich heute sagen, es war die beste Entscheidung meines Lebens.«

Wow, denke ich beim Zuhören und bin glücklich über ihre Offenheit. Mag, wie sie über die schwierigen Seiten eines Neuanfangs spricht. Ihre sensible, respektvolle Art gegenüber Menschen. Auch wenn man manchmal einem anderen weh tun muss, um sich treu zu bleiben.

»Was macht dieser große private Umbruch jetzt mit dir? Was hat sich dadurch noch alles in deinem Leben verändert?«

Tatsächlich formuliert sie es genau so, wie ich es gerade wahrgenommen habe.

»Es ist wie ein großes Ankommen. Ich bin wieder zu meinen Wurzeln zurückgegangen. Bin wieder in einem Umfeld, in dem ich schon als Kind gelebt habe und wie ich es mir auch für meine späteren Jahre wünschte. Das Leben mit und in der Natur, mit Tieren, das habe ich in der Kindheit immer bei Fragen nach der Zukunft formuliert.« Sie lacht. »Habe dann gesagt: Ich werde Bäuerin oder so etwas Ähnliches. Aber irgendwie hat sich dann alles verloren. Doch jetzt lebe ich genau das, was ich als Mädchen immer wollte und wie ich früher bei uns zu Hause in

Kitzbühel aufgewachsen bin. Nur eben nach einem Umweg.« Sie überlegt. »Und noch etwas. Ich lebe heute mit einem Mann, der in den sieben Jahren, in denen wir jetzt zusammen sind, noch nie – durch keine einzige Aktion oder subtile Bemerkung – versucht hat, mich zu ändern. Nicht eine Sekunde! Selbst in meinen schwierigen Momenten, und die habe ich definitiv.«

Ich schaue sie so an, dass sie auch ohne Nachfrage weiß, dass ich mehr dazu hören will.

»Ja, ich habe sehr viel Power, und wenn ich mir ein Ziel gesetzt habe, dann kann ich sehr stark und eigenwillig sein. Das wirkt vielleicht auf andere auch mal etwas dominant. Aber ich reflektiere mich da auch selbst, und mein Mann nimmt mich eben genau so, wie ich bin. Ich muss mich als Frau nicht ständig übertrieben stylen, unentwegt sexy daherkommen mit hohen Schuhen oder auf jedes Gramm achten, das ich vielleicht zunehmen könnte. Sich nicht mehr verstellen müssen für andere, sich wohl fühlen im eigenen Körper, das ist etwas, wo ich sage: Mensch, da musste ich erst Mitte vierzig werden, um das zum allerersten Mal zu empfinden. Einfach diese innere Freiheit, das Sich-gut-Fühlen, auch wenn man nackt durch die Wohnung läuft. Dieses Friedenschließen mit sich selbst, und, na klar, der Körper verändert sich weiter, wenn man irgendwann auf die Fünfzig zugeht. Aber ich finde, wir dürfen das nicht als Verlust sehen. Sondern mit Dankbarkeit. Mal sagen: Danke, dass ich fünfzig Jahre alt werden darf. Denn, was wäre die Alternative?«

»Sterben«, ergänze ich, und Jenny lacht mit mir. »Eben, auch nicht schön!«

»Liegt dieser neue Friede mit sich selbst also am richtigen Partner, den man findet«, überlege ich laut weiter, »oder an der größeren Selbstliebe in reiferen Jahren? Was denkst du?«

Auch hier muss Jenny nicht lange überlegen. »Ich war immer jemand, der sich über seine Partner definiert hat. Ich bin sehr beziehungsaffin. Habe nie gern allein gelebt. Seit meinem neunzehnten Lebensjahr bin ich fast immer in einer Partnerschaft. Ich denke schon, dass vieles mit der schönen Bestätigung des Partners zu tun hat. Aber mit dem Älterwerden begreift man auch vieles, was einem vorher an Wissen über sich selbst gefehlt hat. Und ja, die Wechseljahre sind nicht ohne. Aber ich kann schon sagen: Je älter ich werde, desto weniger Angst habe ich davor. Ich bin ja, das ist mir auch klar, ein vom Schicksal verschonter Mensch. Ich musste keine bösen Schicksalsschläge einstecken. Der intensivste Schlag war dann der Tod meines Vaters, die daraus resultierenden innerfamiliären Probleme und die Energie, die das Ganze kostete. Dadurch, dass mein Vater ein bekannter Mensch war, konnte ich die Trauer auch nicht in Ruhe und Stille für mich verarbeiten. Ich war ständig torpediert von außen und musste die anderen mit trösten. Bis heute begegne ich Menschen mit traurigem Gesicht, die mir ihr Beileid für den Verlust meines Vaters aussprechen. Auch da, ohne einem Fan zu nahe treten zu wollen, musste ich irgendwann das Abgrenzen lernen. Also die Frage klären, wie sehr lasse ich andere an meinem Leben teilhaben. Selbstverständlich gehört sich das auch bis zu einem gewissen Grad, wenn man mit seinem Namen in der Öffentlichkeit steht. Aber auch da bin ich besser geworden. Nur bis zu einem bestimmten Punkt, und dann sage ich Stopp.«

Beim nächsten Kaffee verrät sie mir eine zweite Erfahrung, die ihren Alltag stark veränderte.

»Ja, das war wirklich etwas Einschneidendes, und ich denke, dass auch viele andere Menschen damit zu kämpfen haben, ohne dass sie ihrem Umfeld davon erzählen. Zwischen dreißig und vierzig hatte ich nämlich plötzlich heftige Panikattacken. Die haben sich einfach in mein Leben geschlichen. Nicht jeden Tag. Aber mindestens einmal im Monat. Wer das nicht kennt, der wird das nicht verstehen und sich fragen: Wovor hat die plötzlich so große Angst? Aber wer so etwas schon mal durchhat, der weiß, wie schrecklich sich das anfühlt. Urplötzlich ist einem schlecht, kalt, schwindlig, man hat Panik, und die Spirale wird immer schlimmer. Geholfen hat mir eine Therapie, um erst einmal zu verstehen, was da überhaupt mit mir passiert. Das Schlüsselwort in meinem Fall hieß Kontrolle. Damals wollte ich montags bereits die ganze Woche im Blick haben, und zwar mit jedem Detail. Unangemeldete Besuche haben mich total aus der Bahn geworfen. Ich war zu dem Zeitpunkt ein komplett unflexibler Mensch. Wollte die totale Kontrolle über alles und dadurch Sicherheit gewinnen. Dann aber, nachdem ich das mal beleuchtet habe, und mit dem Kennenlernen meines neuen Mannes fing ich an, mein ganzes Leben auf den Kopf zu stellen. Habe mich bewegt und von vielem befreit. Auch von diesem selbstgebauten Käfig, durch den ich mich sicherer fühlen wollte. Ich habe alles auf einmal weggesprengt und mich in die totale Unsicherheit begeben mit einer neuen Beziehung und einem anderen Leben an einem neuen Ort. Ich bin noch mal aufgebrochen mit ganz viel Liebe, und was soll ich sagen: Das ist jetzt sieben Jahre her, und seitdem hatte ich keine einzige Panikattacke mehr.«

Ich habe meinen Kopf aufgestützt und höre aufmerksam zu. Genieße die Atmosphäre zwischen uns und weiß, dass sie auch anderen Mut macht, wenn sie mit diesen Erfahrungen so ehrlich an die Öffentlichkeit geht.

Jenny lehnt sich zurück. »Ja, ich denke, in meinem Leben und in meiner Seele ist alles wieder in Fluss gekommen, und dieses Perfektionsding ist zurückgegangen. Heute gehe ich auch ungeschminkt aus dem Haus, und wenn die langen Haare im Sommer zu heiß werden, dann schneide ich sie mir ab. Na klar, können die Leute jetzt sagen: Die hat gut reden! Die hat ja Millionen im Rücken. Gerade jetzt nach dem Tod ihres Vaters. Nur eins ist doch klar. Diese Tatsache ändert überhaupt nichts an der emotionalen Struktur meines Lebens! Ich kenne x Leute, die unglaublich reich und unglaublich unglücklich sind. Also, das heißt: Wenn ich meine Seele nicht füttere, nicht heil halte und mein Leben nicht gesund, aufrecht und authentisch lebe, dann wird mir auch kein Geld der Welt dabei helfen, glücklich zu sein. Auch ich habe eine Zeit meines Lebens mal mit sehr, sehr wenig Geld bestritten. Mein Vater war in dieser Beziehung recht streng, und auch in der Zeit habe ich unterschiedliche Phasen mit meinem Glückspegel durch. Also, wenn du mich fragst: Jeder, der denkt, Geld wäre der Maßstab für ein erfülltes Leben, der liegt falsch. Natürlich erleichtert es Dinge. Hat mir zum Beispiel geholfen, mich zu trauen, nach Spanien umzuziehen, weil ich ein Polster im Rücken hatte. Klar. Aber es ist keine Garantie, und am Ende des Tages bin ich immer nur die Jenny.«

Ich bin beeindruckt von den Sprüngen, die sie für sich gewagt hat, und rücke näher. »Aber im Moment des Sprungs, dann, wenn man noch nicht weiß, ob das Ganze gut ausgeht, da hat man doch schreckliche Angst. Sag mir, wie gehe ich da am besten mit meiner Angst um?«

Jenny lacht auf eine Weise, die mir zeigt, dass sie genau weiß, was ich meine, und schüttelt den Kopf.

»Tja, für diesen Moment gibt es keinen Rat, keine Antwort und keine Garantie. Es gibt nur das Innere, auf das man hören kann, und ich glaube, wenn der Drang zu einer Lebensveränderung stark genug ist – wahrscheinlich auch der Leidensdruck in der jeweiligen Lage –, stellt man sich diese Frage nicht mehr. Manchmal bietet einem das Leben dann eine Situation oder schickt Menschen in unser Leben, die uns inspirieren und Mut machen, und dann muss man zugreifen!«

»Ich verstehe. In sich selbst hineinhören ist und bleibt der wichtigste Schlüssel.«

Jenny nickt. »Das stimmt. Am Ende geht es wahrscheinlich um eine Art Urvertrauen. Wenn man eine Veränderung nicht wagt, obwohl man unglücklich ist, und es muss ja auch nicht immer der ganz große Sprung sein, wird man es nie wissen.

Mein einziger Tipp wäre – egal wie die persönlichen Details sind – vielleicht: Es gibt immer eine Lösung! Ziehe in einer wichtigen Entscheidungsphase Menschen hinzu, denen du zu hundert Prozent vertraust. Besprich deine Situation. Wechsle vielleicht auch mal die Stadt. Lass neue Menschen in dein Leben. Fahre für eine gewisse Zeit den Kontakt zu Familienmitgliedern herunter, die dir seit langem nicht mehr guttun. Einfach, um bei dir zu bleiben. Wir sind keine Spielbälle für andere. Hab immer wieder Mut, zum nächsten Ufer aufzubrechen, sei es auch nur zwei Meter von dir entfernt oder zweihundert Kilometer, und dann vergiss nicht: Es ist nicht schlimm, wenn es nicht hinhaut! Reue ist schlimmer. Wir haben doch nur dieses eine Leben. Ich habe vielleicht noch dreißig, fünfunddreißig Jahre und habe mir jetzt auch überlegt: Wie geht es eigentlich den Leuten, die über siebzig und achtzig sind? Wenn das verbleibende Zeitfenster nur noch recht klein ist? Da tut sich emotional bestimmt unglaublich viel.«

Ich überlege. »Was steht denn da noch auf deiner To-do-Liste für die nächsten dreißig, fünfunddreißig Jahre?«

»Alles so machen, wie es mir guttut. Ich möchte immer noch weiter lernen, mich davon frei zu machen, was andere über mich denken, von mir erwarten oder glauben, wie ich leben müsste. Zum Beispiel treibt mich gerade das mit den nächsten Jobs um. Ich habe mir nun mit den vielen Tieren auf dem Hof ein Leben geschaffen, das eine zu lange Abwesenheit, viele Reisen und Engagements schwierig macht. Da habe ich mich dabei ertappt, dass ich mir schon wieder Sorgen darüber mache, was wohl die Leute über mich denken könnten. Zum Beispiel: Arbeitet die überhaupt nicht mehr, weil sie nun von ihrem Vater geerbt hat? Wahnsinn. Das ist also das nächste Übungsfeld für mich. Ich leite ja nun eine Farm, und ich arbeite viel und gern für Herzwerk.«

Wir reden über das Projekt, das sich für einen würdigen Lebensabend einsetzt und gegen Armut im Alter. Die Stiftung erfüllt Wünsche, die für viele von uns selbstverständlich klingen. Es aber bei weitem nicht sind. Zum Beispiel einfach mal frisches Obst, ein Friseurbesuch, die tägliche Zeitung oder das gute Gefühl zu haben, dass es Menschen gibt, die an einen denken. Jeder kann dabei mithelfen, und deshalb lautet das Motto der Initiative auch: »Wer teilt, beschenkt sich selbst.« Für diese Idee und Jennys Einsatz dafür wurde ihr der Verdienstorden des Landes Nordrhein-Westfalen verliehen. Auch die Erfahrungen bei dieser Arbeit haben viel mit ihr gemacht. »Ja, ich denke, wir müssen uns frühzeitig eine innere Schönheit schaffen, bevor sich unser Äußeres verändert, denn nur so können wir auch im Alter glückliche Menschen sein.«

Dann erzählt sie mir einen Lebensrat, den ihr Vater Udo ihr mitgab:

»Hüte dich vor schwachen Menschen, hat er mir immer gesagt, und ich weiß, wie er das gemeint hat. Ich soll mich vor denen in Acht nehmen, die mich und meine Kraft ausnutzen wollen, und ja, auch hier musste ich erst lernen, kein blinder Kümmerer für Menschen zu sein, bei denen es vielleicht gar nicht ratsam ist. Die einem später womöglich nur noch extra Schuldgefühle verpassen. Musste üben, ihnen gegenüber lieber vorher nein zu sagen und die Kritik dafür auszuhalten.«

Während wir so beim Kaffee sitzen und über den Mut reden, den wir zum Leben brauchen, wird mir wieder einmal klar: Die meisten Grenzen, die wir in unserem Alltag empfinden, setzen wir selbst mit unserer Angst. »Heute«, so verrät mir Jenny noch zum Schluss, »versuche ich bei Dingen, vor denen ich Angst habe, trotzdem erst einmal ja zu sagen und darauf zu vertrauen, dass sich dann schon alles fügt, wenn es so weit ist. Ich habe ein Problem mit meiner vorauseilenden Phantasie – was könnte alles passieren –, und die muss ich im Zaum halten. Ich möchte schließlich keine Sorgenfrau werden!«

Sorgenfrau, auch ein guter Begriff, und schön, dass es mit dieser Begegnung geklappt hat, denke ich bei der Umarmung. Eine tolle Frau, die von ihrem Ehemann auf Spanisch liebevoll »Der kleine Maulwurf« genannt wird. Ein Mensch, der viel für sich verändert hat. Durch seine Ängste hindurchgeht, an das Gute und an die Liebe glaubt. An die heilende Kraft eines Lächelns, das man ohne großen Aufwand jederzeit schenken kann. Eine Frau, die nicht nur authentisch, bescheiden und warmherzig ist, sondern wahrscheinlich auch sehr lustig, wenn sie zu Hause im Wohnzimmer unter Gelächter ihrer Familie als Michael-Jackson-Fan den »Moonwalk« tanzt. Sich auf dem Boden herumwälzt und in den Schritt greift. Möglichst nah am Original eben. Ja, denke ich beim Abschied, das würde ich gern mal sehen.

Jennys Tipp

Sei kein Spielball für andere und habe den Mut, zu anderen Ufern aufzubrechen. Ganz egal, ob es nur zwei Meter entfernt ist oder zweihundert Kilometer. Vor allem aber sage dir: Es ist nicht schlimm, falls es nicht hinhaut. Dann musst du jedenfalls nichts bereuen!

Fragen an mich selbst

Habe / hatte ich bisher Partner, bei denen ich mich genauso akzeptiert fühle wie Jenny sich bei ihrem David?

Wie schwer fällt es mir als »Kümmerer«, die Reaktion von anderen auszuhalten, wenn ich nein sage?

Wie oft praktiziere ich täglich diese neue Grundhaltung »Mir doch egal« gegenüber dem, was andere über mich denken?

Am Morgen nach dem Treffen mit Jenny Jürgens ist etwas anders. Ich sehe aus dem Fenster. Die Früchte der Platane in meiner Straße tragen weiße Mützen. Es hatte über Nacht geschneit.

Das erste Mal in diesem Jahr. Bis zum Frühling würde es nun einige Monate dauern. Das scheint auch den Krähen klar zu sein, die auf einem der Äste hocken. Mit ihren zusammengesteckten Köpfen sehen sie aus wie plaudernde, frierende Schulmädchen, und ich erinnere mich an einige Gedanken aus dem gestrigen Gespräch mit Jenny. Mitte vierzig hatte auch sie sich noch einmal hinausgewagt aus dem Vertrauten. Schritt für Schritt, ohne zu wissen, wie es ausgeht. Ja, denke ich mit Blick auf den Schnee vor meinem Haus und die nun aufsteigenden Vögel, dafür braucht es nicht nur Mut, sondern – wie sie es formulierte – eine Art Urvertrauen. Schließlich ist es gerade die Ungewissheit zwischen Sehnsucht und Wunder, die so schwer auszuhalten ist.

Besonders mit kalten Füßen.

Einige Wochen später tippe ich gedankenverloren eine kleine Wunschliste mit Smileys für das neue Jahr in die Notizliste meines Handys.

»Freude, Kreativität, Liebe, ein gutes Sexleben ...«

Herrlich, was ein Schreiberkennungsprogramm aus hektisch getippten Wünschen wie diesem letzten macht. Statt »Sexleben« erscheint in meiner digitalen Liste plötzlich »Deckenleuchte«. Okay, vielleicht weil man die anstarrt, wenn der Sex flau ist? Ich lache. Komme dann aber auf meine Neujahrsliste zurück. Neustart im Privatleben, sollte das jetzt tatsächlich mit drauf? In letzter Zeit hatte ich dieses Terrain wieder vergessen.

Nur, warum eigentlich?

Ich überlege. Letztlich sind Männer wie Parkplätze. Wenn man einen möglichst zentralen finden will, muss man ein paar Runden drehen. Nicht dass ich – so herrlich frei und ungezwungen wie ich hier gerade im Nachthemd auf dem Sofa hocken kann – besondere Eile verspüre, Tisch, Herd und Alltag wieder mit jemandem teilen zu wollen. Aber eine Rückenmassage nach einem viel zu langen Tag hinter Lenkrad und Laptop, die wäre nicht zu verachten. Oder, wie mir kürzlich eine nette, ältere Kollegin riet: Verliebt sein wird für eine Frau über vierzig und fünfzig zur Pflicht, und zwar nicht der Romantik wegen! In dem Abschnitt gilt das eher als Anti-Aging-Maßnahme. Erhöhte Blutzirkulation verbessere schließlich den Teint. Also dann, auch hier eine neue Entscheidung:

Männerwelt, ich komme! Das mit dem Teint leuchtet ein.

Am nächsten Tag auf der Fahrt zum Sender ändere ich ein nächstes Muster. Will ja die Zwangsjacke meiner Gewohnheiten loswerden. Also nehme ich nicht wie sonst die Strecke über die Autobahn, sondern eine Landstraße, die ich in all den Jahren noch nie genutzt habe. Im Radio läuft »*Catch and release*« von Matt Simons, und beim Anblick der idyllischen Kornfelder, ausgebauten Höfe und Scheunen fallen mir plötzlich zwei große Wünsche aus meiner Teenie-Zeit ein. Damals wollte ich unbedingt in einer ausgebauten Mühle leben, und als berufliche Tätigkeit schwebte mir so etwas wie Dichterin oder Ehefrau eines Försters vor.

Während ich meinen wiederentdeckten Träumen nachsinne, fällt mir auf, wie entspannt ich heute hinter dem Lenkrad sitze und dass ich mit der Zahl »80« auf dem Tacho wunderbar klarkomme. Irgendwann bleibt mein Blick an dem Nummernschild vor mir hängen. Mittlerweile bin ich im Auffinden jener »Zeichen« ja recht geübt. Also mal schauen, was sagt mir dieser Schriftzug? Auf jeden Fall ist der Fahrer ein Zittauer. Vermutlich ein »Ernst Lehmann« oder so. Schließlich sind die Buchstaben hinter dem Landkreis meistens auf die Initialen des Besitzers zurückzuführen. Jetzt lese ich die Abkürzung in einem Zug, also ohne den Trennungsstrich nach dem Landkreis. ZIEL 2018 steht dort. Na bitte, und was für eine motivierende Botschaft!

Aber im Zusammenhang mit klaren Ansagen vom Universum wundert mich nun schon lange nichts mehr.

O nein, nicht der schon wieder, denke ich, als ich diesen grünen Kombi auf dem Parkplatz unseres Supermarktes sehe.

Ein Bekannter aus dem Viertel hatte ihn nicht weit von mir abgestellt und verließ auch gerade mit großer Einkaufstasche sein Auto in Richtung Eingang. Damit hatte ich genau zwei Möglichkeiten. Mich eine Weile ducken und noch irgendetwas Bedeutungsvolles im Handschuhfach suchen. Am besten so lange, bis er da drin in der Masse an Kunden verschwunden ist. Oder aber ich bleibe erwachsen und ertrage selbst nach diesem langen Tag noch etwas Smalltalk an der Gemüsetheke. Muss mich ja ohnehin beeilen.

Also aussteigen und höflich grüßen!

»Ach, wie schön, dass wir uns wieder mal treffen«, sagt er und scheint sich auch tatsächlich zu freuen. »Diesmal müssen wir endlich mal einen Termin für uns finden!« Stimmt, denke ich, er hatte mich ja schon öfter zum Essen eingeladen. Ich betrachte ihn genauer. Er ist schön, geht mir durch den Kopf. Wohl auch von innen? »Was mögen Sie denn am liebsten?«, bleibt er gleich dabei. »Vielleicht etwas Italienisches?« Ich nicke. Wollte mich ja mal aus meinem Schneckenhaus wagen und etwas für den Teint tun. Warum also nicht. »Ja, Italienisch ist immer gut.« Er strahlt. »Na wunderbar. Diesen Freitag?« Wieder ein Nicken. »Soll ich Sie dann gleich an Ihrem Haus abholen?« Ein eiliges Kopfschütteln von mir. Zu intim. »Nein, Freitag geht es erst nach der Arbeit bei mir. Ich könnte direkt zu dem Restaurant hinkommen. Das neben dem Rathaus, gegen 19 Uhr?«, schiebe ich gleich die ganze Lösung hinterher. Ein zufriedenes Nicken. »Wunderbar, ich freue mich darauf! Lade Sie ja schließlich schon seit einem Jahr ein.« Er zieht weiter. »Also dann bis Freitag!« Ich lächle. »Ja, bis dann.«

Am Freitag darauf, kurz nach 19 Uhr, bestelle ich also einen kleinen Salat mit Hühnchen und eine Weißweinschorle. Er zwei Pizzen, einen Wein und ein Bier. Für später noch eine Nachspeise. Dazwischen erfahre ich alles, was man beim ersten Date so erfahren sollte. Hier und da noch ein bisschen mehr. Wie er seine Frau kennengelernt hat, wann er seine Söhne sieht und wie er nach der Scheidung auf Konto und Möbel aufpassen musste. Er sei bei einer Versicherung und müsse sich sein Geld schließlich auch hart verdienen. »In den Medien geht es Ihnen doch da bestimmt recht gut, oder?«, stellt er endlich eine Frage. Allerdings eine, bei der ich gleich nachhaken muss. »In welcher Hinsicht? Meinen Sie das jetzt finanziell?« Er nickt und ist schon gespannt. »Ja, was verdienen Sie denn so im Monat?« Er bemerkt mein Stirnrunzeln. »Also ich meine, wie gerecht sind denn die Bezüge im Vergleich zu den Westtarifen?«, verbessert er sich, um nicht ganz so neugierig rüberzukommen. »Ich könnte mir vorstellen, dass es da selbst nach so vielen Jahren noch Unterschiede gibt, oder täusche ich mich da?« Ich überlege, wie ich reagieren will. Habe keine Lust, mich einem Bekannten gleich beim ersten Date so zu offenbaren, schon gar nicht bei solchen Details, und entscheide mich, in die gewohnte berufliche Rolle zu schlüpfen. Moderiere ihm also eine Weile irgendwas zum Thema »Unterschiede zwischen Ost und West ein gutes Vierteljahrhundert nach der Wende«, warum ich nach 1989 so froh war, in einem neuaufgebauten Medienhaus anzufangen, welche Möglichkeiten wir hier in der Region hatten, warum der Beruf mein Traumberuf ist und wie unglaublich es ist, dass sich die Technik in all den Jahren so verändert hat. Er nickt. Jetzt eher gelangweilt. Auch gut. Hat zwar wirklich nette Augen, denke ich, aber irgendetwas an diesem Mann ist komisch. »Nun ja«, schließt er meinen Monolog ab, »ich kriege sowieso alles heraus. Auch Ihren Monatsverdienst. Ich habe nämlich einen Kunden, der auch in Ihrem Unternehmen arbeitet. Da werde ich ihn einfach mal fragen, und dann weiß ich natürlich auch Ihr Gehalt!« Er lacht. Sollte demnach ein Scherz sein. Wie ich schon vermutet hatte, irgendetwas ist komisch an diesem Mann. Um die Situation weiter aufzulockern, überredet er mich zu einer zweiten Schorle. »Kommen Sie, heute leisten wir uns mal was! Ich habe schließlich so lange auf unseren Abend gewartet.« Dann rückt er ein Stück näher. »Aber sagen Sie mal, bei welcher Versicherung sind Sie eigentlich?« Das verrate ich ihm dann. »Aha, und warum noch nicht bei uns?« Wieder ein Lachen, um es als Scherz zu etikettieren. Ich lächle ein wenig. »Ich wusste gar nicht, dass das heute Abend ein Verkaufsgespräch wird?« Er klopft sich auf die Schenkel. »Sie haben Witz, das gefällt mir!« Als er später nach der Kellnerin ruft, um sich die Rechnung kommen zu lassen, fragt diese wie üblich »Getrennt oder zusammen?« – »Getrennt natürlich!«, antwortet mein Kavalier und ergänzt mit großzügiger Kopfbewegung in meine Richtung: »Eine der beiden Weinschorlen der Dame würde ich aber liebend gern übernehmen. Setzen Sie die bitte mit auf meine Rechnung.« Ich starre ihn an. Dann noch einmal auf das leere Geschirr vor ihm. Das von den zwei Pizzen, der Nachspeise, seinen Weinen und dem Bier. Er aber versichert mir ein zweites Mal: »Dazu möchte ich Sie wirklich gern einladen, bitte!« Mein Lächeln ist eher ironisch. »Machen Sie sich bitte keine Umstände, das wird doch viel zu teuer!« Er legt eine Hand aufs Herz. »Kommen Sie, machen Sie mir die Freude, und keine Angst, das verkrafte ich schon.« Dann kommt ihm noch eine gute Idee. »Aber Sie sind doch mit dem Auto da, oder? Wir wohnen doch im selben Viertel. Da könnten Sie mich doch gleich mitnehmen? Ich bin nämlich zu Fuß.« Mein Blick drückt Bedauern aus, als ich mich erhebe und nach der Jacke greife.

»Leider habe ich noch etwas zu erledigen. Ich fahre noch nicht direkt nach Hause. Aber danke für die Schorle und einen schönen Abend noch!«

Begeisterung ist wichtiger als ein Businessplan

so wie bei Salim Sahi, als er nach schwerer
Firmenpleite Schwung holte für
ein Millionenunternehmen

Zwei Tage später geht's nach Berlin. Das Büro, von dem aus Salim Sahi seine Firma dort leitet, ist doppelt so groß wie die Einzimmerwohnung, in der er damals mit seinen Eltern und dem älteren Bruder wohnte.

»Im sechsten Hinterhof und mit Schimmel an den Wänden. Da war ich als Kind ein Außenseiter. Aber ich werde nie diesen Mitarbeiter von der Diakonie vergessen. Er ging mit mir in ein Kaufhaus, und ich durfte mir ein kleines Geschenk aussuchen.«

»Was hast du gewählt?«, frage ich, immer noch beeindruckt von der Büroetage mit 2500 Quadratmetern, in der er heute in einem der höchsten Gebäude der Hauptstadt in der achtzehnten Etage residiert. Salim lacht. »Na, einen Trainingsanzug für den Fußball natürlich.« Klar, was sonst. Dass ihm Fußball wichtig ist, hatte ich bereits gelesen. Er bietet mir einen Platz an. »Ich finde, als Unternehmer musst du alles in einem sein: Präsident, Trainer, Torhüter, Stürmer und Verteidiger. Hast Verantwortung für andere und musst erkennen, wer auf der falschen Position ist beziehungsweise wo ein Mitglied deiner Mannschaft sein Bestes geben kann. Schließlich muss jedes Spiel gewonnen werden. Der zweite Platz ist genauso wenig akzeptabel wie die Ersatzbank.« Er lacht. »Fußball ist ein hartes Geschäft, und mit dieser Härte musst du umgehen.«

»Wie machst du das?«, frage ich sofort dazwischen. Neugierig darauf, was der tägliche Erfolgsdruck aus ihm gemacht hat.

Salim überlegt. Auf den ersten Blick wirkt er sehr entspannt für einen Mann mit fünfundsiebzig Mitarbeitern, der es vom Schuhverkäufer über ein Reisebüro mit Faxgerät im Wohnzimmer seiner Eltern und die erste, unverschuldete Millionenpleite zu einem der größten Technologieanbieter in der Touristikbranche gebracht hat. »Mit Fairness«, lautet seine Antwort, »und damit, immer nur das eigene gute Angebot nach vorn zu stellen, anstatt Mitanbieter mit üblen Tricks wegzubeißen.«

Während ich zuhöre, fällt mein Blick auf das überdimensionale Foto hinter seinem Chefsessel. Darauf ist das Treppenhaus eines alten, verfallenen Hauses zu sehen. Die Wände über und über mit Sprüchen und Zeichen bemalt. Salim bemerkt mein Interesse. »Das ist hier ganz in der Nähe«, erklärt er mir. »Da habe ich selbst früher als Jugendlicher gesprayt, und irgendwie schaue ich gern jeden Tag auf diese Erinnerung.« Ja, denke ich, schönes Motiv und sympathisch. Ein Mann, der ein Stück Vergangenheit im neuen erfolgreichen Abschnitt dabeihat, und wahrscheinlich war diese Zeit damals auch der größte Antrieb für alles, was er jetzt geschaffen hat. Danach frage ich ihn dann auch. Woher er die Kraft für den Neuanfang nach der ersten Pleite genommen hat und was ihn antreibt bei allem, was er hier tut?

Salim macht eine Pause. »Ich denke, es ist immer eine Vision. Die allerdings hat ein paarmal gewechselt in meinem Leben. Zunächst einmal wollte ich unbedingt Stuntman werden.« Ich lache. »Wegen der Action?« – »Ja, wahrscheinlich«, gibt er schnell zurück. »Es sollte etwas Aufregendes sein. Später kam ich durch die Boutique meines Vaters ins Geschäftsleben. Letztlich war aber niemals Geld mein Antrieb, sondern der Wunsch, etwas Großes zu erschaffen.« Das glaube ich ihm. Erinnere mich an die Slogans, die ich vorhin im Fahrstuhl auf den Hinweisschildern zu seiner Firma entdeckt habe und die so auch auf den Einlasskarten seiner Mitarbeiter stehen: »Made with love« und »Alles ist möglich« habe ich dort gelesen. »Wie hast du als ehrgeiziger Mensch dann aber diese Krise erlebt, in die du reingeschlittert bist. Damals, als diese Fluglinie pleiteging und damit auch eure erste Reisebürokette? Da hattest du doch sicher einen Sack voller Schulden?« Salim nickt. »Ja, fast eine Million, und mit diesem Minus habe ich innerhalb von einem Jahr ein neues Start-up gegründet. Diese Firma hier.« Ich rücke nah an seinen Tisch. »Und wie geht so etwas?«

Er bietet mir einen Schluck Wein an. »Das war schon heftig. Die Gerichtsvollzieher standen vor der Tür, du verlierst dein Auto, deine Wohnung, gehst zum Sozialamt, und der Briefkasten quillt über vor Post. Ich denke, das Beste war, dass ich nicht hektisch alle Briefe geöffnet und mich verrückt gemacht habe. Sondern ich sammelte mich und wurde erst danach aktiv. Ging dann selbst auf jeden einzelnen der Gläubiger zu und sprach mit ihm. Ganz direkt. Erklärte ihm, was ich vorhabe, um das nötige Geld aufzubringen. Dass es zwar etwas langsamer gehen würde, aber dass ich alles dafür tun werde und er sich auf mich verlassen könne. Ja, ich glaube, das hat sie alle beeindruckt, denn nach den Gesprächen haben sie mir ihr Vertrauen geschenkt.« Salim nimmt sich auch einen Schluck Wein. »Ein Jahr später gab es dann bereits diese Firma hier. Zunächst mit dem Angebot für ein System, bei dem Reisebüromitarbeiter ohne Eingabe von Codes und ohne Reisekataloge alle Angebote sämtlicher Anbieter in Sekundenschnelle vergleichen können. Später kam *HeliView* dazu. Unsere Idee, bei Rundflügen über Hotels und Ferienressorts kleine Kameras an Hubschrauber anzuhängen, um Buchungswilligen im Internet schon mal einen besseren Eindruck über den Zielort zu verschaffen. Seitdem geht es Stück für Stück nach oben.« Er überlegt noch einmal. »Nein, Peggy, es gab damals tatsächlich keine Nacht, in der ich nicht schlafen konnte.«

Ich bin beeindruckt von seinem Krisenmanagement. »Woher hast du diese innere Stärke und Zuversicht?«

Er schaut mich an. »Ich denke, von meinem Zuhause. Mein

Vater ist mein Held. Zusammen mit meiner Mutter ist er für bessere Lebensumstände zunächst von Indien nach Pakistan geflohen und später von dort nach Deutschland. Hier hat er für uns alle gesorgt und dabei nie seine Lebensfreude verloren. Ja, mein Vater hat immer diese gewisse Leichtigkeit und Glück ausgestrahlt. Dadurch musste ich selbst an seinem Totenbett nicht weinen, denn ich wusste: Dieser Mann hat sein Leben genossen.« Salim macht eine Pause. »Ja, mein Vater ist mein Held. Nur schade, dass er das alles hier nicht mehr miterleben konnte.« Jetzt verlässt mich sein Blick für einen Moment. Geht hinaus zum Fenster, über die Dächer der Stadt.

Ich lasse ihm diese Zeit.

»Wie hieß denn dein Vater?«, frage ich dann und notiere mir die Antwort: »Mohamed Iqbal.« – »Und was bedeutet dein Name, Salim?« Er lacht. »Der Sanftmütige.«

»Oh«, lache ich zurück. »Sanftmütig, wie das wohl zu einem cleveren Geschäftsmann passt?« Für Salim ist das gar nicht so abwegig. »Wenn ich manchmal weniger fair und gütig durch mein Leben als Unternehmer gegangen wäre, hätte ich sicher noch größere Gewinne machen können. Aber ich denke anders. Das, was ich hier mit einem langsamen, nachhaltigen Wachstum geschaffen habe, also unter dem Radar, ist letztlich ein gesundes Unternehmen. Außerdem glaube ich, dass alles, was wir im Leben tun, zu uns zurückkommt. Ich glaube tatsächlich an das Gute und an echte Werte.«

»Welche Werte?«

Er zählt auf. »Für mich sind es drei. Liebe, Vertrauen und Vergebung. Überleg mal, wenn jeder von uns auf der Welt diese drei Kräfte verinnerlichen würde, gäbe es keine Kriege mehr. Moslems, Juden, Christen – der Urglaube besteht doch aus Werten wie Toleranz, Liberalität und Respekt für jeden Menschen.« Salim lehnt sich zurück. »Vergebung zu lernen und zu leben ist natürlich nicht einfach. Da erinnere ich mich immer an einen

Satz meines Vaters: Wenn dich einer auf die Backe schlägt, halte auch noch die andere hin, sagte er immer.«

»Und wie praktizierst du Vergebung im Geschäftsleben, wenn dich beispielsweise jemand hintergehen will?« Salim mag diese Frage, das kann ich an seinem Blick sehen. »Nun, dann drehe ich mich um und gehe. Auch im Geschäftsleben habe ich so etwas wie Gottvertrauen.«

»Auch nach all dem, was du mit der Pleite erlebt hast? Hast du vor nichts mehr Angst?«, frage ich noch einmal.

Salim dreht sich in seinem Stuhl hin und her.

»Weißt du, wer einmal zu viert auf knapp dreißig Quadratmetern mit Schimmel an den Wänden im sechsten Hinterhof gelebt hat und auch dort spürte, dass man glücklich sein kann, der hat keine große Angst, seinen Besitz wieder verlieren zu müssen. Von dieser Warte aus agiert es sich wirklich gut.« Er überlegt, wie er mir das, was in ihm vorgeht, noch besser erklären könnte. »Wohlstand ist schließlich nicht Glück. Für mich ist echter Erfolg, dass ich einen Wunsch, eine Vision verfolgen kann, sie umsetze und damit auch andere glücklich mache. Mein Ziel ist niemals das Geld, sondern immer die nächste Innovation. Das Geld kommt oft hinterher.«

Ich höre aufmerksam zu. »Da hast du absolut recht«, sage ich schließlich. »Doch nicht jeder ist von klein auf mit so viel Klarheit, Ruhe oder Selbstbewusstsein ausgerüstet. Was würdest du jemandem empfehlen, der Angst vor Risiken hat? Der noch zweifelt vor einem nächsten Schritt oder gerade selbst in der Krise steckt?«

Er überlegt. Wahrscheinlich auch, ob ich mich damit selbst meine. »Frage dich einfach«, spricht er mich dann auch direkt an, »was wäre, wenn du morgen komplett alles verlieren würdest? Könntest du trotzdem noch irgendwo einen Broterwerb finden? Sicher. Frage dich weiter: Kann ich anschließend wieder von vorn anfangen? Bestimmt. Ist es dann schlimm, wenn dein

Kind nicht im Luxus aufwachsen könnte? Wohl eher nicht.« Er rückt auch ein Stück näher. »Gut, im ersten Moment wirkt das alles sehr heftig, es wäre eine Umstellung. Aber es ist zu schaffen und es ist definitiv nicht dein Tod. Wichtig ist doch zunächst einmal nur deine Gesundheit und das, was du deinem Kind vermittelst. Wir alle haben unser eigenes Schicksal. Auch unsere Kinder, und wir alle können es selbst gestalten.« Salim prüft noch einmal seine letzten Worte und hängt einen weiteren Gedanken an. »Den besten Tipp, den ich jemandem geben kann, der gerade in einer schwierigen Situation steckt, ist wirklich der: Schlafe eine Nacht drüber. Agiere nicht sofort. Schließe die Augen, atme durch und höre in dich hinein. Höre trotz aller Zwänge und schweren Umstände niemals auf, dich zu fragen: Was macht mir wirklich Spaß im Leben?«

Wir trinken unser Glas Wein zu Ende und reden über eine Sache, die Salim definitiv keinen Spaß macht. Fliegen. Und damit ziehe ich ihn dann auch ein wenig auf. »Wirklich erstaunlich für einen Experten in der Touristikbranche!« Aber so ein Mann lässt sich nicht gern für längere Zeit in einen engen Raum sperren. Dieses Argument bringt er zumindest zu seiner Verteidigung vor.

Beim Abschied sprechen wir über das, was vielleicht noch fehlt in seinem Leben. »Früher hätte da noch viel gefehlt. Da hätte ich geantwortet: Eine Frau, ein Kind, ein Haus. Heute ist es mein Ziel, Zeit zu haben und etwas von dem Guten, was mir widerfahren ist, zurückzugeben. Mit meinen Möglichkeiten und meinen Erfahrungen anderen jungen Leuten bei ihrer Integration zu helfen.« Wieder dieser Macherblick. »Ich selbst habe es als Hauptschüler und ehemaliger Mathematik-Hasser zum Unternehmer geschafft, der sich mittlerweile sogar als Statistik-Ass bezeichnen kann. Habe mir alles selbst beigebracht. Mich selbst überrascht, einfach weil ich es musste, und nun bin ich fit in Zahlen. Schließlich sind Zahlen das U-Boot-Fernrohr, mit dem ein Unternehmer alle Aktivitäten seiner Firma genau im Blick haben kann, ohne überall selbst vor Ort zu sein.« Bei dem Thema ist Salim absolut in seinem Element. »Stell dir doch mal vor: Heute kann ich als Mentor im Rahmen von Projekten meine Erfahrungen mit hundert jungen Menschen teilen. Ihnen bei ihrem eigenen Weg helfen, ihnen Struktur geben, so wie damals dieser Diakonie-Helfer bei mir, und einer von diesen hundert schafft es vielleicht raus aus dem Ghetto, das wäre doch ein unglaublicher Erfolg, oder?«

Auch das wird er schaffen, denke ich, und notiere mir noch schnell einen von seinen Leitsätzen, den ich vorhin nicht festhalten konnte.

»Unser Wille kann Berge versetzen.«

»Ja, schreib das auf«, tippt Salim energisch mit dem Finger auf meine Heftseite, so als wolle er die Zeile noch einmal unterstreichen. »Davon bin ich absolut überzeugt! Selbst wenn ich mich damals für eine Fußballkarriere entschieden hätte, ich hätte Berge versetzt. Dann wäre ich heute ein Miroslav Klose.«

Ich strahle ihn an. Hübsches Gleichnis, denke ich. Salim aber bleibt ernst. So als wollte er sagen: Kein Gleichnis, Peggy, ein Fakt!

Salims Tipp

Selbst wenn du Flugangst hast, deine Träume sind erreichbar. Alles ist möglich »made with love«. Riskiere alles, vertraue auf dich und deinen Willen. Höre trotz aller Zwänge und schwerer Umstände niemals auf, dich zu fragen: Was macht mir wirklich Spaß im Leben?«

? Fragen an mich selbst
Wie verhalte ich mich bei Pleiten, Pech und Pannen? Öffne ich kopflos die Post, oder ziehe ich mich klug zurück und sammle mich für neue Kraft und neue Pläne?

Fußball und Leben haben für Salim viele Gemeinsamkeiten. Wie oft sitze ich noch auf der Zuschauerbank meines Lebens, und wo bin ich bereits selbst am Ball?
Salims Schlüsselfrage gegen Angst lautet: »Was wäre, wenn ich morgen alles verliere?« Meine Liebsten hätte ich weiter an meiner Seite, und auch einen Broterwerb würde ich wieder finden. Was also hält mich ab?

Nach der Begegnung mit Salim schlendere ich noch eine Weile durch Berlin. Auch durch den Prenzlauer Berg, wo ich früher gelebt habe. Viel hat sich nicht verändert. Ein paar Häuser sind schicker geworden und der Baum vor meiner alten Wohnung natürlich größer. Er sieht schön aus, denke ich. Der Schnee der vergangenen Nacht liegt als Puderzucker auf seiner Krone, und der Fußweg vor mir wirkt, als wäre er mit einer Lackschicht überzogen. Überall spiegelt sich im Eis das Licht der Nachmittagssonne. Ich halte ihr mein Gesicht entgegen und trinke mich an ihr satt. Einfach herrlich, so ein freier Nachmittag.

Mein Gegenüber, später auf der Rückfahrt im ICE, ist nett.
Sonst will ich bei Bahnfahrten zwar immer meine Ruhe haben. Dieser Mann hier vor mir allerdings auch, und so ist er mir auf Anhieb sympathisch. Er heißt Jochen, und wir lachen über unsere gemeinsame Eigenheit. Dann treibt mein Gegenüber die Analyse gleich noch etwas weiter. »Jeder von uns hat doch seine Macken, oder?« Ich nicke. »Und bei mir ist das nun wirklich nicht die einzige.« Ich bin neugierig. »Also dann, mal los. Welche haben Sie noch?« Jochen überlegt. »Nun, ich lese gern stundenlang in Buchläden, ohne die Bücher zu kaufen, esse gern Nutella-Brote mit Gurke. Ach ja, und ich schlafe - egal wo ich bin, ob nun zu Hause, in Hotels oder im Gästebett bei Freunden - splitterfasernackt und ohne Kissen!« - »Was?«, entgegne ich schockiert, »ohne Kissen?«

Jetzt prusten wir beide los. Die Pause vor meiner Pointe hatte offensichtlich funktioniert.

Später reden wir auch über ernsthaftere Dinge des Lebens. Vor allem die, vor denen wir beide noch Angst haben. »Jemand wie Sie, der eine solche Krankheit und den Rauswurf aus der Firma überlebt hat«, sage ich, nachdem er mir einiges aus seiner Biographie erzählt hat, »jemand, der sich dann ein völlig neues Leben aufgebaut hat und dafür mit Ende fünfzig noch einen Kredit aufnahm, der braucht doch eigentlich vor gar nichts mehr Angst zu haben, oder?« Jochen schaut auf die vorbeifliegende Landschaft. Um mir auf diese Frage eine beliebige Antwort zu geben oder wieder nur eine mit gutpolierter Pointe, dazu sind wir uns mittlerweile zu nahe gekommen.

»Doch, es gibt etwas, wovor ich riesige Angst habe.« – »Wovor?«, frage ich. Jetzt ist seine Stimme nicht mehr die eines unverletzbaren Aufstehmännchens. »Dass ich die Menschen, die ich am meisten liebe, verliere und dann niemals mehr sprechen kann.« Er stockt und schluckt, bevor er einen letzten Satz anhängt:

»Nie mehr, das ist nämlich schon ganz schön scheiße.«

Jochens letzter Gedanke im ICE beschäftigt mich auch am nächsten Tag.

Ich starre aus dem Fenster und gehe die Begegnung noch einmal durch. Seltsam. Jetzt, da ich zu dieser Sehnsucht in meinem Inneren stehe, scheint es, als treffe ich plötzlich überall Menschen, die mich mit Nachdruck auf die Bedeutung der Endlichkeit des Lebens hinweisen. Die mich immer und immer wieder auf die Notwendigkeit stoßen, das Geschenk des Lebens gefälligst zu nutzen und nicht bloß abzusitzen. Das Ganze auch möglichst bevor ich mit dem Rollator nicht mehr vor die Tür komme! Allerdings müsste ich dazu bereit sein, zuzulassen, dass Teile meines bisherigen Lebens zerbrechen. Vielleicht werde ich ja auch die Lust an vertrauten Dingen verlieren oder an Menschen, für die ich mir immer viel Zeit nahm?

Ich schaue aus dem Fenster. Wie schwierig es ist, etwas Neues anzulegen, sieht man auch bei den Stadtgärtnern, die sich in dem Moment am Fußweg gegenüber zu schaffen machen. Ich muss lachen, während ich die Szene verfolge. Fünf starke Männer versuchen einen jungen Baum einzupflanzen. Dabei stehen vier von ihnen daneben, die Hände entspannt auf den Schaufeln abgelegt, und nur einer pflanzt. Das aber mit vollem Einsatz!

Fazit: Solange zumindest einer ganz bei der Sache ist, wird bei großen Vorhaben schon etwas Sinnvolles herauskommen.

Nach Feierabend stoppe ich vor meinem Lieblingsrestaurant.

Der Oldtimer, der dort vor der Tür steht, kommt mir bekannt vor. Ich studiere das Kennzeichen. *Seine* Initialen, und tatsächlich, gleich am ersten Tisch hinter dem Fenster sitzt er in einem Kreis von Leuten. Er lacht und fühlt sich offensichtlich wohl in der Runde. Keins der anderen Gesichter kenne ich, und die Tatsache, dass er in meinem Kiez auftaucht und nun auch hier feiert, verwirrt mich. Gleichzeitig krame ich im Souterrain meiner Erinnerungen von uns als Paar.

Er war meine große Liebe. Wusste ich allerdings erst nach der Trennung. Dabei hatten wir es uns dann beide schwergemacht. Auch ich habe ihn sehr verletzt. Wahrscheinlich, weil Hass einfacher ist als Trauer. Nach einiger Zeit aber, nachdem die verzweifelte Rüstung wieder abgelegt war, kam die Wahrheit zum Vorschein. Die Liebe eben. Zumindest bei mir.

Während ich darüber nachdenke, achte ich darauf, dass mich niemand vor dem Fenster entdeckt. Ulkig, gerade hatte ich mich noch so gut gefühlt, und nun - schwuppdiwupp - genügt ein kleiner Vorfall, und schon bin ich wieder in dieser diffusen Energie. Hocke auf meinem Beobachtungsposten und ignoriere den Nieselregen, der inzwischen einsetzt. Objektiv betrachtet gibt es keinen Grund, sich plötzlich so mies zu fühlen, und überhaupt: Wer hatte damals diese Beziehung beendet? Das war ich. Also bitte! Ich schüttle mich. Außerdem ist das Ganze jetzt lange her. »Also reiß dich zusammen, Peggy«, sage ich zu mir selbst und laufe weiter. Tapse dabei in eine Pfütze nach der anderen. Und jede einzelne von ihnen ist unerwartet tief.

Ausdauer bringt's

so wie bei Rafael Fuchsgruber, als er vom Partykönig zu Deutschlands bestem Wüstenläufer wurde

Als ich zwei Wochen später den Saal betrete, in dem Rafael erfolgreichen Unternehmern von der Wüste erzählt, spielt er gerade Leuchtturm. Dreht sich mehrfach um die eigene Achse und imitiert mit hochgehaltenem Arm das Strahlen eines Leuchtfeuers. Er berichtet davon, wie man als Extremläufer nachts mit einer Taschenlampe auf sich aufmerksam machen kann, nachdem man von der offiziellen Rennstrecke abkam und in der totalen Einsamkeit auf Rettung hofft.

»Dort in der Wüste«, sagt er, »ist mir auch sofort aufgefallen, dass sich die Menschen anders begrüßen als hier bei uns in Deutschland. Dort gibt man sich immer besondere Mühe, wenn man beim Kennenlernen einem anderen die Hand reicht. Immerhin könnte das genau der Mensch sein, der einem später vielleicht mal das Leben retten soll. So etwas weiß man in der Wüste schließlich nie. Also sichert man sich vorher ab, und zwar mit der passenden Höflichkeit!«

Das Publikum applaudiert dem Wüstenfuchs, und auch ich

bin beeindruckt, als ich ihn wenig später für ein Gespräch beim Essen treffe. Rafael bestellt auffallend zünftig. Aber ein Mann, der mal eben 520 Kilometer durchs Outback läuft, hat eben keine Figurprobleme. »Was ihn dazu treibt, eine solche Anstrengung auf sich zu nehmen?«, frage ich zum Einstieg. In seinem Leben ohne Laufschuhe ist Rafael Konzertveranstalter. In diesem Zusammenhang arbeitet er mit Größen wie Ed Sheeran, Coldplay oder Depeche Mode zusammen. Ansonsten könnte er es privat gemütlich haben, daheim mit Pferdehof, Frau und Kind.

Rafael muss nicht lange überlegen. »Weil mir das Spaß macht, Peggy«, lautet die Antwort, und das glaube ich ihm auch. »Ich bin eben ein frei umherlaufender Irrer«, fügt er hinzu, »und ganz bestimmt wäre ich auch nicht mehr am Leben, wenn es nicht diesen Einschnitt vor achtzehn Jahren gegeben hätte.« Ich nippe an meinem Wasser. »Was war da los?« Rafael lächelt und lässt es sich gleichzeitig schmecken. Wahrscheinlich besitzen eher Männer das Multitasking-Talent, das man uns Frauen nachsagt, denke ich bei mir und staune darüber, wie er sich durch nichts und niemanden aus der Ruhe bringen lässt. Genau das brauche ich auch.

»Vor achtzehn Jahren diagnostizierte mir mein Arzt eine schwere Herzmuskelentzündung mit Verdacht auf Herzinfarkt. Ich war Kettenraucher und Alkoholiker. Hab gesoffen wie ein Loch, und da saß ich dann: gerade Anfang vierzig mit Totalzusammenbruch beim Internisten. Die Rechnung für das, was vorher so los war in meinem Leben. Ich war viele Jahre als DJ unterwegs, bin Musikmanager, Konzertveranstalter. Ich habe meine Partys genossen und es ziemlich übertrieben damit. Tja, und das war dann auch ungefähr der Zeitpunkt, wo ich das allererste Mal in meinem Leben anfing, Sport zu treiben.«

Erst mit Anfang vierzig? Ich rechne noch einmal nach. So drahtig und energiegeladen, wie ich diesen Mann hier vor mir sitzen sehe und ihn bei seinen Extremläufen in Afrika und Australien bei fünfzig Grad im Schatten in diversen Fernsehreportagen verfolgt habe, kann ich das zwar nicht glauben, ist aber so. »Erst mal habe ich einen kalten Entzug gemacht. Alles im Alleingang. Heftig, kann ich dir nur sagen, und nicht ungefährlich. Nicht wirklich zu empfehlen!« Er denkt nach. »Ja, ich weiß noch, die allerletzte Flasche Bier habe ich in die Spüle gekippt, und dann folgten drei schlimme Tage. Das ganze Bett, alles habe ich durchgeschwitzt. Aber ich habe es geschafft, und als auch mein Herz wieder okay war, habe ich mir ein paar Laufschuhe gekauft. Von meinem Freund Jochen ließ ich mich dann auf die erste Tour bei uns am Kölner Geißbockheim mitnehmen, und ich sage dir: Diese erste Runde hat mich total fertiggemacht!«

Beim Erzählen ist Rafael noch einmal ganz in diesem Moment.

»Jochen hat mich anschließend mit einem wirklich seltsamen Satz getröstet. Du glaubst gar nicht, wie langsam die Kenianer trainieren, hat er damals zu mir gesagt. Total schräg. Aber genau deshalb habe ich mir den Satz wahrscheinlich bis heute gemerkt. Tja, und weil ich nun mal ein gnadenlos solidarischer Hund bin, wollte ich ihn dann auch bei seinem nächsten Projekt begleiten. Dem Köln-Marathon.« Er lacht. »Und glaub mir, das Training war die Hölle! Aber so fing eben alles an.«

Heute läuft dieser Mann in einer Woche 250 Kilometer durch die Sahara oder in neun Tagen 520 Kilometer durch Australien. Dabei hat er eine klare Abmachung mit seiner Tochter Mara, und die lautet: Papa darf unterwegs niemals stehen bleiben oder gehen. Er muss immer weiterlaufen!

»Weißt du, Mara ist behindert. Sie braucht manchmal für dieselben Dinge mehr Zeit, und so war natürlich auch das Laufenlernen ein Kraftakt für sie. Aber sie hat sich da durchgebissen, und sie hat es geschafft! Wie könnte ich da als Erwachsener aufgeben, einfach stehen bleiben oder nicht wieder aufstehen, wenn ich mal hinfalle?«

An Rafaels Blick kann ich sehen, wie sehr er seine Tochter liebt.

»Woran denkst du, wenn du stundenlang durch die Hitze läufst oder durch ewig gleiche Landschaften?«, frage ich etwas später. Halb zu ihm, halb zu mir selbst. »Vierzig Kilometer am Tag, denkt man da überhaupt noch? Ist das vielleicht ähnlich wie bei einer Meditation?« Rafael hat es geschmeckt. Er lehnt sich zurück. »Ich denke, ich habe da so ein Talent zur Selbsthypnose. Ein Läufer muss abschalten, und das tut er auch automatisch. Stell dir vor: Wenn ich wirklich alles mitbekommen würde, was in all den Stunden um mich herum passiert oder eben auch nicht – um Himmels willen –, das hält ja keiner aus!«

Er ist witzig, cool, denke ich. Trotzdem noch mal dieselbe Frage, nur für Couchpotatoes wie mich zum Verständnis: »Aber warum tust du das alles? Irgendwie bist du damit ja ein Liebhaber von Extremen geblieben. Früher das ungesunde Leben. Heute ein Wüsten-Marathon, oder?«

Rafaels Blick ist selbstbewusst, ohne arrogant zu sein. »Ich bin eben ein Snob, Peggy. Ich mache im Leben nur noch das, was ich will! Wie meine Tochter immer so schön sagt: Ich freue mich eben gern!« Er nimmt einen Schluck Wasser. »Und in die Wüste habe ich mich irgendwann verliebt! Irgendwie ist sie ein Spiegel von mir, und klar, ich war schon immer ein Grenzgänger. Heute halte ich sogar Vorträge, verrückt! Spreche als Redner vor Unternehmen und mit Jugendlichen, die in einer Drogenklinik sind.« Rafael wird ernst. »Ja, das gibt mir richtig viel.«

»Was sagst du denn diesen Jungs und Mädels dort? Was würdest du überhaupt am liebsten jungen Leuten mitgeben wollen, wenn sie dich nach einem Tipp fürs Leben fragen?«

Rafael überlegt.

»Höre auf den Rat von erwachsenen, erfahrenen Menschen, würde ich ihnen sagen. Sie wollen dir Gutes! Sie verdienen deine

Aufmerksamkeit. Und dann mach' sie wild und alles genauso, wie du es immer wolltest. Deine eigenen Erfahrungen.«

Ja, das ist gut, denke ich. »Wie hat dich denn dieser Neuanfang – das mit dem Laufen – als Unternehmer verändert?« Rafael schaut mich aufmerksam an. »Ich denke, ich bin effektiver und pragmatischer geworden. Früher habe ich gern mal die Berge auf dem Schreibtisch vor mir hergeschoben. Heute arbeite ich sie lieber gleich weg.« Er nickt. »Ja, das hat das Laufen in mir ausgelöst und sicher auch unsere Erfahrung mit Maras Behinderung. Mit ihr ist jetzt einiges anders. Die alltäglichen Dinge geschehen bei ihr in einem eigenen Tempo. Als wir damals nach der Geburt die Diagnose erfahren haben, war das erst einmal ein Stich ins Herz. Aber relativ schnell haben meine Frau und ich gesagt: Wir lassen uns davon nicht beeinflussen, wir machen weiter.«

Rafaels Stimme ist leiser geworden.

»Weisheitssprüche lesen und sie umsetzen, das sind zwei verschiedene Dinge.« Ich verstehe, wie er es meint.

»Was hat denn beides für dich gemeinsam?«

Rafael lächelt. »Das Laufen und das Leben?«, vergewissert er sich, ob er mich richtig verstanden hat. »Eine schöne Frage, danke, Peggy!« Wieder überlegt er gewissenhaft. »Nun, beim Laufen geht es um Energie und um Ausdauer und manchmal auch um das Verkraften eines nicht erreichten Ziels. Ausdauer ist ein extrem wichtiger Punkt! Auch als Unternehmer und Privatmensch brauchen wir häufig einen langen Atem, und den haben wir nur, wenn wir es clever anstellen. Für den Sportler ist der wichtigste Tag seiner Woche der Regenerationstag. Also der, an dem er nach langen Trainingseinheiten nichts tut und mal seine Kräfte sammelt. Nach dem letzten richtigen Trainingslauf gehen die Sportler in die Taperingphase. Wir schonen unsere Kräfte. Wir trainieren reduziert, um den Status quo zu erhalten und dabei zu regenerieren für den großen Moment. Die meisten von uns machen sich allerdings schon eher kaputt. Lange bevor wir auf den Punkt abliefern müssen. Ein Macher, der vierundzwanzig Stunden am Tag durcharbeitet, verbraucht wertvolle Energie, weit bevor er in eine Flaute gerät, in der er sie gut gebrauchen könnte. Also sollten wir als Manager, Macher, Unternehmer, Träumer, Familienmensch immer gut auf uns und unsere Reserven achten.«

Oh, wichtiger Tipp, denke ich. Bin ja selbst ein Paradebeispiel für Leute, die sich ständig übernehmen, und wundere mich, wenn mir zwischendurch die Puste ausgeht. »Körperliche Reserven behalten, das leuchtet mir ein. Und wie gehst du eine schwere Strecke oder Aufgabe kopfmäßig an, damit du sie packst?«

Jetzt benutzt Rafael ein Zauberwort, das er als Sportler bestimmt öfter verwendet.

»Anstrengungs-Wahrnehmungs-Veränderung!«, sagt er und freut sich schon über das prompt aufleuchtende Fragezeichen auf meiner Stirn.

Ich habe rein gar nichts verstanden.

Rafael beugt sich über den Tisch. »Also stell dir vor: Wir beide kommen gerade aus dem warmen Süden, landen hier im eiskalten deutschen Winter, und du sollst sofort eine Stecke mit mir mitlaufen, und zwar bei minus drei Grad. Nach den herrlichen Temperaturen, die wir beide gerade noch hatten, sicher eine Schockbotschaft für dich. Du würdest mir den Vogel zeigen. Minus drei Grad, du spinnst! Stimmt's? Kämen wir zwei aber gerade vom Südpol, wo schon mal minus vierzig Grad herrschen, würdest du dich über mein verhältnismäßig kuschliges Angebot vermutlich freuen. Mensch, Wahnsinn, angenehme minus drei Grad, würdest du sagen. Oder etwa nicht?«

Ich lache. »Ja, stimmt. Auf den Perspektivwechsel kommt es an!« Zur Sicherheit schreibe ich mir Rafaels Zauberwort gleich ins Notizbuch:

»Anstrengungs-Wahrnehmungs-Veränderung«.

Ich hebe den Kopf. »Und was geht in dir vor, wenn du gerade

520 Kilometer in Australien gelaufen bist und nur durch einen winzigen Zeitunterschied am Ende ganz knapp den dritten Platz verpasst? Wie atmest du das als ehrgeiziger Sportler weg?«

Rafael erinnert sich genau an den Zieleinlauf. »Nun, zunächst war ich natürlich sauer auf mich selbst. Der Gewinner vor mir hatte es verdammt clever angestellt. Auch die Nacht für seine Strategie genutzt und dann einfach zum richtigen Zeitpunkt noch einmal Gas gegeben für den Endspurt. Aber wenn ich mich darüber am Ziel nicht kurz ärgern würde, dann wäre ich ja auch nicht ich. Wäre kein Extremläufer und wahrscheinlich nicht mehr am Leben. Aber schon wenige Momente später wurde mir klar: So eine Mammutstecke wie die dort in Australien kann man ohnehin nicht vorher trainieren. Immerhin hatte mein Knie gehalten, und ich hatte mein Versprechen an Mara eingelöst! Ich war zwischendurch niemals gegangen. Nicht einen Meter. Immer nur gelaufen. Ich hatte meine Tochter also nicht enttäuscht.«

Rafael macht eine Pause.

»Das würde ich auch niemals tun.« Wieder ist da dieser besondere Blick, als er von ihr spricht.

»Wenn du magst«, unterbricht er sich plötzlich selbst mit einem anderen Gedanken, »kannst du ja morgen früh vor meiner Abreise zur Morgenrunde mitkommen und ein paar Kilometer mitlaufen?« Mir rutscht das Herz in die Hose, und ich beginne einen Satz zu denken, der mit »eigentlich« beginnt. Eigentlich bin ich nämlich ein extrem mutiger Mensch! Neugierig und für fast jedes Experiment zu haben, soweit es spannende Erfahrungen verspricht. Auch für verrückte berufliche Tätigkeiten bin ich immer zu haben. Vorausgesetzt, eine Kamera läuft mit und der Stoff dient dem Unterhaltungswert unserer Sendung. Aber hier in meiner kuriosen, privaten Konditionslosigkeit in alten Jogging-Klamotten mit dem besten deutschen, nebenbei gesagt durchaus attraktiven Extremläufer mal eben die Morgenstrecke zu laufen, diese Vorstellung katapultiert mich umgehend in den Panikmodus. Also säusle ich etwas von fehlendem Training und unpassenden Jogging-Schuhen und lenke sofort vom Thema ab.

»Hast du eigentlich ein Lebensmotto, Rafael? Irgendetwas Passendes, was später zum Beispiel mal auf deinem Grabstein stehen könnte?«

Er lacht, selbstbewusst und entspannt wie immer.

»Vielleicht so etwas wie: Ich bin nicht weg. Bin nur schon mal vor! Ja, das könnte ganz gut zu mir passen.«

 Rafaels Tipp
Um Neues anzupacken und lange Strecken zu meistern, braucht es Ausdauer und Energie. Für beide Quellen müssen wir sorgen, bevor wir sie brauchen. Nimm dir Großes vor! Aber achte auch zwischendurch auf genügend Pausen.

? Fragen an mich selbst
Wo übernehme ich mich noch immer in meinem Leben? Gehe ich auch mit mir selbst rücksichtsvoll und nachsichtig um oder immer nur mit anderen?
Rafael absolvierte die 520 Kilometer in Australien mit dem Versprechen an seine Tochter, dabei niemals mit dem Laufen aufzuhören. Welche Versprechen habe ich mir selbst gegeben, und halte ich sie ein?

Am nächsten Tag, Rafael ist längst abgereist, arbeitet sein Lauf-Angebot noch immer in mir. Ich liege auf der Couch, zusammen mit meinem inneren Schweinehund, und habe schlechte Laune.

Natürlich musste ich das gestern ablehnen, und natürlich war das für ihn völlig okay! Außerdem ist es da draußen immer noch kalt. Trotzdem wurmt mich die Tatsache, dass ich Rafaels

Herausforderung nicht angenommen habe. Immerhin: Wenn es etwas gibt, worauf ich stolz bin, dann ist es der zähe Teil an mir. Leistungsfähigkeit gehörte schon immer zu den Eigenschaften, die ich an Menschen besonders sexy finde. Kommt ungefähr auf Platz zwei, gleich nach »zuverlässig«. Aber mich aus dem Stand neben einem der besten Läufer Deutschlands im Morgengrauen um den grünen Gürtel meiner Stadt zu quälen, das konnte nun wirklich niemand von mir erwarten!

Noch eine ganze Weile zwinge ich mich dazu, Verständnis für mich selbst aufzubringen. Vor allem für mein derzeitiges Fitness-Level. Rufe mir die regelmäßigen Pendelstrecken mit dem Auto ins Gedächtnis und mein häufiges, berufsbedingtes Sitzen am Schreibtisch. Ich muss aktuell ja die Kondition eines Sofakissens haben. Trotzdem, kreist es sofort wieder in mir, hier komplett versagt zu haben, das geht gegen die Ehre ...

Wahrscheinlich ist das auch der Grund – oder es ist dieser eine Sonnenstrahl, der sich gerade kurz hinter dem Fenster zeigt, keine Ahnung –, warum ich schließlich doch aufspringe, sofort ins nächste Sportgeschäft renne, mir die teuersten Nordic-Walking-Stöcke kaufe, die der Marktführer derzeit überhaupt im Sortiment hat, den alten Trainingsanzug aus dem Schrank ziehe und letztlich im Park unseres Kiezes um mein Leben renne! Nicht zwei, nicht drei, nicht vier Kilometer. Gleich sechs Kilometer müssen es zum Einstand sein, und zwar in doppeltem Tempo. Ohne genaue Technikkenntnisse (eine schnelle YouTube-Einführung muss hier genügen), ohne Wasserproviant und ohne Pause. Dabei kenne ich sie ja, die Details meines unsportlichen Alltags. So erinnert auch mein Atmen an das Geräusch einer ausgedrückten Ketchup-Flasche, sobald ich beim Ausfall unseres Fahrstuhls – rechts und links beladen mit Einkaufstüten – versuche, die sechs Etagen bis zu unserem Dachgeschoss in einem Durchlauf zu nehmen. Jetzt also Power-Walking, ohne Aufwärmen, einmal um den ganzen Stadtteil. Bitte schön. Ich bin derart konzentriert bei der Sache, dass ich sogar vergesse, zwischendurch den Kopf zu heben, um mal die schöne Landschaft zu genießen.

Dafür am nächsten und übernächsten Tag das Ergebnis. Wieder liege ich auf dem Sofa. Diesmal allerdings nicht schlechtgelaunt, sondern scheintot. Fieber, Gliederschmerzen, Bauchkrämpfe. Sämtliche Symptome einer körperlichen Totalerschöpfung. – Und siehe da, schwuppdiwupp, Rafael sei Dank, wieder eine Erkenntnis mehr auf der »Ehrlichsten Liste meines Lebens«:

Balance ist einfach nicht mein Ding.

In der Woche darauf rät mir eine Bekannte zum Systemwechsel der ganz anderen Art. Sie bekam mit, wie mir eine Kollegin ein bestimmtes Projekt streitig machen wollte. »Was für eine Krähe«, schimpft die Bekannte. »Obwohl, was können die armen Tiere dafür. Sind ja sogar eng verwandt mit den Paradiesvögeln. Wusstest du das?« Nein, wusste ich nicht. Aber was mache ich jetzt mit diesem Problem? Die Bekannte rät mir zum unverzüglichen Gegenangriff. Am besten eine ausgefeilte Rachestrategie, und dazu hatte sie sich auch schon ein paar Gedanken gemacht. »Wenn so eine Tante, der du immer fair begegnest, zu solchen Gemeinheiten fähig ist, dann solltest du nicht zimperlich sein und zurückschlagen! Einfach nur, damit sie weiß, wo der Hammer hängt.« Ich lege die Stirn in Falten. »Und wie genau sollte ich mich deiner Meinung nach an ihr rächen?« Die Bekannte ist immer noch außer sich. Empfindet die Intrige, von der sie Wind bekam, als wäre es eine Kampfansage gegen sie selbst. Wahrscheinlich hat sie einmal Ähnliches erlebt. »Du solltest mit denselben Mitteln kämpfen und anderen mal ein paar saftige Dinge über diese Person stecken!« Ich winke ab. »Nein, das ist nicht mein Stil. Ich will keine Ameise werden.« Jetzt runzelt die Bekannte ihre Stirn. »He, Ameise, wie jetzt? Warum würdest du dann als Ameise enden?« Ich zucke mit den Schultern. »Na, wie in dem Bestseller, wo eine Frau so viel Mist gebaut hat, dass sie vom Schicksal die Rechnung bekommt. Sie wird als Insekt wiedergeboren, als winzige, hässliche Ameise, und muss dann die ganze Inkarnationsleiter wieder hochklettern.« Das Lächeln der Bekannten zeigt, dass sie *Mieses Karma*, das Buch, kennt. »Und ich will nicht als Ameise enden«, betone ich noch einmal. Ihr Lächeln geht über in ein breites Grinsen. »Ja, ja, ich weiß schon. Wenn du wiedergeboren werden willst, dann höchstens als Marienkäfer.«

»Genau«, sage ich und grinse zurück. »Der bringt Glück oder wenigstens ein Lächeln.«

Als ich später noch eine Runde an der frischen Luft drehe, bemerke ich auch in unserem Park einen Unterschied zum letzten Winterspaziergang. Überall auf den Wiesen liegen plötzlich übriggebliebene Rümpfe ehemaliger Schneemänner herum und neben ihnen im Matsch ein paar heruntergefallene Möhren.

Sehr gut. Bis zum Frühling wird es nicht mehr lange dauern.

Eine Woche später treffe ich die nächste Entscheidung.

Warum sollte ich meine langjährige praktische Erfahrung vor und hinter der Kamera eigentlich nicht auch als Ausbilderin nutzen? Für den Nachwuchs im eigenen Haus zum Beispiel. Die Arbeit mit Menschen liebe ich ja, und inhaltlich zutrauen würde ich mir das auch. Was mir noch fehlt, sind Kniffe des Trainerhandwerks. Wie stelle ich eigenes Wissen verständlich dar und wie vermittle ich Dinge so, dass andere davon profitieren? Wie transportiere ich meine Begeisterung, welche praktischen Übungen eignen sich besonders, um bei der eigenen Präsentation schnell sicherer zu werden, und wie gehe ich als Trainerin mit Gruppendynamik und Einzelpersonen um? Also bitte ich meine Firma um eine Weiterbildung auf dem Gebiet und absolviere die ersten Seminare bei einer erfahrenen Dozentin. »Eine Ihrer

Stärken ist, wie Sie auf Menschen eingehen. Nutzen Sie diese Gabe. Damit werden Sie Erfolg haben«, rät sie mir, und tatsächlich: Auch die ersten praktischen Übungen laufen gut. Es ist etwas völlig anderes, das, was man zuvor nur für sich allein angewendet hat, zu vermitteln. Aber es ist spannend. Noch weiß ich nicht, ob dies künftig ein wichtiger Teil meiner beruflichen Aufgaben sein wird. Aber es ist der ernsthafte Versuch, es herauszufinden.

In Deutschland ist der Winter noch nicht ganz vorbei, also will ich mir weiter südlich eine erste Portion Sonne holen. Habe nur ein paar Tage gebucht. In Rom, noch einmal zusammen mit meinem Sohn. Ich verspreche mir vor dem Abitur eine letzte entspannte Abschlussfahrt für Mutter und Sohn. Das mit dem Abschluss wird sicher so kommen. Nur das mit dem Entspannt gestaltet sich zunächst etwas schwierig. Gleich nachdem wir unsere Taschen im Hotelzimmer abgestellt haben, entwickelt sich eine Diskussion über die noch fehlenden Zukunftspläne meines Sohnes und seine Einstellung zu bestimmten Schulthemen, jetzt kurz vorm Endspurt. Das bereitet mir schon seit einer Weile Kopfzerbrechen. »Ich will auf jeden Fall nicht im Hamsterrad enden, so wie man es bei den meisten Erwachsenen sieht«, sagt er. »Du bist ja auch ständig am Rennen, Mama!« – Ich nicke und nehme die Herausforderung zum Disput an. »Ja, und dafür kann ich uns dann auch so einen schönen Ausflug finanzieren oder die neue Jacke, die du gerade anhast.« Mein Sohn überlegt. »Ja, klar. Dafür bin ich dir auch sehr, sehr dankbar, und ich weiß, dass ich es gut habe bei dir. Aber du? Bist du denn glücklich?« Meine Antwort wartet er nicht ab. Holt selbst Luft für eine ausführlichere Begründung. »Solange ich dich kenne, gehst du morgens früh aus dem Haus, kommst abends spät von der Autobahn zurück und bist dann ziemlich k. o. Selbst an den Wochenenden arbeitest du regelmäßig.«

Ich ringe nach Worten. »Klar bin ich viel unterwegs! Aber das, was du da schilderst, ist nur die halbe Wahrheit. Natürlich siehst du mich nach einem langen Arbeitstag müde nach Hause kommen. Aber das, was ich dort tue, das war immer der Beruf, den ich wollte!« Kein Argument, das meinen Sohn abschreckt. Er ist ohnehin ein Diskussionstalent. »Tja, und ist er das jetzt auch noch, oder was ist los mit dir in letzter Zeit?« Ich lächele. Nicht zufrieden. Eher so, wie man lächelt, wenn man etwas Komplexes erklären möchte. Nur eben nicht weiß, ob einen der andere versteht oder ob man sich bereits richtig ausdrücken kann, während man über etwas spricht, was man selbst erst noch testet.

»Vielleicht hat das bei mir mit dem Lebensalter zu tun«, sage ich schließlich. »In der Mitte deiner Träume sitzt dir plötzlich die eigene Endlichkeit im Rücken, und irgendwann beginnt sie, dir sogar schon mal lüstern zuzuwinken. Da stellt man eben noch einmal alles auf den Prüfstand. Fragt sich: War das schon alles? Worauf bin ich noch neugierig im Leben? Was kann ich neben dem, was ich schon bewiesen habe? Ist das, was ich lebe, noch immer mein Traum? Wie will ich es künftig mit Partnerschaften halten? Wonach schaue ich mich eigentlich um, und was sollte ich nun abwählen?« Ich nicke meiner eigenen Aufzählung zu. Bin selbst überrascht, wie lang sie ist. »Na, jedenfalls ist das plötzlich ein großes Hinterfragen. Ähnlich wie bei dir am ersten Scheideweg des Lebens. Nur dass man in der Mitte des Pfades vielleicht etwas länger überlegt, ob man tatsächlich noch einmal etwas verändern will. Wahrscheinlich, weil man meint, inzwischen mehr aufs Spiel setzen zu müssen, falls die Antwort Ja lautet. Dass man nun zu viele Verpflichtungen hat und so weiter. Doch als ich so alt war wie du und mein Abitur machte, da war ich absolut klar. Ich hatte sofort etwas, wofür ich brannte, und ich lief los und tat etwas dafür. Tat alles, um das zu bekommen, was ich wollte! Ich hatte einen Traum, und ich lebte ihn.

Du aber hast noch nichts für dich gefunden und würdest stattdessen lieber die Schule schmeißen.«

Mein Sohn zuckt mit den Schultern. »Ja, und das fühlt sich
auch nicht besonders toll an, wenn man sein Ziel noch nicht
kennt. Aber was soll ich denn machen? Ich will ja nicht wahllos
loslaufen und mich für irgendein Studium einschreiben. Jura
oder Betriebswirtschaft, nur weil das die meisten so machen und
es sich gut anhört. Und es dann vielleicht wieder abbrechen, weil
es nicht das Richtige für mich ist.« Ich schüttle den Kopf. »Das
verlangt ja keiner von dir! Da würde ich dir immer freie Hand
lassen. Wieso sollte auch jeder ein Bonsai werden, wenn man
vielleicht eher als Palme, Eiche oder Heckenrose gedacht ist?«
Mein Sohn lächelt. Nicht zustimmend, eher so, wie man lächelt,
wenn man das Gefühl hat, dass das Gegenüber einen nicht versteht. »Du immer mit deinen Vergleichen«, sagt er dann laut.
»Aber klar, ich würde gern sofort den perfekten Weg für mich
erkennen. Aber ich brauche da eben noch Zeit.« Wieder schüttle
ich den Kopf. Absolut unpädagogisch, dafür aber entschieden.
Kann gerade nicht anders. »Dabei solltest du jedenfalls nicht vor
dem Computer herumsitzen und abwarten, ob er dir vor die Tür
gelegt wird. Geh' doch öfter in die Welt hinaus, probier' dich
aus! Nur beim Tun entstehen neue Eindrücke und Kontakte. Dabei spürst du dich viel mehr, und du findest Schritt für Schritt
heraus, was zu dir passen könnte und was nicht.« Schon schräg,
dass ich hier Ratschläge erteile, an denen ich mich selbst gerade
abarbeite, denk ich. Lasse mir den Selbstzweifel aber nicht an-
merken. Dieses Kind braucht eine kluge Mutter. Also haue ich
weiter in die Kerbe. »Ideen kommen beim Machen, und Schweres erreicht man nun mal am besten mit Geduld und Humor!«

Mein Sohn ist hochkonzentriert. Allerdings nicht mehr auf
das, was ich hier doziere. Sein Blick fällt in den Raum hinter
mir, und er wird blass. »Was ist das?«, sagt er, als würde er ein
Gespenst sehen. Noch bevor ich mich umdrehen kann, habe ich

nasse Füße. Vor einigen Minuten, kurz vor Beginn der lautstarken Diskussion, hatte ich nämlich damit begonnen, mir ein Bad einzulassen. Die hübsche alte italienische Badewanne in unserer Pension besitzt offenbar keine Überlauffunktion, und so stehen mein Sohn und ich nun in einem See aus Badewasser und Schaumbergen mit Kornblumenduft. Ich stoße einen Fluch aus. Denke sofort an den Parkettboden im Zimmer. »Wir müssen das sofort aufwischen!«, schreie ich völlig hysterisch. Mein Sohn steht noch immer wie angewurzelt da. »Ja, aber womit?« Im Bad hängen zwei Frotteetücher, bei denen man nicht genau weiß, ob sie als Waschlappen oder besonders kleine Gästehandtücher gedacht sind. Egal. Ich greife nach den Handtuchzwergen, drücke sie meinem Jungen vor die Brust, laufe hinaus auf den Gang und hämmere wie angestochen an die Türen der anderen Gäste. Mein Sohn stürzt hinterher. »Aber Mama, es ist 22.30 Uhr. Die schlafen doch schon alle!«

In solchen Krisen kenne ich kein Pardon.

»Na und, wir haben hier gleich ein richtiges Problem mit einem Wasserschaden! Fang mit dem Aufwischen an. Ich rufe gleich die Pensionschefin auf dem Handy an.« Nachdem ich an allen Zimmern des Flures geklopft habe, öffnet sich endlich ein Türspalt. Auf Englisch erkläre ich meine Not, und dann überreicht man mir eins der Handtücher, das man selbst entbehren kann. Noch kleiner als unsere.

Eine Stunde später liegen mein Sohn und ich noch immer auf dem nassen Zimmerboden und beseitigen mit drei Waschlappen und zwei T-Shirts, die wir ebenfalls zu Wischtüchern erklärt haben, die Spuren des Badewannenunfalls. Irgendwann, als wir uns der absurden Szene am ersten Abend in der ewigen Stadt bewusst werden, weichen Aufregung und Frust einem befreienden Lachanfall. Auch die Schwere der vorherigen Lebensdiskussion schwindet, und irgendwo zwischen Müdigkeit und Akzeptanz der Situation stellt sich Gelassenheit ein. Während ich noch tiefer unter das Bett rutsche, um auch die allerletzte Wasserlache zu beseitigen, erinnere ich mich an den Rat, den ich meinem Sohn kurz vor der Überschwemmung erteilt hatte. Wie hatte ich gepredigt? »Schweres schafft man nur mit Geduld und Humor!« So, wie ich hier auf allen vieren kurz vor Mitternacht mit nassem Bauch unter dem Bett eines romantischen italienischen Pensionszimmers liege, muss ich noch einmal über mich selbst lachen. Ja, denke ich, passender als mit solchen Wischlappen kann einem das Leben die eigene Weisheit nicht um die Ohren hauen! Mit Geduld und Humor zum Ziel! Na denn ...

Vielleicht halte ich mich in Zukunft auch selber dran.

Bleib demütig

so wie Prinzen-Frontmann Sebastian Krumbiegel mit Blick auf große Erfolge und kleines Glück

»Meine Nation sind die Liebenden ... auf der ganzen Welt«, singe ich zwei Wochen später laut hinter meinem Lenkrad, als ich zu meinem Treffen mit Sebastian fahre. Der Mann neben mir an der Ampel schaut verwundert herüber, ich singe selbstbewusst weiter: »Sanftheit ist nicht gleich Dummheit ... Weichheit ist unsere Härte ... schubiduhaaa!« Die Ampel schaltet um auf Grün. Endlich – und wirklich schöner Text! Deshalb hatte ich ihn mir auch sofort gemerkt.

Mit diesem Lied hatte Sebastian Krumbiegel gestern seinen Abend eröffnet. Ein Einzelprogramm, mal ohne Prinzenfamilie. »Ein Mann, sein Klavier und ihr«, hieß es, und dabei stand er auf derselben Bühne, auf der er 1987 einen Auftritt mit seiner ersten Band »Die Herzbuben« hatte. Seitdem ist viel passiert. Der Junge, der eigentlich nie Klavier spielen gelernt hat, ist heute nicht nur »Prinz« und Profi auf den achtundachtzig weißen und schwarzen Tasten, sondern auch ein guter Entertainer. Auch gestern umarmten die Menschen im Publikum sich irgendwann, vergaßen die Zeit und hatten einfach einen schönen Abend. Bei dem, was er über seinen Vater erzählte, während der in der ersten Reihe saß, musste ich besonders laut lachen. Schließlich könnte das eins zu eins eine Geschichte über meinen Vater sein: »Wenn bei uns zu Hause die Gäste mal zu lange blieben«, verriet Sebastian, »ging unser Vater irgendwann kurz raus, kam im kompletten Schlafanzug-Outfit wieder zurück und sagte dann: ›Ach, ihr seid ja immer noch da!‹«

Sebastian selbst kenne ich so lange, wie es die Prinzen gibt. Also über ein Vierteljahrhundert. Puh, denke ich, während ich vor dem verabredeten Café parke, das klingt erwachsen. Drei Dinge haben ihn mir schon immer sympathisch gemacht. Erstens: Er ist kein Frühaufsteher. Das Wort »Morgen« ist für ihn nach eigener Aussage ein Fremdwort. Logisch, als Musiker! Zweitens: Er lässt sich nur bedingt ein dickes Fell wachsen. Drittens: Er hat einen ähnlichen Traum wie ich. Einmal im Leben ins Weltall fliegen und die Erde von oben anschauen! Dann nämlich wechselt die Perspektive, und zwar ordentlich. So hatten wir es beide in unserer Schulzeit von unserem DDR-Astronauten Sigmund Jähn gehört, und so mag es auch Sebastian am liebsten im Leben. Mit den »Prinzen« hatte er mittlerweile Silberhochzeit. Gut also, dass er nicht dem Berufsvorbild seines Vaters gefolgt ist. Der Mann mit dem Schlafanzugtrick war nämlich ein angesehener Chemiker und schenkte dem Sohn zum zwölften Geburtstag einen Chemiebaukasten.

»Ich fackelte sofort den kompletten Magnesium-Vorrat ab, der sich darin befand«, erzählt mir Sebastian beim ersten Kaffee, und ich lache, während ich mir die Szene vorstelle. Wahrscheinlich war das gleich die Kriegserklärung gegen eine mögliche Wissenschaftskarriere. Dieser Junge hatte nämlich einen anderen Plan. Er wollte Popstar werden! Sebastian nimmt einen Schluck und überlegt. »Ich denke, in dieser Klarheit wusste ich das dann seit meinem fünfzehnten Lebensjahr.«

Zunächst wurde er »Thomaner«. Später schrieb er Hits wie »*Gabi und Klaus*«, füllte Stadien mit den Prinzen, sammelte goldene Schallplatten, begleitete Udo Lindenberg bei Konzerten und wurde mit der eigenen Band mit einem Bambi geehrt. Außerdem erhielt er persönliche Auszeichnungen wie den Bundesverdienstorden, den Humanismus-Preis für Zivilcourage und soziales Engagement und reichlich Lob für sein erstes Buch. »*Courage zeigen – Warum ein Leben mit Haltung gut tut*«, passend zur gleichnamigen Veranstaltungsreihe, mit der er Tausende Menschen gegen rechts mobilisiert.

»Was treibt dich an?«, frage ich auch ihn, und die Antwort kommt prompt. »Das Gefühl, Spuren zu hinterlassen, wenn ich etwas in Angriff nehme. Ich denke nicht immer in großen Zielen, wenn ich etwas anpacke. Ich denke zunächst: Habe ich Lust darauf? Klar ist es geil, wenn ein Projekt, das du anfängst, auch kommerziell erfolgreich wird. Aber das ist es nicht allein. Es geht vor allem darum, dass du siehst, dass du etwas bewegst, mit dem, was du da tust. Das mit der Veranstaltungsreihe *Courage zeigen in Leipzig* ist zum Beispiel eine Hammer-Sache und immer noch hochaktuell.« – »Toll, dass du dich dafür so einsetzt«, sage ich. »Das machen nicht viele Künstler, obwohl viele eine Bühne dafür hätten.« Sebastian nickt. »Ja. Manche nennen mich eher einen Träumer, Gutmenschen, Weltverbesserer. Aber bei so einer Kritik muss man sich ein dickes Fell wachsen lassen.« Da sagt er was. Genau diese Gebrauchsanweisung will ich ja! »Wie geht das denn?«, frage ich auch ihn. »Indem du konstruktive Kritik ernst nimmst. Dich fragst, ist da was Wahres dran? Aber sobald jemand neidisch ist auf dich, dich bloß beschimpfen will oder nicht auf deiner politischen Linie ist, musst du den Unrat an dir abprallen lassen. Wenn du alles an dich ranlässt, gehst du kaputt. Das zieht dir nur unnötig Energie ab.« Wir reden über seinen Weg als Künstler. Darüber, was man braucht, um dabei erfolgreich und glücklich zu bleiben. »Lust auf das, was du da machst«, kommt schnell die Antwort. »Das versuche ich auch meinen Kindern mitzugeben. Schließlich wollen wir ja alle möglichst lange Zeit damit klarkommen in unserem Leben.«

»Was ist deiner Meinung nach der größte Feind einer Künstlerseele auf so einem langen Weg?«, frage ich und nippe an meinem Kaffee.

Er überlegt. »Mmm, vielleicht Selbstzweifel. Wobei die ja auch gut sind. Es ist gesund, wenn du dich hinterfragst. Aber auch dieses Zweifeln darfst du nicht zu sehr an dich heranlassen. Ich versuche jedenfalls immer das Positive in einer Sache oder einem Menschen zu sehen. Das haben mir meine Eltern zum Glück so mitgegeben. Dafür bin ich unendlich dankbar.« Ich nicke. »Demnach bist du bei den zwei Menschentypen, die es so gibt – also dem Verschlossenen, der sich nur langsam öffnet, und dem komplett Offenen, der sich erst nach einer ordentlichen Verletzung abschottet –, wohl Typ Nummer zwei?« Sebastian nickt, ohne nachzudenken. »Ja. Klar kann das auch nach hinten losgehen, weil dich die Menschen dann verarschen können und deine Gutgläubigkeit ausnutzen. Aber ich bin mir hundertprozentig sicher, dass es erst mal gut ist, offen auf Leute zuzugehen. Auch wenn uns das Älterwerden vorsichtiger macht.«

Während ich ihm zuhöre, erinnere ich mich an den Tipp seiner Mutter, den er auch auf der Bühne verrät. Demnach empfahl sie ihm, sobald es schwierig werden sollte, anderen den eigenen Standpunkt zu sagen: »Erst mal bis zehn zählen und dann reden. Aber klar in der Sache bleiben und möglichst freundlich!«

Sebastian hebt den Finger. »Das ist doch mal ein wirklich guter Rat, oder? Hat mich schon oft gerettet. Durchatmen und erst mal bis zehn zählen. Funktioniert wie eine Firewall.« Ich schiebe ihm den Begleitkeks von meinem Kaffee über den Tisch. Ich mag heute nichts Süßes. Er schon, lacht und nimmt ihn gern. Dabei fachsimpeln wir weiter über offene Herzen und über Udo Lindenberg, der das Thema auch mal in ein Lied gepackt hat: »*Du knallst in mein Leben. Ich baute 'ne Mauer um mein Herz. Keine Lovestory mehr, aber auch kein Schmerz*«, rezitiert Sebastian für mich und schüttelt den Kopf. »Nein, ich möchte keine Mauer um mein Herz bauen, egal, wie alt ich werde. Ich möchte immer offen auf Leute zugehen, neugierig bleiben und dadurch auch immer neue Sachen erleben.« Er überlegt. »Ich weiß auch noch nicht, was ich nächstes, übernächstes Jahr oder sogar in fünf Jahren mache. Ich hoffe, dass unsere Band noch lange existiert, wovon ich ausgehe, weil wir eine lange, wunderbare Geschichte mit Höhen und Tiefen hinter uns haben.« Er nickt zu seiner eigenen Feststellung. »Aber wir sind auch drangeblieben!« Er erzählt mir, wie er die anderen sechs irgendwann in einen Kinofilm über die Comedian Harmonists geschleppt hat, weil darin so viel über das Funktionieren einer Band zu sehen war. Erzählt vom »miteinander erwachsen werden« und »sich auseinanderentwickeln« in einer Gruppe, von wachsender Toleranz und letztlich dem Wissen, was man aneinander hat. Mit der Vokabel Freundschaft geht Sebastian nicht inflationär um. »Aber ein richtig guter Freund, dem man alles erzählen kann, das ist doch der Hammer, oder?« Er nickt noch einmal, während er das sagt, und erinnert sich dabei wahrscheinlich gerade an seinen. Während mir diese Melodie der Comedian Harmonists durch den Kopf schießt: »*Ein Freund, ein guter Freund, das ist das Beste, was es gibt auf der Welt!*«

»Ja«, lautet Sebastians Fazit, »ich denke, dass wir belohnt werden, wenn wir das, was wir gut finden, wovon wir träumen und woran wir glauben, auch wirklich durchziehen. Natürlich, ohne rücksichtslos zu sein und die Ellenbogen auszufahren!«

»Glaubst du an Gott?«, liegt mir sofort auf der Zunge.

Er lächelt. »Das ist schwierig. Ich habe mal getextet: *Ich glaube an die Liebe, und ich glaube an Gott. Ich glaub an gutes Essen und vor allem ans Kompott.*« Ich lache mit ihm. »Ja, das singe ich heute noch. Bin irgendwann von der Institution Kirche abgerückt, sehr zum Leidwesen meiner Eltern. Aber ich glaube an die Liebe, ja an Gott, an das Gute, die positiven Dinge auf dieser Welt.«

»Denkst du, die meisten Dinge sind vorherbestimmt?«, hake ich noch einmal nach.

Er schüttelt den Kopf und bestellt uns einen zweiten Kaffee. »Wie war das? Zufälle gibt es nicht. Es fällt dir zu, was fällig ist. Ich finde, das trifft es, und ich habe sogar mal überlegt, das als Zeile in ein Lied reinzupacken.« Gute Idee, denke ich, das sollte er wirklich mal vertonen. »Natürlich funktioniert alles im Leben nach dem Ursache-Wirkung-Prinzip«, überlegt er währenddessen weiter. »Wenn ich hier die Kaffeetasse runterwerfe, wird die Kellnerin reagieren, und wenn ich die Frau am Nebentisch einfach so küsse, wird sie mir eine runterhauen ...« – »Oder sich freuen«, werfe ich ein. Wir lachen. »Ja, oder sich freuen«, macht er mit, »und sagen, da habe ich ja schon ewig drauf gewartet! Nein, im Ernst, natürlich bestimmst und gestaltest du dein Leben. Und genau diese Entscheidung liegt immer wieder bei dir! Ich glaube nicht, dass alles vorherbestimmt ist. Dann wären wir ja nur ein kleines Rädchen in einem matrixgleichen Getriebe.« Seine Augen blitzen. »Und das wollen wir ja nicht!«

Ob er Entzugserscheinungen bekommen würde, wenn er mal nicht mehr als Künstler arbeiten könnte, frage ich.

Sebastian erzählt mir eine Geschichte, die er von einem Kollegen seines Vaters gehört hat. Ein Wissenschaftler, der zu DDR-Zeiten in eine knifflige Situation geriet. Auf der Buchmesse stach ihm eine begehrte wissenschaftliche Abhandlung ins Auge. Leider war das Buch unverkäuflich. Aber die Messe-hostess hatte Mitleid und unterbreitete dem Kollegen des Vaters ein unmoralisches Angebot. Sie könne ja einmal kurz wegsehen. Also tat der Mann etwas, was er sonst noch nie in seinem ehr-lichen Leben getan hatte. Er steckte den kleinen Forscher-Schatz einfach in die Tasche. Diebstahl, keine Frage, und von den zwei auffälligen »unauffälligen Herren« im Trenchcoat am Ausgang gegenüber genau beobachtet. Sie drohten dem Wissenschaftler mit dem Ende seiner Forschungskarriere und unterbreiteten ihm gleich das nächste unmoralische Angebot: Wenn er sich natürlich entschließen könne, für das Ministerium der Staats-sicherheit zu arbeiten, würden sie von der Strafverfolgung des groben Vergehens noch einmal absehen. Sebastian und mir wird noch nachträglich schlecht bei der Vorstellung. »Als mir mein Vater das erzählte, Peggy, habe ich zum ersten Mal darüber nachgedacht, was ich tun würde, wenn mir einer das Musikma-chen verbieten würde. Das wäre unvorstellbar. Ich würde kaputt-gehen! Aber weißt du was? Mir kann das keiner sagen. Ich werde immer Musik machen. Bis ich umfalle!«

Schöne Aussage, denke ich und zücke mein Notizbuch. »Was macht die Musik denn mit dir, wenn du da so mittendrin bist?« Ich kann sehen, wie er in diesem Moment in sich fühlt, was er gleich versuchen wird, für mich in Worte zu packen: »Sie gibt mir Selbstbestätigung. Wenn ich zum Beispiel die ganze Nacht im Keller sitze, spiele, texte, arbeite, bis früh um vier, und dann ist ein neues Lied entstanden, dann ist das einfach geil. Befrie-digend!« Wieder dieses Blitzen in seinen Augen. »Noch befrie-digender ist es übrigens, wenn es mir auch am nächsten Tag noch gefällt.« – »Ja«, nehme ich die Aufzählung auf, »und noch be-friedigender wahrscheinlich, wenn es später auch Hunderte oder sogar Tausende vor der Bühne so sehen!« Er lacht.

Welche offenen Träume er habe, außer dem Flug ins Weltall, will ich wissen.

Er nimmt den letzten Schluck Kaffee. »Ich möchte einfach immer wieder großartige Leute treffen dürfen! Ein Highlight, das ich niemals vergesse werde und immer wieder gern erwähne, war der Bühnenauftritt gemeinsam mit Udo Lindenberg bei seinem Leipziger Konzert im Stadion.« – »Warum wirst du das nie vergessen?«, frage ich nach, obwohl ich mir als Lindenberg-Fan einbilde, die Antwort zu kennen. »Na, weil Udo schon immer mein Held war. So wie Freddy Mercury, Rio Reiser oder Velvet Underground mit ihrem Punk.« Ich runzle die Stirn. »Warum bist du dann eigentlich nicht selbst Punkmusiker geworden?« Sebastian lacht. »Hey, ich war Thomaner! Bin mit Klassik aufgewachsen. Beatles und Queen war für mich schon das höchste der Gefühle.« Er zeigt mir ein altes Video auf dem Handy. Eins von 1987 mit seiner ersten Band »Die Herzbuben«. Klingt richtig gut. Doch er hat recht. Mit den schicken Bühnenklamotten erinnert der Auftritt tatsächlich eher an die Beatles.

»Das Beste liegt immer noch vor mir«, sagt er in bedeutungsvollem Ton, als er das Video wegklickt, obwohl er sonst eigentlich keine Kalendersprüche von sich gibt. Aber mit genau diesem immer frischen Appetit aufs Leben habe ich ihn heute wieder erlebt. Auf der Rückfahrt von dem Treffen schiebe ich einen Titel vom Familienalbum der Prinzen ein. Ein passender Text für Suchende:

»Wir müssen uns nur mal erlauben, einfach an uns selbst zu glauben, wenn's schon niemand anders tut.« Dabei erinnere ich mich an Sebastians Aussage bei unserer Verabschiedung. Was er eigentlich im nächsten Leben werden will, hatte mich noch interessiert: »Im nächsten Leben werde ich Musiker«, sagt er kurz und bündig.

Ich trete aufs Gas und freue mich schon auf das nächste Treffen. Vielleicht komponiert er inzwischen ja tatsächlich ein neues Lied mit dieser Textzeile über Zufälle: *»Es fällt dir zu, was fällig ist.«*

Dann wäre ich heute beim Entstehen eines nächsten Prinzen-Hits dabei gewesen!

Sebastians Tipp
Bleib demütig und dankbar. Bau keine Mauer um dein Herz, egal welche Erfahrungen du über die Jahre gemacht hast, und denk dran: Das Beste liegt immer noch vor dir!

Fragen an mich selbst
Sebastian ist davon überzeugt, dass uns das Leben belohnt, wenn wir das durchziehen, woran wir glauben, und nicht das, womit mir meinen, einen Blumentopf gewinnen zu können. In welchen Bereichen meines Lebens treffe ich immer noch »Blumentopf-Entscheidungen«?

»Wie war es denn?«, fragt mich meine Freundin einige Nächte später am Telefon.

Sie weiß, dass ich inzwischen eine überraschende Verabredung hatte. »Hast du dich heute nicht mit *ihm* getroffen?« Ich lasse mir einen Moment Zeit für die Antwort. »Ja.« – »Und?«, fragt sie sofort weiter. Wieder erlaube ich mir eine kleine Pause. Diesmal für die richtige Formulierung. »Weißt du«, sage ich dann, »ich hatte das irgendwie vergessen.« – »Was denn?«, fragt sie jetzt noch ungeduldiger. »Nun, wie schön das Leben sein kann.« Jetzt bleibt es am anderen Ende für eine Weile still. »Oh, echt, so schön?«, kommt irgendwann die nächste Reaktion, nachdem sich meine Freundin von der Aussage erholt hat. Ich lache, um die Tatsache wieder ein wenig herunterzuspielen. Aber warum sollte ich das eigentlich? Der Frau kann ich vertrauen. »Weißt du, wir haben lange über das geredet, was in der Zwischenzeit in unserem Leben passiert ist, und irgendwie war ich überrascht, wie sehr ich immer noch mochte, was ich da hörte und sah. Ich glaube, wenn er frei wäre und mittlerweile nicht am anderen

Ende des Landes wohnen würde, hätte ich ihn sofort eingepackt und mitgenommen, um mit ihm alt zu werden.« Auch diese Antwort muss meine Freundin erst einmal verdauen, denn sie kennt auch die traurigen Details unserer Trennung. Also stellt sie zunächst eine weitere Frage. »Was genau gefiel dir denn?« Jetzt rede ich ziemlich schnell. »Nun, er ist eben immer noch spannend für mich, und noch immer strahlt er diese Ruhe aus, die ich an Männern so mag. Nur bei bestimmten Themen wirkte er ein wenig verloren. Aber auf eine gute Art.« Ich überlege. »Es gibt doch diese Menschen, in deren Gegenwart wir uns sofort anders fühlen. So, wie wir eigentlich in unserer besten Version gedacht sind. Verstehst du, was ich meine?« – »Ja«, sagt meine Freundin nur kurz und lässt mich weiterreden. »Aber weißt du, was das Wichtigste an dem Treffen heute war?« Ungebrochene Spannung auf der anderen Seite. »Dass ich dabei erkannt habe, dass ich solche intensiven Gefühle überhaupt noch empfinden kann!« Immer noch Stille am anderen Ende. So viel Positives hatte meine Freundin nicht in meinem Tagesbericht erwartet. »Hat er sich denn auch so gefreut, dich zu sehen?«, kommt irgendwann die nächste Nachfrage. »Ich glaube schon«, sage ich leise. »Und wie ging es dann weiter?« Ich wiegle ab. »Na, nichts weiter. Wir haben uns freundlich verabschiedet und gegenseitig Glück gewünscht.« – »Was?«, ruft meine Freundin jetzt wieder total engagiert. »Aber wenn es so schön war, warum habt ihr euch dann nicht gleich ein zweites Mal verabredet?« Ich stutze. »Nein, das wäre nicht passend gewesen! Wir saßen da zwar lange zusammen und hatten uns wirklich viel zu erzählen, aber irgendwann mischte sich in dieses warme Gefühl in meinem Bauch auch wieder so ein Schmerz.« – »Was denn für ein Schmerz?«, fragt meine Freundin, nun ernsthaft ratlos. »Na darüber, dass es eben nicht mehr unsere Zeit ist. Er ist fest vergeben.« Meine Freundin protestiert: »Woher willst du das denn wissen? Hast du ihn noch mal genau gefragt?« Ich schlucke. Merke erst jetzt, wie feige ich vorhin war. »Nein, aber das habe ich ja damals in dieser Drogerie gesehen. Außerdem hat er mittlerweile ein völlig anderes Leben und wohnt viele Kilometer entfernt und ...« Meine Freundin unterbricht mich. »Du, Entfernung ist nicht das Problem im Leben. Ein Problem gibt es nur, wenn ein Mensch überhaupt nicht mehr da ist.« Ich tue so, als hätte ich den Einwand nicht gehört. »Außerdem war ich es, die sich damals von ihm getrennt hat!« Fuck, denke ich in dem Moment, da ich den Satz beende, eben doch schade, dass man für manche Entscheidungen keinen Radiergummi hat. – »Aha«, sagt meine Freundin. »Und gibst du ihm auch noch die Schuld dafür, dass das damals alles so mit euch lief?«, fragt sie noch einmal etwas leiser nach. Ich überlege. »Ihm? Nein. Nicht mehr. Aber mir gab ich sie noch lange. Doch das war wahrscheinlich genauso falsch.« – »Aha«, sagt meine Freundin ein zweites Mal. Jetzt in einem Ton, der das Stechen in meiner Brust wieder verstärkt. Aber, tröste ich mich später, nachdem ich aufgelegt habe, Liebe bekommt man nun mal nicht ohne Schmerzen. Genauso wenig wie Kopf ohne Zahl oder den Tag ohne die Nacht. Alles auf dieser Welt hat sein Gegenstück, und genauso muss es auch sein, denn nur so können wir wahrscheinlich die Dinge auseinanderhalten. Das Schöne vom weniger Schönen unterscheiden.

Und wissen, was von alledem uns wirklich etwas bedeutet.

Am nächsten Tag will ich meine Freundin bei einem Möbeltransport mit ihrem Transporter unterstützen.

Doch die hektische, unkonzentrierte Art, mit der ich die Gänge einlege und sie dann auch noch ständig verwechsele, ist keine große Hilfe. Irgendwie erinnert das Gezerre und Gewirke sehr an meine eigene derzeitige Gangart. »Na, nichts für ungut«, kommentiert meine Freundin die Szene ziemlich locker, »Vorwärts- und Rückwärtsgang liegen nun einmal eng beieinander.« – »Ja«, sage ich dankbar, dass sie ihren Humor behält, »in Kleinbussen und im Leben.« Sie lacht. Macht sich dann aber trotzdem Sorgen um ihre Kupplung. »Soll ich mal übernehmen?«, schlägt sie vor. Also wechseln wir, und ich staune, dass mir die Eindrücke von diesem Treffen mit *ihm* noch immer so anhängen. Ähnlich wie der Duft eines guten Parfüms, der selbst dann noch wahrzunehmen ist, wenn die betreffende Person schon längst den Raum verlassen hat. Liebe ähnelt tatsächlich einem unerwarteten Gast, denke ich, nachdem ich auf dem Beifahrersitz Platz genommen habe. Irgendwann steht sie plötzlich vor deiner Tür. Manchmal haben wir überhaupt keine Lust auszugehen, und dann wird der Abend unglaublich schön. Aber egal, sage ich mir zehn Minuten später, als wir das erste schwere Regal in ihr Dachgeschoss hinaufschleppen, was ich mit der Begegnung gestern nun anfange und ob sich in dieser Sache doch noch mal etwas entwickeln könnte – eins ist definitiv klar: Ich habe endlich wieder Lust auf eine Beziehung! Ganz im Gegensatz zu dem Bedürfnis, unbedingt mein eigenes Ding machen zu wollen, das ich in letzter Zeit besonders oft verspürte. Nun aber war auch hier etwas anders. Neuerdings würde ich beim Quiz-Duell »Geld oder Liebe« durchaus mal auf Letzteres setzen, und auf der Heimfahrt nach der Möbelaktion steht dann tatsächlich wieder eins dieser Autos neben mir an der Ampel. So eins mit kryptischer Botschaft von oben. Diesmal ist es der Lkw eines Bergbauunternehmens. Ich lese die Aufschrift an der Fahrertür. »Hier geht es um mehr als Kohle!« Schau an, denke ich, mittlerweile wählt das Universum sogar die Ausrufeform, und selbst jedem handelsüblichen Kohletransporter scheint klar zu sein, was im Leben wirklich zählt.

Die Ampel schaltet auf Grün. Ich gebe Gas, wie schon lange nicht mehr, und meine Gedanken kreisen. Neustart im Privatleben, im Kreativen, mit Sport, als Freundin, als Mutter, da habe ich mir wahrscheinlich wieder zu viel vorgenommen. Ich werde

nervös und finde auch gleich etwas, worüber ich mich noch zu-
sätzlich aufregen kann, denn was veranstaltet hier eigentlich dieser Sonntagsfahrer vor mir? Furchtbar. Solchen Leuten müsste
man den Führerschein entziehen! Dann denke ich an diese
eine Fahrt in der vergangenen Woche. Die, als ich ähnlich unter
Druck stand und auch so einen Gedankensalat im Kopf hatte.
Kurz darauf ließ ich meine Geldbörse beim Tanken neben der
Zapfsäule liegen und bemerkte den Ärger erst abends zu Hause.
Hundert Kilometer von der Tankstation entfernt. Alle Ausweise,
Kreditkarten und dreihundert Euro Bargeld waren weg. Allerdings hatte ich einen Schutzengel in Gestalt einer sehr lieben,
ehrlichen Servicekraft. Das mit meiner Zerstreutheit und die-
sem inneren Druck muss jetzt aufhören, denke ich.

Nur, was treibt noch immer dieser Typ hier vor mir?

Fährt wie eine Schnecke. Macht doch überhaupt keinen Sinn
auf dieser Strecke. Schrecklich. Also links blinken und Speed.
Ich muss schneller vorankommen!

Autsch. Mich blendet ein Licht. Schon wieder ein Blitzer!
Schlagartig rutscht mein Fuß vom Gas und mein Herz in die
Hose.

Das wird mir Flensburg jetzt richtig übelnehmen.

Einige Wochen später ist der Führerschein weg und mein Leben
deutlich ruhiger.

Nach einer ausgiebigen Wutphase über die eigene Dummm-
heit fahre ich nun regelmäßig Bus und Bahn oder vermeide
bestimmte Termine ganz. Und mir fällt etwas auf in dieser Um-
stellungszeit: Je öfter ich versuche, meiner neuen Linie mit auf-
bauenden Gedanken treu zu bleiben, desto häufiger hagelt es
plötzlich Anfragen und Angebote für zusätzliche Jobs. Teilweise
kommen sie aus neuen Freundeskreisen oder Netzwerken, die
in den vergangenen Monaten in mein Leben kamen. Manchmal
auch von Leuten, die mich vom Bildschirm her kennen. Immer

öfter finden sich in meinem Outlook Ideen für eine Zusammenarbeit. Sei es bei der Mitwirkung an einem Hörspiel oder bei der Synchronisation eines Dokumentarfilmes. Ich erhalte Nachfragen, ob ich Unternehmern beim Vorbereiten eines Medienauftritts helfen kann oder als Moderatorin durch ihre Veranstaltung führe. Heute sogar ein Angebot als Dozentin an einer Hochschule, die den Nachwuchs für Radio, Fernsehen und Film ausbildet. Toll! Ich fühle mich geehrt, und meine Neugierde ist geweckt. Ich bin am Überlegen, ob ich das nach Feierabend oder an den Wochenenden in meiner Freizeit schaffen könnte.

Laufe mit dem breiten Potpourri an Möglichkeiten ein, zwei Wochen hochtourig durch die Gegend, bis eine Überlegung in mir aufsteigt, die mir wichtig erscheint: Etwas zu tun, nur weil man es könnte, reicht nicht immer als Grundlage für eine gute Entscheidung. Es wird immer viele Themen geben, die mich interessieren werden. Angst vor Herausforderungen hatte ich nie. Wohl eher die Tendenz, mich mit der gewählten Anzahl an Aufgaben zu überfordern. Gerade jetzt – neben dem, was mich mit den zunehmenden Erkrankungen in der Familie und im Freundeskreis auch noch privat beschäftigt. Auch dafür werde ich mehr Zeit brauchen!

Deshalb eine nächste Entscheidung:

Ich setze mich an den Schreibtisch und lege eine neue Liste an. Jedes der tollen Angebote notiere ich noch einmal feinsäuberlich von Hand, und anschließend stelle ich mir diese Fragen dazu:

? *»Worauf hast du zum jetzigen Zeitpunkt am allermeisten Lust, Peggy? Was davon bewegt wirklich dein Herz, und wie kannst du die Aufgaben dann so organisieren, dass du dich vor lauter Neugier und Lust nicht gleich wieder übernimmst?«*

Denn genau das sind sie – das kann ich deutlich spüren –, die beiden wichtigsten Lernpunkte an dieser Stelle meines Weges. Wieder nehme ich den Stift und schreibe in großen Lettern ans Ende der Liste:

 **Glück durch Reduktion und
Erfolg durch Fokussierung.**

Mit einem Marker unterstreiche ich den Merksatz noch einmal und nehme mir vor, ihn ab der nächsten Woche in die Tat umzusetzen! Denn genau das ist mein Beschluss: Ich freue mich über jedes der neuen Angebote. Vorerst aber konzentriere ich mich auf das, was ich mir selbst vorgenommen habe. Zeit für private Themen und meine eigenen Recherchen. Diese Treffen mit den Inspiratoren von meiner Wunschliste zum Beispiel.

Meinen »25 Besten«.

Bei Recherchen eine Woche später begegne ich im Thüringischen Braunsroda zwei Menschen, die zwar noch nicht auf meiner Liste stehen. Dort aber unbedingt hingehören. Georg von Bismarck, dem Großneffen des Reichskanzlers, und seiner Frau Kristin. Sie erzählen mir von ihrem Neuanfang vor fünfundzwanzig Jahren. Damals erhielt der in Stuttgart lebende Manager in der Autoindustrie die Chance, auf das Thüringer Gut seiner Vorfahren zurückzukehren, und er zögerte keinen Moment. Gab dafür gemeinsam mit seiner Frau sämtliche Ersparnisse her und nahm zusätzliche Kredite auf. Schließlich war es alles andere als eine Rückkehr in den Luxus und auch kein Rückkauf des ehemaligen Familienbesitzes für die berühmte symbolische Mark. Es wurde eine schwierige Zeit: das Restaurieren von zerfallenen Gebäuden, komplizierte Auflagen, Anfeindungen im Ort und gleichzeitig Verantwortung für Familienmitglieder, die ihre Hilfe benötigten. Sie betreuten die an Alzheimer erkrankte

Mutter Bismarcks, und auch seinen Sohn verlor er in dieser Zeit an eine Krankheit. Urlaub gab es für das Paar nur ein einziges Mal, und der dauerte nicht länger als eine Woche. Noch heute, mittlerweile ist er über achtzig Jahre und sie Anfang sechzig, kümmern sich beide täglich um ihren Traum. Mit reichlich Arbeit, Krediten, die weiter bedient werden müssen, und einer unglaublichen Hingabe. Dafür haben sie viel in der Region bewegt. Schufen ein historisches Gasthaus mit Pension und Erholungsgarantie im nahe gelegenen Naturschutzgebiet Hohe Schrecke und eine beliebte Veranstaltungsreihe mit regionalen Bauernmärkten.

Warum er das alles damals mit fünfzig Jahren und unter Einsatz all seiner Ersparnisse überhaupt auf sich genommen habe, will ich von Georg von Bismarck wissen. »Nun«, ist seine Antwort, »ich hatte die Gelegenheit an meine glückliche Kindheit anzuschließen, die ich damals vor dem Krieg hier verbracht hatte, bevor unsere Familie flüchten musste. Diesem Ruf meiner Heimat bin ich gefolgt.« »Mein Mann«, ergänzt seine Frau, »hat nämlich eine besondere Eigenschaft, müssen Sie wissen: Er ist ein chronischer Optimist!« Wir lachen. »Und wie gehen Sie mit den Herausforderungen und Ängsten um, sobald etwas Schwieriges ansteht?« Sie überlegt. »Ich gehe einfach jeden Tag durch sie hindurch. Schritt für Schritt.« – »Ja«, ergänzt Georg von Bismarck, »was man anfängt, muss man zu Ende bringen, und selbst Träume machen Arbeit. Aber notfalls halte ich mich an den Spruch meiner Oma, den sie damals benutzte, sobald ich mir als Kind beim Spielen im Hof die Knie aufgeschunden hatte. Dann pflegte sie immer zu sagen: ›Hab dich nicht so!‹«

Beim Hinausgehen fallen mir die beiden Bäume auf, die das Paar rechts und links an der Eingangstreppe seines Hauses gepflanzt hat. Es sind Robinien. Trotz ausgesprochener Bescheidenheit bei den Ansprüchen an den Boden, den die Pflanzen an ihren

Standorten meist vorfinden, produzieren sie eine herrlich duftende Blütenpracht, sobald der Frühling kommt. Vor allem aber sind diese Bäume bekannt für die Qualität ihres Holzes: Gleichzeitig biegsam und fest. Noch widerstandsfähiger und härter als Eichenholz.

Wie passend, hier vor der Tür der beiden, denke ich und winke meinen Gastgebern im Gehen noch einmal zu. Auch den Tipp der von Bismarcks will ich nicht vergessen: »Wenn du Angst hast, geh durch sie hindurch. Bringe die Dinge, die du angefangen hast, ganz zu Ende. Alles ist zu schaffen. Schritt für Schritt mit den richtigen Partnern.«

Auf der Zugrückfahrt überlege ich, auf welchen Wegen meines Lebens ich kurz vor dem Ziel eine Vollbremsung hinlegte und ob auch ich bereits die richtigen Partner für nächste Vorhaben habe. Dann piept mein Handy.

Eine Nachricht von *ihm*. »War total schön, dich wiederzusehen. Lass uns das bei Gelegenheit wiederholen!« Im Anhang ein Lied. Eins, das uns früher begleitet hat. Mein Herz macht einen Sprung. Noch ein-, zweimal lese ich die Mitteilung und höre auch den Song. Dann schaue ich mich im Abteil um. Es ist zwar schon Abend, aber überall wird noch wie wild gearbeitet. Dabei hantiert einer der Männer neben mir gleich mit drei Endgeräten. Einem Laptop und zwei verschiedenen Handys. Zwei Geschäftspartner, die sich zwei Reihen weiter vorn am Tisch gegenübersitzen, erledigen ebenfalls die letzte dringende Korrespondenz des Tages. Telefonate, Mails, lange Telefonkonferenzen zur Maximierung von Werbeauftritten und Absatzzahlen. Androhungen eines sofortigen »in Zahlung stellen« von Rechnungen und einer folgenden Klage. Wegen der schwankenden Mobilfunkverbindungen vermitteln sie ihre Entscheidungen teilweise so laut, dass man weder sein eigenes Wort versteht noch die Durchsagen des Zugbegleiters. Nach zwei Stunden getrennter

Büroarbeit verabschieden sich die beiden Geschäftsleute vorm Aussteigen mit herzlichen Worten. »Aber schön, dass wir beide heute zusammen gefahren sind!« – »Ja«, gibt der andere genauso herzlich zurück, »damit war es nicht so langweilig.« Auch den anderen Gesprächsfetzen entnehme ich, dass es bei beinah allen Telefonaten um negative Erlebnisse des Tages geht. Ärger, Überlastung, doofe Kollegen oder Kunden und wie tough man heute wenigstens noch auf deren seltsame Forderungen reagiert hätte. Alle machen sich Luft, und kaum einer hat etwas Erfreuliches zu berichten von diesem Arbeitstag. Traurig, aber wahr, so ein Feierabend ist hart verdient und scheint für die meisten von uns nicht unbedingt ein Grund zum Feiern zu sein. Ist ja bei mir auch manchmal so. Aber was soll's, denke ich und erinnere mich noch mal an den Lebensrat von Bismarcks Oma: »Hab dich nicht so!«

Auch in der nächsten Zeit versuche ich meiner Mutter etwas mehr Zeit zu schenken.

Ihre Geschichte ist der von Georg von Bismarck recht ähnlich. Auch sie hatte eine glückliche Kindheit. Nur war sie leider sehr kurz. Mit elf Jahren musste sie gemeinsam mit ihrer Mutter, zwei Taschen und Rucksäcken bei minus dreißig Grad auf die Flucht gehen. Es ging von Schlesien nach Mitteldeutschland. Der Beginn einer Odyssee, die über zwei Jahre dauern sollte. Durch den Zweiten Weltkrieg verloren sie ihre Heimat, den Besitz und die Familie. Von ihrem Vater und Bruder wurde meine Mutter getrennt. Ein Wiedersehen gab es erst spät. »Weine doch nicht, meine Kleine«, hatte der Vater meiner Mutter gesagt, als er an die Front und sich deshalb Hals über Kopf von ihr verabschieden musste. »Wir sehen uns doch bald wieder!«, war sein letzter Satz in der Küche. Dieses »bald« dauerte fast zwölf Jahre, und auch dann blieben sie weiter getrennt. Nun durch die deutsch-deutsche Grenze. Von ihrem Bruder konnte sich meine

Mutter nicht mehr verabschieden, als er mit sechzehn Jahren direkt aus der Lehrlingswerkstatt abgeholt und als Flakhelfer eingezogen wurde. Dann, allein auf der Flucht, erlebten die beiden Frauen unterwegs Dinge, die man nicht erlebt haben sollte. Später pflegte meine Mutter zwanzig Jahre lang ihre nach den Kriegswirren erkrankte Mutter, heiratete und zog selbst zwei Kinder groß. Dies, und das ist für mich eine ihrer größten Lebensleistungen, so voller Hingabe und Kreativität, dass ich nur danke sagen kann, gerade in diese Familie hineingeboren zu sein.

Etwas Wesentliches hatte die Kindheit im Krieg meiner Mutter allerdings genommen. Zwar hatten die beiden Frauen die blanken Bedrohungen ihrer Existenz überlebt, doch waren sie nicht mehr dieselben. Großmutter war, solange ich sie noch kennenlernen durfte, immer mit größter Liebe für andere da, und auch für mich hatte sie herrliche Tipps, die ich nie vergessen werde. Doch sie selbst war schon zu Lebzeiten gestorben. Die Traurigkeit, die in ihrem Inneren saß, besaß die Größe eines Ozeans. Unermesslich tief und unergründlich. Zwar sah ich sie manchmal auch lachen. Doch gegen die Wunde in ihrer Brust gab es keine Medizin. Ein Schmerz, der auch für ihre Tochter, meine Mutter, stets gegenwärtig war und dessen gefährliche Vibration bis in meine Generation hineinreichte.

Während ich an diesem Nachmittag mit meiner Mutter eine Runde durch den Park drehe und sie dabei von der Seite beobachte, wird mir das noch einmal bewusst. Das unsichtbare Gepäck meiner Mutter ist anscheinend auch mein Thema, obwohl ich für alle, die mich seit meiner Kindheit kennen, eher die Frohnatur bin. Genau aus dem Grund, nämlich um anderen Freude zu bereiten, ergriff ich auch irgendwann diesen Beruf. Das erste Mal bewusst wurde mir das, als ich als Zehnjährige meine Oma in dieser tiefen Traurigkeit in ihrem Sessel sitzen sah. Niemand konnte sie dort in ihrer Erinnerung erreichen, in der sie in dem

Augenblick war. Ich weiß noch, wie mein Blick durch das Fenster hinter ihr hinaus in den Garten fiel und ich mir dort unter der alten Linde eine kleine Bühne vorstellte. Dazu ein großes Fest. In meiner Phantasie sprang ich auf die Bühne und führte verschiedene Kunststückchen auf, während mir sämtliche Festgäste und auch meine Großmutter zusahen. Oma trug ein wunderschönes Kleid und einen Hut mit breiter Krempe. Sie hielt ihren Kopf in die Sonne und fühlte sich einfach nur wohl. Einer der Gäste, der neben ihr stand, flüsterte ihr ins Ohr: »Oh, wie wunderbar, wer ist das, Frieda?«. Großmutter antwortete: »Meine Enkelin.« In dem Moment strahlte sie über das ganze Gesicht! Ja, so wollte ich sie gern sehen, und vielleicht würde es mir mit ein paar Kunststückchen auf einer Bühne gelingen? Ich kann mich noch genau erinnern. Genauso dachte ich mir das damals mit zehn, dort an diesem Sessel, meinen Kopf in ihren Schoß gelegt.

Nun aber ging es um etwas anderes. Nämlich darum, die in meinem Leben nach außen gezeigte und verschenkte Freude und Ruhe auch in mir selbst zu tragen. Darum, dem Leben zu vertrauen und sich von jeglichem Kleber der Vergangenheit für immer zu lösen. Für mich selbst, für mein Kind und irgendwie auch für die Frauen, die vor mir da waren und dies noch nicht konnten. Ein Vorhaben, das, sobald man es denkt oder ausspricht, recht pathetisch klingt. Doch etwas in mir ist sich sicher, dass ich mich darin nicht täusche.

In dem Moment stolpert meine Mutter, und ich halte sie. Kann spüren, wie schwer ihr heute das Laufen fällt. Ihr Körper ist schwach. Dabei würde sie gern noch öfter hinaus in die Natur. Also drosseln wir unser Tempo, und meine Mutter erzählt mir von Situationen ihres späteren Lebens, in denen sie heute ganz anders reagieren oder entscheiden würde. Von Dingen, die sie leider nie für sich gemacht hat, obwohl sie immer davon träumte. Davon spricht sie oft in letzter Zeit. Ich bin ganz bei ihr, lenke aber ihren Blick zwischendurch immer mal auf eine besonders schöne Blume oder den Wolkenteppich, der über uns liegt. »Wusstest du, dass Bäume sogar schreien können, wenn sie leiden?«, sagt meine Mutter plötzlich. Ich stutze. »Nein, das wusste ich nicht. Woher hast du das?« Sie freut sich, mir so eine spannende Neuigkeit berichten zu können. »Ich habe das vor ein paar Tagen in einer Naturdokumentation gesehen. Es ist unglaublich, was wir über unsere Natur nicht wissen. Sobald Bäume bedroht werden oder es ihnen an Wasser fehlt, stoßen sie tatsächlich Schreie aus. Natürlich solche, die wir mit unserem menschlichen Gehör nicht wahrnehmen können. Forscher haben das untersucht und im Ultraschallbereich gemessen.« Dabei bleiben wir vor einem besonders schönen Exemplar stehen. Wir versuchen ihn zu umarmen. Aber sein Stamm ist so dick, dass wir es nicht schaffen. Also albern wir herum. So wie früher. »Ja, Bäume sind bewundernswert. Die reinsten Überlebenskünstler«, sagt meine Mutter, als sie einen Schritt zurücktritt, um ihn noch einmal von unten bis oben zu betrachten. Während ich ihr zuschaue, fällt mir noch etwas anderes auf. Das Leben innerhalb einer Familie folgt einer unsichtbaren Abfolge von Gezeiten. Einem sich ständig gegenseitigen Trösten und zum Lachen bringen. Nur zu unterschiedlichen Altersabschnitten und in vertauschten Rollen. Erst erheitern und trösten Mütter ihre Kinder. Ganz besonders, wenn sie Angst haben vor dem ersten Schritt, und später nehmen wir unsere Eltern in den Arm, wenn sie bereuen, an manchen Stellen ihres Weges nicht anders gehandelt zu haben. Vielleicht mit etwas weniger Angst oder Rücksicht auf andere. Oder wenn sie anfangen, sich vor der Unerbittlichkeit der Zeit zu fürchten. Dann trösten auch wir sie und sind dabei froh, dass ihnen noch ein wenig von dieser Zeit bleibt.

Ja, denke ich mit Blick auf meine Mutter, nur sollte uns klar sein, dass auch unsere eigene Zeit nicht ewig dauert.

Auf der nächsten Heimfahrt nach dem Dienst entscheide ich mich im ICE für das Bordbistro. Ich bin müde und hungrig. Will einfach meine Ruhe haben und die Seele baumeln lassen.

Wird aber nichts.

»Ach, hör doch auf!«, schreit jemand am Nebentisch in sein Handy. »Auf dieser Messe heute gab's nur Chichi. Nichts Ordentliches zu essen und auch sonst das Übliche. Warum ich mir das überhaupt noch antue, frage ich mich.« Ich mustere die Besitzerin des Handys. Kategorie Businesslady. Etwas jünger als ich. Mein Blick wandert unter ihren Tisch. Die Pumps hat sie ausgezogen, und auch sonst ist sie gerade dabei, jede Regel dieses Abteils außer Kraft zu setzen. Zur eigenen Bestätigung suche ich noch einmal nach dem Ruhesymbol. Irgendwo hier an der Wand muss es doch sein. Das, was eindeutig klarmacht: Telefonieren verboten! Aber selbst wenn es direkt vor ihr auf dem Tisch kleben würde, hätte das keinen Einfluss auf diese Dame. Sie ist wichtig, und sie hat Feierabend. Das kann man der Welt schon mal mitteilen. Ich versuche meinen Trick von zu Hause und atme tief ein:

Nicht mein Thema, nicht mein Thema, n-i-c-h-t m-e-i-n T-h-e-m-a!!!

Hilft aber nicht. Mein Puls steigt immer höher, und gleich habe ich auch den zweiten Grund dafür. Gerade noch hatte ich mich über die Unfreundlichkeit des Kellners erregt, der mir bereits beim Platznehmen ankündigte, dass ich bitte schnell bestellen soll, da die Küche in Kürze zumacht, und nun das! Hier scheint Zweiklassengesellschaft zu herrschen: Bei der Dame am Nebentisch kann derselbe Mann plötzlich lächeln und verfällt in süßlichen Ton. »Was darf ich Ihnen denn Schönes bringen?« ,fragt er. »Was haben sie denn noch so? Ich habe rie-e-e-e-sigen Hunger«, flötet meine Nachbarin genauso süßlich zurück. »Suppe«, entgegnet die ehemalige Bulldogge und verwandelt sich nun zum Pudel. »Jede, die Sie auf der Karte finden«, jault er. »Mega!«, flötet meine Nachbarin zurück. Tussi, denke ich, aber offensichtlich eine, von der ich noch etwas lernen kann. Zumindest bilde ich mir ein, dass sich der Bulldoggen-Pudel unter ihrer Führung ein weiteres Mal verwandelt. So, wie er sich jetzt beim Reden noch extra zu ihr herunterbeugt, erinnert er mich nun an einen Hasen. Fehlt nur noch, dass er dabei die Pfötchen anzieht. In jedem Fall beeilt er sich mit ihrer Bestellung. Pariert, serviert und wünscht guten Appetit. »Vielleicht noch eine extra Portion Butter?«, höre ich ihn fragen, während er hin und her rennt. Ja, gibt es denn so was, denke ich. Hat er mir nicht angeboten, Unverschämtheit. »Mega, danke«, flötet es erneut am Nebentisch. Eindeutig Tussi, arbeitet es in mir. Aber clever. So geht man mit Bulldoggen um.

Wieder klingelt ihr Telefon, und wieder wird das gesamte Bistro Zeuge.

»Wenn ich daran denke, wie ich das schon hinbekommen habe!«, ruft sie dem Gesprächspartner am anderen Ende zu. »Obwohl ich mir das Thema in gerade mal einem Monat draufgedrückt habe. Aber stell dir doch mal vor, was du dann erst mit deinem ganzen Know-how zustande bringen würdest! Und vergiss bitte nicht, das ist die Branche der Zukunft. Nirgends verdient man so viel wie dort. Ich bin ja nun wirklich gut darin, schnell zu lernen, und auch extrem stressresistent. Aber du, komm, das ist Fakt, du wärst da schlichtweg ein Gott!« Ich stochere in meinem Salat, den mir Bulldogge nun auch endlich serviert hat, und kann nicht anders als weiter lauschen. Werde ja regelrecht dazu genötigt.

»Nein, der Müller würde das nicht genauso gut bringen«, entkräftet Frau Mega sofort den Einwand ihres telefonischen Gesprächspartners. »Das Wissen, was er sich bei Heilemann angesammelt hat und mit zu uns bringen würde, das besitzt doch höchstens eine Halbwertszeit von einem halben Jahr.« Damit hat sie ihn, das kann ich spüren, auch ohne mit am

Handy zu hängen. »Ja, ja ... nein, nein ... überleg dir das mal«, lautet ihr Schlusskommentar zu dem Thema. Wie mein Salat schmeckt, bekomme ich gar nicht mit. Zu spannend. Zumal Frau Mega nun anfängt, genauso lautstark über sich selbst zu erzählen. »Nein, extra nach Berlin bin ich deswegen nicht gezogen. Stell dir vor, die haben mir gerade mal 60 000 Grundgehalt angeboten und den monatlichen Bonus in der üblichen Höhe. Aber da habe ich sie erst einmal ausgelacht. Hab ihnen gesagt: Leute, pro Jahr erst mal 4000 Euro nur für die Bahn-Card Gold, um anständig von A nach B zu kommen, und dann noch der ganze Stress mit der Fahrerei. So viel könnt ihr mir gar nicht zahlen, dass das irgendwie interessant sein könnte für mich.«

Jetzt stört sich auch endlich die Dame am Tisch vor mir an dem lauten Auftritt von Frau Mega und weist auf das Schild mit dem Ruhesymbol hin. »Könnten Sie das bitte etwas leiser klären? Hier ist Telefonieren nämlich nicht erlaubt«, sagt sie, indem sie sich extra von ihrem Sitz erhebt. Respekt, denke ich. Habe ich mich nicht getraut. Allerdings ist Frau Mega sofort wieder in ihrem Element. Winkt ihren Bulldoggen-Pudel-Hasen an den Tisch und gibt ihm die nächste Anweisung: »Der Dame dort drüben servieren Sie bitte auch so eine Flasche Grauburgunder, wie ich sie habe, und zwar auf meine Kosten! Ich möchte sie einladen. Sie war nämlich so freundlich, mich darauf hinzuweisen, dass ich gerade etwas zu laut war.« Der Bulldoggen-Pudel-Hase nickt und springt. »Vielleicht hätten Sie sogar Lust, sich zu mir zu setzen?«, lädt Fräulein Mega ihre Kritikerin gleich noch direkt ein. Die überlegt, nickt und wechselt zu ihr an den Tisch. »Ich bin Ihnen wirklich dankbar«, flötet Frau Mega jetzt mit weiblicher Solidarität, denn die neue Bekanntschaft scheint ihr zu gefallen. Auch sie verfügt über alle Erkennungsmerkmale für Erfolg. Ein Businesskostüm, den modernsten Laptop, ein stilvolles Notizbuch. »Mich stört es ja auch immer, wenn andere so laut telefonieren. Aber dieser Tag war verrückt! Da war ich jetzt so bei der Sache und dachte, ich gebe einem Geschäftspartner von mir mal noch einen Rücklauf und diesen Tipp für einen wirklich hochdotierten Stellenwechsel.« Die neue Bekanntschaft gibt sich verständig. »Ja, kein Problem. Der Inhalt des Gespräches hörte sich auch ein wenig vertraulich an, und so dachte ich, ich gebe Ihnen besser einen Hinweis.« Jetzt erscheint Bulldoggen-Pudel-Hase und macht Männchen. »Der Grauburgunder, bitte sehr. Lassen Sie es sich schmecken!« Seine Dompteurin lächelt. »Mega! Danke.«

Einige Momente später sind die beiden Damen bei Chefs und Geschäftspartnern, die ihnen nicht das Wasser reichen können. »Wissen Sie, als er mir diese Frage gestellt hat, da war mir klar: Der verdient noch immer nicht genug, um mit mir auf Augenhöhe reden zu können!« Die andere nickt. »Und wie machen Sie das mit Ihrem Baby? Arbeiten Sie da jetzt in Teilzeit?« Frau Mega lacht. »Teilzeit? Gott bewahre. Einmal ein Pusher, immer ein Pusher. Sicher klingt das erst einmal naheliegend, dass man wegen dem Kind ein paar Stunden weniger machen könnte. Aber glauben Sie mir, so weit kann ich meine Energie gar nicht herunterfahren, dass ich dem gerecht werde, was die sich unter Teilzeit vorstellen. Ich bin nun mal ein Machertyp, und deshalb habe ich die Sache anders gelöst. Die lassen sich das was kosten, dass ich im Volle-Kraft-voraus-Modus bleibe. Nun habe ich jedenfalls ein Grundgehalt, ein Spesenkonto, den Bonus und einen Beratervertrag. Wenn das mein Mann wüsste. Dass ich allein mit meinem Bonus an seinem Gehalt kratze.« Ihr Ton wird wieder leiser. »Das darf er gar nicht wissen, das wäre fatal. Habt ihr auch getrennte Konten?« Die andere nickt. »Klar, anders geht das gar nicht. Ist ja ähnlich bei uns. Mein Mann ist auch nicht so der Karrieretyp.« Frau Mega stimmt zu. »Meiner auch nicht, Gott sei Dank, und so braucht er das gar nicht zu wissen. Würde ihn nur aufregen. Außerdem habe ich mir mit den zusätzlichen Einnahmen auch ein Extra-Konto eingerichtet. Für die eigene Unabhängigkeit. Man weiß ja nie.«

Oha, denke ich, während ich meine Aufmerksamkeit wieder auf den eigenen Salat lenke, die beiden sind deutlich pragmatischer als ich. Auch in Beziehungen. Neben der Romantik sollte man nie die Mathematik vernachlässigen. Vielleicht sollte ich noch öfter Zug fahren? Hier lernt man immer dazu, und so lautet meine heutige Lektion: Auch Ehen sind geschäftliche Beziehungen und bei Frau Mega am liebsten eine mit Hintertür.

In den nächsten Tagen denke ich immer wieder an diese Szene im Zug. Ist schon speziell, die Strategie von Frau Mega. Sie aber wirkte sehr zufrieden damit. Allerdings frage ich mich, warum einige von uns anscheinend ein paar Lebenslektionen mehr benötigen, damit sich diese innere Zufriedenheit einstellt. Offenbar ist das mit der Leiter zum Glück so eine Sache. Ich überlege: Womöglich hat sie bei jedem eine andere Länge?

Also nächste Lektion im Prozess des Älter- und Klügerwerdens, fast identisch mit der meines letzten Yogakurses:

Einfach nur weitermachen und zwischendurch immer schön atmen!

Später am Abend lege ich eine neue Merkliste im Notizbuch an. Diesmal eine mit Dingen, die ich nicht mag und deshalb in der zweiten Halbzeit des Lebens auch nicht mehr in meiner Welt haben will. Weder von mir noch von anderen hervorgerufen. Diese Sachen kommen nun auf den Index.

Auf der Seite gegenüber dann das Gegenstück. Die Liste mit Dingen, die ich mag und deshalb in Zukunft viel öfter genießen will.

Meine persönliche Blacklist

Oberflächlichkeit
Unzuverlässigkeit
Zu viele Verabredungen in einer Woche
Zu wenig Zeit für Lieblingsmenschen
Joggen
Der Satz: »Das schaffst du auch noch!«
Teilnahme an Junggesellenabschieden
Ungelöste Konflikte
Monotone Tätigkeiten
Der Sorgensack für andere zu sein
Freunde, die keine sind
Gäste, die sich selbst einladen
Streit mit meinem Jungen
Nicht erbetene Ratschläge erhalten
Nicht erbetene Ratschläge erteilen
Immer perfekt sein zu wollen
Glauben, organisatorisch für andere mitdenken zu
müssen
Zwänge, die mich kreativ einengen würden
Selbstvorwürfe
Vergessene ICH-Zeit
Vergessen, wer ich bin und was ich kann

Meine persönliche Whitelist

Wieder selbstbestimmt agieren
Wieder mehr Risiken eingehen
Abwechslung haben
Liebe spüren
Liebe geben
Die Genussfreude erhöhen
Zeit für Lieblingsmenschen
Immer neue Impulse sammeln
Mut, faul und nicht perfekt zu sein
Mich mal weniger kümmern
Noch öfter nein sagen
Noch mehr Freude daran bekommen!
Mehr loslassen
Walken, spazieren, Radfahren, schwimmen
Mir selbst verzeihen
Weiter in meinem Beruf arbeiten
Das mit diesem Weizengras-Smoothie zum Frühstück mal ausprobieren
Zeit, um einfach so in einem Buchladen zu sitzen
Zeit, um gedankenlos aufs Meer zu starren
Konflikte lösen
Mir Geschichten ausdenken
Mein Zuhause und mein Sosein genießen
Kochen als Yoga
Für meinen Sohn ein Fels in der Brandung sein
Menschen ermutigen

Ich schaue noch einmal auf beide Listen und überlege. Versuche herauszufiltern, welche Lernaufgaben sich mir damit noch stellen? Dann packe ich alle Überlegungen in eine nächste, wichtige Frage an mich selbst. Mit Blick auf die kleine Perlmuschel vor mir formuliere ich sie so:

? *»Worauf bereitet mich das Leben gerade vor?«*

Es ist nie zu spät für Veränderungen

so wie es Dr. Christine Theiss regelmäßig bei ihren Kandidaten von »The Biggest Loser« miterlebt

Sie ist wunderschön, denke ich als Erstes bei unserem Hallo eine Woche später. Wir treffen uns in einem ihrer Lieblingsrestaurants im Schwabinger Kiez.

Um ein Haar hätten wir unser Gespräch verschieben müssen, denn wenige Minuten vor der Verabredung klingelte ihr Handy. Beinah wäre ein Einsatz für die Hunde-Rettungsstaffel dazwischengekommen. Auch dort ist die Weltmeisterin im Kickboxen seit vielen Jahren engagiert, und zwar neben ihrem Erfolg mit der Fernsehshow »The Biggest Loser«, den Aufträgen als Model, Rednerin, Moderatorin, Reporterin, Sportexpertin für »ran«, ihren Aufgaben in einem Fernsehbeirat, Einsätze für den Arbeiter-Samariter-Bund und ihrem brandneuen Job: dem als Mutter. Sicherlich der schönste, geht mir durch den Kopf, während ich sie dabei erlebe. Denn ihre kleine Tochter ist bei unserem Treffen dabei. Ein echter Sonnenschein, solange etwas Leckeres zu essen auf dem Tisch steht. Tut es auch, und so kann ich meine Fragen an Christine in Ruhe loswerden.

»Wie heißt denn dein Hund, mit dem du für die Staffel zugelassen bist?« Christine füllt den Teller ihrer Tochter mit einer Portion Kaiserschmarrn. »Tiffany. Hat aber nichts mit dieser Juwelierkette zu tun. Meine Hündin stammte aus einem Wurf, der einen Namen mit T bekommen musste. Also Tiffany.«

»Und lustigerweise einen Boxer, passend zu deiner Sportart«, füge ich hinzu.

Sie lacht. Erklärt mir aber auch gleich die Vorzüge der Rasse. »Boxer sind viel zu intelligent, um nur Sofa-Hund zu sein. Ihr Charakter zeigt sich bei der Arbeit.« Ihre Augen leuchten. Keine Frage, wie sehr sie Hunde liebt. »Deshalb habe ich mit fünf Jahren meinen kleinen Bruder auch gegen einen Dackel aus der Gegend eingetauscht.« Mir entfährt ein: »Was, wirklich?«. Sie nickt. »Und was haben deine Eltern dazu gesagt?« Sie bleibt ernst. »Sie haben den Rücktausch später auch bereut.« Jetzt lachen wir beide.

»Aber im Ernst«, erklärt sie mir weiter. »Tiere und die Verbundenheit zur Natur sind mir sehr wichtig.« Sie streicht über den Kopf ihrer Tochter. »Auch ihr wollte ich das vom ersten Tag an mitgeben.« Dann kramt sie in der Tasche nach ihrem Handy. »Was ich meine, zeige ich dir am besten anhand eines Schnappschusses, den ich vor kurzem gemacht habe.« Sie klickt das Foto an und hält mir das Bild herüber. »Schau mal hier!« Da sitzt ihre Kleine auf einer Wiese. In tiefstem Vertrauen und Glück eng angekuschelt an eine Katze, die sich die Zärtlichkeiten genauso gern gefallen lässt. »Ach ist das schön«, sage ich. »Dann ist die Natur vermutlich deine größte Kraftquelle?« Christine nickt. »Und wie kamst du dann zu diesem Sport, ausgerechnet Kickboxen? Du hättest ja auch Wintersportlerin werden können, Langläuferin, Volleyballerin, was weiß ich.« – »Ach, das war Zufall. Ich mochte das Team, auf das ich damals stieß, und meinen ersten Trainer Aleksandar.« Ihr Blick zeigt, was er für sie bedeutet hat. »So ein wunderbarer, wertvoller Mensch. Er hat uns allen so viel beigebracht fürs Leben!« Ich lege meinen Kopf in die Hände und bin gespannt auf die Details. »Weißt du, für ihn war jeder Mensch gleich. Ganz egal, woher er stammt. Nur Einsatz und Leistung mussten stimmen, und man sollte sich auch mal durchbeißen können, wenn es schwierig wird. Ja, ich denke mancher von uns wäre später niemals so seinen Weg gegangen, wenn es nicht Aleksandar gegeben hätte. Aber ich selbst dachte am Anfang trotzdem nicht, dass ich den Sport mal professionell machen würde. Obwohl ich ja gerade für die Profivariante geeignet bin.« Ich ziehe meine Stirn in Falten, und Christine versteht, dass sie es hier mit einem Laien in Sachen Kickboxen zu tun hat. »Im Profibereich kämpft man zehn Runden, musst du wissen. Bei den Amateuren nur drei, und ich bin nun mal eher der Typ, der langsam kommt. Aber dann gewaltig.«

»Du brauchst also deine Anlaufzeit im Kampf?«, frage ich nach. Sie nickt. »Ja, am Anfang, weil mir noch die Ahnung und die Kraft gefehlt hat. Später aus taktischen Gründen.« Wieder mein Blick, der bedeutet: Bitte erklär mir mehr! Außerdem vermute ich hier einen Geheimtipp, der vielleicht auch auf Kämpfe außerhalb des Boxrings übertragbar ist. »Wenn man am Anfang noch nicht so viel Gas gibt, kann man zunächst die Situation für sich abklären. Also die Distanz einstellen und für sich selbst einen Sockel setzen, von dem man dann weiteragiert. Also im wahrsten Sinne des Wortes erst einmal richtig in den Kampf reinkommen. Nicht sofort blind hineinrennen und dann gefressen werden.« – »Verstehe«, sage ich und bin fasziniert. »Und wie fühlt sich dann der Lohn an? Beschreib mir das bitte mal: Was liebst du an einem solchen Kampf?« Christine gerät ins Schwärmen. »Na, den Sieg. Wenn ich erlebe, dass die Taktik aufgeht. Das ist einfach geil.« Sie versucht mir das, was dabei in ihr vorgeht, genau zu übersetzen. »Du musst hochkonzentriert sein, deine Stärken betonen, Schwächen verstecken und vor allem Ruhe bewahren! Da gehört so viel dazu.«

»Und wie bist du als Sportlerin mit Misserfolgen umgegangen?« Ich korrigiere mich. »Gut, bei so vielen WM- und Deutsche-Meister-Titeln hattest du das sicher nicht oft. Aber was war da dein Rezept?« Sie bleibt bescheiden. »Ach, ich habe trotzdem oft genug verloren, und als Jugendliche, das muss ich schon sagen, bin ich völlig falsch mit Niederlagen umgegangen. Da habe ich die totale Angst vorm nächsten Misserfolg entwickelt, und so musste der darauffolgende Kampf ja schiefgehen.« Sie schüttelt den Kopf. »Nein, so darf man das um Gottes willen nicht machen! Die Dinge werden ja so, wie wir sie visualisieren. Deshalb sind Vollkontaktsportler wie wir Boxer am besten, wenn sie zu den älteren Hasen zählen. Also eher zur Lebensmitte hin. So um das dreißigste oder fünfunddreißigste Lebensjahr herum.«

Ich bin begeistert. »Die Reife bringt's also auch hier?« – »Klar«, sagt Christine, »denn bei so einem Kampf entscheidet sich viel im Kopf, und wir werden mit den Jahren ja erfahrener und vor allem gelassener.«

Eine coole und bewundernswerte Entscheidung, das weiß ich von ihr, hat sie trotzdem bereits im »zarten« Alter von siebenundzwanzig Jahren getroffen. Schon damals bekam sie eine Ahnung davon, wie es sich anfühlt, wenn das Leben ohne Vorwarnung am seidenen Faden hängt. Vier Wochen vor einem großen WM-Kampf und einen Tag vor dem mündlichen Staatsexamen tastete die junge Medizinerin zu Übungszwecken ihren eigenen Hals ab und spürte einen Knoten an der Schilddrüse. Einen von der Sorte, das wusste sie nach ihrer Ausbildung, bei dem es nur zwei Möglichkeiten gab. Entweder gutartig, und dann hätte das Herausschneiden noch zwei, drei Tage Zeit gehabt, oder eben bösartig, und dann, angesichts einer solchen Größe, läge ohnehin ein klares Todesurteil vor. Auch Eile hätte da nicht mehr helfen können. Christine tat das, was sie heute für eine ihrer größten Stärken hält. Sie blieb strukturiert, traf eine Entscheidung und konzentrierte sich anschließend nur auf sie. Damals, mit siebenundzwanzig, lautete ihre Entscheidung: Den WM-Kampf durchziehen, dort möglichst gewinnen und am Montag danach ab ins Krankenhaus und operieren lassen, soweit der Tumor gutartig wäre. Selbst jetzt, als sie mir das im Rückblick erzählt, ziehe ich den Hut. Was für eine Frau, denke ich. Absolut unerschrocken. Genauso wie bei dem anderen Vorfall, wo sie eine bekannte Zeitschrift in einer bereits gedruckten Ausgabe voreilig als Weltmeisterin betitelte, bevor der erste WM-Kampf ihrer Karriere überhaupt stattgefunden hatte. Jeden anderen hätte das unter extremen Druck gesetzt. Christine Theiss nicht. Sie gewann das Ding und fragte sich hinterher, was der Verlag im Falle ihres Misserfolges wohl mit der falsch betitelten Auflage getan hätte? »Im Nachhinein hätten die vielleicht überall ein paar zwinkernde Smileys draufgeklebt oder so etwas in der Art. Keine Ahnung!« Sie lacht und schiebt ihrer Tochter noch etwas vom eigenen Dessert rüber. »Wahnsinn«, kommentiert sie den Appetit ihres Kindes, »das muss sie von ihren Eltern geerbt haben.«

»Das Fokussieren, gerade in dieser Multitasking-Gesellschaft, glaubst du, das kann man auch in höherem Alter noch lernen? Selbst dann, wenn man kein Naturtalent ist?«, frage ich nach.

»Na klar«, sagt sie. »Wenn man mit kleinen Schritten anfängt und übt, kann man alles erlernen. Ich bin fest davon überzeugt, dass es niemals zu spät ist, sein Leben zu verändern. Das ist genau das, was ich in meinen Vorträgen an andere Menschen weitergeben möchte und was mich auf Anhieb an diesem Fernsehformat *The Biggest Loser* fasziniert hat, als man mich anfragte. Ich war sofort Feuer und Flamme. Wusste gleich: Das ist mein Ding, das möchte ich machen!«

»Warum?«

Ihre Augen leuchten. »Weil ich fasziniert bin von Menschen, die noch einmal ihr Leben umkrempeln und dann eine Leistung vollbringen, die ihnen vorher niemand zugetraut hätte. Ich habe da Kandidaten, die verlieren bis zu fünfundsechzig Kilogramm! Wahnsinn. Wenn ich das miterlebe, könnte ich platzen vor Stolz. Dabei geht es nicht vordergründig um Ästhetik. Sondern um Lebensqualität. Vorher waren sie ja bei vielen Dingen im Alltag ausgegrenzt. So ein enger Stuhl, in dem wir beide hier zum Beispiel sitzen, der geht gar nicht. Oder der schmale Platz in einem Flieger, einem Fahrstuhl und und und. Außerdem setzt die Umwelt Dicksein ständig gleich mit Faulsein oder Misserfolg. Das ist eine unglaubliche Belastung und Ausgrenzung.«

»Was kannst du deinen Kandidaten denn mitgeben?«

»Letztlich funktioniert das nicht über Ratschläge. Sondern dadurch, dass sie mich während unserer gemeinsamen Zeit im Biggest Loser Camp jeden Tag erleben. Das sind dann meist acht bis neun Wochen am Stück. Dabei sehen sie, wie auch ich jeden Tag Sport mache. Selbst während meiner Schwangerschaft. Wie ich esse, was ich trinke, all das eben.«

»Und was nimmst du von den Menschen für dich mit?«

»Dass sie mich so unglaublich überraschen und mir zeigen, dass sie es packen. Ich erlebe Frauen und Männer, die in einem halben Jahr ihr Leben derartig entscheidend verändern, und zwar aus eigener Kraft! Das zeigt auch mir immer wieder: Wir sind für unser Leben absolut selbst verantwortlich. Wir können selbst bestimmen, ob und wie wir uns wohl fühlen.«

»Und was würdest du wählen, wenn du für die nächste Zeit drei Wünsche frei hättest?« Sie lehnt sich zurück. »Oh, ich plane kaum. Ich nehme die Dinge, wie sie kommen, und dann lasse ich mich absolut darauf ein. Nein, ich bin wirklich kein Planungstyp. Im Gegensatz zu meinem Mann.«

Das ist mein Stichwort. »Was für einen Typ Mann braucht denn eine Frau wie du, die sich wunderbar selbst durchs Leben boxen kann?« Christine denkt nach. »Wirklich eine gute Frage, Peggy! Ich denke, jemanden, der sich nicht über mich definiert. Der selbst mitten im Leben steht, sein Ding macht ...«

»Und ehrgeizig ist?«, ergänze ich.

Sie nickt. »Ja, das stimmt, mein Mann ist sehr ehrgeizig und ein guter Inspirator für mich. Genauso wie damals meine Trainer Aleksandar und später Mladen Steko.« So wie sie über ihren Mann spricht, kann ich spüren, dass sie auch privat angekommen ist. Auch hier ein Siegtreffer. Volle Punktzahl.

Auf der Heimfahrt erinnere mich an den Spruch, der später auf ihrem Grabstein stehen könnte. Auch über diese Frage hatte sie vorhin lange und gründlich nachgedacht. »Vielleicht so etwas wie: Sie war eine von uns«, lautete schließlich ihre Antwort, und damit hatte sie mich überrascht. Bei einer Sportlerin wie ihr hatte ich etwas Kämpferisches erwartet. Dieser Satz aber macht sie mir noch sympathischer. So wie ihr Kommentar zum Beten, nachdem sie mir von ihrem Glauben erzählt hatte. Dabei wollte ich wissen, ob sie Gott auch vor großen WM-Kämpfen um Unterstützung ersucht und um einen Sieg gebeten hatte? Ihre Reaktion darauf kam schnell. Sie meinte, dass sie durchaus oft beten würde. Aber doch nicht für solche Kleinigkeiten wie einen Sieg im Kickboxen. Sie sei der Meinung, dass Gott nun wirklich genug zu tun habe auf dieser Welt. Bestimmt täglich eine lange Wunschliste auf seinem Anrufbeantworter vorfinden würde. Da könne man sich für solche Dinge wie sportliche Erfolge als Mensch doch schon mal selbst ins Zeug legen.

Im ICE hole ich mir keine der mitgenommenen Arbeiten aus der Tasche und auch kein Telefon. Stattdessen höre ich lieber Musik und beobachte die Landschaft im einsetzenden Regen. Beschließe die nächste Stunde gleich für diese eine Sache zu nutzen, die Christine vorhin als »Inseldisziplin« bezeichnet hatte. »Auch für regelmäßige Erholung muss man sorgen!«, hatte sie gesagt. »Meinen Mann und mich zieht es dann immer in die Berge, und diese Zeit planen wir genauso fest ein wie andere Termine. Abschalten, wandern, sich Zeit nehmen und mal das Handy auslassen. Das braucht man als aktiver Mensch. Inseldisziplin eben!« Hübsches Wort, auch eins zum Merken. Ich lausche dem Prasseln auf der Scheibe neben mir und memoriere im Kopf schon mal eine Ergänzung für mein Notizbuch, die ich später noch festhalten werde. Eine, die zu meinem ersten Eindruck von Christine gehört.

»Sie ist wunderschön«, muss es an der einen Stelle heißen, »klug, stark und eine von uns.«

 Christines Tipp
Es ist nie zu spät für eine Veränderung! Du kannst dich selbst überraschen und Dinge tun, die dir andere nie zugetraut hätten. Gehe Schritt für Schritt vor. Lasse dich voll und ganz auf das ein, was im Moment dran ist, und wenn es einmal schwierig wird, beiße dich durch! Es gibt kein schöneres Gefühl als das, wenn dein Plan aufgeht.

? Fragen an mich selbst
Christine meint, im Vollkontaktsport sind die alten Hasen die Besten. Warum also sollte nicht die zweite Halbzeit die beste meines Lebens werden?
Die Sportlerin beschrieb die Vorteile einer Kampfstrategie, bei der man nicht sofort in die Vollen geht, sondern sich erst mal einen stabilen Sockel für das Bevorstehende verschafft. Bei welchen Anliegen powere ich zu schnell los, und wie könnte ich hier zunächst meine Ausgangsposition verbessern?
Christine meint, dass sie kein Planungstyp sei, sondern sich immer voll und ganz auf das konzentriere, was gerade

ansteht. Wo versuche ich mit wildem Multitasking die
Oberhand zu gewinnen und möglichst alle Details im
Voraus zu planen, anstatt mich einzulassen?

Ein paar Tage später treffe ich meinen Kollegen Hartmut privat;
wir gehen nach der Arbeit noch was essen. »Erzähl doch mal,
wie geht es dir denn so, und was machst du gerade? Ich habe
das Gefühl, dich beschäftigt etwas«, fragt er zum Einstieg. Ich
nicke und überlege, wie sehr ich ihm vertraue, um ihm auch etwas Privates zu erzählen. Von dem, was ich gerade vermisse und
suche in meinem Leben. Halte mich dann aber doch zurück.
Will nichts sagen, bevor ich nicht selbst genau weiß, wie der
Satz zu Ende geht. »Bermudadreieck Lebensmitte eben«, sage
ich nur kurz, um das Gespräch wieder auf ihn zu lenken. »Aber
was macht eigentlich dein neuer Talk und dein Wunsch mit dem
Sendeplatz? Kommst du da voran?« Hartmut kaut auf der letzten Nudel herum. »Das ist wirklich eine Menge Arbeit! Aber ich
werde unterstützt.« – »Das ist doch toll!«, rufe ich sofort. »Da
müssen wir gleich noch eine Runde Bier bestellen, um darauf
anzustoßen. So jung kommen wir ohnehin nicht mehr zusammen.« Hartmut überlegt. »Ja, das sollten wir. In nächster Zeit
werde ich nämlich noch mehr reisen müssen. Für die Recherchen, weißt du. Und diese fünfundvierzig Minuten im Studio als
Moderator zwischen zwei solchen Kampfhähnen hinzubekom-
men, die ich künftig dort stehen haben werde, das wird sicher
kein so leichtes Ding.« Ich verstehe. Hartmut macht sich Sorgen,
ob sein Traum, wenn er sich dann erfüllt, auch funktioniert.
Vielleicht sogar, ob es wirklich noch sein Traum ist. Das hoffe
ich für ihn, denn das kenne ich von mir. Manchmal kämpft man
so lange um eine Sache, dass man gar nicht mehr weiß, ob man
sie noch will. Macht einfach immer weiter, weil man Angst hat,
der Wahrheit ins Auge zu sehen. »Ja, das glaube ich dir«, sage
ich. »So viele Experten, die sich gegeneinander hochschaukeln.

Denen dann in fünfundvierzig Minuten ein klares Statement rauszulocken, das ist keine leichte Aufgabe für den Frontmann.« Hartmut stimmt mir zu. »Genau! Da alles im Griff zu haben: Die Aufregung der Live-Situation entkrampfen, mit fehlender Sachkompetenz umgehen, für Durchblick sorgen, den Umgang mit Eitelkeiten, manchmal sogar mit schlechter Laune, Unlust oder Alkoholproblemen, und dann«, zwinkert er mir zu, »dann noch die ganzen Probleme der Gäste!« Ich liebe seinen Humor und stoße mit ihm auf sein neues Format an. Hoffentlich wird es ein großer Erfolg. Das würde ich ihm gönnen.

Und hoffentlich achtet er vor lauter Einsatz auch ein wenig auf sich selbst.

Als ich in der darauffolgenden Nacht wach liege und noch einmal die Unterhaltung mit Hartmut durchgehe, frage ich mich, ob ich ihn angesichts seiner aktuellen Karrierepläne beneiden soll?

Hatte er vorhin glücklich auf mich gewirkt? So genau kann ich das gar nicht sagen. Ein Gedanke nach dem anderen schießt mir durch den Kopf, bis ich mir wieder ganz sicher bin. Für mich gibt es derzeit nur diesen Weg. Einen, bei dem ich noch einmal alle Puzzleteile durcheinanderwürfeln muss und viele Bereiche meines Lebens hinterfrage. Schließlich hatte ich kürzlich ganz klar das Gefühl festzustecken, und dann, so denke ich es mir jedenfalls, muss man auch so reagieren wie bei einem festgefahrenen Wagen. Dann hilft kein Nachtreten aufs Gas. Dann gilt es auszusteigen, den größten Morast von den Rädern zu entfernen und sich notfalls mit einem Zugseil von anderen aus dem Loch herausziehen zu lassen. In jedem Fall klappt das Freikommen nur in gedrosseltem Tempo und mit Feingefühl. Nur so kommt man aus unwegbarem Gelände heraus und aus einem Schlamassel, dessen Tiefe man gar nicht abschätzen kann. Ich rücke mir mein Kissen zurecht und freue mich auf mein morgiges Treffen mit dem Filmemacher und Bestsellerautor Clemens Kuby.

Irgendwann nachts trägt mich der Schlaf in eine andere Welt. Sie ist schön und lichtdurchflutet, aber fremd. Ich kann spüren, dass ich dort erwartet werde. Die Person, die dann auftaucht, ist mir allerdings unbekannt. Ich ahne nur, dass es jemand ist, der mir etwas Wichtiges zeigen soll, und schon stellt mir dieser Jemand eine Frage, ohne dabei seine Lippen zu bewegen. Sie lautet: »Weißt du, was der Sinn des Lebens ist?« Ich schüttle den Kopf und bin gespannt. Die Person deutet mit der einen Hand einen Kreis an, und in der anderen hat sie eine wunderschöne tiefrote Blüte. Dann erklärt sie mir zunächst den ewigen Kreislauf des Lebens. Angefangen von einem Samen, der zur Erde fällt, seine Anstrengung beim Wachsen, die Pflanze, die sich daraus bildet, ihr Erblühen und schließlich ein neuer Samen, der aus ihrem Inneren hinab zum Boden fällt, bis die Pflanze gänzlich verblüht und der Kreislauf von neuem beginnt. Aufmerksam verfolge ich die Erklärung. Doch dann wundere ich mich. »Und warum hast du in deiner anderen Hand diese wunderschöne rote Blüte?«, frage ich. Die Person lächelt. »Nun, die Blüte ist dein jetziges Leben und die schönste Zeit des Kreislaufs. Denk mal darüber nach.« Ich bin begeistert. Irgendwo hatte ich von diesem Gleichnis schon einmal gehört, oder hatte ich es vielleicht in einem früheren Traum erlebt? Irgendwie ist es mir vertraut, nur hatte ich es wieder vergessen. Dann spüre ich, dass ich der Person in meinem Traum ein paar Schritte folgen soll. Sie führt mich zu drei Versionen von mir selbst. Drei Frauen, alle mit meinem Gesicht, und alle liegen auf dem Boden. Die eine klagend und weinend, die zweite mit sehnsuchtsvollem Blick, der weit in die Ferne gerichtet ist, und die dritte zutiefst beschäftigt. Unnahbar, nüchtern und ernst. Ich bin gleichzeitig erschrocken und berührt von dem, was ich vor mir sehe. Drei unterschiedliche Versionen von mir selbst, doch alle mit ähnlicher Hilflosigkeit. In meinem Traum lächle ich alle drei Frauen an, gehe auf sie zu und richte eine nach der anderen auf. Alle drei ergreifen meine Hand und beginnen in diesem Moment sofort, sich zu verändern. Sie lächeln und hüpfen. Sind tausendmal schöner als zuvor, und ohne dass wir miteinander reden müssen, weiß ich, was in ihnen vorgeht. Endlich fühlen sie sich wieder lebendig. Vergeuden sich nicht. Und noch etwas anderes verstehe ich in diesem Augenblick. Ich habe die Kraft, mich zu heilen. Mir einfach selbst die Hand zu reichen, und genau in dem Moment, da ich diesen Gedanken habe, verlässt mich meine Begleitung, die mich durch diesen Traum geführt hat. Lächelnd winkt sie im Gehen, und ich winke zurück.

Ganz ohne Sorge, denn ich weiß, ich finde den Weg auch so zurück. Ich brauche sie nun nicht mehr.

Steh wieder auf

so wie Clemens Kuby, als er seine Querschnittslähmung überwand

Eigentlich hätte der Mann auch auf eine lange Politkarriere zurückblicken können.

Clemens Kuby war Gründungsmitglied der Grünen-Partei und von Schulzeit an befreundet mit dem deutsch-französischen Politiker und Publizisten Daniel Cohn-Bendit, in dessen WG auch Joschka Fischer lebte. Das ganze Gerangel und Taktieren auf der politischen Bühne ging dem jungen Filmemacher aber bald auf die Nerven. Es musste doch noch andere Dinge im

Leben geben! Er jedenfalls wollte mit seinem noch mehr anfangen, und so trat er mit dreiunddreißig Jahren aus der Partei, die auch sein Baby war, wieder aus. Vier Monate später stürzte er beim Ausbau seines Hauses vom Dach. Fünfzehn Meter in die Tiefe, direkt auf den Asphalt. Schon die herbeigerufenen Sanitäter tuschelten »Querschnittslähmung«, und zahlreiche Ärzte bestätigten dies dann auch.

Zuvor galt es den Patienten mit dem Rettungshubschrauber in die Notaufnahme zu fliegen. Das Gewitter, in das der Flieger dabei geriet, löste Todesangst bei Clemens aus. Er schwor sich: Wenn er das hier übersteht, dann würde er sein Leben ändern, und zwar radikal.

Es folgte die nächste Prüfung, denn auch der Rat des Klinikpsychologen war schwer auszuhalten. Der Fachmann wollte seinen Patienten beruhigen und tat das mit den Worten: »Seien Sie stark, nehmen Sie Ihr Schicksal an. Wenigstens können Sie noch mit Ihren Händen arbeiten, und Sie bekommen künftig immer einen Parkplatz.« Auch Familie und Freunde, die ihn besuchen wollten, selbst mit der neuen Situation überfordert, übernahmen die Ansicht der Ärzte. Immerhin vierzig an der Zahl, und die Station, auf der Clemens lag, war der Medizinischen Hochschule angeschlossen. Schließlich hieß die eindeutige Diagnose »Rollstuhl lebenslänglich«.

Clemens' Reaktion darauf: ein kategorisches Besuchsverbot für alle.

Meine Augenbrauen wandern nach oben, als er mir während eines gemeinsamen Abendessens die Einzelheiten erzählt. Von seiner unglaublichen Geschichte, der mit der Heilung nach der Lähmung, hatte ich bereits in seinen Büchern gelesen. Die wurden zu Bestsellern, und einmal hatte ich Clemens Kuby auch schon als Interviewgast in meiner Sendung. »Woher hast du denn in dem Moment die Kraft zu so einer Reaktion genommen: dich sofort vor negativen Einflüssen zu schützen und derart überzeugt zu sein, dass diese Hiobsbotschaft nichts Endgültiges ist?« Er schüttelt den Kopf. »Eigentlich war das damals noch keine feste Überzeugung. Nur ein Gefühl. Eine Art Ignoranz. Ich wollte nicht akzeptieren, dass ich mein Leben an die Wand gefahren hatte. Ein Jahr später konnte ich die Klinik tatsächlich auf meinen zwei Beinen verlassen. Aber es sollte wesentlich länger dauern, bis ich verstand, was da bei mir passiert war, und ich habe noch ganze dreiundzwanzig Jahre gebraucht, bis ich aus dem Wissen um diese Genesung eine Methode entwickelt habe, mit der ich nun auch anderen bei ihren scheinbar unheilbaren Krankheiten helfen kann.« Das, was mir dieser Mann hier gerade erzählt, würden viele für Voodoo-Zauber halten. Clemens aber macht überhaupt nicht den Eindruck eines halbseidenen Magiers. Mittlerweile schwören angesehene Schulmediziner, so wie der Chef eines großen Schweizer Klinikums, auf seine patentierte Methode zur Selbstheilung und lassen ihre komplette Ärzteschaft darin ausbilden. So erhoffen sie sich, endlich auch hinter die Symptome einer Krankheit schauen zu können, die sie behandeln. Also ihre wirkliche Ursache zu erkennen, denn dafür besitzt die Schulmedizin bis heute keine eigene Methode.

»In welchen Fällen konntest du denn schon mit deiner Methode helfen?«, frage ich nach. Clemens gießt uns etwas Wein ein. »Nun, kürzlich zum Beispiel einem Aidspatienten. Vor der Anwendung hatte er von der Berliner Charité den Befund seiner Erkrankung schwarz auf weiß. Nach etwa drei Jahren, nach Anwendung meiner Kubymethode®, erhielt er in einem neuen Befund von derselben Abteilung den schriftlichen Beweis. HIV-negativ.«

Klingt unglaublich. Clemens aber erklärt mir die Sache so, dass ich verstehe, wie er herangeht.

»Weißt du, jeder Neurologe kennt die Funktionsweise unseres Hirns und das Geheimnis der Neubildung von Synapsen bei starken emotionalen Erlebnissen. Sie wissen, was unser Geist und unsere Vorstellungskraft alles zu verändern vermag. Mein Onkel war der Physiker Werner Heisenberg. Von ihm, dem Begründer der Quantenmechanik, hast du sicher in der Schule gehört. Bis heute blieb er übrigens der jüngste Nobelpreisträger aller Zeiten. Er entdeckte die nach ihm benannte Heisenberg'sche Unschärferelation. Die wichtige Ergänzung zu Albert Einsteins Relativitätstheorie. Mein Onkel beschrieb darin den sogenannten Beobachtereffekt. Der besagt, dass der Betrachter durch das Betrachten das Betrachtete verändert. Dass es demnach also keine objektive, feste, unverrückbare Wahrheit gibt. Es geht immer um unsere subjektive Wahrheit. Damit haben Dinge und Ereignisse immer eine individuelle Ursache, und die können wir mit unserem Geist verändern. Also auch heilen! Trotzdem bezeichnet die Schulmedizin den Rückgang einer Lähmung, so wie bei mir damals, lediglich als eine Spontanheilung. Als ich damals einen Arzt bat, mir zu erklären, wie so eine Spontanheilung seines Wissens im Körper funktioniert, sagte er: ›Na spontan eben!‹ Und da machte es bei mir klick. Ich wollte herausfinden, was da genau passiert.«

»Und hast du es herausgefunden?«

Clemens lacht. »Ich bin Dokumentarfilmer. Also habe ich einen Kameramann mitgenommen und bin um die Welt gereist. Durch vierzehn Länder, über alle Kontinente. Ich wollte Leute kennenlernen, die sich mit geistigen Heilmethoden auskennen. Menschen mit einem anderem Bewusstsein, die außerhalb unserer Zivilisation leben. Die anders ticken als wir. Später bekam ich für diese Beobachtung den Bundesfilmpreis. Aber um diese Menschen zu finden, hatte ich mir erst einmal fünf Kategorien ausgedacht. Erstens: Sie dürfen keinen Strom haben. Zweitens: keine Straßen. Drittens: kein weißes Mehl. Viertens: keinen Zucker und fünftens: keine Touristen. Ich hatte allerdings keine Ahnung, wo ich solche Menschen finden könnte. Ein Freund, der mich trotz Besuchsverbot im Krankenhaus aufgesucht hatte, gab mir den entscheidenden Tipp: Ladakh. Das wäre ein Land im Westhimalaya auf über dreitausend Metern Höhe. Da wäre er schon gewesen, und dort würde ich solche Menschen, auf die alle meine Kategorien zutreffen, finden. In dem Moment, als ich begriff, dass meine fünf Kategorien keine Spinnerei sind, sondern in Ladakh, oder wie das heißt, handfeste Realität, zu der er mich führen könne, begann mein Körper zu beben. Unfassbar, Peggy, es geschah in diesem Augenblick etwas mit mir, und schon am nächsten Tag konnte ich eine Zehe bewegen. Natürlich sprang ich nicht sofort geheilt aus dem Bett. Ich habe anschließend trainiert wie ein Wahnsinniger! Schließlich musste ich anfangen, mühsam alle lahmgelegten Nerven in meinem Körper wieder miteinander zu verknoten. Heilung und Veränderung sind nun mal keine Prozesse, bei denen es stetig bergauf geht. So funktioniert das nie! So ein Prozess gleicht eher einer Achterbahn. Es geht auf und ab. Aber, um da hindurchzusteuern, hatte ich nun die entscheidende Geheimwaffe. Ich besaß ein Ziel, für das es sich lohnte, wieder gesund zu werden und laufen zu können. Denn im Rollstuhl, meinte mein Freund, komme ich da nicht hoch.«

Wir bestellen etwas zu essen, und ich staune über die Energie dieses Mannes, der kürzlich seinen siebzigsten Geburtstag feierte. Vor mir sitzt kein Mensch, der offiziell in Rente sein könnte und der es liebt, im Sonnenstuhl mit Pfeifchen und Büchern den Lebensabend zu genießen. Vor mir sitzt ein Mann mit unbändigem Appetit aufs Leben. Unverbraucht, wie bei einem Kind. Jemand, der jeden Tag aufs Neue Lust hat, die Welt einzureißen. Seine Kubymethode® so unter die Menschen bringen will, dass sie jeder ganz selbständig für sich anwenden kann und damit lange gesund und aktiv bleibt für alles, was er in seinem Leben gestalten möchte. Für Clemens ist dieses Vorhaben kein Geschäftsmodell. Geld, so sagt er, kann er ohnehin nicht mit ins Grab nehmen oder – um beim Titel eines seiner Bestseller zu bleiben – in eine nächste Dimension. Er ist überzeugt von der Macht unserer Selbstheilungskräfte und lebt diese Überzeugung auch. So sehr, dass er schon lange keine Krankenversicherung mehr besitzt. Rückversicherung für jemanden, der auf die Macht des Geistes setzt, das wäre für ihn ein Spiel mit doppeltem Boden.

»Wie hast du denn nun auf deinen Reisen die Antwort auf diese Frage bekommen; die nach dem Geheimnis des Selbstheilungsprozesses?« Clemens Augen leuchten, wenn er von diesem Abenteuer erzählt.

»Es begann mit einer Begegnung in Ladakh, mitten auf einer Hochstraße durch eine Steinwüste im Westhimalaya. Dort versperrte mir ein fremder Wagen mit einer Autopanne die Weiterfahrt. Sein Fahrer und die scheinbar dazugehörigen Bodyguards waren gerade damit beschäftigt, Wasser für den kaputten Kühler zu besorgen, und auf dem Rücksitz des Wagens – in diesem Moment für sich ganz allein – saß der Dalai Lama. Ich fragte ihn: You are the Dalai Lama?, denn noch hatte ich offen gestanden keine Ahnung, wer er war. Er antwortete: Who are you? Ich sagte: Ich bin Clemens Kuby aus Deutschland. Er fragte weiter: What are you doing here?; was ich denn hier täte. Ich antwortete in korrektem Englisch: I wonna shoot uncivilized people. »Shoot« heißt eben nicht nur schießen, sondern auch drehen und filmen. Seine Heiligkeit der Dalai Lama lachte aus voller Kehle und sagte schließlich: Come in, my friend. Von diesem Moment an reise ich zehn Tage mit ihm durch Ladakh. Ich erfuhr Dinge, von denen ich noch nie etwas gehört hatte. Er sprach von Karma, von der Kontinuität des Geistes und von Bewusstseinsprozessen auf verschiedenen Ebenen. Das waren Dinge, die hätte ich bei den Grünen niemals erfahren. Nach diesen zehn unglaublichen Tagen, weit weg von meinem bisherigen Denken, wusste ich plötzlich: Aha, deshalb bist du also vom Dach gefallen!«

Ich bin ganz in seiner Geschichte. »Und wie ging es dann weiter?«

Clemens lächelt. »Nun, zurückgekommen von meinen Reisen bin ich dann mit einhundertdreißig Stunden Filmmaterial. Das wiederum habe ich zwei Jahre lang geschnitten. Habe mir die Bilder immer und immer wieder angeschaut. Aber trotzdem nicht verstanden, was in diesen Zeremonien der Schamanen vor sich geht. Bis ich meine Aufnahmen Gehirnforschern zeigte. Sie haben mir dann die Rituale der Medizinmänner und deren Wirkung aufs Hirn erklärt. Demnach erschaffen die Schamanen mit ihrem ganzen Hokuspokus und Schauspiel einfach eine neue Realität für den Patienten. Das alte, verletzende Erlebnis, das die seelische Ursache für das jetzt ausgeprägte Leiden bildet, wird ausgemacht und inhaltlich umgedeutet. Ganz so, als würde man ein Drehbuch umschreiben. So, als hätte die Person die Sache damals ganz anders – nämlich positiv – erlebt, und so beruhigt, kann der Geist dann mit der Heilung des Köpers beginnen.«

Clemens macht eine bedeutungsvolle Pause.

»Wirklichkeit ist nämlich das, was wirkt, und nicht das, was wahr ist. So wie bei starken Fernseh- oder Kinofilmen. Du kennst das ja. Obwohl das Geschehen da auf der Leinwand nicht real passiert, sind wir emotional völlig beteiligt und mitgenommen. Alles erscheint uns in dem Moment als wahr. Deshalb leiden und weinen wir auch mit unserem Filmhelden mit. Genauso habe ich die Szenen bei den Schamanen für mich gedeutet und mit den Regeln eines Filmemachers und Drehbuchschreibers als Methode weiterentwickelt. Damit können wir nun alle unseren eigenen Film umschreiben.« Mein Blick zeigt ihm, dass er mir das noch genauer erklären muss. »Ich finde also mit dem Klienten heraus, wo die seelische Ursache seiner heutigen Erkrankung liegt. Zum Beispiel Diabetes, Krebs oder Schuldgefühle und so weiter. Ich suche mit ihm nach einer ursächlichen Szene für eine bestimmte Verletzung, die zum Thema seiner Krankheit passt, und anschließend unterstütze ich ihn darin, diese gefundene Szene – zum Beispiel einen Konflikt mit dem Vater, ein Trauma, eine körperliche Gewaltszene – zum Positiven zu verändern. Im Präsens umzuschreiben.«

»Wie machst du das? Wie findet ihr denn so eine Schlüsselszene?«, frage ich sofort nach und habe längst ein Thema im Kopf, das ich auch mal umprogrammieren möchte. Clemens spürt das. »Nun, dazu brauche ich zunächst die Nacht und diese Dämmerphase vor dem Einschlafen beziehungsweise Aufwachen. Da arbeitet unser Hirn nämlich nur noch auf einer Ebene zwischen fünfzehn und sieben Hertz.« Ich nicke und erinnere mich an den Artikel, den ich erst vorgestern dazu las. Den über Hypnose und Superlearning-Methoden. »Im Schlaf«, erklärt Clemens weiter, »sind es dann weniger als sieben Hertz. In diesem Halbschlaf ist unsere Ratio nicht mehr so aktiv. Da kommen wir wesentlich leichter in unsere Intuition. In diesem Zustand denken wir nicht mehr, sondern sinnieren. Assoziieren in Bildern. Dann legst du am besten einen Stift und Zettel neben dein Bett und bittest deine Seele dich im Morgengrauen aufwachen zu lassen, also vor dem eigentlichen Aufstehen, und in diesem halbwachen Zustand kritzelst du auf das bereitgelegte Papier alle Eindrücke, die spontan in dir auftauchen. Später, mit deinem Tagesbewusstsein betrachtet, sind diese Bilder und Worte dann sehr erhellend. Aber das kannst du auch alles in meinen Büchern nachlesen. Das einfachste Buch ist *Gesund ohne Medizin – die Kubymethode*. Werde mir sicher eins holen, denke ich, bin aber jetzt schon neugierig, wie dann so eine Heilung zustande kommen kann. »Dafür musst du die Szene, die dir eine Situation zeigt, in der dein Leid entstanden ist, eben umschreiben«, sagt er, als wäre es das Einfachste der Welt.

»Was heißt ›eine Szene umschreiben‹?«

»Nun, indem du dir zunächst die Szene bewusstmachst, in der du das Leid erfahren hast, das sich bei dir vielleicht schon zu einer Krankheit ausgewachsen hat. Diese Szene kann nicht so bleiben, wenn du deine Krankheit loswerden möchtest. Du benutzt deine ganze Kreativität und Phantasie, wie du es beispielsweise schaffen kannst, deine Peiniger bessere Menschen werden zu lassen. Menschen, die dich lieben, anstatt dich zu quälen. Wenn du diese Umschreibung nach den Regeln eines Drehbuchs vollziehst, dann wirkt sie. Dazu gehört es, dass du alles im Präsens formulierst und in wörtlicher Rede. Du lernst, wirksame Szenen zu entwickeln, die in deinem Hirn Synapsen und Botenstoffe bilden, die das Verhalten deiner gesamten Zellen regulieren. So kommt dann die Heilung zustande, und dafür muss die Szene so geschrieben sein, dass sie bei dir Emotionen auslöst. Das wird oft sehr heftig. Viele weinen dabei oder bekommen Gänsehaut.«

Clemens erzählt mir von seinem jüngsten Buch *Looking for a sign*, seinen Seminaren, die er anbietet, und dem Internetportal, auf dem man seine Methode kennenlernen und nutzen kann. »Wir brauchen keine Angst im Leben zu haben, Peggy. Unser Geist hat kein Haltbarkeitsdatum. Ich weiß nicht, wie du das siehst. Aber ich für meinen Teil war noch nie bei der Beerdigung einer Seele. Immer nur bei Beerdigungen von Körpern.«

Ich lache und nehme mein Notizbuch heraus.

»Du hast das vorhin so schön formuliert: Heilung und Veränderung sind keine Prozesse, bei denen es nur bergauf geht. Das Ganze ähnelt mehr einer Achterbahn. Dann gib mir doch zum Schluss bitte noch einen Tipp. Wie steuere ich am besten durch die schwierigen Phasen, da wo es bergab geht?

 Clemens' Tipp
Die größte Kraftquelle für ein schönes Leben ist, keine Angst vor einer Veränderung zu haben. Im Gegenteil. Sieh selbst den Tod als wunderbare, vielleicht größte Erfahrung vorzustellen, in der du nur einfach wieder aufbrichst

zu neuen Ufern und einen nächsten großen Sprung in deiner ewigen Entwicklung machst. Und wenn du diese Kontinuität in deinem Leben hast – dass noch viele Leben vor dir stehen –, dann sagst du dir: Was soll's! Ich pack alles an, und ich kann selbst am letzten Tag noch ein Apfelbäumchen pflanzen.

? Fragen an mich selbst
Clemens hat mit der Diagnose Querschnittslähmung in der Klinik nur auf ein Gefühl – eine kleine Hoffnung – als Kraftquelle gesetzt. Wie oft verlange ich bereits vor dem Start handfeste Beweise und Sicherheiten?
Der Filmemacher hatte nach seiner Rundreise mit dem Dalai Lama das Gefühl, genau dafür vom Dach gefallen zu sein. Wo ergeben auch in meinem Leben bestimmte Ereignisse im Nachhinein Sinn?
Clemens sieht selbst den Tod nur als nächste Entwicklungsstufe. Mit dieser Gelassenheit im Rücken: Worauf hätte ich noch unbedingt Lust, neben dem Pflanzen eines Apfelbäumchens natürlich?

Worauf habe ich unbedingt noch Lust, denke ich wieder und wieder auf der Rückfahrt von diesem Essen?

Mittlerweile habe ich eine Ahnung. Doch wie soll ich das, was ich mir wünsche, mit dem vereinbaren, was mein Leben gerade ausmacht? Menschen und Themen, von denen ich das Gefühl habe, dass sie momentan noch viel Zeit und Kraft von mir benötigen. Oder aber, dass manche von ihnen meine neuen Wahrheiten überhaupt nicht verstehen könnten. Bei dem Gedanken werde ich richtig traurig. Klar weiß ich, dass Wahrheit ihre Zeit braucht. Doch schon jetzt freue ich mich sehr darauf, sie eines Tages laut aussprechen zu können! Genau in dem Moment klingt ein Lied aus meinen Kopfhörern.

»*Wenn du ehrlich bist, dann muss was raus, weil es dich zerfrisst …*«
Frieda Gold. Ich drehe lauter.
»*Und dann stehst du auf, so dass es mir ganz kurz den Atem raubt.
Die erste Wahrheit kommt ganz langsam raus und nimmt ihren
Lauf. Du taust … auf und … fängst langsam damit an und hörst nicht
auf …*«
Wow. Toller Text. Ich muss weinen. Ganz plötzlich und aus
einer solchen Tiefe heraus, wie schon lange nicht mehr.
»*… und du wirst sehen, da vorn glänzt die Freiheit, starte bei dir!*«
Ich drehe mich zum Fenster, damit keiner der Sitznachbarn mein verheultes Gesicht sieht. Schluss mit dieser Wis-
sen-Tun-Lücke. Immer nur nachdenken, reden und Tipps einsammeln ist auch eine Form des Hinauszögerns. Jetzt aber ist
er da: der Punkt, eine Entscheidung zu treffen, und zwar eine
sichtbare. Eine, die ich auch ausspreche. Vor mir selbst und vor
anderen.
No action, no satisfaction.

Die Phasen zwischen dem Vorankommen und dem Zurückfallen in alte Grübeleien oder Verhaltensweisen wechseln sich
nun häufig ab. Mal ist die eine intensiver, mal die andere. Fort-
schritte meine ich daran zu erkennen, dass die Abstände zwischen beiden Phasen länger werden. In dieser Nacht allerdings,
Night is a bitch, rutsche ich wieder in ein Loch. Eins, bei dem
man mal eine Umarmung bräuchte oder einen Tag am Meer. Ich
hatte den Fehler gemacht, in den Rückspiegel zu schauen und
mich noch einmal an vermeintlich falsche Entscheidungen in
der Vergangenheit zu erinnern. Zumindest solche, die ich lange
Zeit dafür hielt, und nun steigere ich mich richtig hinein. Dabei
kommt mir eine Sache in den Sinn, die ich scheinbar gut weg-
gepackt und überklebt hatte mit einem dicken Pflaster namens
»Arbeit, Arbeit, Arbeit«. Diese zweite Schwangerschaft vor vielen Jahren. Mein Leben war damals sehr anstrengend, und ir-

gendwann streikte der Körper. Das Ende der Schwangerschaft und der Beginn einer bitteren Phase von Selbstvorwürfen. Hätte ich doch besser auf mich aufgepasst, dachte ich plötzlich auch in dieser Nacht wieder. Warum konnte ich diese Weggabelung nicht leben, warum den Verlust nie richtig betrauern, und überhaupt: Warum habe ich die Dinge nicht schon damals mit den Augen von heute gesehen? Ganz bestimmt wäre dann alles ganz anders gekommen! Aus irgendeinem Grund scheine ich davon auszugehen, dass mein Weg ein besserer gewesen wäre. Vor allem steckt offensichtlich noch dieser Stachel in mir, dass die Schuld für den Verlust komplett bei mir liegt.

Ich wälze mich zur Seite. Draußen ist das Wetter schlecht. Also liege ich noch mindestens eine Stunde wach und schaue den Fensterscheiben beim Weinen zu.

Die Quittung für den ganzen Gedankensalat kommt beim Aufwachen am nächsten Morgen.

Ein Schlag, ein Schmerz und ein nur halb geöffnetes Auge, denn auf dem anderen hängt die Kante eines Ölbildes, das normalerweise über dem Kopfteil meines Bettes hängt. Der Dübel hatte einfach keine Lust mehr. Weder auf die für ihn vorgesehene Haltefunktion an der Wand noch – diese Vermutung liegt nahe – sich die Dramen meines jämmerlichen Selbstmitleides noch eine Nacht länger mit anhören zu müssen. Also kippte er lieber kopfüber aus dem Bohrloch meiner Schlafzimmerwand. »Aua«, sage ich ein wenig zeitverzögert, nachdem mich der Aufprall aus meinen Träumen gezerrt hatte. Dann schiebe ich mir die Ecke des Rahmens aus dem Auge und taste mein Gesicht ab, um das Ausmaß des Unfalls festzustellen. Zum Glück noch alles dran. Nur mit einer ordentlichen Schwellung werde ich rechnen müssen. Aber Gott sei Dank arbeite ich heute im Homeoffice. Muss nicht vor die Tür.

Als ich abends dann doch noch mal das Haus verlassen muss,

um vor Ladenschluss etwas Essbares zu besorgen, wirke ich womöglich wie das Opfer eines lieblosen Ehemannes. Als ich vor der Tür ankomme, erschrecke dann aber ich, und zwar vor den seltsamen Gestalten, die sich um diese Uhrzeit an meinem Briefkasten zu schaffen machen. Kurz vor 20 Uhr schrauben zwei fremde Männer an dem Postfach herum, an dem mein Name steht.

»Was machen Sie denn da?«, sage ich in strengem Ton. Die beiden lassen sich nicht stören. »Wir sollen hier das Schloss auswechseln, hier wohnt keiner mehr.« – »Wie jetzt, hier wohnt keiner mehr?«, frage ich zurück. »Das ist mein Briefkasten, und selbstverständlich wohne ich hier. Habe auch nicht vor, das zu ändern. Also darf ich Sie bitten, das umgehend zu unterlassen?« Nachdem sich die beiden endlich nach mir umgedreht haben, sehen sie nun doch etwas verstört aus. Keine Ahnung, ob aufgrund der eben verabreichten Neuigkeit oder wegen meines ramponierten Auges. Davon lasse ich mich aber nicht aus dem Takt bringen. Ich brauche Fakten. »Wer hat Sie denn überhaupt beauftragt?«, frage ich total genervt. »Na, die Hausverwaltung«, antwortet einer der beiden ganz unschuldig. Aha, denke ich, jetzt weiß also noch nicht einmal mehr die eigene Hausverwaltung, dass ich hier wohne, obwohl sie jeden Monat pünktlich meine Miete erhält. »Schrauben Sie das alte Schloss jedenfalls bitte wieder dran!«, sage ich und sehe, wie die beiden hilflos mit den Schultern zucken. »Das geht jetzt aber nicht mehr. Das alte Schloss haben wir beim Aufbrechen kaputtgemacht. Da müssen wir erst ein neues besorgen.« Ich werde immer gereizter. »Na, dann machen Sie das!« Die beiden werden blass. »Das kann aber dauern. Dafür brauchen wir erst mal wieder einen neuen Auftrag.« Ich werde so wütend, dass mein lädiertes Auge ganz heiß wird. »Und in der Zwischenzeit soll das Ding hier offen stehen und jeder meine Post mitnehmen und lesen dürfen oder wie?« Wieder ein Schulterzucken der beiden. »Natürlich nicht«, sagt dann der eine. »Wir versuchen, uns zu beeilen.« Ich nicke. »Na, dann machen Sie das mal!«

Ich steige in den Fahrstuhl und schüttle den Kopf. Erst dieser Ölschinken, der mir heute Morgen aufs Auge fällt, und nun die beiden dunklen Gestalten, die hier mir nichts, dir nichts Schlösser ausbauen und einem das Recht auf einen Briefkasten mit Privatsphäre streitig machen.

Was für ein Tag!

Vielleicht waren das ja auch wieder Hinweise vom Universum? Diesmal als klare Rüge, damit ich das mit den Selbstzweifeln und traurigen Nachtgedanken endlich mal seinlasse? Damit ich kapiere, dass Loslassen Trumpf ist, und mich jetzt für einen der beiden künftigen Lebenswege entscheide: den hellen oder den dunklen? Ich überlege.

Was wäre bei Nichteinhaltung wohl die nächste Lektion?

Ich schließe die Augen und schicke lieber gleich meinen vorauseilenden Gehorsam in den Orbit: »Alles klar«, murmele ich im Fahrstuhl vor mich hin »Ich habe verstanden.« Dann schnell hinein in die Wohnung und direkt zum Eisfach. Fürs Auge zur Sicherheit gleich noch einen Eisbeutel. Will ja morgen nicht mein blaues Wunder erleben.

Als ich meiner Freundin am nächsten Tag von den Schlossdieben und diesem Bilderrahmen in meinem Auge berichte, weiß sie gar nicht, wie sie reagieren soll.

Mich bedauern oder loslachen? Je mehr sie sich das Lachen verkneifen will, finde ich die beiden Vorfälle nun ebenfalls komisch. »Ja, ja«, sagt sie etwas später dann doch noch mit der nötigen philosophischen Tiefe, »das mit der Selbstsabotage ist schon ein hartnäckiges Thema. Ich kenne solche Rückschläge gut. An manchen Tagen ist alles Friede, Freude, Eierkuchen, und an anderen befindet sich unsere Seele wieder im totalen Aufruhr.« Ich nicke. »Ja, das gestern war jedenfalls kein Eierkuchentag für mich.« Jetzt lachen wir noch mal zusammen und machen es uns auf meiner Couch gemütlich. »Ich schau mal, was so läuft«, sagt sie mit meiner Fernbedienung in der Hand, und ich lasse mich passiv in die Kissen fallen. Bevor es meine Freundin – oder schlimmer noch, das Universum – mitbekommt, denke ich heimlich doch noch mal an diese eine Frage aus der vergangenen Nacht. Die, die das ganze Bilderrahmen-Briefkasten-Drama höchstwahrscheinlich ausgelöst hat. Die mit diesem selbstkritischen, unproduktiven Gedanken:

»Was wäre heute wohl anders?«

Dann fällt mir Walter Kohls Rat zu der Sorte an Fragen ein. »Die Vergangenheit«, hatte er mir mal gesagt, »und die Frage nach dem Warum bringen uns nicht weiter. Wir müssen ein neues Wofür finden.« Ein Wofür also. Okay, was könnte das Wichtige in meinen vermeintlichen Fehlern gewesen sein? Wofür um alles in der Welt könnten Verluste aus der Vergangenheit, wie zum Beispiel der Verlust einer zweiten Schwangerschaft, die Erinnerung an mein Sternenkind, in meiner Zukunft denn nun gut sein? Vielleicht gibt es dort draußen tatsächlich eine Aufgabe, bei der ich diesen Schmerz doch noch in etwas Sinnvolles verwandeln kann, also klug investieren? Ein Projekt, eine Unterstützung für andere Menschen mit ähnlichen Erfahrungen zum Beispiel? Schon jetzt kann ich sofort spüren, wie mir die neue Sichtweise körperlich Kraft verleiht.

Am nächsten Tag nehme ich mir vor, das mit den weiteren persönlichen Veränderungen unternehmerischer anzugehen. Ich greife mir das Notizbuch und lege eine neue Liste an. Diesmal eine mit meinen fünf größten Erfolgskillern. Mit ihr kann ich mich dann künftig selbst überprüfen. Also dann:

*Meine fünf größten Erfolgskiller auf dem Weg
zu neuen Ufern*

1. Zweifel
2. Keine beziehungsweise nur sehr langsam Entscheidungen treffen
3. Getroffene Entscheidungen immer wieder in Frage stellen
4. Bei Zweifeln nicht bei der Entscheidung bleiben
5. Einfach wieder bei Punkt 1 starten

Jetzt sehe ich mir die Punkte noch einmal im Überblick an und lache. Ja, mit dieser sehr einfachen Fünf-Schritte-Strategie könnte ich sicherstellen, dass ich geistig ständig beschäftigt wäre und immer alle Hände voll zu tun hätte, ohne dabei je einen Erfolg zu verbuchen. Eine wirklich zuverlässige Strategie! Einfach, effektiv und – leider auch sehr vertraut.

Also notiere ich als Fazit: Es bleibt dabei. Es ist Zeit für »Pentimenti«, wie es Kunstmaler gern bezeichnen, sobald sie mit ihrem bisherigen Ergebnis auf der Leinwand nicht zufrieden sind und noch mal korrigieren wollen.

Vorher aber gibt's hoffentlich etwas Leckeres zu essen, denn morgen geht es erst einmal zu Fernsehkoch Nelson Müller nach Essen!

Du musst dich nicht zwischen deinen Träumen entscheiden

so wie es Sternekoch, Fernsehexperte und Musiker
Nelson Müller für sich sieht

Auf der Fahrt zu seinem Restaurant *Die Schotte* überlege ich, wie viele singende Sterneköche ich eigentlich kenne? Mir fällt kein anderer ein.

Natürlich gibt es Kollegen von Nelson, die ebenfalls Instrumente beherrschen oder früher in einer Band gespielt haben. Aber keinen, der beides – Kochen und Musik – professionell betreibt. Die Rezepte, die er im Fernsehen verrät, sind auch nach meinem Geschmack. Koche ich am Wochenende manchmal nach. Ich mag es, wenn er mit bewusst schwäbischem Akzent beschreibt, wie man Maultaschen zubereitet, und sein Dessert-Vorschlag aus Eis im Schokoladenmantel besteht. Auch ich habe heute etwas zum Dessert dabei, ein kleines Gastgeschenk aus meiner Heimat. Eine sächsische Backspezialität mit dem hübschen Namen *Leipziger Lerche*. Aber, meldet sich dann doch ein Zweifel, als ich am Ziel ankomme: Darf man so etwas einem Mann schenken, der sich einen Michelin-Stern erkocht hat? Jemandem, der als Experte in der ZDF-Küchenschlacht auftritt und eigene Dokumentationen zum Thema Lebensmittelqualität moderiert? Na, mal schauen, wie der Experte ohne eine Fernsehkamera so ist. Optisch entspricht er ja schon mal diesem herrlichen Spruch, der über seine Zunft kursiert. Jenem, in dem es heißt, wirklich gute Köche seien schlank, weil sie nicht ständig kosten müssen. Sie wüssten auch so, dass ihr Essen schmeckt. Von Nelson habe ich mir ebenfalls eine Aussage gemerkt. Für ihn sei Kochen die zweitschönste Sache der Welt, und selbst bei der gehe es bekanntlich am besten mit Liebe. »Wir alle brauchen Essen, das unsere Seele umarmt.« Das ist sein Motto, und tatsächlich – juhu – bei meiner Ankunft in seinem Restaurant steht ein Teller mit Snacks auf dem Tisch.

Warum er eigentlich nicht Handballprofi geworden ist, frage ich ihn bei der Begrüßung, denn auch dafür hatte er Talent. Er ist ehrlich. »Ich denke, dafür war ich einfach nicht gut genug. Habe nicht genügend Disziplin dafür aufgebracht, mich auf die Spitze des Gipfels zu trainieren. Vor allem«, lacht er, »wenn man jung ist und auch noch andere Sachen im Kopf hat.«

Ich mache es mir auf einer Bank am Fenster bequem. »Wann hast du denn das erste Mal gemerkt, dass das Kochen dein Ding ist?« Er erzählt mir von seinen Stationen als Auszubildender und vom Kräutergarten seiner Mama. »Später«, sagt er, »war die Küche dann eher mein Ort für Punk und Rock 'n' Roll. Dort konnte ich als junger Typ mein eigenes Ding machen. Aufbrechen ins Leben. Die Sehnsucht nach Partys leben, andere Leute kennenlernen. Somit war die Arbeit am Herd auch das Tor zur Party. Zu Hause war ich ja immer der Brave.«

»Du hast ja in der ganzen Zeit auch Musik gemacht und bist dann in deiner Vita eine Weile hin- und hergesprungen zwischen beiden Möglichkeiten: Weiter als Koch arbeiten oder als Musiker Geld verdienen. Hattest du das Gefühl, dich zwischen beiden Träumen entscheiden zu müssen?« Nelson wiegt den Kopf hin und her. »Ja, am Anfang vielleicht.« Wir reden über den Mut, den wir für gewisse Entscheidungen benötigen, und ich bitte ihn, mir von seiner ersten wichtigen Weggabelung zu erzählen. »Eine extrem wichtige Entscheidung war die im Jahr 2006 gegen meine feste Anstellung als Koch. Damit verließ ich ein sicheres Schiff. Einen Platz in der Sternegastronomie, der mir bis dahin meine Identität und Halt gab. Das aufzugeben, um mehr Musik machen zu können, war ein verdammt großer Schritt. Der wiederum hat viel in mir ausgelöst und den Weg für alles Weitere geebnet.« Nelson geht innerlich noch einmal ganz in diese Phase zurück. »Ja, ich habe mich damals sehr komisch damit gefühlt. Auf der einen Seite dachte ich, da muss doch noch mehr sein, was ich im Leben tun kann. Auf der anderen Seite habe ich mich mit dieser Entscheidung als unseriös empfunden. Für diesen Schritt musste ich ja meine Mannschaft verlassen. Die, in der ich so lange als Teamplayer dabei war, und nun plante ich plötzlich einen anderen Weg ohne die Mitstreiter und ohne zu wissen, wie das für mich ausgeht. Wie ich mich damit fühlen werde. Ich fragte mich, ob ich trotzdem noch ein guter Mensch bleibe, wenn ich plötzlich sage: Hey, Leute, ich mach jetzt was anderes, tschüs!« Er schüttelt den Kopf. »Nein, das war nicht einfach.« Ich bin froh, dass er seine Unsicherheit an diesem Punkt anspricht. Diese doppelte Kraft, die man bei Neuanfängen braucht. Um – wie es beim Militär heißen würde – den Mut aufzubringen, sich unerlaubt von der Truppe zu entfernen, während man die neue Route noch nicht kennt.

»Woher hast du den Mut genommen, wonach letztlich entschieden?«, frage ich.

»Ich bin meinem Gefühl und meiner Neugier gefolgt. Im Stillen habe ich gedacht, im Notfall kannst du ja wieder zurück in eine Festanstellung.« Er überlegt. »Obwohl das damals nicht so einfach war wie heute. Mittlerweile ist das Geschäft derartig in Bewegung, dass man gute, fleißige Köche überall mit Kusshand nimmt. Aber ich hatte eben Lust auf Musik und irgendwann neue Leute kennengelernt, mit denen ich Zeit verbringen wollte. Das erste Jahr war wirklich großartig! Bekam sogar vom Essener Theater einen Künstlervertrag angeboten, um dort Events zu machen. Da habe ich mich gleich darin bestätigt gefühlt, dass ich auf die Bühne gehöre. So ein Angebot von einer öffentlichen Institution war ein Ritterschlag für mich.« Er lacht. »Das hat mich von der Sorge, eventuell einen unseriösen Weg einzuschlagen, doch etwas entlastet.«

»Und woran hattest du vor dem Umbruch erkannt, dass der Zeitpunkt für eine Veränderung gekommen war?«, frage ich noch einmal nach.

»Ich hatte gemerkt, dass ich beim Kochen nicht mehr ganz mit dem Kopf dabei bin. Höchstens zu siebzig Prozent. Ständig dachte ich über meine Musik nach, und dann habe ich mir an einem bestimmten Punkt gesagt, ich muss das wenigstens testen. Am Anfang noch nicht konsequent genug. Habe mich zunächst in die Hände von irgendwelchen Leuten begeben, von denen ich mir erhoffte, dass sie mich unterstützen. Aber der Weg eines Künstlers ist häufig ein Leidensweg. Wenn man mit seinen Ideen erfolgreich sein will, muss man ihn manchmal sehr lange gehen und sehr auf sich fokussiert sein. Auch, um sich auf dieser Reise nicht verbiegen zu lassen!«

»Hat dir in der Zeit jemand von dem Schritt abgeraten?«

Er denkt nach. »Meine Eltern waren am Anfang nicht so begeistert, klar. Aber sie haben schnell gemerkt, dass ich das wirklich will und dass es zu mir gehört. Also haben sie hinter meiner Entscheidung gestanden. So wie auch sonst immer in meinem Leben.«

Wir reden über seine Eltern, die ihn mit vier Jahren zu sich genommen haben. Nelson hat ghanaische Wurzeln. Konnte mit vier Jahren bereits vier Sprachen und hieß mit Nachnamen ursprünglich Nutakor. Seine leibliche Mutter war Schneiderin und sein Vater Botschaftsmitarbeiter und Reggae-Musiker. Für ihren Jungen suchten sie damals gute Pflegeeltern, und als im Alter von sieben Jahren die Option stand, dass Nelson zu ihnen zurückkehren konnte, sagte er nein. Nicht aus einem Schmerz heraus, sondern aus Klarheit. Einfach mit dem Bauch. Seine Heimat war nun in Stuttgart bei den Müllers. Diese Liebe und Verbundenheit machte die Familie später durch eine Adoption offiziell, und Nelson komponierte für seine Eltern einen Song. *Euer Lied* heißt er.

Als wir wieder auf seinen beruflichen Weg zurückkommen, naschen wir auch endlich von den Snacks. »Was haben deine beiden große Lieben – Musik und Kochen – denn gemeinsam?«, frage ich und greife mir ein Hefeteilchen. Nelson verfolgt meine Auswahl und denkt nach. »Ich glaube, beides hat etwas Emotionales. Beim Kochen geht es, neben den Gefühlen, die man anspricht, natürlich um etwas Physisches. Aber Emotion, die ich bei beiden Aufgaben habe – vor allem in der Musik –, ist ja die allergrößte Kraft auf dieser Welt. Ähnlich groß wie der Glaube. Gefühle treiben uns Menschen an. Diese Nahrung ist für uns unglaublich wichtig. Gibt uns oftmals noch mehr Kraft als die rein physische Nahrung: die über Lebensmittel.«

Wir reden über sein Buch *Rezepte für Body und Soul,* und ich frage ihn, ob er mir weitere Rezepte nennen kann. Solche, um langfristig glücklich zu sein in »Body and Soul«, neben gutem Essen natürlich. Nelson nickt. »Kürzlich hat mir ein befreundeter Musiker von den Söhnen Mannheims etwas sehr Passendes dazu gesagt. Er meinte, es sei immer wichtig, erst mal sein eigenes Haus in Ordnung zu halten, bevor man mit anderen klarkommen kann. Ich denke, wir brauchen alle einen gesunden Egoismus zum Glück. Nicht in dem Sinne, dass uns andere egal sind. Sondern, dass wir schauen, wie wir mental fit bleiben und gut für uns sorgen. Merken, was unserer Seele guttut, und ihr genügend Futter anbieten. Einfach, um im Alltag fröhliche, ausgeglichene Menschen zu bleiben und nicht depressiv zu werden. Das können wir dann auch wieder an andere weitergeben.«

Ich bin neugierig. »Und was nährt deine Seele?«

Nelsons Augen glänzen. »Mich ernähren mein Freundeskreis, nächste Visionen und das Gefühl, ein Kosmopolit zu sein – ja, das macht mich glücklich. Ich kenne Leute aus allen möglichen Ländern, und es ist toll, den gleichen Spirit zu teilen und auch selbst etwas bewegen zu können. Ich will das jetzt gar nicht so hoch hängen. Aber tatsächlich jeden Tag an sich zu arbeiten und zu versuchen, ein besserer Mensch zu werden. Sich selbst all diese Lebensfragen zu stellen, so wie du hier, und auch Fehler dabei machen zu dürfen. Mal in den eigenen Abgrund zu schauen ...«

»Kannst du das gut?«, frage ich dazwischen. »Also auch dann rücksichtsvoll mit dir umgehen, wenn du einen Fehler gemacht hast?«

Nelson nimmt einen Schluck Kaffee. »Manchmal habe ich tatsächlich Phasen, wo ich unzufrieden mit mir selbst bin. Aber ich sage mir dann, dass ich eben ein Mensch bin, und gehe das Thema in einer gewissen Demut an. Sicher, manchmal ist es wahrscheinlich besser, mit dieser Hoppla-hier-komm-ich-Haltung durch die Welt zu gehen. Mit einem Pokerface und einer Rüstung, durch die man immer stark wirkt. Als Mann sowieso. Das muss man auch manchmal, klar. Aber ich finde, das ist immer ein schmaler Grat. Menschlich zu sein und die richtigen Dinge im richtigen Moment zu tun, das fühlt sich total gut an. Das kann man nicht immer. Aber man kann es immer wieder versuchen.« Ich höre ihm aufmerksam zu. »Auch, um authentisch zu sein?« – »Ja, genau. Letztlich wollen wir alle ja große Helden sein. Aber um groß zu sein, müssen wir auch mal Kinnhaken einstecken. Einem Schwächeren beistehen. Überhaupt erkennen, dass jemand Hilfe braucht. Also scharfsinnig sein in jeder Richtung. Bei sich selbst und bei anderen – das ist die Kunst!«

Ich beuge mich über den Tisch. »Würdest du mir von so einem Kinnhaken erzählen, den du mal abbekommen hast?« Und Nelson berichtet mir von seinen Restaurantentscheidungen aus den vergangenen Jahren. »Ich habe natürlich auch geschäftlich nicht immer alles richtig entschieden. An einem Punkt zu viel auf einmal gewollt und es schmerzlich zu spüren bekommen. Musste meine Unternehmungen erst wieder reduzieren, um wirtschaftlich weiter bestehen zu können. Das ist etwas, wo man zunächst glaubt, schwach zu sein und dass alle Welt sieht, dass man eine Sache nicht im Griff hat.« – »Wie bist du damit umgegangen? Du warst zu dem Zeitpunkt ja schon bekannt.« Er nickt. »Vielleicht ist das etwas, was viele Menschen in einer schwierigen Situation machen. Es fühlt sich so an, als wenn es irgendwie zwei Ichs in einem gibt. Eine äußere Hülle und tief in einem drin noch eine andere Person. Eine ganz, ganz private, die aus einer Welt ohne Applaus kommt. Die eng verstrickt ist mit den Eltern, der Familie und die sich sagt: Was ihr alle da draußen von mir glaubt zu wissen, ist nur ein Teil von mir. Das trifft nicht meinen eigentlichen Kern, und diese äußere Hülle, die stoße ich jetzt mal ab. Da könnt ihr gern drüber reden oder schreiben. Dafür braucht man natürlich eine liebevolle Familie im Rücken.« Er lässt eine kleine Pause. »Man ist ohnehin nicht der, der man ist, ohne Menschen, die einem geholfen haben, auf den Weg zu kommen, und die haben einem auch wichtiges Rüstzeug mitgegeben. Wertschätzung, Respekt, Rücksichtnahme und all das. Diese Dinge bekommt man im Leben immer zurück. Deshalb trifft man selbst in schwierigen Momenten Leute, die einen stärken und aufrichtig sagen: Komm, du bist in Ordnung! Plötzlich gehen Anrufe von Leuten bei dir ein, von denen du es überhaupt nicht erwartet hättest, und du denkst: Okay, krass. Danke.«

»Wenn du beide mal vergleichst«, frage ich dann, »den Nelson bei seinem Start und den jetzt, was ist der größte Unterschied zwischen beiden?« Er schaut noch einmal durch die Fenster unserer Sitzecke und überlegt. »Ich glaube, über die Jahre ist mir meine Unbeschwertheit verlorengegangen. Durch Verantwortung, Druck, dieses Streben nach immer besseren Ergebnissen scheinen die Dinge mit wachsendem Alter irgendwie komplizierter zu werden.« Sein Blick kommt zurück zu mir. »Ja, als junger Mensch ist man irgendwie unbedarfter und dadurch unerschrockener. Bei mir sind mit den Jahren sogar Ängste dazugekommen. Früher zum Beispiel bin ich in einen Flieger gestiegen, ohne mit der Wimper zu zucken. Heute habe ich plötzlich Flugangst. Als Kinder aber stellen wir uns einfach aufs Skateboard oder fahren Rollerblades. Als Jugendliche verlieben wir uns wild drauflos und wollen nie wieder jemand anderes an unserer Seite. Als Erwachsene hinterfragen wir plötzlich alle möglichen Hindernisse und Risiken.« Ich lache. »Also eigentlich steht uns unser Kopf im Weg.« Nelson stimmt mit ein. »Ja, das finde ich auch!« – »Wie coacht du dich denn selbst, wenn dir wieder mal der Kopf im Weg steht?«, drehe ich den Gedanken weiter. Er nimmt noch etwas Kaffee. »Ich denke, es ist nicht gut, immer alles auszusprechen, und es ist auch nicht gut, immer alles zu denken. Im Falle von Zweifel und Angst versuche ich mir selbst zu sagen: So, dieser Gedanke geht jetzt bis hierhin und nicht weiter, dann ist Schluss! Ja, manchmal ist es wirklich besser, sich bei bestimmten Gedanken zurückzupfeifen, um im Kopf nicht in ein Minenfeld zu geraten. Ich glaube, wir wachsen in neue Aufgaben Stück für Stück hinein. Auch da steuert uns ja die Emotion. Es gibt einen Impuls in unserem Inneren, wodurch auch immer ausgelöst, und der treibt uns dann zu Dingen, die wir uns früher nie zugetraut hätten. Gleichzeitig treibt er uns zu Fähigkeiten, die wir für diesen neuen Bereich benötigen. Wir Menschen sind schon sehr leidens-, aber auch sehr leistungsfähig. Ich denke, man kann viel mit uns anstellen, bevor wir aufgeben.«

Während er das sagt, schaue ich mich im Restaurant um. Ein schöner Ort, mit Liebe und Geschmack geschaffen. »Das heißt, wenn du aus irgendwelchen Gründen merken würdest, das hier ist es nicht mehr für dich, würdest du das – was du dir an diesem Ort aufgebaut hast – wieder hergeben?« Nelsons Antwort kommt schnell. »Auf jeden Fall! Man muss reagieren, wenn man sich bei einer Sache nicht mehr gut fühlt.«

Bei der Verabschiedung frage ich auch ihn nach einem Spruch, der am Ende aller Tage auf seinem Grabstein stehen könnte und der etwas darüber aussagt, was er für andere ausgemacht hat. Nelson mag es, aus diesem Blickwinkel über die eigene Existenz nachzudenken. »Tolle Perspektive, mal so rum auf sich selbst zu schauen. Macht man im Alltag viel zu wenig. Bewusst aus der Sicht von anderen über sich selbst nachzusinnen.« Er denkt laut nach. »Was kann ich anderen Menschen geben? Was bin ich für sie?« Er hebt den Blick. »Ja, eine wirklich gute Frage. Ich glaube, die nehme ich heute für mich mit, danke!«

Als Nelson losmuss, lässt er mich noch ein wenig in seinem Restaurant entspannen. Sofort wandert mein Blick wieder zu dem Teller vor mir. Dem, mit dem kleinen Imbiss, und ich bin froh, dass mich in diesem Moment niemand beobachtet, denn so wie ich zugreife, könnte ich ein wenig verfressen wirken. Ist aber auch lecker, und außerdem sagt Nelson ja selbst: Kochen ist die zweitschönste Sache der Welt!

Und Essen, denke ich, während ich herzhaft in ein zweites Hefeteilchen beiße, steht an manchen Tagen eben auch mal auf Platz eins.

 Nelsons Tipp
Es ist wichtig, erst einmal sein eigenes Haus in Ordnung zu halten, bevor man mit anderen gut klarkommen kann. Folge bei dem, was du vorhast, deinem Gefühl. Emotion ist das Wichtigste im Leben, und kümmere dich gut um dich selbst. Hole dir immer genug Nahrung für deine Seele!

 Fragen an mich selbst
Nelson meint, dass man sich nicht zwingend zwischen verschiedenen Träumen im Leben entscheiden muss. Wer also behauptet, dass ich zu einem komplett anderen Ufer aufbrechen muss, um mich wieder zu spüren? Vielleicht sind in meinem Fall nur ein paar kleine Kurskorrekturen

*nötig und einige neue Felder, die ich mir zum »Glück«
noch dazuhole?*
*Nelson glaubt, dass wir mit den Jahren vor allem unsere
Unbeschwertheit einbüßen. In welchen Bereichen meines
Lebens könnte ich versuchen, mir wieder etwas davon
zurückzuholen?*

Am nächsten Wochenende stehe ich vor einer Auslage mit Post-
karten. Mein Blick fällt auf eine mit diesen lustigen Sprüchen,
ich kaufe sie sofort. Kommt an den Kühlschrank. Direkt neben
die mit »Das Leben ist schön«, denn die Neue hier lässt das »wieder glücklich werden« nicht ganz so schwer erscheinen. Ich lese
die Zeile gleich noch einmal und freue mich. »Das Leben geht
weiter«, steht dort, »auch wenn es humpelt.« Ja, durch Humpeln
habe ich schon viel gelernt in den vergangenen Jahren. Ich bin
offensichtlich der klassische »Bratpfannen-Typ«. Habe die hart-
näckige Angewohnheit, nur dann etwas abzuspeichern und tatsächlich zu ändern, wenn ich mir zuvor schätzungsweise zwei
Dutzend Bratpfannen-Schläge auf den Kopf abgeholt habe.
Lerne also, tatsächlich so wie die Muschel, durch Schmerz und
nicht so, wie andere Zeitgenossen, die mit wesentlich weniger
Kopfnüssen auskommen. Sich nämlich nicht durch häufige Wie-
derholungen entwickeln, sondern durch die beeindruckende,
lebensbedrohliche Tiefe einer *einzigen* Wunde. Doch egal wie,
nur durch Veränderung bleibt man auf der sicheren Seite des
Lebens.

Also dann, denke ich, das Stichwort »Bratpfannen-Muster abstellen« muss mit auf meine Streichliste für die zweite Halbzeit.
Nur eine schonungslose Inventur hilft jetzt weiter:

Die ehrlichste Liste meines Lebens
Ich benötige viele Bratpfannen auf dem Weg zur Er-
leuchtung.
Ich höre bei Entscheidungen noch eher auf meinen
Kopf als auf mein Herz.
Ich überarbeite mich gern.
Ich langweile mich schnell.
Ich habe ein äußerst dürftiges Talent für Balance.
Ich liebe Extreme, Gegensätze und manchmal sogar
Zeitdruck.
Ich benutze noch immer zu wenig das Zauberwort
NEIN.
Ich sage öfter, mir geht's okay, selbst wenn es mir nicht
okay geht.
Ich lebe momentan öfter das männliche Powerprinzp als
meine weibliche Seite.
Ich hätte mal wieder Lust auf die weibliche.
Ich mag Herausforderungen und kreative Selbstverwirk-
lichung.
Ich hätte trotzdem mal wieder Lust auf »Panta rhei – alles
fließt«!

Die daraus folgenden, dringendsten Tipps für mich selbst
Ich brauche »Mut zur Lücke« in meinem Leben.
Ich muss nicht immer Miss Perfect sein.
Ich muss nicht die Olympiade im Kümmern gewinnen.
Ich sollte häufiger nett zu mir selbst sein.
Ich verzichte öfter auf Diplomatie und gehe, wenn es mir
nicht passt.

Ich darf auch zu Hause mal die nicht perfekte Gastgeberin sein.
Ich mache mir weniger Stress beim Stylen.
Ich erkläre mich kurzerhand zur Naturschönheit und orientiere mich an den Trends angesagter Modemagazine. Styles wie »Out-of-bed-Look« und »Undone Hair« sind schließlich angesagt!
Ich hole den abgestellten Koffer mit alten Träumen mal wieder vom Schrank herunter.

Lebe mit Herz und Seele

so wie Professor Dietrich Grönemeyer zwischen Patienten, Büchern, Fernsehen und Natur

Am Abend, bevor ich eine Woche später nach Bochum aufbreche, höre ich nach Ewigkeiten mal wieder die Carmina Burana von Carl Orff, denn von diesem Werk schwärmt auch Professor Grönemeyer. Dabei geht es nicht nur um seine private Vorliebe für klassische Musik, sondern auch um ihre Parallelen zum Leben. Musik funktioniert mit unterschiedlichen Tempi, so schreibt er in seinen Büchern. Nur so entsteht ein ausgewogenes Ergebnis. Anspannung und Entspannung, Ruhepausen und Sprint – in unserem Alltag ist das Zusammenspiel von Gegensätzen und Balance längst nicht mehr so angesagt wie in der Welt der Noten. Bei uns geht es meist in eine Richtung, und wir rennen dabei. Der Sog der Masse lässt kaum noch Raum für Sonntagsfahrer oder Smartphonemuffel. Mitmachen, Tempo halten, erfolgreich sein! Alles andere gilt als Punk. Zeit ist schließlich Geld, und alles, was den Fluss unseres Business stoppt, wirkt unangenehm. Langatmige Gesprächspartner am Telefon, ein zu langsamer Internet-Browser, Kassenschlangen, bei denen es nicht vorwärtsgeht – wenn sich irgendjemand oder irgendetwas nicht dem Rhythmus unseres voll getakteten Tages anpassen will, steigt unser Puls, oder wir brechen die Unternehmung kurzerhand ab. Effizienz ist sexy. Alles andere hält auf.

So war auch meine vergangene Woche doch noch mal recht kleinteilig durchgeplant. Habe dadurch viel geschafft. Jetzt aber den Salat. Zumindest körperlich. Fühle mich so k. o. wie schon lange nicht mehr, und deshalb steht für morgen auch nur diese Reise auf dem Programm. Kein zweiter Termin und keine Arbeit, die ich mir noch für unterwegs mitnehme. Stattdessen werde ich im Zug wieder mal etwas Verrücktes tun: Landschaft gucken und das Handy auslassen. Darauf freue ich mich!

Als ich am nächsten Tag auf dem letzten Stück zum Grönemeyer-Institut im Taxi sitze, hoffe ich, dass mich der nette Fahrer nicht missversteht, wenn ich ihn nach dem Mann mit bekanntem Namen frage. Vielleicht denkt er dabei ja an den singenden Bruder? Den mit der schönen Hymne über seine Stadt. Aber auf Bochumer Taxifahrer ist Verlass. Auch meiner spricht sofort vom Popstar der Medizin. »Und er hat nicht mal Starallüren!«, bekomme ich gleich als Kommentar. Leider habe der Professor noch nicht auf seiner Rückbank gesessen. Dafür aber fahre er regelmäßig Gäste und Patienten für ihn. Aus der ganzen Welt würden sie anreisen, nur um sich von ihm behandeln zu lassen, erklärt mir der Mann hinter dem Lenkrad, nicht ohne Stolz auf einen solchen Macher in seiner Heimat. Eine internationale Patientenkartei also. Ist auch kein Wunder. Professor Dietrich Grönemeyer ist für viele der berühmteste Arzt Deutschlands, Bestsellerautor und für mich ein geschätzter Fernsehkollege. Authentisch, herzlich. Außerdem erfand er die Figur »Der kleine Medicus«, um Kindern und Eltern mit Hilfe spannender Abenteuerreisen den eigenen Körper zu erklären. Selbst ist er dreifacher Vater und »Vater der Mikrotherapie«. Gründete weltweit den ersten Lehrstuhl für diese Behandlungsmethode, und falls er gefragt wird, wie die nun funktioniert, dann wählt er kein Fachchinesisch, sondern erklärt Computertechnik und Operationsinstrumente in der Größe zwischen 0,1 und 2,5 Millimeter, mit deren Hilfe ein Arzt in das Innere eines Menschen gelangt und sich der Patient nach einem schonenden ambulanten Eingriff im eigenen Zuhause erholen kann. Als »der große Medicus« bringt Dietrich Grönemeyer auch hier einen guten Vergleich: »Stellen Sie sich einfach vor, Sie tapezieren ein Zimmer durch ein Schlüsselloch.« Herrlich, verstanden, denke ich, als ich diese Definition das erste Mal höre. Nun, da ich im Inneren des Institutes angekommen bin, über farbige Gänge und weiche Holzböden laufe, entlang an Kunstwerken, Zitaten und Fotografien von Professor Grönemeyer aus Indien, vorbei an entspannten Gesichtern im Warteraum, Bildschirmen mit Naturfilmen, einem freundlichen Buddha und einem unbekümmert dicken Engel, den so ziemlich jeder hier tätschelt, weil er ganz bestimmt Glück bringen wird, spätestens dann weiß ich:

Ich bin in einer anderen Welt.

Dass es so etwas überhaupt gibt, ist gleich mein nächster Gedanke. Keine Arztpraxis mit Neonbeleuchtung, eiligem Personal und zügigem Patientenwechsel. Hier nimmt sich jeder Arzt, auch der Chef, viel Zeit für das Patientengespräch. Ich weiß, dass Professor Grönemeyer dafür kämpft, dass veränderte Abrechnungsmodalitäten bei allen Ärzten des Landes für so einen Ablauf sorgen könnten und dass dies leider noch ein langer Kampf werden dürfte. Aber hier hat er es bereits geschafft. »Körper und Geist sind für mich nicht getrennt«, sagt er mir gleich zur Begrüßung. »Alles, was wir denken und fühlen, spiegelt sich in unserem Körper wider und umgekehrt. Wenn der Körper nicht mehr reagiert, verändern wir uns auch im Kopf. Dieses Wissen ist irgendwie verlorengegangen, und auch ich habe es mir nicht intellektuell erarbeitet, sondern selbst gespürt. Schon als Kind. Damals habe ich ständig zwischen meinen beiden Tanten gestanden, wenn sie sich wieder einmal darum stritten, welche Behandlung sich bei meiner Mandelentzündung oder Bronchitis am besten eignet. Eine mit Antibiotika oder eine mit Thymian und Efeu?« An der Art und Weise, wie mir Dietrich Grönemeyer von den Erlebnissen erzählt, kann ich erkennen, welche Bedeutung sie für sein weiteres Leben hatten. »Beide Tanten waren Ärztinnen. Die eine Schulmedizinerin, die andere kam aus der Naturheilkunde. Eine eindrucksvolle Erinnerung war dieser dunkle Röntgenraum, in dem ich mich als kleiner Junge mit meiner Mittelohrentzündung ganz allein wiederfand. Der hat mir unheimliche Angst gemacht. Ich habe geweint und geschrien, weil ich überhaupt nicht verstand, was man da mit mir machte. Da war ich gerade mal drei oder vier Jahre alt. Aber wahrscheinlich habe ich mir schon damals geschworen: Du wirst Arzt. Aber du machst das ganz anders! Bei dir sollen sich die Patienten richtig wohl fühlen.« Er macht eine Pause. »Ja, das treibt mich, und das andere, was mich treibt, ist die Suche nach dem Sinn des Lebens.« Ein Lachen. »Da werde ich ganz bestimmt auch nach dem Tod noch weitersuchen.«

»Haben Sie denn schon eine erste Antwort gefunden?«, frage ich. Er wiegt den Kopf hin und her. »Wir sind Teil einer Evolution, bei der jeder von uns ein Stückchen der Entwicklung weiterträgt – wie bei einem Staffellauf – und angesichts der kurzen Zeit, seit der wir die Erde besiedeln, fangen wir gerade erst an, richtig Mensch zu werden.« Ich bin fasziniert. Nicht nur von dem, was er sagt, sondern vor allem, wie wahrgenommen ich mich bei der Begegnung fühle. Denn der Professor, wie ihn sein Team kurz und bündig nennt, schaut mir die ganze Zeit in die Augen. Das, was ich um ihn herum als Einrichtung sehe, passt ins Bild. Ein rotlackierter Schreibtisch, Kunstwerke auf der Fensterbank, hinter ihm ein gemeinsames Foto mit dem Dalai Lama und auf dem Computerbildschirm das, was ihn bewegt. MRT-Bilder von Wirbelsäulen, Trailer vom kleinen Medicus, Medizinisches, Menschliches, Technisches – nur einen Tastendruck voneinander entfernt –, und auch ich bin erstaunt, wie schnell wir in unserem Gespräch beim Sinn des Lebens sind und bei all den anderen großen Themen. Dem, woran wir glauben, zum Beispiel. Der Professor zeigt mir ein Foto auf seinem Handy. »Unser Glaube hat ja viel mit unserer Haltung zum Leben zu tun. Schauen Sie mal, das ist für mich ein schönes Symbol. Dieses Bild habe ich gestern gemacht.« Ich sehe Füchse auf einer Waldlichtung. Einige davon tief im Gras, manche von ihnen spielen, einer reckt neugierig die Nase in den Himmel. »Sieben kleine Füchse, mitten in der Natur, turtelnd und völlig ausgelassen, einfach faszinierend«, kommentiert er. »Ich habe sie gesehen und gedacht: Ach wie wunderbar – und wir gehören alle zusammen! Sind Teil eines großen Ganzen. Zusammen mit Bäumen, Blumen und dieser Wiese. Auch die kleinen Füchse schnuppern und fühlen hundertprozentig, so wie all die anderen Lebewesen. Sie sprechen miteinander, wenn sie Laute geben. Nur eben eine andere Sprache. Eine, die wir Menschen nicht verstehen.« Während er mir das Bild deutet, ist er innerlich wieder dort auf der Lichtung. »Das alles hat uns einer geschenkt, und ob man ihn nun Gott oder Buddha nennt, Allah oder Jahwe«, er lacht, »oder ich als alter Karl-May-Fan den großen Manitu oder Natur – ganz egal. Wir meinen dasselbe. Streiten uns je nach Religion zwar darüber, wer die richtige Auslegung hat. Wissen es allerdings nicht. Auch der Nichtgläubige glaubt ja. Nämlich, dass er mit seiner Sicht auf die Dinge recht behält. Für mich ergibt eine solche Unterscheidung keinen Sinn. Für mich ist es diese eine große Energie, die durch uns alle strömt, uns verbindet und alle Seelen – die der Tiere, Pflanzen, Menschen – im Kosmos zusammenfügt.« Bevor er zum nächsten Gedanken kommt, frage ich schnell dazwischen. »Apropos Karl May, welche der beiden Figuren aus seinen Büchern wären Sie denn am liebsten gewesen: Winnetou oder Old Shatterhand?« Seine Antwort kommt genauso schnell. »Winnetou war mir näher. Einfach durch sein Empfinden für Gerechtigkeit und seinen Kampf dafür. Ich habe als Jugendlicher fast alle Karl-May-Bände gelesen, denn die Geschichten haben mir die Augen für die Welt geöffnet. Winnetous Tod ging mir unglaublich nah, ich habe wochenlang immer wieder geweint, wenn ich diese Textstelle las oder mich daran erinnerte.« Professor Grönemeyer schaut noch einmal lächelnd auf das Foto mit den Füchsen auf der Lichtung. Beschreibt mir nun die andere, diese in die Knie zwingende Seite der Natur, die er genauso kennengelernt hat: seinen Bergsturz in eine Tiefe von zehn Metern vor einiger Zeit.

»Was war denn Ihr erster Gedanke nach dem Fall?«

Seine Augen sind weit, und seine Hände erzählen mit. Ganz bestimmt spricht er immer mit dieser Leidenschaft, denke ich, egal ob es um Kernspintomographie, Musik, Kinder, Füchse, Winnetou oder Bergtouren geht. »Mein erster Gedanke war: Mist, jetzt ist es vorbei. Ich werde nie wieder aufstehen!« Er unterbricht sich selbst und formuliert das noch einmal als Rückfrage an mich: »Haben Sie auch schon mal so darüber nachgedacht und sich klargemacht: Sie werden nie wiederkommen?« Ich nicke. Bin gleich wieder tief getroffen von dem, was hinter so einem Niemals steht. So wie damals als Kind, als ich nachts an meinem Fenster stand und mir das allererste Mal im Leben diese großen Fragen stellte. Die nach der Unendlichkeit des Universums oder dem Grund meines Daseins. Ich erinnere mich, wie in diesem Moment die Erkenntnis in mir aufstieg, dass man als Mensch wohl niemals in der Lage sein wird, bestimmte Dinge zu begreifen, und wie ich mich dabei gefühlt habe.

261

Dietrich Grönemeyer sieht, was in mir vorgeht, und nimmt es auf. »Unglaublich, oder? Wir kommen nie wieder. Niemals, nie.« Dann strahlt er mich an, denn er weiß, dass er mir gleich noch etwas Aufmunterndes dazu sagen kann. »Aber wir sind *jetzt* da. Das ist doch toll, oder?« Ein zweites Nicken von mir und auch wieder ein Lächeln. »Das trägt auch mich«, hängt er an, »weil einen dieses Nie ja ansonsten verrückt machen würde, nicht wahr?« Ich stimme zu. »Ja, gleichzeitig ist dieses Einmalige, was wir da geschenkt bekommen haben, bestimmt unsere größte Antriebskraft, um aus dieser Chance das Beste zu machen.« Er nickt. »Genau, und ich empfinde diese Kraft besonders stark, wenn ich solche Momente in der Natur erlebe, dabei die Verbindung von allem spüre. Genau deshalb bin ich Arzt geworden, und wenn ich doch noch einmal auf die Welt kommen sollte, dann würde ich genauso wählen. Einfach, um weiter mitzuhelfen, dass wir alle diese Verbindung noch deutlicher wahrnehmen.« Toll, denke ich. Der Mann hat seine Mission gefunden. »Und dann?«, frage ich weiter nach dem Unfall. »Was war Ihr zweiter Gedanke nach dem Sturz?« – »Dann habe ich an mir herabgeschaut, meinen total verdrehten Fuß gesehen, ihn wieder eingerenkt und meinen Dank in den Himmel gestoßen.« Er spielt die Situation noch einmal für mich nach, faltet die Hände und schaut hinauf zur Decke. »Toll, danke, dass ich leben darf!« Wieder eine kleine Pause. »Seitdem regt mich auch vieles nicht mehr so auf.«

»Das heißt, Sie haben vor nichts mehr Angst?«

Er schüttelt den Kopf. »Nein, seit dem Sturz nicht mehr. Nicht mal vor dem Tod.« – »Aber dann könnten Sie doch all die herrlichen, kreativen Sachen nicht mehr machen, die Ihnen ständig einfallen«, insistiere ich. Ein Schulterzucken. »Dann wäre ich höchstens traurig, dass der Spaß vorbei ist.« Er überlegt. »Aber stimmt, meine Mitarbeiter fürchten sich immer davor, wenn ich mal ein paar Tage weggehe, weil ich anschließend immer mit neuen Ideen im Kopf zurückkomme.« Er schüttelt sich vor Lachen. »Aber Angst vor dem Tod? Nein, die habe ich nicht.«

Ja, denke ich, wenn ich nach all den Reisen zu meinen Inspiratoren irgendwann eine Hitliste ihrer Gemeinsamkeiten erstelle - so eine mit Eigenschaften, die sie zu erfolgreichen Machern geformt haben, zu Menschen, die es schaffen, nie damit aufzuhören, sich und ihre Welt neu zu erfinden - dann gehört Angstfreiheit eindeutig auf Platz eins.

»Können Sie dann wenigstens mir einen Tipp geben, wie ich besser loslassen kann? Also solche Sachen wie Ängste, alte Verletzungen oder Stress. Als Rückenmediziner sagen Sie ja, dass Stress neben Haltungsfehlern ein häufiger Grund für Beschwerden ist.« Wieder diese Kraft in seinem Blick. »Kommen Sie in Bewegung! Gehen Sie in den Wald, werfen Sie das Handy weg, laufen Sie! Schlagen Sie Frust und Furcht in die Flucht. Jeder hat seinen Weg, in Bewegung zu kommen. Sie müssen eben nur Ihren finden.«

Ich wiederhole den Impuls. »Den Frust in die Flucht schlagen durch Laufen - haben Sie das damals in den Neunzigern auch so gemacht, als Sie mit ihrem neuen integrativen Ansatz, der Mikrotherapie und dieser Medizin zum Wohlfühlen, einen derartigen Gegenwind von Ihren Kollegen bekamen?« Er zieht die Stirn in Falten. »O ja, da bin ich gejoggt wie ein Verrückter. Gepaart mit Meditation. Das Adrenalin musste ja raus! All diese Unkenrufe. Von den meisten war ich totgesagt. Man könne schließlich nicht mit einem Laser eine Bandscheibe verdampfen. Man müsse zwingend operieren!« Dann ein zufriedenes Lächeln. »Aber ich habe ja dreißig Jahre durchgehalten, und wenn man sich das mal überlegt: Noch vor fünfzehn bis zwanzig Jahren erklärte die Schulmedizin das Herz zur reinen Pumpe. Es würde angeblich nichts fühlen. Obwohl alle Menschen in allen Kulturen seit Ewigkeiten gespürt haben: Wenn ich mich ärgere oder freue, spüre ich mein Herz! Es hüpft, verliebt sich, und wenn uns etwas aufregt, ärgert oder wichtig ist, dann liegt es uns am Herzen. Ja, dieses Herz lässt uns leben. Wenn es aufhört zu schlagen, können die anderen Organe im Körper nicht mehr weiterleben. Es hat schon eine Sonderstellung. Wir können es nicht als bloßen Muskel betrachten und auch nicht behandeln. Später fand die moderne Medizin ja heraus, dass es sogar ein kleines Gehirn besitzt; eine eigene Schaltzentrale, und das spüren wir alle.«

Auf der Rückfahrt von Bochum fühle ich mich wie ausgewechselt. So, als hätte ich eine Pille genommen. Noch am Morgen im ICE hatte ich den Eindruck, es wäre eine Erkältung im Anmarsch. Ich litt unter Migräne, Gliederschmerzen, schlechter Laune, das volle Programm. Und jetzt? Es war, als hätte ich aufgetankt. Zwischenstopp eingelegt an einer Zapfsäule für Lebensenergie.

Ich lehne mich zurück und schaue auf die vorbeifliegende Landschaft. Lasse die Begegnung von eben Revue passieren. Wofür Professor Grönemeyers Herz schlägt, das weiß ich nun, und in den nächsten Jahren wird sicher noch einiges dazugekommen. Die Idee für ein neues technisches Verfahren oder ein Projekt in seiner Stiftungsarbeit vielleicht. Zeit hat er ja. Möchte mindestens hundertundzwanzig werden. Auch seinen kleinen Medicus werden bis dahin noch einige Generationen kennenlernen. Er wird sie mitnehmen auf neue Abenteuerreisen durch den eigenen Körper. Beim Gesundheitsunterricht an Schulen, im Kino, in Büchern, Theatern. Dabei singt und spielt sein Erfinder von Herzen gern mit. Als mir Dietrich Grönemeyer vorhin von seinen Auftritten an Schulen erzählte und davon, wie selbst die Kleinsten den Text seines Liedes »Körperkino« mitsingen konnten, strahlten seine Augen wie bei einem Kind unterm Weihnachtsbaum. Das sind dann wohl seine Momente zum Auftanken, und ich glaube ihm, was er damit bezweckt. Das, was da als

Wunsch eines Dreijährigen im dunklen Röntgenraum entstand: der Traum von einer Medizin der Zukunft und dafür zu sorgen, dass Menschen dabei im Mittelpunkt stehen. Dass sie nicht nur alles über ihr Auto oder Smartphone wissen, sondern auch über sich selbst. Einen Arztkittel braucht dieser Mann nicht. Mag er ja auch im Institut nicht tragen. So wie keiner seiner Mitarbeiter. In ihren Augen wäre das eine Abgrenzung von denen, um die man sich auf Augenhöhe kümmern möchte. Und wenn ihr Chef dann nächste Geschichten für seine Hauptfigur »Nanolino« erfindet oder einen neuen fröhlichen Song für ihn komponiert, dann kann es passieren, dass er das Ganze zusammen mit der Familie aufführt oder auch als größte Schulstunde der Welt – so verzeichnet im Guinnessbuch der Rekorde – vor zehntausend Kindern in der SAP Arena Mannheim. Spätestens dann ist der Professor wirklich ein Popstar, und zwar nicht nur im medizinischen Sinne. Dann ist er, das weiß ich nach dem heutigen Kennenlernen, in seinem Element. Kann Dinge miteinander verbinden, so wie er es auch bei Kunst und Medizin am liebsten hält. »Unser ganzes Leben ist ein Kunstwerk«, sagte er mir. »Wir sind Gestalter, also Künstler, sobald wir das Geschenk des Lebens mitsamt seinen Zutaten begreifen. Wenn wir die Werkzeuge, die uns gegeben sind, in unsere Hand nehmen und den Farben aus unserem Inneren auf einer sichtbaren Leinwand Ausdruck verleihen. Voller Freude, Kraft und Kreativität!«

»Gehen Sie durch Ihren Glauben«, hatte ich ihn zum Schluss noch gefragt, »eigentlich davon aus, dass jeder von uns mit einer vorherbestimmten Aufgabe auf die Welt kommt?«

Professor Grönemeyers Reaktion war eindeutig. Er wählt nicht das Modell einer Vorherbestimmung im spirituellen Sinne. Denkt dabei eher an morphogenetische Felder. Vorgaben, Vorlieben, Fähigkeiten, die wir historisch oder sozial mitbekommen: Über die DNA unserer Vorfahren oder über eine soziale DNA – also die Prägungen, die wir in unserer Familie und Umgebung für uns einsammeln. Auch hier pflegt er eher die Vorstellung von einem Staffelstab, den wir Menschen von Generation zu Generation weiterreichen. Ähnlich wie bei der Parallele, die zwischen ihm und seinem Urgroßvater existiert. Für die Entdeckung der medizinischen Wirkung von Heilschlamm wurde dieser einst in Estland geadelt, und sein Urenkel ist nun schon in sechster Generation Arzt. »Bei uns wurde demnach eine medizinische Begeisterung weitergegeben«, hatte mir Dietrich Grönemeyer dazu erklärt. »Letztlich werden Impulse für bestimmte Themen bei uns gesetzt. Dass uns jemand von oben eine Aufgabe eingibt, nein, daran glaube ich nicht.«

»Und wenn wir auf unserem Weg dann doch mal ins Schleudern geraten«, wollte ich bei der Verabschiedung noch wissen, »was würden Sie dann raten?« Das, was dann von dem Arzt, der vor mir saß, kam, war kein langes Rezept. »Hör auf dein Herz«, sagte er nur. »Das würde ich den Jungen sagen. Die besten Entscheidungen trifft man mit dem Gefühl, das hinter dem Denken entsteht. Den Reiferen würde ich sagen: Mache!« An dieser Stelle muss ich noch etwas nachdenklich ausgesehen haben, und so hatte er mir ein letztes Mal lange in die Augen geschaut. »Setz' dich für das ein, wovon du träumst!« Keine Ahnung, ob das noch ein Tipp für die Allgemeinheit war. Ich nahm ihn persönlich, als Auftrag an mich, und ich freue mich diebisch wie eine Füchsin – um bei Grönemeyers Lieblingstieren zu bleiben –, als mir hier im Zugabteil noch einmal die Situation unserer Begrüßung in den Sinn kommt: wie ich einen so erfahrenen, redegewandten Mann wie ihn wenigstens für eine Sekunde sprachlos gemacht hatte. Voller Vorfreude war ich vorhin auf ihn zugestürmt, hatte ihm die Hand entgegengestreckt und den Beweggrund meiner Reise zu ihm als Mediziner, Mensch und Mutmacher ausgesprochen kurz gefasst.

»Schön, Sie endlich zu treffen, Professor«, hatte ich gesagt, »denn ich liebe Sie schon lange!«

Professor Grönemeyers Tipp
»Sieh dich als Künstler deines Lebens. Kreiere etwas Einzigartiges, solange du hier bist. Höre auf dein Herz und mache! Setze dich für das ein, wovon du träumst.«

? Fragen an mich selbst
Der Professor hat keine Angst vor dem Tod. Er wäre höchstens traurig, wenn das Leben mit all diesen Möglichkeiten, etwas zu schaffen, vorbei ist. Was würde ich mich noch trauen, wenn ich absolut angstfrei wäre?
Dietrich Grönemeyers Berufswunsch entstand in der Kindheit. Welche Träume, Eindrücke, Sehnsüchte hatte ich in meiner Kindheit, die ich inzwischen vielleicht vergessen habe?
Der Professor hielt der Kritik seiner Kollegen vor dreißig Jahren stand, weil er von dem, was er vorhatte, absolut überzeugt war. Wo lasse ich mich noch von anderen verunsichern, obwohl mein Herz schon lange ja sagt?

Der Gedanke mit diesem Wofür, dem neuen Sinn meines Lebens, geht mir nicht mehr aus dem Kopf. Genauso wie die Frage nach den Dingen, die mir seit meiner Kindheit Kraft geben, seit ich nun mit Professor Grönemeyer über dieses Thema sprach.

Sofort kommt mir eine Kulisse in den Sinn, und zwar die Atmosphäre eines Buchladens. Ich schließe die Augen und sehe mich, wie ich als kleines Mädchen nach der Schule in der Mitte eines solchen Raumes stand, umgeben von unzähligen Buchcovern, Stille und gleichschwingenden Menschen, die es ebenfalls liebten, sich für eine halbe Stunde mit verschiedenen Kostproben in eine Leseecke zurückzuziehen und in fremde Welten abzutauchen.

Ich öffne meine Augen und denke an die Energie, die ich beim Professor spürte, als er mir von seiner Liebe zu Winnetou erzählte und dem Moment, in dem er wusste, was er werden wollte. Was auch immer dieses spontane Bild in meinem Kopf mir sagen will:

Ich sollte es abspeichern.

Als ich drei Wochen später Hans-Peters Foto in dieser kleinen Kapelle stehen sehe, das oben rechts am Rahmen ein schwarzes Trauerband trägt, fühle ich mich wie aus der Welt gerissen.

Ha-Pe war mein bester Freund. Der Mann einer meiner engsten Freundinnen, und beide begleiten mich zu dem Zeitpunkt seit achtzehn Jahren durch mein Leben. Durch alle Wogen und Glücksmomente, die in 6570 Tage hineinpassen. Hans-Peter und ich arbeiteten zusammen. Das war aber nicht das Wichtige an unserer Verbindung. Er war das, was man als einen feinen Menschen bezeichnet. Jemand mit einem goldenen Herzen, und es scheint mir erst gestern gewesen zu sein, da er an Silvester mit meinem Jungen einen Zweikampf an der Spielekonsole austrug, uns beim Umzug in die neue Wohnung half oder einfach nur mit mir telefonierte. Ich denke an die vielen Momente beim Wein oder Grillen im Garten, unser Lachen nach dem dritten Glühwein bei klirrender Kälte auf dem Weihnachtsmarkt. Ausgelassen oder albern und zwischendurch tiefe Gespräche. Hans-Peter war ein Mensch, dem ich absolut vertrauen konnte, und damit war ich nicht die Einzige. Diese Gabe machte ihn aus. Er war ein Hüne, weit über 1,90 groß. Dem, was die Ärzte dann als Diagnose stellten, konnte er nicht gewachsen sein. Als nun zwei seiner Lieblingslieder in der Kapelle ertönen, breche ich in Schluchzen aus. So heftig, dass ich es nicht mehr kontrollieren kann, denn das, was hier gerade läuft, sind auch meine Lieblingsstücke. Die klassische Musik hat uns immer verbunden. Hier waren sich unsere Seelen sehr ähnlich. Hans-Peter war studierter Sänger, und irgendwann schenkte er mir eine CD mit dem »Intermezzo« aus der »Cavalleria rusticana« von Mascagni und »Ombra mai fu« aus »Xerxes« von Georg Friedrich Händel. Nun spielt man beides zu seinem Abschied. Ich kann mich kaum zusammenreißen. Denke an etwas, was ich irgendwo einmal gehört oder gelesen hatte, und versuche mich damit zu trösten. Darin hieß es:

»Wenn wir auf die Welt kommen, weinen wir, und die Lieben, die uns erwarten, lächeln. Wenn wir die Welt später wieder verlassen, lächeln wir, und unsere Lieben weinen. Also, so schlimm kann dieser geheimnisvolle Ort, den wir alle nicht beschreiben können, doch vielleicht gar nicht sein?«

Als ich später für den letzten Gruß an seinem offenen Urnengrab stehe und warte, bis ich an der Reihe bin, frage ich mich, warum man häufig so lebt, als wenn man ewig Zeit hätte. Ja, manchmal ist man einfach zu zögerlich. Dann bin ich dran. Ich trete nach vorn, lege meine Rose ab und leiste im Inneren einen Schwur:

Lieber Freund, ich verspreche dir, ich werde wieder so richtig glücklich und auch die unverwirklichten Träume noch leben. Für dich gute Reise! Ich habe dich sehr lieb, und du bist auch in Zukunft immer bei mir.

Eine Woche später lande ich tatsächlich in einem Buchladen. In keiner dieser Filialen einer großen Kette, sondern in einem ganz kleinen. Einem von der Sorte, den es schon in meiner Kindheit gab. Einem verwinkelten Raum mit knarrenden Holzdielen, winzigen Auslagen und einem besonders hochdosierten Duft von Papier und Druckerschwärze. Ich fühle mich auf Anhieb wohl. Offensichtlich ist das Betreten dieser Welt für meine Seele dasselbe wie für andere eine dampfende Tasse Kakao, in der zwei dicke Marshmallows mit Karamellgeschmack schwimmen. Kaum habe ich die Schwelle hinter mir gelassen, ist es, als wäre ich nun an einem sicheren Ort. Einem, der es erlaubt, dass alle versprengten Einzelteile meines Selbst nach ihrer abenteuerlichen Reise hinaus in den Alltag zu mir zurückfinden und wieder zu einem Ganzen verschmelzen. Also atme ich durch und bemerke neben den vertrauenerweckenden Gerüchen und knarrenden Dielen ein weiteres Phänomen. In Buchläden wie diesem tickt auch die Uhr auf andere Weise. Hier folgt sie einem unbekannten Gesetz. An diesem Ort hat selbst die Zeit einmal Zeit, um durchzuatmen, und wie beruhigend sich das auch auf die anderen Kunden um mich herum auswirkt, kann ich an ihren Bewegungen ablesen. In Zeitlupe bewegen sie sich von Regal zu Regal. Legen dabei die Köpfe zur Seite, um so die Titel an den Buchseiten besser entziffern zu können. Bereit, sich jederzeit von einer Entdeckung einfangen zu lassen. Ab und zu gleiten ihre Hände vorsichtig über die Buchdeckel, die vor ihnen auf den Tischen liegen, und manchmal erwählen sie einen davon, um tiefer in den Zauber einzutauchen, der sich dahinter verbirgt.

Ach, Buchhändler haben es gut, denke ich, während ich die Szenen verfolge. Jeden Tag können sie Stunde um Stunde zwischen unzähligen Schätzen verbringen. Natürlich muss man mit dieser Art von Kostbarkeiten auch etwas am Hut haben, das ist klar. Aber sonst wäre man ja auch Schuhverkäufer geworden. Wahrscheinlich in einem Flagship-Store von Manolo Blahnik oder so.

Ich denke an ein Gespräch mit meinem Sohn und wie begeistert ich ihm dabei von meinen ersten Schreibversuchen in der Kindheit erzählt habe. Lesen, nachdenken, beobachten, Geschichten erfinden – das ist das, was ich schon immer gern tun wollte! Doch warum wird mir das erst jetzt klar? Gut, in gewisser Weise tue ich das längst. Nur eben über ein anderes Medium. Auch dort bin ich in der Welt der Worte und Bilder zu Hause. Irgendeine andere Farbe in diesem Universum gibt es allerdings noch für mich zu entdecken. Mein Blick fällt auf die Regale mit den Fantasyromanen und Kinderbüchern. Schon verrückt, denke ich, so lange und krampfhaft habe ich da draußen nach einem neuen Ziel gesucht. Dabei lag es die ganze Zeit direkt vor meinen Füßen, und zwar genau an dem Fleckchen auf dieser Erde, an dem ich am allerliebsten bin. Auch hier, während der angestrengten Suche nach mir selbst, ziehe ich mich am liebsten in eine Leseecke zurück und fühle mich sofort besser. Doch erst jetzt lenke ich meine Aufmerksamkeit auf eine Sache, die schon die ganze Zeit als Wahrheit vorhanden war. Entdecke sie wieder. Wie durch Zufall. Ohne System und ohne Kampf. Beinah so ähnlich wie in dem Augenblick, in dem man einen Menschen mit neuen Augen anschaut. Jemanden, der uns vielleicht schon ein Leben lang begleitet, den wir aber noch nie auf diese Weise angesehen haben. Manchmal allerdings haben wir Glück, und dieser Jemand ist geduldig genug, um zu warten. Darauf, dass wir so weit sind. Auch mit uns selbst. Das ist dann ein sehr kluger Mensch. Jemand, der die Zeit für sich arbeiten lässt und es ehrlich mit uns meint. Ja, irgendwo hatte ich von diesem Extrakt schon einmal gelesen. Die Worte waren wunderbar und gingen ungefähr so:

»Sowohl die Liebe als auch die Wahrheit enthüllen sich nicht als etwas Neues. Wenn sie sich zeigen, fühlt es sich eher an wie ein ›Erinnern‹.«

Seit meinem Besuch in der Buchhandlung herrscht Aufruhr in meinem Kopf.

Eine solche Erkenntnis über mich selbst und dieser wiedergefundene Lieblingsplatz hatten etwas ausgelöst. Dazu all die Tipps und Vorschläge von Dritten, die ich in den vergangenen Monaten eingesammelt hatte und nun auch noch der Rat meiner Freundin, gestern Abend am Telefon: »Weißt du, Peggy, ich denke für die innere Zufriedenheit ist es egal, ob du in einer Firma angestellt bist oder in der freien Wirtschaft unterwegs. Hauptsache, du bist innerlich für dich selbständig und du unternimmst etwas. Das gilt für jedes Lebensmodell.«

Ja, wie bringe ich nun meine vielen neuen Überlegungen, Sehnsüchte und Themen in ein für mich passendes Modell? Was mache ich mit all den kreativen Ideen, die bereits anfangen, von mir Besitz zu ergreifen? Manche steigen noch zaghaft auf. Andere steppen bereits ausgelassen durch meine Eingeweide. »Hauptsache, du bist innerlich selbständig!«, damit hatte meine Freundin den Nagel auf den Kopf getroffen. Gerade vor dem Hintergrund, dass auch ich mit solchen Sprüchen wie »Schuster bleib bei deinen Leisten!« aufgewachsen war.

Aber warum sollte ich so etwas tun: uralten Leisten auf ewig treu bleiben?

Es gibt doch auch Bäume, an denen gleichzeitig Apfelsinen und Zitronen wachsen.

Das hatte ich mal von einem Gärtner gehört. Zusammen mit der wunderbaren Bemerkung, dass mit Erfahrung alles viel schöner wird. Sowohl ein Garten als auch das Leben. Schließlich wüssten wir erst mit den Jahren, welche Triebe wir besser abschneiden sollten und welche behalten. Also, dann bitte: Wir entscheiden, und wir sind nicht nur für eine einzige Vorliebe erschaffen. So ähnlich hatte es auch Nelson Müller formuliert. Wir müssen uns nicht zwischen unseren Träumen entscheiden, hatte er gesagt.

Ich überlege. In welcher Kammerecke hatte ich das Geschenk meines Großvaters verstaut: diese alte, schwarze Erika-Schreibmaschine? Ich könnte sie mal wieder aufstellen. Außerdem habe ich mir doch diese Notizen für eine Geschichte gemacht. Ich bin elektrisiert. Suche überall nach der Aufzeichnung und muss lachen, als ich mich dabei erinnere, wie ich mir die Stichpunkte damals notiert hatte. Bin extra von der Autobahn runtergefahren, um den eben gefassten Gedanken bloß nicht zu vergessen und ins Handy einzutippen. Ja, damals, als Flensburg noch gut auf mich zu sprechen war.

Und jetzt? Wie könnte ich das mit dem Schreiben ernsthaft angehen?

Ich überlege und treffe eine nächste Entscheidung:

Ich brauche dafür keine Autorität von außen, die mir für diese Tätigkeit erst ihren Segen gibt. Ich werde sie mir einfach selbst erlauben. Ganz egal, ob das hinterher jemand lesen will oder für gut befindet, ob es finanziell etwas bringt. Ich liebe es ja bereits beim Machen. Also werde ich künftig auf wiederholte Einfälle achten und sie als Wegweiser nutzen, werde mir einen neuen Laptop kaufen, mir zu Hause einen schönen, neuen, vor allem festen Platz fürs Schreiben einrichten und mich regelmäßig dort hinsetzen. Werde mich dabei nicht unter Druck setzen. Werde auch nicht verbissen daran arbeiten.

Aber mit Freude und Regelmäßigkeit.

Sei ehrlich zu dir selbst

so wie Sänger Helmut Lotti, als er sich
nach sechs Jahren Auszeit bewusst für
ein Bühnencomeback entschied

Eine Woche später treffe ich den belgischen Sänger und Elvis-Fan Helmut Lotti am Rande eines Konzerts. Vor einiger Zeit entschied er sich für sein Bühnen-Comeback, und zwar nach einer sechsjährigen Auszeit. Wie er sich damit fühlt und was ihn damals überhaupt dazu veranlasst hatte, darauf bin ich neugierig. Kann es mir aber auch nicht verkneifen, nach etwas Privatem zu fragen. Wo er sich angesichts der 240 Nächte, die er im Jahr nicht daheim schläft, denn nun zu Hause fühle, frage ich als Erstes.

»In der Zweisamkeit mit meiner Frau«, sagt er prompt. Er war schon dreimal verheiratet, deshalb traue ich mich die Nachfrage. »Ist es denn schwer als Weltstar mit mehr als dreizehn Millionen verkauften Alben eine gute, lange Beziehung zu führen?« Auch hier eine schnelle Reaktion. »Nein, das ist es nicht. Es lag nicht an dem Beruf, diesem Leben, was ich führe, und auch nicht an meinen früheren Partnerinnen. Es lag an mir. Ich hatte in den Beziehungen schon viel früher gespürt, dass etwas nicht stimmte. Habe aber trotzdem weiter um die Partnerschaft gekämpft. Damit auch gegen mich selbst, gegen meine innere Stimme. Bis ich verlor.« Er macht eine Pause. »Damals war ich noch nicht so ehrlich zu mir selbst, so wie ich es heute bin, nach meiner Pause. Ja, auch das habe ich in diesem Abschnitt gelernt.« – »Warum hast du das damals so entschieden, mit dieser Pause?« Er lehnt sich zurück. Wir haben noch Zeit bis zum Soundcheck. »Wenn du etwas tust, egal in welchem Beruf, kommt es ja aus dir, und du solltest es auch gern tun. Glücklich damit sein. Ich hatte kein Burn-out, keine Depression, keine Krankheit. Aber irgendwie war dieses Gefühl bei mir weg. Also habe ich das so für mich entschieden, um eine Zeitlang andere Dinge tun zu können und um in mich reinzuhören. War dann Vorsitzender eines Theaterfestivals, habe auf kleinen Bühnen daheim in Belgien gestanden und völlig andere Dinge gemacht. Zum Beispiel Lieder und Poesie miteinander kombiniert, und ich bin viel gereist.«

»Fiel dir die Entscheidung leicht, oder hast du das lange abgewogen?«

Ein Kopfschütteln. »Nein, der Punkt dafür war eindeutig da. Ich gebe zu, dass einer der wichtigsten Auslöser die letzte Trennung von meiner vorherigen Partnerin war. Irgendwie hatte ich das Ende dieser Ehe noch immer nicht ganz verarbeitet. Wollte auch das mal mit mir klären und mich fragen, warum ich da privat schon einige Male gescheitert bin.« Er nimmt einen Schluck

Wasser und scheint dabei auch an andere zu denken, die in eine ähnliche Situation kommen. »Klar braucht es für so einen Schritt zur Auszeit Mut. Außerdem brauchen wir Menschen, die weiter an unserer Seite sind, und natürlich die eigene Bereitschaft, es uns einzugestehen, falls in dieser Findungsphase etwas nicht so aufgeht, wie wir uns das erhoffen.«

»Eine gewisse Flexibilität also?«

»Ganz genau, wir müssen absolut flexibel bleiben in Bezug auf das, was wir an neuen Erkenntnissen bekommen oder an Ideen für andere Wege.«

»Und was ist deine wichtigste Erkenntnis, dein wichtigstes Geschenk aus dieser Zeit?«, frage ich nach.

»Nun genau diese Ehrlichkeit zu mir selbst. Die ist jetzt viel größer als zuvor.« Er überlegt. »Ja, wenn ich zurückblicke, fühle ich mich nach der Auszeit innerlich wirklich stärker. Kämpfe auch nicht mehr gegen Dinge, gegen die es sich nicht zu kämpfen lohnt.« Er lacht. »Und ich trage kein Toupet mehr. Möchte nicht mehr der ideale Schwiegersohn sein, sondern einfach ein Sänger. Möchte, dass die Menschen wegen meiner Lieder ins Konzert kommen und nicht wegen eines Images. Frage beim Neuerscheinen eines Albums nicht mehr sofort die Verkaufszahlen und Trends ab, und ich kann beim Schach und Skat nun auch einmal verlieren. Auf jeden Fall habe ich nach der Pause wieder richtig Spaß bei allem, was ich tue!« Seine Augen blitzen. »Glück ist ohnehin kein Dauerzustand. Es besteht ja aus vielen kleinen Momenten, und ich kann mich zum Beispiel genau an diesen einen Moment erinnern, als nach den sechs Jahren Pause meine Comeback-Tour losging. Irgendwo unterwegs auf der Strecke saß ich mit ein paar Leuten aus meinem Team in einer alten, kleinen Raststätte. Nichts Besonderes. Aber dort empfand ich so einen Moment. Ich fühlte einfach nur Glück. Denn das, was ich nun wieder vorhatte, fühlte sich absolut richtig an für mich, und das, was zuvor in der Auszeit stattgefunden hatte, war auch sehr wichtig gewesen. Selbst dieses eine Album«, er lacht, »ich nenne es immer mein Frustalbum, das ich vor der Rückkehr auf die großen Bühnen zu Hause in Belgien geschrieben habe. Darauf sind die Geschichten eines Vierzigjährigen. Eines Mannes in der Lebensmitte, der bis dahin viel erlebt hat.«

»Welches Lied würde überhaupt am besten zu dir und deinem Leben passen, Helmut?« Er überlegt. »*The Long and Winding Road*« von den Beatles. Ja, ich denke, das würde gut passen!« – »Trotz deiner großen Liebe zur Musik«, frage ich weiter, »wolltest du aber zunächst einen anderen Beruf ergreifen. Welchen denn?« Er lacht. »Postbote zum Beispiel.« Ich ziehe meine Stirn in Falten. »Warum gerade Postbote?« – »Na, weil ich dabei auf dem Fahrrad sitzen kann. Dort im Sattel geht es mir gut. Bis heute bringt mir Fahrradfahren die Momente, in denen ich total abschalten kann, völlig bei mir bin, absolut frei. Das bin ich gern. Das ist wichtig für mich.«

»Verstehe«, sage ich. »Kein Nine-to-five-Job!« Wieder sieht er mich mit diesem frechen Jungengesicht an. »Nein, und ich war auch niemals normal«, sagt er und gibt mir einen Vergleich. »Du hast doch sicher eine Vorstellung von einer Horde Paviane!« Ich nicke. »Nun, da gibt es zum Beispiel den, der immer die Gruppe anführen will. Einen zweiten, der diesem Affen die Rolle streitig macht, weil er selbst der Chef sein möchte, und diejenigen, die nur zuschauen.« Wieder ein Nicken von mir. »Ich aber«, vollendet er die Metapher und freut sich auf meine Reaktion, »ich bin keiner von den drei Typen. Ich bin der vierte. Der, der mit etwas Abstand danebensitzt und alle sehr genau bei ihrem Tun beobachtet.« Jetzt lacht er laut. Ist mit meinem Blick nach seiner Pointe zufrieden.

»Du hast ja eine Tochter. Was möchtest du ihr denn gern mitgeben als Weisheit fürs Leben? Welchen Rat, damit es ihr bei all dem Auf und Ab gelingen kann, glücklich zu werden?«

Wieder der jungenhafte Ausdruck in seinen Augen. »Nun, vor

allem würde ich ihr nicht sagen: Du *musst* glücklich werden!«
Pause. »Und was würdest du machen, wenn es ab morgen oder irgendwann in zwei Jahren schlagartig vorbei wäre mit den großen Bühnen dieser Welt? Wenn plötzlich keiner mehr deine Songs hören möchte?« Unwahrscheinlich bei seinen erfolgreichen Tourneen durch Deutschland, Skandinavien, Kanada und Südafrika allein in diesem Jahr, denke ich gleich als Nächstes. Bin aber gespannt auf seine Antwort.

»Dann würde ich mich auf mein Fahrrad setzen und um die Welt fahren!«, lautet sie, ohne dass er lange nachdenken muss, und ich glaube ihm das. Nach der sechsjährigen Auszeit und der Ruhe, mit der er hier vor mir sitzt, muss es die Wahrheit sein. Also halte ich gleich seinen Tipp für mich fest:

 Helmut Lottis Tipp
Sag dir nicht, du musst glücklich sein. Sei ehrlich zu dir selbst und mache das, worauf du Lust hast. Glück besteht ohnehin nur aus vielen kleinen Momenten, und wenn es einmal schwierig werden sollte im Leben, setz' dich aufs Fahrrad und trete in die Pedale!

Bisher hatte ich für das »In-mich-Reinhören« und Notieren neuer Einfälle, Konzepte oder Geschichten immer nur Zwischenräume im Alltag genutzt. Schnipsel von übriggebliebener oder stibitzter Zeit. Ich werde mehr davon brauchen, denke ich nach dem Gespräch mit Helmut Lotti.

 Sollte ich mir für alles, was mich gerade bewegt, auch eine längere Auszeit nehmen? Unbezahlt, aber wertvoll für alles, was noch kommt?

Ich erinnere mich an diesen Song von Frida Gold und spüre: So wie es in einem bestimmten Moment wichtig wurde, eine

Entscheidung zu treffen, ist es nun an der Zeit, sie auch umzusetzen. Genauso, wie man an einer Klippe irgendwann springen muss, um das Wasser auch wirklich zu spüren. Dafür muss man zunächst einen Tausch machen. Große Sehnsucht gegen großen Mut. Ausblicke gegen Erfahrungen.

Habe in den letzten Jahren viel Zeit im Hintergrund verbracht. Pläne lange durchdacht. Räume prüfend durch die Hintertür erkundet.

Jetzt ist es wieder Zeit für einen Auftritt durch die Vordertür.

»Ja, wir sterben, also sollten wir vorher auch leben«, sagt eine meiner drei neuen Reisegefährtinnen einen Tag später bei unserem nächsten Treffen. »Sollten viel öfter Spaß haben, unseren Kopf durchsetzen, laut singen und tanzen, sooft wir können, oder?«

Ich nicke und liebe, wie sehr sie mich immer mit ihrer Energie ansteckt. Sie erzählt mir von ihrer bewegten Biographie: Festanstellung in einem Unternehmen, dann die erste Selbständigkeit, wieder eine Anstellung in einer neuen Branche, ein Jahr mit vielen Reisen und Unterstützung eines Hilfsprojektes. Nun seit vielen Jahren wieder selbständig und endlich angekommen.

»Sicher«, sagt sie, »glatte Biographien sehen anders aus. Aber ich will ja auch glücklich sein und nicht perfekt. Also Mut zu Kurven! Auch im Lebenslauf.« Sie lacht. »Irgendwann habe ich gemerkt, dass mir all diese unterschiedlichen Tätigkeiten und Erfahrungen sehr, sehr nützlich sind. Mit meiner heutigen Firma profitiere ich von jedem einzelnen Baustein, ohne dass ich damals schon einen roten Faden in meinen Ausbildungen erkennen konnte und mich als junge Frau fast etwas gegrämt habe deswegen.« Sie nimmt einen Schluck Rotwein und verpackt das eben Gesagte für mich noch einmal in eine griffige Botschaft: »Das Einzige, was ich dir von meinem Weg aufrichtig weitergeben kann, Peggy, ist Folgendes: Ich hab immer gern ins Risiko investiert, denn dann – davon bin ich überzeugt – kannst du nur gewinnen. Entweder an Erfolg und damit auch Geld oder an sehr wertvollen Erfahrungen! Verlieren wirst du damit nie.«

Am Abend, zurück auf dem Sofa, lasse ich mir ihr Credo zum Risiko noch einmal durch den Kopf gehen und schaue auf eine Autogrammkarte, die mir kürzlich die Schauspielerin Maren Kroymann als Glücksbringer mitgegeben hat. Ihr handgeschriebener Satz darauf besteht lediglich aus zwei Wörtern mit zwei dicken Ausrufezeichen dahinter. »Tu es!!«, steht dort. Ich wälze erneut die Option Auszeit hin und her. Meine jetzigen beruflichen Aufgaben müsste ich dann für einige Zeit aufgeben. Aber ab und zu muss man sein eigenes Universum zersprengen, um es noch einmal neu zusammenzusetzen. Also analysiere ich sämtliche Eigenschaften und Erfahrungen, die ich als »Welt-neu-Erschafferin« mitbringe. Mal schauen: Ich bin neugierig, ehrgeizig, diszipliniert, kreativ und zäh. Auch im Learning by Doing bin ich gut. – Und schon reift eine ebenso einfache wie gefährliche Frage in mir heran:

Warum eigentlich nicht?

Am nächsten Wochenende liege ich weit ausgestreckt auf einer Wiese und sortiere die Wolkenbilder über mir.

Eine Wolkenfabrik, ein Raumschiff, ein vollgefressener Dinosaurier, zwei, drei Engel, geheimnisvolle Gesichter, verschiedene Blumen zu verschiedenen Jahreszeiten. Daneben plötzlich ein Riss durch das heile Blau, so als wäre der Maler mit seinem Kreidestift ausgerutscht. Aber vielleicht ist es auch nur der Kondensstreifen eines Düsenjets und physikalisch leicht erklärbar. Herrlich, mal wieder so im Gras herumzuliegen. Ohne Zeit und Aufwand direkt hinein ins Fantasialand.

Ich bin glücklich – und zack –, plötzlich ist da eine Idee!

Eine kleine Figur, die so ähnlich wie diese eine Himmelszeichnung dort drüben aussehen könnte. Vielleicht der Anfang einer Geschichte? Eine mit ganz viel Wattewolkenphantasie.

Zwei kreative Wochen später ist es vorbei mit Wolkenhausen. Ich sitze wieder in der Achterbahn.

Nach mehreren unglaublichen Nächten mit meinem plötzlich ganz heftig erkrankten Sohn suche ich nach der richtigen Hilfe. Seit Tagen hat er hohes Fieber, Krämpfe, Übelkeit. Doch die verschriebenen Mittel schlagen nicht an. Keine leichte Situation für uns beide. Mittlerweile liegt die fünfte Nacht mit Krankenschwester-Einsatz und intensiven Gesprächen hinter mir, denn auch er fängt an, sich ernsthafte Sorgen zu machen. »Wie soll das denn weitergehen, Mama?«, fragt er mich immer wieder. Ich streiche ihm über die Haare. »Alles wird gut! Glaub' mir. Wir brauchen nur eine andere Medizin. Morgen gehen wir noch mal in dieses Gesundheitszentrum. Da gibt es die richtigen Spezialisten!« Anschließend bin ich so erschöpft, dass ich beim Einschlafen weinen muss. In vier Stunden wird wieder der Wecker klingeln. Ich rücke mir das Kissen zurecht und zermürbe mich mit allen möglichen Überlegungen. Dabei liefen die letzten Wochen doch so gut. Auch für ihn! Er hatte gerade die Einladung für die nächste Eignungsprüfung an einer der gefragtesten Kunsthochschulen des Landes erhalten, und in Kürze steht das Abitur an.

Am nächsten Tag tippt einer der Ärzte auf Pfeiffersches Drüsenfieber. Eine Erkrankung, wie er meint, an der mein Junge lange zu knabbern haben wird. In jedem Fall wird er viele Monate unter Konzentrationsschwierigkeiten und Erschöpfung leiden. Keine Anstrengung, kein Sport und möglichst nicht verzagen! Ich bin schockiert. Dabei will er doch gerade ins Leben starten? Sich eine WG in der Stadt seiner Uni suchen, neue Freunde finden, den Führerschein machen, weiteren Träumen auf die Spur kommen, und auch wir beide hatten gerade einen besseren Lauf.

In einigen Dingen hatte ich gelernt, ihn jetzt anders zu nehmen oder Ärger, der auftaucht, tatsächlich mal wegzuatmen, anstatt sofort eine Krisenkonferenz einzuberufen. Neuerdings schließe ich auch einfach die Tür seines Zimmers, bevor mich der Anblick von darin eventuell herumliegenden Wasserflaschen in die Kurzatmigkeit treibt. Ich like ihn weder auf Facebook, noch belästige ich ihn mit einer Freundschaftsanfrage. Es war wieder Ruhe auf unserem Schiff. Es gab richtig schöne Tage. Manche sogar so schön, dass man Konfetti werfen wollte. Und jetzt das! Definitiv keine Konfetti-Phase.

Ja, denke ich hier in meinem Bett, manchmal wirft einen das Leben hin und her. Wie im Mixer. Ich hoffe nur, dass am Ende noch die Mischung stimmt. Noch mal der Blick auf den Wecker. Schon wieder 2.30 Uhr. Dann ziehe ich mir die Decke über den Kopf und warte auf eine Mütze Schlaf.

Powernapping.

An einem Tag, als es meinem Sohn etwas bessergeht, treffe ich Thomas, einen alten Bekannten. Als ich ihm anvertraue, dass ich mir etwas mehr Raum nehmen will, um in dieser Phase für mein Kind, meine Eltern und für mich selbst da zu sein, dafür sogar eine längere Auszeit plane, schüttelt er sofort den Kopf.

»Das heißt, du verzichtest dafür für viele Monate auf dein Gehalt?« Ich nicke. »Ja, ich brauche diese Zeit. Da sind so viele Dinge, um die ich mich kümmern muss. Außerdem will ich auch gleich etwas für mich tun, Neues ausprobieren und ein paar Muster verändern.« Ich strahle ihn an. »Schließlich heißt es: Wer gegen den Strom schwimmt, kommt an die Quelle!« Thomas legt den Gesichtsausdruck auf, mit dem man ohne Worte eine absurde Bemerkung kommentiert. Dann folgen zwei kurze, aber gut ausgearbeitete Fragen. »Und du hast nach wie vor nur ein Einkommen, von dem ihr lebt, und einen Sohn, der noch studieren will? Ich meine, da ist inzwischen kein gutverdienender

Ehemann dazugekommen oder ein Erbe oder Mäzen, von dem ich vielleicht nichts weiß?«

Ich schüttle den Kopf. »Nein«, sage ich, noch immer überzeugt von der Idee.

»Aber das bringt doch finanziell überhaupt nichts«, sagt er jetzt sichtlich entgeistert. Er hat ein großes Sendungsbewusstsein und beugt sich noch weiter über den Tisch. »Im Ernst: Das sind doch nur Traumschlösser, die man mit achtzehn Jahren hat.« Und dann: »Hast du Angst vorm Älterwerden?« Ich bleibe zuversichtlich und bemüht, ihn immer noch mit Argumenten überzeugen zu können. »Keine Ahnung, ob das auch Angst vorm Älterwerden ist. Ich weiß nur: Ich will mich nicht schon tot fühlen, bevor ich sterbe.« Thomas wischt sich den Schaum vom Mund. »Das ist Käse. Du verbrennst da nur wichtige Geldreserven!« Dabei schüttelt er noch mal den Kopf. Diesmal so heftig, dass ich ein Stechen im Magen spüre. Irgendwie erinnert er mich mit dieser Reaktion an meinen Vater – damals, als ich zwölf Jahre alt war und das erste Mal allein eine längere Fahrradtour machen wollte. Mein Vater redete mir das Vorhaben nicht aus. Er diskutierte es auch nicht. Er verbot es mir einfach. Damals fuhr ich trotzdem los. Natürlich mit extrem schlechtem Gewissen und einer fiesen Reifenpanne auf der Hälfte der Strecke. Aber irgendwie löste ich das Problem und war hinterher extrem stolz auf mich. Mein Vater war es dann auch, denn so hatte er gesehen, dass eine seiner stärksten Eigenschaften – für die ich ihn bis heute bewundere – offenbar auch bei seiner Tochter gelandet war. Er nämlich lebt nach dem Motto:

»Wenn man sich etwas vorgenommen hat, kann auf dem Weg dahin viel passieren. Jede nur denkbare Katastrophe, bis hin zur eigenen Beerdigung. Aufgegeben wird aber trotzdem nicht!«

Mein Freund haut auf den Tisch und holt mich damit aus meinen Gedanken zurück. »Jetzt mal ganz ehrlich, Peggy, nur weil man ab und zu ein paar Fragen in seinem Leben hat, darf

282

man doch nicht gleich auf die Stopptaste drücken. Irgendwann muss man doch auch mal wissen, wo der eigene Platz ist! Was soll denn das sein, was du hier durchziehst? Eine verspätete Midlife-Crisis?« Ich lächle. Doch nur aus Höflichkeit. »Sei doch nicht so streng mit mir«, gebe ich zurück. »Vielleicht ist es ja eine Midlife-Chance und wäre auch mal etwas für dich?«

Dabei mustere ich Thomas noch einmal genauer. Seit zweiundzwanzig Jahren ist er Vertriebschef in einem großen Versandhaus und ausgesprochen erfolgreich. Sein Konto stimmt. Das seiner Frau auch, und Haus, Einrichtung und Auto der beiden beweisen allerhöchsten Geschmack. So richtig rosig sehen die zwei meiner Meinung nach allerdings nur dann aus, wenn sie in einen zweiwöchigen Kletterurlaub starten oder Zeit für ihre Golf- und Mountainbike-Touren finden. Ich überlege, welche Künstler der Weltgeschichte mit einem dicken Finanzpolster und Unmengen an Zeit, zum Beispiel als sorglose Privatiers, ihre Werke begonnen haben? Geld hilft, keine Frage! Aber die wenigsten, die etwas Neues wagen, besitzen es. Genauso wenig wie den richtigen Mäzen zur richtigen Zeit. Die meisten beginnen damit, etwas zu erschaffen, weil sie scharf darauf sind, und zwar ohne Rückhalt. Meist nur in den dürftigen Zeitlücken, die ihnen die Rennerei nach dem eigentlichen Unterhalt im Alltag so lässt. Schöpfen und schaffen, einfach weil man es will, ohne vorab wissen zu können, was es bringt oder ob man unter Umständen sogar herbe Kritik dafür einstecken muss. Geschweige denn, ob sich die ganze Schufterei finanziell lohnt. Sind das nicht auch die Grundpfeiler echter Kreativität, und hatte es Henning Wehland nicht ähnlich erzählt? Ihre Todfeinde hingegen, auch das habe ich mittlerweile verstanden, sind die lähmenden Zweifel der Künstler selbst oder das Warten auf diese eine Autorität, die ihnen für alles erst einmal eine Genehmigung erteilt. Nein, warten kommt für mich nicht mehr in Frage. Bei dem Teil meines Lebens war es an der Zeit, von der Reservebank aufzustehen, und was Ratgeber wie Thomas bei Themen dieser Art betrifft: Auch hier habe ich mittlerweile eine neue Einstellung. Wenn jemand meine Ideen nicht gut findet, dann sag ich mir nicht mehr: Meine Ideen sind schlecht. Dann sage ich lediglich: Das ist der falsche Gesprächspartner für mich!

Also strecke ich meinen Rücken, sehe meinem Freund in die Augen und antworte mit fester Stimme: »Ich mache das so, und ich freue mich darauf!«

Noch in derselben Nacht kommt eine E-Mail von Tino, dem Segler. Ich hatte lange nichts von ihm gehört und nun diese schöne lange Nachricht sogar mit einem Foto im Anhang. Eins, das ihn mit seinem Fang zeigt. Einem Thunfisch, beinah halb so groß wie er selbst. Ich lese.

Liebe Peggy,
jetzt wird es aber Zeit, dass ich Dir endlich wieder einmal bestätige:
Ich lebe noch, und es geht mir wirklich gut! Bin nur manchmal etwas
geschafft von den geballten Erlebnissen über und unter Wasser. Zur-
zeit verlassen wir die Malediven und werden in drei, vier Tagen im
Chagos-Archipel ankommen. Dort ist dann Ende jeglicher Zivilisation
und menschlichen Einflusses. Ich freue mich wie irre darauf. Ich fühle
mich wie James Cook und Jacques Cousteau in einem.
Ich gehe einfach davon aus, dass es Dir gutgeht. Hoffe, Du hattest einen
farbenfrohen Frühling, einen genussvollen Sommer und fliegst bereits so
hoch, wie Du träumen kannst! Ich bin in einem knappen halben Jahr
wieder in Deutschland. Dann musst Du mir berichten. Ach, ja und
vergiss nicht:
»Wir altern nicht mit den Jahren, sondern mit dem Verrat am
Herzen.«
Liebe Grüße vom anderen Ende der Welt
Tino

Selbst wenn ich trotz der coolen Antwort an Thomas noch einen einzigen Zweifel an meinen Plänen gehabt haben sollte, spätestens jetzt ist die Sache klar. Dabei kommt mir noch ein Gedanke, den ich mir nach der Begegnung mit Tino damals noch nicht notiert hatte. Als Überschrift schreibe ich »Alte Kapitänsweisheit« und dann:

 Niemals rückwärts schauen!
Macht bloß seekrank.

In den vergangenen Jahren hatte ich mich daran gewöhnt, mich beim Einschlafen öfter lange herumzuwälzen.

In den Nächten vor einer wichtigen Fernsehaufzeichnung versuchte ich es meist mit Meditationsübungen oder beruhigenden Selbstgesprächen. Schließlich wollte ich am nächsten Tag nicht als Wasserleiche vor der Kamera stehen. In meiner Verzweiflung ging ich diese Entspannungsübungen aber so verbissen an, dass sie überhaupt nicht gelingen konnten. Irgendwann gab ich auf und verließ mich auf das Können unserer Maskenbildner.

Heute Nacht aber ist alles anders.

Seit einigen Tagen befinde ich mich in meiner unbezahlten Auszeit, und plötzlich liege ich in meinen kühlen Kissen, zufrieden wie ein Baby. Ganz ohne Druck. Alles, was ich spüre, ist die Bequemlichkeit der neuen Matratze, und es ist absolut unerheblich, wann ich einschlafe. Der Wecker ist nicht gestellt. Brauche ihn ja nicht. Aber das Beste: Dieses Gefühl, mal nicht funktionieren zu müssen, wird mich nun viele Monate begleiten. Ein Lebensabschnitt, der mich nicht reicher machen wird. Auch die Idee, fürs Alter auf eine kleine Eigentumswohnung zu sparen, ist erst mal auf Eis gelegt. Dafür aber werde ich ein anderes Konto auffüllen. Nämlich das meiner inneren Klarheit und Lebensfreude. Acht Monate Zeit für Blütenträume und Gedankenräume und dass ich diesen selbstverordneten Pippi-Langstrumpf-Modus tatsächlich schon nutze, erkenne ich daran, dass ich dem in der Schreibtischschublade abgelegten Terminkalender nur noch selten einen Besuch abstatte. Wenn, dann eher beiläufig und weniger aus einem Informationsbedürfnis heraus. Sondern mit einer freundlich zugewandten Neugier. Außerdem kann ich mich hinterher gleich noch einmal über die dort vorgefundene Leere freuen. So ähnlich wie früher als Schulkind, als ich mir trotz mehrerer Ausfallstunden absichtlich den Wecker zur »Nullten« stellte. Nur, um die Zufriedenheit über den vor mir liegenden Schlaf noch einmal extra zu genießen.

Auch der nächste Tag streckt sich voller Spannung vor mir aus, und so frage ich mich, was ich mit ihm anfangen könnte? Die neugewonnene Kürze der inneren To-do-Liste schmeckt köstlich und ungewohnt.

Das mit dem Schreiben habe ich allerdings nicht vergessen. Also beginne ich mir einen neuen Tagesablauf auszudenken und schraube an der Professionalität meiner Büroecke. Sobald ich das Haus verlasse, stecke ich nun auch immer den neuen kleinen Glücksbringer in die Tasche. Er soll mich überall und in jedem Moment des Tages an meine neuen Entscheidungen für die zweite Halbzeit erinnern. Es ist die kleine Muschel vom Strand. Die, von dem entscheidenden Spaziergang damals am Meer. Auf die passe ich seitdem gut auf.

Irgendwann abends, als ich am neuen Schreibtisch sitze und fleißig tippe, piept mein Handy. Mal wieder eine Nachricht von *ihm.*
»Hoffe, Dir geht es gut! Denke an Dich.«
Vor lauter Aufregung klappe ich den Computer zu. Oh, wie nett ...

Neben dem Ausmisten von Dachböden, Kellern und Kammern war mir auch das Aufräumen in meiner Kontaktliste gut bekommen. Frühjahrsputz innerhalb der Verwandtschaft zu machen ist eine deutlich schwerere Übung.

Heute liegt die Einladung von einem Verwandten im Briefkasten, der sich immer nur dann meldet, wenn er Hilfe benötigt, ansonsten aber wenig von sich hören lässt. Auch auf seine Versprechen sollte man nicht viel geben. Meist vollführt er Schleiertänze, redet viel, wenn der Tag lang ist. Passieren wird anschließend nichts. Doch genau das will ich jetzt nicht mehr haben in meinem Leben. Ich mag zuverlässige Menschen. Nicht solche, die links blinken und dann rechts fahren. Aber wie umsetzen? Wie eine heiße Kartoffel trage ich seine Einladung durch die Wohnung, von einer in die andere Ecke. Irgendwann muss ich mich mit einer Zu- oder Absage melden. Mein Nein wird ihn verletzten. So gut kenne ich ihn, und darauf hatte ich bisher immer Rücksicht genommen. Ich bin Sternzeichen Waage und kein Rammbock. Wäre es aber gern mal, denn wenn ich auch hier immer nur über Veränderung rede, anstatt sie einzuleiten, bleibe ich ebenfalls ein Links-Blinker und Rechts-Fahrer. Also Zähne zusammenbeißen und neues Muster! Darf ich ja jetzt. Bin in der zweiten Pubertät. Außerdem ist das Entsorgen von Zeitdieben keine Gemeinheit, sondern Hygiene. Also sage ich ab, in ungewohnt frechem Ton.

»Lieber N. N., zu deiner Runde übernächsten Freitag würde ich supergern kommen. Nur leider habe ich an dem Tag keine Lust.«

Seit ich mich für die Auszeit entschieden habe, purzeln neue Ideen in mein Leben.

Es wirkt, als hätte ich mich ihnen damit als Kanal zur Verfügung gestellt, und das lassen sie sich nicht zweimal sagen. Sie packen die Gelegenheit beim Schopf und lassen mir nun keine ruhige Minute mehr. Weder beim Essen noch beim Schlafen oder beim Baden. Überall kommt mir ein nächster Gedanke, den ich unbedingt festhalten muss. Wälze mich abends in den Kissen oder in hohen Rosmarinschaumbergen, kaue abwesend auf dem Frühstücksbrötchen herum und muss immer wieder aufspringen, um sofort nach Zettel und Stift zu greifen. Die Dinge wollen angepackt werden, und zwar zack, zack.

Da habe ich keine Wahl mehr. Selbst schuld. Und es ist herrlich!

Ein Wermutstropfen aber bleibt.

Mein Sohn hat sich noch nicht von dem großen Kraftverlust nach der Erkrankung erholt, und auch sonst ist es keine leichte Zeit für ihn. Da ist diese Eignungsprüfung, die er gern wahrnehmen möchte. Müsste das aufgrund der geschwächten Kondition aber höchstwahrscheinlich mit halber Kraft tun. Deswegen eine Absage verkraften zu müssen, darauf hat er allerdings auch keine Lust. Außerdem fragt er sich noch immer, ob diese Richtung bereits die richtige ist oder nur eine, die er dafür hält? Ob er seine Freunde nach dem Ende der Schulzeit verliert und was er denn nun mit seiner großen Sehnsucht nach der Ferne anstellt? Ob er seine Kraft endlich bald wiederfindet und wo sich all diese Erfahrungen verstecken, die er sich wünscht? Kurz: Er steht vor den selbstverantwortlichen Schritten ins eigene Leben und damit vor dem, was er gleichzeitig fürchtet und sucht. Dasselbe Thema also, dem auch ich mich gerade widme. Nur eben an einem anderen Punkt des Zeitstrahls. Wahrscheinlich kommt man nie aus dem Gröbsten raus. Ich setze mich an den Schreibtisch und hole ein neues Notizbuch raus. Ein zweites, noch unbeschriebenes. Eins, das ich später mit Fotos und lustigen Begebenheiten aus seiner Kindheit ergänzen will. Eins, das ich nur für ihn anlege und ihm irgendwann mitgeben werde für die Erinnerungsschatzkiste, die er als alter Herr mal irgendwo auf dem Dachboden wiederfindet ...

Ich schlage die erste Seite auf und notiere mit einer fröhlichen Sonne, die ich danebenkritzle, einen »Tipp von Mama«. Wie immer in letzter Zeit natürlich auch ein wenig für mich selbst. In jedem Fall einen für »stürmische Zeiten«:

 Bleib in Bewegung. Sei konkret und zuverlässig. Vor allem vor dir selbst. Vertraue darauf, dass sich der liebe Gott schon etwas dabei gedacht hat, als er dich so gemacht hat, wie du bist. Alles wird gut! Ansonsten mach Sport und triff, wenn dir danach ist, auch regelmäßig dein Tagebuch. Was aufgeschrieben ist, tut nicht mehr so weh, und zwischen den Zeilen findet sich immer auch etwas Goldstaub! :-) Love Ma

Dann verfasse ich noch eine Merkliste mit Alltagsdingen, die ich selbst in letzter Zeit wieder besser bewältige, nämlich seit ich eine in Vergessenheit geratene Technik anwende. Die mit dem schönen Namen Humor. Ich notiere:

Erste Hilfe durch Humor beim Umgang mit:
Der Stimmung meines Sohnes
Meiner eigenen
Männern
Unerwünschten Einladungen und Anfragen
Verwaisten einzelnen Socken oder herumkullernden Bier- oder Wasserflaschen nach Besuchen von Freunden meines Kindes
Schlechten Nachrichten und Absagen aller Art
Unfreundlichen Kellnern, Verkäufern, anderen Autofahrern
Mir selbst, wenn ich zur Drama-Queen werde, sobald ich nicht einschlafen kann, Ereignisse des vergangenen Tages durchgehe oder die Aufgabenliste für den nächsten

Zwei Uhr morgens. Mein Sohn hatte einen Rückfall und wieder fiebrige Nächte.

Ich sitze im Bett und blättere nervös in einer Zeitschrift, ohne etwas von ihrem Inhalt wahrzunehmen. Nur das fett eingerahmte Zitat eines Prominenten auf einer Seite mit klugen Sprüchen fällt mir auf. Es ist ein abgewandelter Gedanke vom Aktionskünstler Jeff Koons. »*Das Glück*«, steht da, »*bekommt einen goldenen Rahmen aus Sorgen, wenn man Mutter wird.*« Wie passend, denke ich, lege die Zeitschrift auf den Nachttisch und starre auf die Anzeige des Weckers. Seit Tagen finde ich keinen Schlaf mehr und sehne mich doch nach nichts anderem. Bin gleichzeitig ruhelos und völlig k. o., selbst zum Müdesein zu müde, ohne zu wissen, wann die Situation endet. Habe ja noch nicht einmal verdaut, dass sie überhaupt in unserem Leben ist. Diese Ohnmacht, die ich angesichts der wiederkehrenden Beschwerden meines Sohnes und seiner eigenen großen Ratlosigkeit empfinde, ähnelt der, die ich von Liebeskummer, Trauer oder Weltschmerz kenne. Doch wenn die Not das eigene Kind betrifft, einen jungen Menschen, den man zum Glück bestimmt geboren hat, dann schmerzt das Herz in anderer Weise.

Ich schüttle mich.

Schluss mit den Nachtgedanken! Morgen will ich früh raus. Dann geht's nach Berlin, zu Jasmin.

Beobachte und justiere nach

so wie Jasmin Taylor, nachdem sie als
Siebzehnjährige allein nach Deutschland kam und
ein erfolgreiches Reiseunternehmen aufbaute

Jasmins Eltern wollten ihre Tochter nicht gehenlassen. Schon gar nicht mit siebzehn und ganz allein. Sie wollten sie sicher bei sich zu Hause behalten. Das Problem war nur, dass dieses Zuhause alles andere als sicher war. Jasmins Alltag im Iran bestand darin, dass sie auf dem Heimweg von der Schule nicht wusste, ob die Eltern bei ihrer Ankunft noch leben würden. Dass sie, so wie all die anderen in der Stadt, in ständiger Gefahr schwebte, seitdem alle Gefängnisse im Umkreis geöffnet worden waren und sämtliche Insassen frei herumliefen. Dass es auf den Straßen keine sichtbare Polizei mehr gab, die Nachbarskinder mit gefundenen Gewehren herumspielten und jede Nacht Bombenalarm ausgelöst wurde. Irgendwann bat Jasmin ihre Mutter, sie deswegen nicht mehr aus dem Tiefschlaf zu wecken. Mittlerweile war jede dieser Nächte unsicher geworden, und auf das Schicksal hat ohnehin niemand Zugriff. So würde man wenigstens, das dachte sich das Mädchen damals, noch etwas Schlaf abbekommen. Ein wenig Ruhe und Normalität in der ewigen Ausnahmesituation. Die Mutter tat, worum sie gebeten wurde, und bis heute kann Jasmins Tiefschlaf nur von mindestens hundert Weckern unterbrochen werden, und tatsächlich postiere sie auch eine ähnliche Anzahl an ihrem Bett. Die Unternehmerin lacht, als sie mir davon erzählt. Dann wird ihr Blick wieder ernst. »Ja, das Leben muss schon lebenswürdig sein, und wenn die Situation nicht so ist für dich, dann musst du es ändern! Das ist meine Einstellung.«

»Aber das war ja nicht leicht für dich«, sage ich. »Ohne ein Wort deutsch sprechen zu können und mit dieser Entscheidung, dafür die ganze Familie zurückzulassen!« Jasmin nickt. »Ja, das war damals keine Entscheidung gegen eine Komfortzone, so wie wir heute manchmal unsere Wünsche nach Veränderung definieren. Es war eine Wahl, bei der ich Menschen zurückließ, die ich liebe, und damals gab es auch noch keine Handys oder Social Media, um trotzdem mit allen in Kontakt bleiben zu können. Das Band zu meiner Familie war erst einmal abgeschnitten.« Jasmin holt Luft. »Aber dort zu bleiben, das wäre ein Gefühl gewesen, als würde ich mein Leben verschwenden. Also habe ich meinen Eltern ein klares Ultimatum gestellt: Entweder ihr lasst mich gehen, oder ihr müsst mich einsperren bis ans Ende meiner Tage, und trotzdem renne ich euch immer wieder weg. Mein ganzes Leben lang. Immer und immer wieder.« – »Und dann?«, frage ich. »Dann haben sie mich irgendwann ziehen lassen, und wir haben uns mit einer Einigung verabschiedet. Nämlich der, dass sie nachkommen.« – »Und, kamen sie?«, frage ich schon etwas leise nach, denn ich sehe, was in ihr vorgeht. Jasmin schüttelt den Kopf. »Nein, nie.« Ich sehe Tränen in ihren Augen, und sie verlässt kurz den Raum, um sich ein Taschentuch zu holen. Nach all den Jahren – bestimmte Erinnerungen verblassen eben nie.

Als sie nach einer Weile zurück ist und ich das Gefühl habe, dass ich an dem Punkt weiterfragen kann, will ich wissen, wie sie mit dem Heimweh in dieser Zeit klargekommen ist. Jasmin überlegt. »Tja, vielleicht ist das so ähnlich wie bei Liebeskummer. Ich habe das mit dem Kopf bewältigt. Jeden Tag habe ich mich auf eine neue Aufgabe konzentriert und mich daran erinnert, dass ich es selbst so entschieden habe. Etwa ein Jahr hat der akute Schmerz gedauert. Nach vier Jahren hatte ich mein Abitur gemacht und konnte Goethes *Faust* endlich im deutschen Original lesen.« Sie macht eine Pause. »Wahrscheinlich sind wir

Menschen Gewohnheitstiere, und sicher war die Entscheidung, mein Heimatland zu verlassen, damals meine erste wichtige unternehmerische Entscheidung.« Sie bietet mir etwas Tee an und lächelt. »Ja, ich denke, die stärksten unter uns sind nicht die mit den größten Muskeln, sondern die, die sich schnell an neue Situationen gewöhnen.« Ich bin fasziniert. »Weißt du«, erzählt sie weiter, »als ich mit meiner Firma in diese Villa gezogen bin, pflanzte ich da vorn mit dem Gärtner einen Baum. Kurz darauf wurde ich ungeduldig, weil er nicht sofort anfing zu blühen. Sich nicht auf Anhieb wohl fühlen wollte bei mir. Der Gärtner aber tröstete mich und erklärte mir, dass Wurzeln ihre Zeit brauchen und sich erst einmal eingewöhnen müssen.« Jasmin nimmt auch einen Schluck Tee. »Letztlich hat es zwei Sommer gedauert, bis mein Baum blühte. Zwei harte Winter und zwei trockene Sommer. Aber nun ist er angekommen. Ich denke, für uns Menschen gilt dasselbe. Wir brauchen unsere Zeit, damit aus einem neuen Ort ein Zuhause wird, und was uns nicht umbringt, macht uns stärker.« Sie lehnt sich zurück in ihren pinkfarbenen Lederstuhl. »In der Zwischenzeit habe ich mir für die Momente, in denen ich zur Ruhe kommen möchte, zwei Dinge angewöhnt. Das Meditieren und noch etwas anderes Schönes: Ich achte zunehmend auf Zufälle. Die können nämlich wertvolle Hinweise für unseren Weg sein.«

Ich nicke und notiere mir den Gedanken. Dann sehe ich wieder auf, ihr direkt in die Augen. »Und was würdest du denen raten, die noch im Eingewöhnen feststecken? Du weißt schon, in dieser unberechenbaren Zeit zwischen zwei harten Wintern und zwei trockenen Sommern, in denen man viel Kraft braucht?« Jasmin lacht. Laut und herzlich. »Schlaf hilft.« Ihr Blick sagt mir, dass sie das völlig ernst meint. »Ja, tatsächlich. Ich habe in schwierigen Phasen immer versucht, genug Schlaf zu bekommen oder bei besonders heiklen Entscheidungen mindestens eine Nacht über alles zu schlafen. Habe in mich hineingehört und mich gefragt: Was will ich? Meine Antwort war immer dieselbe: ein selbstbestimmtes Leben! Anschließend habe ich mir einen Plan gemacht und fest an mein Ziel gedacht.« Sie schaut durch das Fenster, hinaus zu dem jungen Baum. »Und, glaube mir, da waren wirklich kritische Phasen dabei!«

Ich lege meinen Kopf in die Hände und warte. »In den USA habe ich später Psychologie, Management und Human Relations studiert. Nach dem Masterabschluss erhielt ich ein wirklich gutes Angebot in der Geschäftsleitung eines Krankenhauses. Ich hatte mit einem Durchschnitt von 1,2 abgeschlossen und wäre da heute wahrscheinlich Direktorin. Aber ich wollte mein Ding machen, und so war die Entscheidung gegen eine Festanstellung mit hohem Gehalt wahrscheinlich meine zweite wichtige Weggabelung.«

»Und wie ging es weiter?«, dränge ich sie, mehr zu erzählen.

»Nun, ich wollte mein eigenes Unternehmen gründen. Hatte aber weder Geld noch ausreichendes Know-how. Alles, was ich besaß, waren mein Wunsch und jede Menge Gegenwind. Eine solche Idee sei Käse, bekam ich immer wieder zu hören. Also überlegte ich. Hielt eine Unternehmung mit günstigen Vertriebswegen für passend, und so wollte ich irgendetwas über einen Internet-Shop aufbauen. Vielleicht etwas mit dem Verkauf von Büchern, CDs oder Ähnlichem. Meine private Leidenschaft galt allerdings dem Reisen, und so wurde es letztlich diese Branche.« Sie denkt nach. »Natürlich kamen sofort neue Widerstände. Ich versuchte mir für die Gründung Geld bei einer Bank zu holen. Doch die Antwort war Nein. Geradeheraus. Man belächelte mein Vorhaben.« Sie macht eine Pause. »Das ist schon nicht ohne, wenn andere nicht an deinen Plan glauben! Aber von einer Sache bin ich wirklich überzeugt: Wenn eine Tür zugeht, wird irgendwo eine größere aufgemacht.«

»Und wie hast du die Firmengründung dann ohne Bankkredit hinbekommen?«

Jasmin gießt mir noch etwas nach. »Ich habe mir das Geld privat geliehen. Bei einer Freundin. Sie hat zwar auch nicht an meine Idee geglaubt, aber sie gab mir das Geld. Das werde ich ihr nie vergessen, und ich schwor mir damals, den Kredit von meinen ersten Einnahmen so schnell wie möglich zurückzuzahlen. Das klappte auch. Schon wenige Monate nachdem mir meine Freundin das Geld gegeben hatte, rief ich sie in Amerika an und bat sie, mir ihre Kontonummer zu nennen, damit ich die Rücküberweisung fertigmachen konnte.« Jasmin strahlt über das ganze Gesicht »Ich kann mich noch so gut an dieses Telefonat erinnern. Sie war richtig perplex. Hatte überhaupt nicht damit gerechnet, dass sie das Geld jemals wiedersehen würde in ihrem Leben, und nun so schnell! Sie freute sich riesig, denn auch ihr kam die Summe gerade wieder gelegen, und ich war unglaublich stolz auf mich, dass ich das so schnell geschafft hatte mit meinem jungen Reiseportal im Internet.«

Ich lausche und denke im Stillen über die Kombination von Adjektiven nach, die diese Frau wohl am besten beschreiben würden. Diszipliniert und fokussiert, ja, die beiden Wörter könnten gut passen, denn mit diesen Kräften hat sie ihr Unternehmen *JT Touristik* innerhalb von acht Jahren aufgebaut. Stärken einer Chefin, die sich jedem Besucher sofort offenbaren, sobald er ihre Geschäftsvilla in einem der besten Viertel Berlins betritt. Dann sieht er Räume in Jasmins Lieblingsfarbe Pink, eine 850 Quadratmeter große Terrasse mit Blick auf den riesigen Garten und ein Swimmingpool mit eingebautem Unterwasser-Soundsystem. Ein erlesener Geschmack, der bis zum Markenauftritt der Firma reicht und dafür mit dem begehrten *iF Design Award* geehrt wurde. Darüber hinaus ist Jasmin Taylor mittlerweile Arbeitgeberin für fünfundsechzig Mitarbeiter und sorgt gemeinsam mit ihnen für Jahresumsätze in Höhe von weit über 170 Millionen Euro.

»Hast du Anfeindungen erlebt, weil du in diesem Business als

Frau in der oberen Liga mitspielst?«, frage ich sie. »Dort, wo sich sonst meist nur Männer aufhalten?« Jasmins Lächeln verändert sich. Die Freude und der Stolz auf die eigene Leistung weichen ihrem Wissen um Opfer und Kämpfe für wirtschaftliche Erfolge. Sie nickt. Hat aber auch bei dem Thema keine Scheu, offen zu sprechen. »O ja, sehr oft sogar. Interessanterweise weniger im Ausland, wo ich ja sehr viel als Hauptanbieter für Reisen in die Vereinigten Arabischen Emirate agiere. Dort sind die männlichen Geschäftspartner eher höflich und stilvoll im Umgang mit mir. Die größten Beleidigungen am Verhandlungstisch habe ich bisher in Deutschland erfahren.« Ich bin überrascht, aber Jasmin nickt. »Ja, hier musste ich in der Tat am meisten über mich ergehen lassen. Zum Beispiel Seitenhiebe auf mein dunkles Äußeres und Sachen wie: Haben Sie denn bei uns in Deutschland überhaupt nichts gelernt? Wenn ein Preis genannt wird, dann steht der hier auch fest. Oder: Wir sind doch nicht auf dem türkischen Basar! Selbst Bemerkungen über mein früheres Single-Dasein gab es, als ich allein auf einem Geschäftsempfang erschien. Dann kamen Kommentare wie: Haben Sie denn keinen Freund? Na, kein Wunder, wer möchte auch schon mit Jasmin Taylor zusammen sein.«

Ich nippe an meiner Tasse. »Wirklich?«, entfährt es mir und wirke damit sicher ziemlich weltfremd. »Wie hast du denn auf solche Bemerkungen reagiert?« Jetzt trägt Jasmin wieder den Blick der klugen Geschäftsfrau. »Nun, in den meisten Fällen tat ich so, als hätte ich das gar nicht gehört. Wollte lieber erst einmal das betreffende Geschäft zu Ende bringen, das für meine Firma von Vorteil war. Blieb also professionell und wünschte mir im Inneren, diesen Idioten hinterher nicht mehr wiedersehen zu müssen.«

»Ja, oder von einer völlig anderen Position aus, mit der du ihn längst überholt hast«, ergänze ich sie, und Jasmin lacht mit. Erinnere mich dabei an Vorfälle mit ungehobelten Machttypen, die mir auf meinem Weg durch den Mediendschungel auch schon begegnet sind.

»Immer schön beobachten und nachjustieren«, formuliert sie dann ihre Herangehensweise im Beruflichen, »ja, das könnte vielleicht eins meiner Erfolgsgeheimnisse sein.«

Dann traue ich mich.

»Du bist wirklich eine faszinierende Frau, Jasmin, wenn ich das mal so sagen darf. Stark, clever und dennoch mit großer Sensibilität und intensiven Gefühlen ausgestattet.« Sie legt ihre Hand aufs Herz und bedankt sich. »Doch sag mir bitte«, frage ich weiter, »wie gehst du für dich mit dieser empfindsamen Seite in einem so harten Business um? Wie schützt du dich vor zu vielen Verletzungen?« Jetzt lächelt sie eher verschwörerisch. »Eine sehr schöne Frage, Peggy. Allein, dass du so darüber nachdenkst und sie mir stellst, zeigt mir deine eigene Tiefe und Vielschichtigkeit als Mensch. Danke.« Sie überlegt. »Nun, letztlich vergleiche ich den Alltag einer Unternehmerin oder eines Unternehmers mit dem eines Künstlers auf der Bühne. Das Publikum hat für die Vorstellung bezahlt und möchte seine beste Leistung, sein ganzes Strahlen sehen. Nicht seinen Kummer, Ängste oder Tränen. Das kann dieser Mensch dann später nach der Aufführung hinten im Backstage-Bereich mit sich selbst ausmachen.« Ich verstehe. »Also Professionalität eben.« Sie nickt, und wir reden über eine andere Aufgabe, die ihr erst durch ihren Erfolg möglich wurde. Ihr aber mindestens genauso viel bedeutet. Über das soziale Engagement bei *SIS – Strong Independent Sisters:* einer Organisation von Frauen für Frauen, die Flüchtlinge mit einer Starthilfe über Praktika und Aus- und Weiterbildungen in ein neues Leben begleiten. Dafür wurde Jasmin bereits ausgezeichnet. Neben diversen Ehrungen für ihren unternehmerischen Erfolg, wie beispielsweise mit dem Titel *Travel Industry Manager des Jahres.* Eine Anerkennung für das, was sie als erste Frau in der Geschichte der Reiseindustrie geschäftlich aufgebaut hat.

»Darüber freue ich mich sehr. Genauso wie über die Erfüllung eines privaten Traumes, der schon lange offen war.« Mein Blick sagt ihr, dass ich auch hier unbedingt mehr wissen muss. »Ich habe nämlich erst vor einiger Zeit geheiratet, und ich habe es so getan, wie ich es mir immer gewünscht habe: barfuß am Strand und mit Sonne im Gesicht.« Ich jaule auf wie eine Frau, die genau weiß, was eine andere damit meint, und auch Jasmins Augen leuchten. Wenn ich mir ihren Weg anschaue, denke ich, scheint mir an der Behauptung, dass es starke, erfolgreiche Frauen schwerer haben, ihr privates Glück zu finden, tatsächlich etwas dran zu sein. Dieser hier gönne ich von Herzen, dass sie es dennoch gefunden hat. Gleich darauf notiere ich mir ihre Antwort auf meine Frage nach Dingen, die vielleicht noch immer offen sind.

»Ach weißt du, ich wünsche mir nur noch zwei Dinge im Leben: Ich möchte viel von dem Glück, was mir widerfahren ist, an andere weitergeben und selbst immer und immer wieder ganz viel Neues ausprobieren dürfen. Grenzen gibt es für mich höchstens körperlicher Art. Darüber hinaus halte ich nichts von ihnen.«

 Jasmins Tipp
Schau Bäumen beim Wachsen zu. Auch sie brauchen einige Sommer und Winter, damit sie Wurzeln schlagen können. Lass dich auf deinem neuen Weg nicht verunsichern und erinnere dich: Du hast es so für dich entschieden! Beobachte und fokussiere dich immer wieder. Aber achte auch auf Zufälle. Oft entpuppen sie sich als wertvolle Hinweise.

 Fragen an mich selbst
Bäume und Träume brauchen Zeit zum Wachsen. An welchem Gras meines Lebens ziehe ich ohne Unterlass, damit es schneller wächst?

Jasmin verband ihren Wunsch nach Selbständigkeit mit ihrer größten privaten Leidenschaft, dem Reisen. Welche private Begeisterung habe ich derzeit noch nicht in berufliche Projekte eingebracht?
Jasmin glaubte an die Magie von Zufällen. Wo und wann verschlafe ich vielleicht gerade einen wertvollen Hinweis für meinen Weg?

Als ich nach diesem Treffen nach Hause komme, lege ich in meinem Computer eine neue Datei an.

Ich habe die Idee für ein Buch. Eigentlich sogar schon für ein zweites. Und die Momente beim Aufschreiben fühlen sich unheimlich gut an. Ich fliege mit den Buchstaben davon. Bin dort in einer Welt, die nur mir gehört und in die ich jederzeit eintauchen kann, sobald ich es will. Inzwischen bin ich auch überzeugt:

Das mit dem kreativen Prozess ist so ähnlich wie mit einem guten Liebhaber.

Wenn sich eine Idee mit dir einlassen will, dann möchte sie voll und ganz Besitz von dir ergreifen. Sie will dich mit Haut und Haaren und beschenkt dich dafür mit Überraschungen und Magie. Mit Geschenken, die zuvor weder einen Ort noch ein Ziel hatten. Nun aber finden sie dich und bekommen damit ihren Sinn, und gemeinsam macht ihr sie noch viel, viel größer! Nur eines muss die Idee vor alledem wissen, und zwar mit absoluter Gewissheit. Nämlich, dass du diesen gemeinsamen Tanz ebenso willst wie sie. Genauso gern und entschieden. Also bleibe ich auch an dem Tag noch lange am Computer. Das mit der Disziplin kann ich gut. Schließlich sorgt sie dafür, dass man im richtigen Moment da ist, wenn Fortuna zuschlägt.

Zwischendurch ruft ein alter Freund aus der Radiozeit an, um mir einen Song vorzuspielen, den er sich heute an der Gitarre ausgedacht hat. Ich mache ihm Mut. Genauso wie meinem Vater, der am nächsten Tag zu einer schwierigen Untersuchung in die Klinik muss. Bevor ich am Abend zu Bett gehe, umarme ich meinen Sohn. So fest, wie schon lange nicht mehr. »Ich habe dich sehr lieb«, flüstere ich dabei. »Danke, dass du gerade mich als Mama ausgesucht hast!« Dann zwacke ich ihn in die Seite. So wie früher, wenn wir unsere Kissenschlacht gemacht haben. Glaube aber, dass er gerade nicht weiß, wie ihm geschieht. Ein paar Augenblicke später sagt er: »Ich weiß nicht, wo das jetzt herkam, Mama. Aber es war schön.« Ja, denke ich bei mir, und es war wieder mal an der Zeit. Als ich mich anschließend hinlege, fühle ich mich extrem gut und überlege, warum. Da fällt mir auf, dass ich an diesem Tag einfach nur ganz viel Liebe verschenkt habe, und zwar mit vollen Händen. An meinen Vater, den Freund am Telefon, meinen Sohn ... Massen davon hatte ich auch in diese erste Geschichte hineingesteckt, die gerade im Computer entsteht, und die gehen dann an alle, die sie künftig vielleicht einmal lesen.

Und warum hatte ich das heute in so üppiger Weise getan?

Die Antwort ist einfach. So, wie es Flo mal gesagt hat: weil ich es konnte.

Weil ich nach einer viel zu langen Pause mal wieder selbst voller Liebe war.

Zwei Wochen später sind die Beschwerden meines Sohnes noch immer nicht abgeklungen. Im Gegenteil. Ich habe das Gefühl, es geht ihm schlechter. Neben der durch die Erkrankung ausgelösten Erschöpfung kommen weitere Symptome dazu, so dass ich meine Projekte zurückstelle und nach neuen Spezialisten suche. Ist da noch eine andere, ernsthaftere Erkrankung, die bisher nicht erkannt wurde? Wieder schleppen wir uns von einem Spezialisten zum anderen, zu Dermatologen, zum MRT, Diabetes-Test, Homöopathen, Heilpraktiker, Schilddrüsenexperten. Keiner kann Näheres sagen.

Nach dem letzten Arztgespräch bin ich richtig schlecht gelaunt. Das muss sich ändern, denke ich. Brauche jetzt Kraft für zwei. Also überlege ich, wie. Erinnere mich an das, was Großmutter gegen schlechte Laune empfahl. Sie heilte immer alles mit Gewürzen, und wenn gar nichts mehr ging, schwor sie auf Chili. Dieses Gewürz macht wieder glücklich, hatte sie dann gesagt. Angeblich empfindet unser Körper seine Schärfe so ähnlich wie einen Schmerz. Somit entscheidet er sich sofort für ein Gegenprogramm und scheidet jede Menge Glückshormone aus. Seine Form der Ersten Hilfe eben. Die gemeine Waldheidelbeere hingegen, riet Oma, würde beruhigen, schlank halten und mit ihren Vitaminen – dem Zink, Kalzium und Magnesium – jede Wunde heilen. Also dann, ich schnappe mir einen Zettel für die Einkaufsliste und schreibe: Chilischoten und Waldheidelbeeren. Tonnenweise.

Nur einmal in diesen Wochen erlaube ich mir eine Pause.

Möchte ein, zwei Stunden einkaufen gehen und irgendwo etwas essen, um auf andere Gedanken zu kommen. Und da läuft mir ein vertrautes Gesicht über den Weg. Christian, mein Schwarm aus der achten Klasse. Heute ist er ein gestandener Mann mit eigenem Unternehmen, und wir unterhalten uns ewig. Dabei fällt mir eine Eigenart von ihm auf, die ich vergessen hatte. Christian besitzt die Ausstrahlung eines saftigen Rapsfeldes. Bei seinem Anblick wird man sofort mit guter Laune angesteckt. Allerdings erinnere ich mich auch wieder an diese andere Eigenschaft von ihm. Früher zumindest kippte er Liebeserklärungen wie mit dem Würfelbecher aus. Jeder, die nicht bei drei auf dem Baum war, versicherte er, dass sie die »Eine« wäre. Deshalb nannten wir Mädchen ihn irgendwann Pinocchio. Heute aber kann man sich ganz ernsthaft mit ihm unterhalten. »Die wahre Krankheit unserer Zeit«, sagt er, »ist doch die Tatsache, dass wir anderen Menschen kaum noch etwas bedeuten.« Jetzt sehe ihn mir genauer an und frage mich, ob er in Frage käme? So als Rapsfeld und überhaupt. Ist zwar keiner der Männer, die sofort Schmetterlinge im Bauch auslösen. Aber, überlege ich weiter, dann vielleicht ja auch keine Tränen? Wollte ich nicht mal an der Einstellung meines Filters drehen? Jetzt täte etwas Aufmunterung jedenfalls gut. Also eine Entscheidung. Ich erlaube mir, nachher noch mit Christian auszugehen, und ich zeige mich mir selbst gegenüber großzügig. Vielleicht bis nach Mitternacht.

Einfach mal wieder Spaß haben. Tanzen, träumen, lachen. Time is honey.

Zwei Wochen später frage ich mich zum ersten Mal ernsthaft, ob ich mich trauen soll, meine Buchidee einem Verlag vorzustellen.

Ich laufe auf und ab. Ohne Unerschrockenheit, denke ich, bleibt das Leben klein, und letztlich funktioniert das mit dem Verwirklichen und Abliefern von neuen Ideen so ähnlich wie die Beförderung auf dem Postweg. Nie die Briefmarke vergessen, und die wiederum kann den für sie vorgesehenen Job nur dann erfüllen, wenn sie an der Sache auch dranbleibt, und zwar so lange, bis die Lieferung angekommen ist. Also knipse ich das Licht aus und gehe zu Bett.

Und morgen früh bringe ich mein Manuskript zur Post!

23.10 Uhr. Es klingelt an der Tür.

Wer um alles in der Welt traut sich das noch um diese Zeit? Ich öffne. Meine Nachbarin. Sie wäre allein mit einer Flasche Wein und schlechten Nachrichten, meint sie. Jedenfalls brauche sie jetzt dringend einen Flaschenöffner. Dann macht sie noch einen Witz: »Klar, welcher Single um diese Zeit nicht, oder?« Ich reiche ihr die gewünschte Rettung und bleibe auf dem Weg zurück ins Bett am meinem Spiegelbild im Flur hängen. Betrachte mich einen Moment und frage mich, wie ich denn nun mit dieser einen Sache weiter verfahre? Dieser Sache mit *ihm*? Bei dem

Gedanken, mich aus der momentan sicheren Stille als Erste herauszuwagen, verspüre ich eine Blockade. Hier schlägt mein Stolz Alarm. Entweder er oder der Angsthase im Inneren. Keine Ahnung. Jedenfalls könnte es weh tun, falls *er* die Sache mit der erneuten Kontaktaufnahme komplett anders sieht.

»Aber wenn ich jemandem etwas Entscheidendes nicht über mich sage, nur aus Angst vor Zurückweisung«, sagt plötzlich eine ungewohnt klare Stimme in mir, »wenn ich etwas Wichtiges nicht schreibe, entscheide oder tue – nur aus Furcht vor Kritik, wenn ich mich selbst zurückhalte vom Antritt einer neuen Reise – aus Angst, dass sie nicht gut enden oder ich mich verirren könnte, gerade dann muss ich springen! Denn«, nun wird die Stimme in mir immer lauter, »unabhängig davon, ob die Sache erfolgreich ausgeht oder nicht: Hinterher gibt es nur die Wahl zwischen zwei Aussagen über mich selbst. Entweder ich bin mutig oder auf dem allerbesten Weg, der traurigste Mensch der Welt zu werden.«

»Aber«, raunt sofort eine zweite, deutlich zurückhaltendere Stimme in mir, »vielleicht kann ich ja wenigstens im Privatleben mit der alten Tour weitermachen und hoffen, dass die Dinge von alleine auf mich zukommen?«

»Quatsch«, antwortet sofort der Heldenteil, »genauso eine falsche Vorstellung wie damals als Kind, als du noch davon überzeugt warst, dass du selbst gefrierst, wenn du zu viel Eis isst.«

Der Angsthase in meiner Brust schüttelt sich ob der bevorstehenden Mutprobe. »Nein«, entwirft er sofort die nächste Genoption, »vielleicht ist dieser Mann ja ohnehin längst auf dem Weg zu dir. Vielleicht musst du nur noch ein wenig geduldig sein, und ihr seid längst in der Phase kurz vorm Happy End. Du weißt schon, so wie in diesen Hollywood-Romanzen, die du so liebst, in der beide Hauptfiguren bereits regelmäßig aneinander vorbeilaufen, kurz vor dem entscheidenden Aufeinandertreffen, längst fest in Gedanken an den anderen, kurz vor der großen

Umarmung, und gleich wird ihnen noch ein großer dramaturgischer Zufall zu Hilfe kommen!« Ja, womöglich ist es so, mische ich mich innerlich selbst in das Streitgespräch ein. »Oder aber es ist ganz anders«, interveniert sofort wieder die Heldin in meiner Brust, »und dieser Typ plant längst seine Verlobung, und zwar mit einer anderen!« – »Okay, das ist ein Argument«, sage ich jetzt laut und übernehme vor lauter Schreck endlich wieder die Führung in dieser Diskussion. Herausfinden werde ich die Wahrheit tatsächlich nur durch einen ganz alten Trick. Durch handeln.

»Mist!«, raunt noch einmal der Angsthase im Hintergrund und ist schon ganz blass.

Mach dich frei für das, was dir wichtig ist

so wie Professor Gerald Hüther, als er zunächst aus der DDR und später aus dem Wissenschaftsbetrieb floh

Irgendwie ist mir dieses Hirn sehr sympathisch, denke ich, während ich eine Woche später auf meiner Fahrt nach Göttingen eines von Professor Hüthers Büchern zuklappe. »*Was wir sind und was wir sein könnten*« habe ich dabei, und dank ihm bekomme ich zum ersten Mal eine Ahnung davon, wie der Computer in meinem Kopf überhaupt funktioniert.

Hirne mögen es nämlich gemütlich. Am liebsten gemeinsam mit ihrem Besitzer den ganzen Tag auf der Couch liegen. Schön bequem mit Kuscheldecke und Räucherstäbchen. Auf jeden

Fall ohne Termine und ohne Lärm. Vor allem ohne Gedanken! Falls das nicht klappen sollte, dann wenigstens nur Gedanken zu einem angenehmen Thema. Aber bitte keine Probleme! Natürlich könnten unsere mit derartigem Potential ausgestatteten Grauzellen jederzeit eine knifflige Frage lösen, und wenn es sein muss, auch mal eine länger anhaltende Krise. Wollen sie aber nicht! So ein Hirn ist nämlich ein sparsamer Typ, und am liebsten spart es Energie. Schon im Ruhezustand – also bequem auf dem Sofa –, so verstehe ich Gerald Hüther, verbraucht es für die Unterstützung aller sonstigen Körpervorgänge immer noch zwanzig Prozent des vom Körper bereitgestellten Energievorrats. Was mit dieser Verbrauchsbilanz passiert, sobald bei seinem gestressten Besitzer noch Liebeskummer, Job-, Geld- oder Erziehungsprobleme dazukommen und es auch hier nach Auswegen für ihn suchen muss, kann man sich vorstellen.

Klar, unbequem. Selbst für Hirne. Wer erhebt sich schon gern von der Couch.

Während ich über diese Zusammenhänge nachdenke und endlich begreife, dass mein innerer Schweinehund eigentlich nichts anderes ist als mein sparsam veranlagtes Hirn, wird mir auch klar, warum ich mich in dieser Aufbruchphase so müde fühle. Selbst ohne körperliche Anstrengung. Mein Hirn muss ja trotzdem die ganze Zeit aktiv sein. Neue Eindrücke aufnehmen, sie in meine bisher angelegten Vernetzungen einpassen und dafür fleißig neue bilden. Nur so bewältigt es das frisch erzeugte Chaos in meinem Kopf, bringt wieder Ordnung und Ruhe hinein und kann zu jenem Wohlgefühl zurückkehren, bei dem es Energie sparen kann. Wissenschaftlich heißt dieser immer wieder angestrebte Zustand, in dem alles stimmt, Kohärenz, und als Belohnung für die Mühe, ihn erneut hergestellt zu haben, werden herrliche Botenstoffe ausgeschüttet. Eine Art Glücksdünger, der die Kohärenz gleich noch mehr sprießen lässt. Deshalb nehmen wir Menschen also doch immer mal die Unbequemlichkeit von Neuanfängen in Kauf. Verlassen freiwillig unsere Komfortzone, um später – sobald wir eine Herausforderung gemeistert haben – stolz und froh die Belohnung kassieren zu können. »Wir wachsen nun einmal nicht an Problemen, sondern an deren Lösung«, sagt Neurobiologe Professor Hüther. Aber der Aufbruch zum neuen Glücksgefühl, zu unbekannten Ufern, das Anlegen neuer Datenautobahnen in meinem Hirn, das habe ich nun verstanden, macht Arbeit. Selbst, wenn sie zunächst einmal in meinem Inneren abläuft und die Menschen um mich herum überhaupt nichts mitbekommen von meiner neuen Trainingseinheit. Von Gerald Hüther weiß ich, dass er solche Umbrüche nicht nur fachlich gut erklären kann, sondern auch aus dem eigenen Leben kennt. Erst, so hieß es in der Presse über ihn, floh er aus der DDR, dann aus der Wissenschaft, und nun wirkt er mit zahlreichen Bestsellern, gefeierten Vorträgen, Fernsehauftritten, mit dem Trainieren von Führungskräften und seiner Akademie für Potentialentfaltung mit Leib und Seele für das, was ihn antreibt.

»Es ist eine unbändige Entdeckerfreude und die Tatsache, dass ich mich einfach nicht damit abfinden kann, dass wir diesen blauen Planeten ruinieren«, sagt er mir beim Kaffee. Nicht mehr und nicht weniger. Dabei hat er dieses Leuchten in den Augen, das man nur bei aufrichtigen Anliegen hat.

»Woher kommt denn Ihre Freude am Tiefbohren? Ihre große Neugier auf die Zusammenhänge des Lebens und der Wunsch, Antworten dazu zu finden?«

Gerald Hüter lächelt. Erinnert sich an die Kindheit. »Die war sehr glücklich. Ich bin an einer Wassermühle aufgewachsen. Mein Großvater war Wassermüller, und um mich herum waren immer viele Kinder. Bis meine Eltern beschlossen, in die Stadt zu ziehen. Da war ich zehn. Von da an lebten wir in einem Neubau in Gotha. Das gefiel mir überhaupt nicht, und so traf ich meine erste wichtige Entscheidung: Ich wünschte mir ein Fahrrad von meinen Eltern, und von da an war ich mobil.

Jeden Nachmittag nach der Schule ging es für mich wieder raus zur Wassermühle, und dabei hatte ich gelernt, dass man seine Umstände durch eine neue Wahl verändern kann, also zum Herr des eigenen Schicksals wird.«

»Und Ihre zweite wichtige Entscheidung?«

»Das war meine Entscheidung gegen die DDR. Es war die Zeit des Prager Frühlings. Ich hatte studiert und promovierte an der Leipziger Universität. Ich sehe das alles noch genau vor mir: welches Treiben damals in den Straßen Prags herrschte und welches Freiheitsgefühl! Eine andere Form des Sozialismus schien möglich. Dann die Reaktion der damaligen Politik auf den Aufbruch. Auch diese Bilder habe ich noch im Kopf, und so traf ich meine nächste Entscheidung: Ich wollte nicht in einem Staat leben, wo Menschen für die Realisierung von Plänen irgendwelcher Machthaber instrumentalisiert werden. Also fälschte ich mir einen Pass, um aus diesem Land wegzukommen. Flüchtete über Jugoslawien nach Hannover.«

Gerald Hüther lehnt sich zurück und nimmt noch einen Schluck. »In dem anderen Deutschland musste ich auch wieder vieles neu lernen, außer Hirne sezieren und wie man dort so redet. Tja, und der dritte Neuanfang kam in den neunziger Jahren. Damals arbeitete ich am Max-Planck-Institut und tobte mich nach Herzenslust in Wissenschaft und Forschung aus. Bekam das begehrte Heisenberg-Stipendium und baute damit als Professor ein Forschungslabor in einer psychiatrischen Klinik auf. Nach einer Weile fiel mir auf, dass viele der Patienten in der Psychiatrie vielleicht gar nicht dort sein müssten, wenn vorher mal jemand richtig mit ihnen geredet hätte. Störungen entstehen in unserem Hirn nicht von allein, sondern im Umgang, den Menschen miteinander haben. Parallel dazu gab es spannende Erkenntnisse in der Forschung. Zum Beispiel die Tatsache, dass sich unser Gehirn lebenslang umbauen kann. Ich entwickelte ein neues wissenschaftliches Konzept, das all diese Erkenntnisse berücksichtigt. Ich erarbeitete einen bedeutsamen Grundlagen-artikel für eine bedeutende englische Fachzeitschrift und dachte, ich hätte damit eine Lawine ins Rollen gebracht. Musste aber lernen, dass Neuerer auch in der Wissenschaft nicht gerngese-hen sind. Schließlich können sie die mühsam erarbeiteten The-sen der anderen ordentlich durcheinanderwirbeln. Also mach-ten meine Kollegen mit meinem Konzept das, was Menschen in solchen Fällen gern einmal machen. Sie beachteten es einfach nicht, und dann kam meine Entscheidung Nummer drei. Eine Idee, die mich bis heute trägt. Ich begann, mein Wissen für die aufzuschreiben, die es mitten in ihrem Alltag anwenden können: Erzieher, Lehrer, Pfarrer, vielleicht sogar Politiker. Beim Schrei-ben stellte ich mir diese Menschen genau vor. So als würden sie mit an meinem Tisch sitzen, und ich müsste ihnen meine Er-kenntnisse von Angesicht zu Angesicht erläutern. Auch meine Vorträge fingen an, sich zu verändern. Weg von PowerPoint-Prä-sentationen hin zu echten Begegnungen ohne Manuskript.« Gerald Hüther lacht.»Gut, zugegeben, am Anfang habe ich mir noch ein paar Stichpunkte in meinen Handteller geschrieben, so wie früher beim Spickzettel in der Schule. Aber mittlerweile habe ich tatsächlich ein gewisses Improvisationstalent. Meine Vorträge sind nun eher Unikate, kleine Kunstwerke. Vielleicht etwas Joseph-Beuys-mäßig. Dass sie Menschen erreichen, ist je-denfalls das Wichtigste.«

Wieder sind wir bei seinen Streifzügen, damals an der Wasser-mühle. Ich frage, ob er sich an ein bestimmtes Erlebnis erinnert, das seine Entdeckerfreude auslöste, und welche Menschen ihn dazu ermutigten.

Gerald Hüther antwortet schnell.»Ich hatte einfach das große Glück, dass mir schon von klein auf niemand Ratschläge gab. Die Erwachsenen, die sie hätten austeilen können, waren alle mit Arbeit beschäftigt. So musste«, er korrigiert sich, »durfte ich selbst die Welt entdecken und mir meine eigenen Antworten auf

Fragen suchen. Deshalb liebe ich in puncto Erziehung auch die jüdische Kultur. Dort erklärt man Kindern nicht die Welt. Dort sorgt man dafür, dass sie niemals aufhören, Fragen zu stellen. Bei aufgeweckten Kindern, die selbst entdecken können, wird dafür dann fortwährend dieser wunderbare Belohnungsdünger im Hirn ausgekippt.«

Klug, denke ich und erinnere mich an den Spruch, in dem es heißt, dass Ratschläge auch Schläge sind. Zu oft orientieren wir uns an Vorgegebenem. An dem, was alle machen und andere uns vorgekaut haben. Eltern, Freunde, Chefs, oder wir schauen in die selbst eingerichteten Schubladen im Kopf, anstatt Menschen und Situationen neu zu hinterfragen.

»Die Hirnforschung hat ja diese zwei großen Entdeckungen gemacht«, erklärt mir der Professor. »Die erste: Unser Hirn hat viel mehr Potential, als wir denken und jemals nutzen werden. Dabei wird es bereits vor unserer Geburt von den Erregungsmustern geprägt, die dort oben aus unserem einzigartig gebauten Körper ankommen. Später von all den Eindrücken in unserem Umfeld. Je nachdem, ob ich also mit einem großen oder kleinen Jungs- oder Mädchenkörper zur Welt komme, in welcher Familienatmosphäre ich lande, ob ich beim Spielen und Entdecken durch ein idyllisches Dorf laufe oder durch eine quirlige Stadt, all diese Informationen prägen mich. Abhängig davon, ob ich mich von meinem Familien- oder Freundeskreis, von Lehrern und Mitschülern wahrgenommen fühle oder nur als funktionierendes Objekt in die Ecke gestellt werde, je nachdem, wie ich selbst auf solche Verletzungen meiner Würde reagiere, ob ich den anderen die Schuld dafür zuschiebe und selbst anfange, so mit Menschen umzugehen, oder ob ich mich nach diesen Kränkungen sogar selbst verachte – auch das prägt mein Hirn. Jede dieser Erfahrungen führt zu einem Ausbau der jeweils dazu passenden Datenautobahn. Dabei wissen wir mittlerweile, dass der Schmerz einer gestörten sozialen Beziehung, also der Konflikt mit einem anderen Menschen, in unserem Hirn dieselben Areale bewegt wie Verletzungen an unserem Körper. Aber es gibt auch eine gute Nachricht, und damit bin ich bei der neurologischen Entdeckung Nummer zwei, die ich schon erwähnte: Unser Hirn ist jederzeit umbau- und veränderbar, und zwar bis wir einhundertzwanzig Jahre alt sind! Je nach neuen Einflüssen und Erfahrungen, auf die wir uns einlassen, können wir immer wieder neue Vernetzungen entstehen lassen.« Professor Hüther macht eine bedeutungsvolle Pause. »Vorausgesetzt: das, was wir dabei erleben, ist für uns emotional stark aufgeladen! Nichts Vorgekautes. Kein trocken von anderen präsentiertes Wissen löst irgendeine Veränderung bei uns aus. Das Neue muss uns unter die Haut gehen. Erst dann entstehen neue Fortsätze im Hirn.«

Ich bin begeistert. So hat mir das noch niemand erklärt. Wenn ich also im hohen Alter noch einmal Portugiesisch lernen möchte, müsste ich mich lediglich in einen gutgebauten Brasilianer verlieben. So funktioniert das. Gleichzeitig gibt mir der Exkurs auch die neurobiologische Erklärung dafür, warum ich überhaupt zu dieser Reise aufgebrochen bin. Zu Inspiratoren, die ich gut finde. Unbewusst bin ich damit einem wissenschaftlichen Prinzip gefolgt: Ich wollte mich neuen Erfahrungen aussetzen und sie mit sehr starken Gefühlen aufladen. Meine Mutmacher persönlich treffen. Menschen, die mich mitreißen, die mir unter die Haut gehen.

»Jetzt verstehe ich auch, wie das gemeint ist, wenn es heißt, jeder von uns sei einzigartig«, kommentiere ich laut weiter, »und dass es nie zu spät ist, sich selbst neu zu erfinden, wenn neuroplastisch alles möglich ist, bis ins hohe Alter!« Professor Hüther nickt. »Und am allerbesten tun wir das nicht allein! Sondern ergänzen uns mit den angesammelten Erfahrungen, Vernetzungen und Talenten von anderen Menschen. Niemand von uns hat jemals sein ganzes Potential ausgeschöpft. Aber gemeinsam sind wir stärker, und genauso bekommen wir eine hochbegabte und vor allem gebildete Welt.« Gerald Hüther beugt sich weit über den Tisch. Ist voll beim Thema, dem Sinn seines Lebens. »Und mit gebildet meine ich nicht eine Welt voller Wissen. Ich meine Menschen, die einen Kompass für sich haben. Wer sie selbst als Persönlichkeit sind und sein wollen. Die den Mut besitzen, sich genau solche tiefen, manchmal auch schmerzhaften Fragen zu stellen. Die nach deren Beantwortung um ihre eigene Würde wissen und somit nicht mehr von anderen und deren Interessen beeinflusst oder benutzt werden können. Solche Menschen sind keine leichte Beute für Marktwirtschaft und Werbeindustrie. Solche Menschen empfinden weniger Angst. In einem solchen Sinne hochgebildet kann jede Reinigungskraft sein. Ist es oftmals auch. Mehr als mancher einflussreiche Unternehmer, Prominente oder Politiker.«

Ja, denke ich, das wäre diese schöne neue Welt, von der wir immer reden. Die Transformation des 21. Jahrhunderts. Dafür hat Gerald Hüther zusammen mit anderen die Initiative »Schule im Aufbruch« gegründet und seine »Akademie für Potentialentfaltung«. Ich notiere mir einige Stichworte und frage ihn dann noch einmal in eigener Sache. Sowohl als Experten als auch zu seinen privaten Erfahrungen.

»Wenn ich also diese starke Sehnsucht in mir verspüre, wieder aufzubrechen, mich wieder spüren und andere Seiten an mir entdecken möchte – aber überhaupt noch nicht weiß, wohin die Reise gehen soll ...« Professor Hüther nimmt meinen Gedanken auf: »Also wenn Sie noch in der Gärungsphase stecken?« – »Genau«, beeile ich mich, »wie finde ich dann ein gutes, neues Ziel für mich?« Er lacht. »Ziele, die man erreichen kann, sind Mist. Denn was ist, wenn wir sie erreicht haben, und wie oft merken wir auch, dass sie uns gar nicht wirklich glücklich machen, sobald wir dort angekommen sind, oder?«

Ich gebe ihm recht. »Also brauchen wir etwas Größeres! Ein unerreichbares Ziel mit Wert und Sinn. Ein aufrichtiges, übergeordnetes Anliegen.« So ähnlich, wie es meine drei neuen Freundinnen, Célia, Felicitas und Christel, bei unserer ersten Begegnung von sich erzählt haben, denke ich. Man braucht eine Vision, die so riesig ist, dass man sie nie aus den Augen verliert.

»Fragen Sie sich, warum Sie hier sind und wer Sie selbst sein wollen«, führt der Professor den Gedanken weiter. »Das ist der beste Kompass. Ich sage nur Janis Joplin: *Nothing Left to Lose.* Schöner Song, passt gut zu dem Thema und meiner Sicht aufs Leben.« Er fasst den Gedanken noch einmal als Impuls für mich zum Mitschreiben zusammen: »Finden Sie also Ihr großes Anliegen, und den Rest kennen Sie ja. Wenn Sie einzelne neue Schritte unterwegs gemeistert haben, entwickeln Sie neue Verbindungen im Hirn und das Bewusstsein, dass Sie Veränderungen immer wieder schaffen werden und sich etwas zutrauen können im Leben.«

Ja, überlege ich, da ist er wieder, der Vorteil der reiferen Jahre und ihr Vorrat an Lebenserfahrungen.

»Auf diese Weise bleiben Sie übrigens auch gesünder«, führt Professor Hüther seinen Gedanken weiter. »Auch wenn Sie krank sind, kommen Sie mit einer solchen Einstellung viel schneller in die Heilung. Der israelisch-amerikanische Medizinsoziologe Aaron Antonovsky hat das mal in drei wichtigen Punkten zusammengefasst: dem sogenannten Salutogenese-Konzept. Demnach brauchen wir drei Kräfte, um gesund und zufrieden zu bleiben in unserem Leben: Zunächst müssen wir die Welt um uns herum verstehen, müssen das Gefühl haben, sie gestalten zu können, und in dem Ganzen sollte möglichst auch noch ein übergeordneter Sinn für uns stecken. Deshalb bekommen übrigens Nonnen auch keine Demenz!« Ich stutze. »Ja, das wurde untersucht«, erklärt mir Gerald Hüther weiter. »Im Alter haben Nonnen zwar ein ähnlich durchlöchertes Gehirn wie andere Senioren. Aber durch die für sie stimmigen Lebensbedingungen im Kloster – also einer Welt, die sie voll und ganz verstehen, selbst gestalten können und worin sie einen Sinn für sich sehen; einem

Alltag, in dem sie bei sich, Gott und innerer Einkehr sind – kann ihr Gehirn neben den abgestorbenen Verschaltungen immer wieder neue aufbauen. So bleiben sie im wahrsten Sinne des Wortes jung im Kopf.« Er macht eine Pause. »In unserer getriebenen, komplexen Welt hier draußen schafft so etwas keiner allein. Deshalb müssen wir uns gegenseitig helfen, die Welt zu verstehen, zu gestalten und sinnvoll in ihr zu leben.«

Während er über die Bedeutung unseres Miteinanders spricht, erinnert mich das Prinzip ans Internet. Da sind wir über Glasfasernetze und Satellitentechnik mit der ganzen Welt verbunden und können in einer so entstandenen digitalen Datenbank zu jedem Zeitpunkt und an jedem Ort auf das Wissen der kompletten Menschheitsgeschichte zugreifen. Dieses World Wide Web brauchen wir im Alltag nicht nur in Computern und Handys. Sondern eben auch in unseren Herzen und Köpfen. Kommunale Kommunikation, so bezeichnet es Professor Hüther, und ich genieße jeden Moment unseres Treffens, denn es macht mich wirklich klüger, und ich höre dem Mann ausgesprochen gern zu. Aber kein Wunder, das geht vielen so. Deswegen auch der unglaubliche Erfolg seiner Vorträge und Bücher.

»Wir brauchen Gemeinschaften, deren Mitglieder einander einladen, ermutigen und inspirieren, über sich hinauszuwachsen«, bringt er diesen Punkt zu Ende. »Es wird höchste Zeit, dass wir ausschlafen, bevor wir Demenz bekommen oder der blaue Planet wirklich keine Lust mehr auf uns hat. Wir brauchen kindergerechtere Schulsysteme und menschengerechtere Unternehmen. Eine Veränderung der Beziehungskultur. Wir haben ja alle diese Sehnsucht nach Verbundenheit. Die Sehnsucht nach Liebe und einem Partner ist wohl das beste Beispiel dafür. Die Liebe bewahrt offenbar die Kraft in sich, verletzende Erfahrungen zu transformieren und versiegte Quellen der Kreativität neu zu erschließen.« Er nimmt noch einen Schluck Kaffee. »Ja, und wenn wir das überall in unseren Beziehungen untereinander schaffen könnten, haben wir keine Menschen mehr, die sich wie Objekte und Roboter fühlen, sondern eine wirklich hochintelligente, würdevolle Gesellschaft, die nicht alles mit sich machen lässt. Menschen, die immer schön die Augen aufhalten und nie die Lust am Entdecken und Dazulernen verlieren. Zumal diese Fähigkeit ja eng mit unserer Lebensfreude verknüpft ist.«

Stopp, denke ich. Wieder so ein Blickwinkel, aus dem ich das noch nicht gesehen habe.

Gerald Hüther nickt. »Ja, sobald wir unsere Lust am Lernen verlieren, verlieren wir automatisch unsere Lust am Leben, und wir verderben sie leider auch anderen. Um dazu beizutragen, dass wir nicht allein versuchen müssen, aus diesem Teufelskreis herauszukommen, habe ich diese Akademie gegründet. Mit ihr haben wir zum Beispiel eine kleine Radfahrertruppe aus Thüringen unterstützt. Das waren alles keine Profis im Sattel. Aber sie hatten ein gemeinsames Anliegen. Sie wollten unbedingt bei diesem Wahnsinnsrennen »Race across America« dabei sein. Diese 4800 Kilometer lange Strecke, einmal quer von der Westküste zur Ostküste Amerikas mit einer Höhendifferenz von insgesamt rund 52 000 Metern. Und mit ihrem Teamgeist haben sie doch tatsächlich alle anderen abgehängt. Mit fünf Stunden Vorsprung haben sie vor der zweitplatzierten USA-Mannschaft gewonnen. Ist das nicht klasse? Nur durch Teamgeist und eine gemeinsame Sehnsucht. Einer für alle und alle für einen!« Ich bin beeindruckt. »Und die Bücher, die Sie nach wie vor schreiben, um möglichst viele zu erreichen, verfassen Sie die immer noch mit diesem virtuellen Publikum vor sich? Also zusammen mit Pfarrern, Lehrern oder Erziehern, die gedanklich an Ihrem Schreibtisch sitzen?«

Er schüttelt den Kopf. »Nein, das ist jetzt nicht mehr nötig. Ich spüre die künftigen Leser auch so. Aber ich habe ein anderes Ritual, ohne das ich nicht mehr auskomme.« Ich lege den Kopf charmant zu Seite: »Verraten Sie es mir?« Er lächelt. »Es ist ein

Pfeifchen!« Meine Brauen gehen nach oben. »Ein Pfeifchen?« –
»Ja, ohne Pfeifchen keine Idee fürs Schreiben! Auch wenn wir
nachher unser Gespräch beenden und ich mich wieder an den
Computer setze, wird es genau diese Handlung sein, die mein
Gehirn aufs Schreiben umschalten lässt.« Ich bin immer noch
erstaunt. »Aber Sie sind doch Neurobiologe und haben mir das
vorhin so schön mit dem Umlernen erklärt. Wenn Sie wollen,
könnten Sie das doch jederzeit ändern!« Ich kann ihm ansehen,
wie sehr er sich schon auf die Antwort freut. »Sicher. Aber ich
will es nicht!«

Ich schweige, damit er weitererklärt. »Ich habe mir vor einiger Zeit tatsächlich mal das Rauchen abgewöhnt, und es hat
wunderbar funktioniert! Nur das mit den Ideen für meine Texte
klappte dann nicht mehr.« Jetzt sehe ich das Funkeln in seinen
Augen, das zu dem kleinen Jungen aus Gotha gehört. Dem, der
lieber weiter an der Wassermühle spielen wollte und zum Fahr-
rad-Trick griff. Ein Geschenk auf zwei Rädern, als Mittel zur
Freiheit. »Mein Gehirn hat sich wohl sehr an das Pfeifchen gewöhnt, und so lasse ich ihm den Spaß.«

Zurück aus Göttingen, suche ich später in meiner Musiksamm-
lung nach dem Lied, das er bei seiner Erklärung von Veränderungsprozessen erwähnt hatte. Janis Joplins *Nothing Left to Lose*,
und ich tue etwas, was ich schon lange nicht mehr gemacht
habe. Konsumiere Musik nicht nebenbei auf einer Fahrt irgendwohin, sondern nehme mir Zeit. Setze mich mit einem Glas
Wein auf meine Couch und höre zu. Janis' letzte Zeilen sind besonders schön.

»Freiheit ist nur ein anderer Begriff für nichts zu verlieren haben ...
Sich gut zu fühlen war leicht ... wenn er den Blues sang.
Mich gut zu fühlen hat mir vollauf gereicht, hmm hmm ...«

So träume ich eine Weile vor mich hin. Sollte ich öfter tun. So, wie es auch Professor Hüther schreibt: In den blauen Himmel schauen und den Momenten nachspüren, in denen man merkt, wie gern man am Leben ist. Schließlich funktionieren nach seiner Erklärung Veränderungsprozesse ohnehin nur in guter Atmosphäre. Dann fällt mir wieder seine Antwort auf meine Gretchenfrage zur Verabschiedung ein. Beinah hätte ich sie vorhin vergessen. Aber so etwas muss man einen Wissenschaftler wie ihn einfach fragen! Nämlich zu welcher Schlussfolgerung er denn nun eigentlich in Bezug auf Gott gekommen sei. Er hatte gelächelt und gesagt: »Ich habe kein Problem mit dieser Frage. Im Gegenteil. Bin sogar fest davon überzeugt, dass es etwas gibt, was unsere Welt und unser ganzes Universum zusammenhält. Meinetwegen auch lenkt. Als Wissenschaftler würde ich es Entwicklungsprinzip nennen. Aber dieses Etwas ist eben kein personales Wesen. Eher gleicht es der Liebe. Die hat ja auch keinen Bart und wohnt auch nicht im Himmel.«

Ach, dieser Mann kann so herrlich erklären, denke ich. Drehe die Musik leiser und schlage mein Notizbuch auf. Also dann, welchen von all den wertvollen Gedanken heute nehme ich als wichtigsten für mich mit? Ich überlege und lächle, als ich mich an Hüthers Meinung zu Ratschlägen erinnere:

 Professor Hüthers Tipp
Hol dir am besten keinen Rat und gib auch keinen. Höre stattdessen niemals auf, Fragen zu stellen. Lass dich nicht zum Objekt machen oder in Schubladen stecken. Gestalte! Schnell erreichbare Ziele sind blöd. Denk größer und tu es nicht allein. Vernetze dich.

Ich halte inne. Niemals aufhören, Fragen zu stellen? Also dann:

? Fragen an mich selbst
Was geht mir unter die Haut?
Wie oft gönne ich mir diese »Schön-am-Leben-zu-sein-Momente«?
Professor Hüthers erste Freiheitsentscheidungen waren der Wunsch nach einem Fahrrad. Später der gefälschte Pass.
Womit schaffe ich mir Freiräume in meinem Leben, und was engt mich immer noch ein?
Den Professor treiben diese unglaubliche Erkenntnisfreude und seine Liebe zu unserem Planeten an. Wie lautet mein großes Anliegen, das mich weit über alle erreichbaren Ziele trägt?

Auch ein anderes, liebes Familienmitglied und eine enge Freundin sind seit längerem im Krankenhaus. Bei beiden etwas Ernsthaftes, und so möchte ich so oft wie möglich hingehen, um ihnen Kraft zu geben. Die Beschwerden meines Sohnes sind ebenfalls noch nicht abgeklärt, und die Versuche, hier die passenden Experten und eine abschließende Antwort zu finden, ähneln mittlerweile einer Schnitzeljagd. Irgendwann nachts landen wir in der Notaufnahme. Ich halte meinen Jungen und mache ihm Mut. Spüre aber auch die eigene Erschöpfung. Es ist eine dieser Nächte, in denen man sich ganz schön alt fühlt für sein Alter. So viele Fragezeichen und keine Antwort. Ich werde sie also noch eine Weile brauchen, diese Kraft für zwei.

Nach vier Monaten geht es meinem Sohn endlich besser.
Magenkrämpfe, Kopfschmerzen und Schwellungen sind abgeklungen. Dafür gibt es ab und zu ein Lächeln. Somit kann ich mich wieder auf ein paar eigene Vorhaben konzentrieren. Wenigstens an dieser einen Geschichte möchte ich weiterarbeiten und weiß nun auch, was mir als Organisationsstruktur im Homeoffice am besten hilft, um voranzukommen. So ziehe ich

mich nach dem Frühstück meistens komplett an. So, als würde ich gleich ins Büro fahren. Manchmal mit etwas Schmuck oder einem teuren Parfüm, und heute habe ich sogar Spaß an einer Mütze. Alles, was meine Energie pusht, ist erlaubt. Hauptsache, schön im Fluss bleiben. So jedenfalls lautet meine neueste Erkenntnis.

Am nächsten Tag kommt von einem tollen, großen Verlagshaus die Zusage für meine Geschichte.

Als ich den Anruf entgegennehme, hatte ich gerade eine Besorgung im Viertel gemacht und laufe durch ein heftiges Gewitter zurück nach Hause. Das Handy in der einen Hand, in der anderen den Schirm und an den Füßen lediglich Badelatschen. Ich tanze durch das Pfützenmeer und strahle die Passanten an, die sich in den Hauseingängen unterstellen. Ich spüre die Füße und das nasse Rinnsal, das mir trotz Schirm gerade in den Nacken läuft. Der Wolkenbruch wird immer heftiger. Aber heute ist das nicht schlimm! Eigentlich, denke ich, fehlt jetzt nur noch so ein lautes Musikeinspiel für die Szene. Dann könnte ich pfeifend über den Bordstein hüpfen oder ausgelassen an Schaufenstern, Gaslaternen und Polizisten vorbeisteppen. So wie in diesem Film-Musical aus den Fünfzigern: »*I'm singing in the rain ... singing and dancing in the rain.*« Eine Art weiblicher Gene Kelly in Badelatschen eben. Warum auch nicht?

Wer von Herzen glücklich ist, dem ist nichts peinlich.

Zu Hause angekommen, ziehe ich mir etwas Warmes über und hole eine Piccolo-Flasche Sekt aus dem Kühlschrank. Nicht nur, weil der Anruf von eben ein toller nächster Schritt für die Geschichte ist, sondern weil es auch gleich noch eine zweite Premiere zu feiern gibt. Eine ganz unscheinbare, die sich nur in meinem Inneren abspielt. Für niemanden sonst interessant. Für mich aber gleicht das, was ich gerade fühle, dem Betreten einer neuen Welt. Mit einem Mal, das kann ich klar wahrnehmen, scheine ich mir mit bestimmten alten Mustern nicht mehr selbst im Weg zu stehen. Zum allerersten Mal nach sehr langer Zeit empfinde ich diese Freiheit in der Brust. Ich erlaube mir wieder selbst, eine Lieferung Glück wie diese heute tatsächlich zu verdienen! Das hat News-Wert, denke ich, während ich einen Schluck vom Sekt nehme, und fühle mich in dem Moment wie damals dieser Mann auf dem Mond, jener Lance Armstrong:

Ein winziger Schritt für die Menschheit, aber ein großer Sprung für eine einzelne Frau. Prost.

Glaub an dich und hilf auch anderen dabei

so wie Dr. Auma Obama, als sie entschied, ihre Stiftung Sauti Kuu aufzubauen

Tage später begegne ich bei einem Event einer beeindruckenden Frau, Dr. Auma Obama. Auch ihren Weg verfolge ich schon lange, und zu gern würde ich ihr ebenfalls ein paar persönliche Fragen stellen. Ihr Buch *Das Leben kommt immer dazwischen* hatte ich gelesen und viele ihrer öffentlichen Auftritte verfolgt, seitdem sie ihre Stiftung *Sauti Kuu*, »Starke Stimmen«, gegründet hatte. Einen Satz, der dabei fiel, habe ich nie vergessen. Er lautete:

 »Man muss sich selbst zelebrieren, die eigene Schönheit sehen und leben.«

Nach dem Event bekomme ich ihren Kontakt, und gleich am nächsten Tag setze ich mich hin und schreibe ihr eine E-Mail.

Liebe Auma Obama,
Sie sind Soziologin, Filmproduzentin, Autorin, Rednerin, Doktor
der Germanistik. Aktiv im Weltzukunftsrat und in der »Kilimanjaro
Initiative«, die junge Menschen zur Spitze vom höchsten Berg Afrikas
bringt und sie unterstützt, gewaltfrei zu bleiben. Mit ihren Stiftungs-
projekten bei »Sauti Kuu« geben Sie Jugendlichen Hilfe zur Selbsthilfe
für eine eigenverantwortliche Lebensgestaltung. Sie haben viel von der
Welt gesehen, kennen selbst Neuanfänge und Veränderungen (Kenia,
Deutschland, England) gut. Mit Ihrer Stiftung »Sauti Kuu« helfen Sie
nun anderen dabei, an ihre Träume zu glauben und das eigene Leben
in die Hand zu nehmen. Die Zukunft gehört uns, schreiben Sie auch
in Ihrem Buch. Bitte geben Sie mir aus Ihrem Erfahrungsschatz einen
Tipp für Lebensmeisterschaft in Veränderungsprozessen.

Ich schreibe noch einige Fragen auf, und kurz darauf liegt ihre
Antwort in meinem elektronischen Postfach.

Liebe Peggy Patzschke,
Sie fragen, welche Eigenschaften und Kräfte wir meiner Meinung nach
unbedingt beim Umsetzen eines neuen Ziels benötigen? Ich denke, die
wichtigsten sind:
Fokus, Mut, Durchhaltevermögen und Freude am Leben.
Mich selbst treibt im Leben die Tatsache an, dass ich weiß, dass ich etwas
zur Verbesserung dieser Welt beitragen kann. Was ich bedauere, dabei
nicht schon eher »verstanden« zu haben? Ich denke, ich hätte früher
verstehen sollen, dass Angst das größte Hindernis ist. Das Problem
ist nicht, dass wir nicht schlau genug sind. Es ist vielmehr, dass wir
Angst haben, wir könnten etwas nicht. Wenn es etwas gibt, was wir bei
unserer Herangehensweise in diesem Zusammenhang verändern und
weiterentwickeln können, um innerlich freier und erfüllter zu sein,
dann wäre meine Antwort: Wir müssen an uns selbst glauben und
darauf vertrauen, dass das – was auch immer wir machen wollen – gut-
gehen wird. Daher lautet unser Slogan bei Sauti Kuu: »Use what you

have to get what you need.« *Auch aus Opferrollen müssen wir uns befreien und unser Selbstvertrauen aufbauen. Von nichts kommt nichts. Deshalb muss man am Geschehen aktiv teilnehmen und erkennen, dass man – auch wenn nicht materiell – dann intellektuell immer etwas beitragen kann. Alle haben etwas beizutragen. Wir müssen es nur erkennen und dementsprechend agieren. Einer der wertvollsten Anstöße, die ich in meinem Leben von einem anderen Menschen bekam, war der: Sei ehrlich und offen! Es zahlt sich immer aus.*

Sie fragen mich, wie ich als emphatischer Mensch auf meinem Weg mit Rückschlägen beziehungsweise Enttäuschungen oder Verletzungen durch andere Menschen umgehe? Meine Strategie lautet: Tief ein- und ausatmen. Egal wie schlimm die Situation ist, man lernt, mit dem Schmerz zu leben. Wenn man Glück hat, geht auch der Schmerz vorbei. Nur aufgeben darf man nicht! Sonst muss man ja aufhören zu atmen. Auch meiner Tochter oder Menschen, die gerade vor einem wichtigen Aufbruch stehen, würde ich immer diesen Impuls mit auf den Weg geben wollen: Hab niemals Angst zu fragen! Wenn man fragt, hat man eine fünfzigprozentige Chance auf ein »Ja«. Wenn man aber nicht fragt, ist es ein sicheres hundertprozentiges »Nein«.

PS: Mein Name »Auma« bedeutet übrigens »introvertiert« ;-)
Alles Gute für Sie und herzliche Grüße!
Ihre Dr. Auma Obama

 Dr. Auma Obamas Tipp
Hab niemals Angst zu fragen! Wenn man fragt, hat man eine fünfzigprozentige Chance auf ein »Ja«. Wenn man aber nicht fragt, ist es ein sicheres hundertprozentiges »Nein«.

? Fragen an mich selbst
Wo scheue ich mich noch immer vor einer Anfrage oder einem Wagnis, weil eventuell ein »Nein« als Antwort kommen könnte?

Bei welchen Themen meines Lebens traue ich mich immer
noch nicht, vollkommen offen zu sein?
Wie gut gehe ich mittlerweile mit dem Thema Angst um?

Die Ereignisse nehmen Fahrt auf. Sowohl im Außen als auch in meinem Inneren.

Am Abend gehe ich mit einer Freundin essen. Richtig chic. Es ist der 14. Februar, und diesmal bin ich mein »eigener Valentin«, so wie es mir mein Sohn vor einem Jahr riet. Außerdem gibt es Weiteres zu feiern. Ich habe meine Weiterbildung zur Medientrainerin absolviert und das Angebot für ein Eventprojekt erhalten. Reserviert haben wir im »C'est la vie«, einem jungen französischen Restaurant, das schon kurz nach der Eröffnung eine tolle Bewertung im Restaurantführer »Guide Michelin« erhielt und nun fleißig um den ersten Stern kocht. Meine Freundin und ich prosten uns zu, und auch am Nebentisch sitzen zwei Damen, die offensichtlich etwas zu feiern haben. Immer und immer wieder erheben sie ihr Glas und sind bereits vor dem Gruß aus der Küche in bester Stimmung. »Du«, sagt die eine in einer Lautstärke, die zum Mithören zwingt, »sagt doch der Eine heute zu mir, er wäre kein Patschi-Patschi-, sondern ein Bussi-Bussi-Typ.« Die andere schüttelt belustigt den Kopf. »Nicht wahr! Das hat er gesagt? Ein Bussi-Bussi-Typ?« – »Ja«, ruft nun wieder die Erste kurz vorm Lachanfall. »Genau das hat er zu mir gesagt, und zwar mit vollster Überzeugung. Nicht Patschi-Patschi, sondern Bussi-Bussi!«

Meine Freundin und ich wenden uns ab und schauen uns fragend an. »Die beiden sind bestimmt oft mit kleinen Kindern zusammen«, versuche ich eine logische Herleitung des gerade mitverfolgten Dialogs, und auch meine Freundin bleibt ernst. »Na, wollen wir es mal hoffen«, lautet ihr Kommentar. Nun haben auch wir einen Lachanfall.

»Darf ich Ihnen etwas zu diesem wunderbaren Wein sagen?«
Die Chefin des Restaurants tritt an unseren Tisch. Wir nicken
und lassen uns ausgiebig das Anbaugebiet des roten Franzosen
erklären, während eine erste Kostprobe in unseren Gläsern landet. »Es ist wirklich ein ganz besonderer Tropfen«, beendet sie
ihre Rundreise mit uns, »das werden Sie sofort schmecken!« Verschwörerisch beugt sie sich näher an unseren Tisch. »Das Geheimnis steckt übrigens in der Beschaffenheit seiner Trauben.
Es sind nämlich ausgesprochen kleine, aber sehr widerstandsfä-
hige Beeren mit einer ungewöhnlich dicken Schale!« Ich koste.
Herrlich, genial! Und ich erkenne: Egal ob am Weinberg oder wo
auch sonst im Leben, das Geheimnis echter Meisterschaft beginnt bei der Beschaffenheit des Ausgangsmaterials. Also gleich
noch einen Schluck und auch in Zukunft immer schön ein Beispiel an den erstklassigen französischen Reben nehmen.

Kleinbeerig und dickschalig zum Erfolg! Nur so kommt man
an die Michelin-Sterne des Lebens.

Als ich anschließend die Wohnung betrete, hantiert mein Sohn
gerade in der Küche.

In letzter Zeit hat er Spaß am Kochen und Backen. Ganz besonders um Mitternacht. Heute schlägt er sich noch gleichzeitig
mit einem schwierigen Telefonat herum. Dabei liegt das Handy
auf laut geschaltet neben der Rührschüssel, und so bekomme ich
alles mit. »Das nervt«, flucht er, als er irgendwann auflegt. »Jetzt
will mir sogar noch mein Freund vorschreiben, wie ich das Jahr
nach dem Abi zu gestalten habe. Erst die Lehrer, manchmal auch
Opa und nun auch noch Tom. Alle mischen sich in mein Leben
ein und haben ständig kluge Ratschläge für mich!« Ich merke,
dass er bei dem Thema ehrlich verzweifelt ist, zumal sein eigener
Plan tatsächlich noch nicht feststeht. Also überlege ich, ob es etwas gibt, womit ich ihm weiterhelfen kann. Natürlich ohne dass
ich ihn auch noch mit klugen Ratschlägen »erschlage«. Nehme

deshalb einen Gedanken auf, der so gerade auch für mich gilt, und das sage ich ihm vorab auch, damit er überhaupt zuhört. »Weißt du«, fange ich an, »was ich derzeit immer wieder bei mir selbst bemerke, und vielleicht ist das ja auch eine interessante Überlegung für dich. Menschen mischen sich immer dann in mein Leben ein, wenn sie mich nicht selbst als Gestalter meiner Realität erleben. Dann greifen sie sich diese Gelegenheit sofort zu ihren Gunsten und pflanzen mir ihre Ideen ein.« Das Vorwort hatte offensichtlich Wunder gewirkt, denn zum ersten Mal hält mir mein Sohn nicht sofort etwas entgegen. Im Gegenteil. Mit einem unscheinbaren Nicken scheint er beinah danke zu sagen und berichtet mir dann auch noch weitere Details aus der Woche. Darüber freue ich mich, denn das hatten wir lange nicht, und so treffe ich in diesem Moment eine nächste Entscheidung. Diesmal für meine Rolle als Mutter:

Ganz egal, was in unserem Alltag künftig noch passieren würde, was einmal schwer oder nervig für uns beide ist: Ich werde alles versuchen, um die uns verbleibende gemeinsame Zeit nur noch zu genießen! Werde mich möglichst nur auf die schönen Dinge in unserem Zuhause konzentrieren. Auf all die netten Kleinigkeiten, die das gemeinsame Leben mit jemandem, den man liebt, ausmachen. Sich um die Fernbedienung streiten, gegenseitig die Sofakissen klauen, einen Pfannkuchen mehr für alle einrühren, auch mal die Suppe des anderen auslöffeln, sich trösten, sich gegenseitig niemals beim Malen, Dichten, Musizieren oder Lesen stören oder zweistimmig pfeifen, sobald man den Geschirrspüler ausräumt. Klar, schade, dass wir ausgerechnet gleichzeitig in die Pubertät gekommen sind. Doch vielleicht musste auch das so sein. Auch mein Sohn muss sich darin üben, den eigenen Weg zu finden und dem dann auch wirklich zu trauen. Ich darf ihn nicht mehr beschützen! Muss aushalten lernen, ihm nur zuzuschauen. Dabei erinnere ich mich an die Worte von Henning Wehland zu dem Thema. Die, bei denen ich das Gefühl hatte, er spricht aus Erfahrung als Sohn. Klar, vielleicht geht auch mein Junge nicht immer den kürzeren Weg. Aber den für ihn besseren.

Während ich dem Gedanken noch ein wenig nachhänge, schaue ich ihm zu, wie er gerade versucht, mit dem Kuchenteig voranzukommen. Da er das dafür nötige Rührgerät nicht findet und zum Suchen keine Lust hat, wählt er eine andere Variante. Mit Tesafilm befestigt er einen Schneebesen an unserer Bohrmaschine. Hält allerdings nicht lange. Nur für ein paar Umdrehungen. Dann springt der Schneebesen wieder ab. Also Variante zwei: Rühren von Hand, und zwar mit aller Kraft! Schon lustig mit ihm. Das wird mir später mal fehlen. Überhaupt wird die Zeit, in der wir so nah unseren Alltag teilen, ja die kürzere Spanne in unser beider Leben sein.

Also noch mal Memo an mich selbst:

Alle Störfaktoren für die nächste Zeit ausblenden! Selbst wenn er nach einer Party erst gegen Mittag aus dem Bett kommt. Genauso wie die Punkte, in denen wir unterschiedlicher Auffassung sind. Einfach nicht ausdiskutieren! Stattdessen so oft wie möglich versuchen, mit ihm zu lachen. Man sollte sich ohnehin mindestens einmal am Tag wie ein Kind benehmen, damit man als Erwachsener bei Verstand bleibt.

Tatsächlich landet der Kuchen irgendwann im Ofen, und mein Sohn hantiert mit weiteren Zutaten, um schnell noch etwas Herzhaftes zuzubereiten. Es werden zwei, drei Toast Hawaii angefertigt. Als er nach zwanzig Minuten mit den fertigen Snacks ins Wohnzimmer kommt, gebe ich vor, ihm die Ausbeute vom Tablett herunterzuklauen. Er spielt mit, weicht aus, und nach zehn Sekunden jagen wir uns in einer Art Tanzchoreographie durchs Zimmer. Haben einfach nur Spaß, so wie früher. Mutter und Sohn tanzen einen Mitternachts-Toast-Tango.

So einfach kann Glück manchmal sein.

Am nächsten Tag lasse ich mich von einem Kollegen zu einem Termin mitnehmen und nutze auf der Heimfahrt die Zeit auf dem Beifahrersitz gleich für etwas Büroarbeit. Meist aber verharrt der Stift auf dem Papier, ohne dass ich schreibe. Ich grüble. Zwischendurch schaue ich aufs Display, um zu sehen, ob eine Nachricht eingegangen ist. Vielleicht eine von *ihm*? Die Anzeige bleibt leer. Schade, denke ich. Oder sollte am Ende doch ich? Oder einfach nur loslassen? Keine Ahnung, wie das geht. Zumindest bei dem Thema.

Selbst beim nächsten Tankstopp, als ich das Zahlen an der Kasse übernehme, bin ich so in diese Überlegungen vertieft, dass ich überhaupt nicht mitbekomme, wie langsam ich auf die Anweisungen der Kassiererin reagiere. Auch das Einschieben meiner Geldkarte in das Lesegerät nehme ich in Zeitlupe vor. Die Tankwartin besitzt Humor. »Na, nun mal nicht so zaghaft mit dem Ding. Ist ja kein Mann!«, lautet ihr Rat, um den Bezahlvorgang zu beschleunigen. Ich muss lachen. Wenn sie wüsste, wie passend die Bemerkung gerade war. »Entschuldigen Sie bitte, ich war ganz in Gedanken«, sage ich, und sie bleibt gutgelaunt. »Aber ich hoffe, es waren wenigstens schöne! Stress haben wir Frauen doch ohnehin genug, nicht wahr?« Ich mustere sie. Wirklich, als wenn sie hellsehen könnte. »Da haben Sie recht«, sage ich und bedanke mich bei der freundlichen Dame. Deshalb auch bitte keinen neuen Stress wegen einer alten Liebe, sage ich mir selbst, als mein Kollege den Zündschlüssel herumdreht und einen Radiosender für uns sucht.

Am Abend entschließe ich mich, ein Bad zu nehmen. So, wie ich es immer tue, wenn ich eine wichtige Sache zu durchdenken oder zu entscheiden habe. Also, warum empfinde ich so eine Heidenangst, in Sachen Gefühle die Wahrheit herauszufinden? Sowohl die des anderen als auch meine eigenen? Ich betrachte mich im Spiegel, während ich die Haare hochbinde. Da stehe ich also.

Eine erwachsene Frau mit einem fast erwachsenem Kind, einer Karriere und weiteren, aufregenden Zielen. Ein Homo sapiens, der sich durchaus sehen lassen kann. Mutter, Macher und, wie es der alte Darwin formulieren würde, Mensch – die Krone der Schöpfung – und genau die hat jetzt einfach nur Schiss. Angst, ihr sicheres Versteck zu verlassen und mit einer einzigen mutigen Frage irgendeine Vorstellung im Kopf zu ruinieren. Aber auch um in Sachen Romantik voranzukommen, brauche ich eine Portion Pragmatismus!

Ich steige in die Wanne und rede mir gut zu. Ich will es zwar nicht *wollen*, aber was muss, das muss, und für mich ist es Zeit, mein sicheres Versteck zu verlassen. Muss diese private Situation klären. Also, was jetzt: Angst oder Liebe?

Das einlaufende Badewasser bildet einen Schaumberg. Ja, denke ich, wer liebt, muss furchtlos sein. Es wird Zeit, den Gipfel zu besteigen!

Selbst dann, wenn er nur aus Seifenblasen besteht.

Glück hilft manchmal. Arbeit immer, sagen die Japaner, und so sitze ich mittlerweile meistens sechs bis acht Stunden pro Tag an meinen Geschichten.

Seit zwei Tagen aber habe ich eine Blockade. Ohne ersichtlichen Grund fühle ich mich schon morgens beim Aufstehen wie ausgelutscht. Schlafmangel? Die Hormone? Eine schwierige astrologische Konstellation? Verflixt. So lange probiere ich nun schon, alte Muster zu verlassen. Wenigstens das Beherrschen meiner Laune müsste langsam mal klappen! Aber was soll's, tröste ich mich im nächsten Moment. Der älteste Praktikant der Welt lebt in England und hört auf den Namen Prinz Charles. Dieser Mann ist nun seit sechsundsechzig Jahren »Herrscher in Ausbildung«. Da muss ich mich wirklich nicht schämen.

Um durchzuatmen, laufe ich eine halbe Stunde durch den Park. Kaum verlasse ich den Schatten der Bäume, schlägt mir der Tag mit einer Hitze entgegen, als würde ich die Tür meines Backofens öffnen. Vielleicht mache ich mir schon wieder zu viel Druck? Auch bei den neuen Ideen? Erneut hat sich dieses Multitasking-Virus eingeschlichen. Wenn ich am Schreibtisch sitze, bedenke ich parallel andere Erledigungen. Weitere Recherchen, Behördengänge, Aktivitäten nach der Auszeit, Papierkram und und und. Vielleicht ist das des Rätsels Lösung? Neue Route, aber immer noch mit altem Bienchenfleiß? Das kann nicht gutgehen. Gerade wenn ich mir mehr Raum für Kreatives wünsche, muss ich das Abgrenzen beherrschen. Also beschließe ich, die beiden Nachmittagstermine, die heute im Handy stehen, zu löschen und einfach hier im Park zu bleiben.

Nach einer Weile passiert etwas Erstaunliches. Ich kann förmlich dabei zuschauen, wie mitten im selbstverordneten Müßiggang nächste Ideen aufsteigen, und zwar in einer Fülle, als wollten sie damit eine Herde Elefanten fortspülen. Was für eine schlaue, brachiale Art, als Idee auf sich aufmerksam zu machen und mich wieder auf den richtigen Weg zu schubsen! Ich bewundere ihre überbordende Energie. Wenn ich bloß nicht immer so eine lange Leitung hätte und meine Tage nicht ständig mit tausend weiteren Aufgaben vollstopfen würde!

In der Tat. Wenn ich als Idee mit mir zu tun hätte, dann würde ich manchmal platzen vor Frust.

Eine ungewöhnliche Inspiration finde ich später auf Facebook.

»Nimm das nächstbeste Buch«, steht dort, »das gerade in der Nähe liegt und dich anspricht, schlag dort die Seite 117 auf, und du wirst einen Text oder Rat finden, der in diesem Moment wichtig für dich ist.«

Ob Tarotkarten, Glaskugel, Tonnen an Räucherstäbchen – ich hatte schon immer etwas übrig für Hexenwerk. Also laufe ich schnurstracks zum Bücherregal. Greife mir eins der Ratgeberbucher, das erste, das ich mir jemals gekauft hatte – irgendetwas über Kommunikationsstrategien – und schwuppdiwupp, was muss ich da lesen, auch noch fettgedruckt und eingerahmt, mitten auf Seite 117:

»Pflegen Sie offene Kommunikation mit dem Partner. Ein offizielles Gesicht ist in bestimmten beruflichen und gesellschaftlichen Situationen, zum Beispiel auf Cocktailempfängen, sehr nützlich. In der Liebe allerdings fehl am Platz. Also trauen Sie sich.«

Ich erschrecke. Nein, Cocktailempfänge sind nun wirklich nicht das, was ich mit *diesem* Mann teilen will. Ich stelle den Ratgeber zurück an seinen Platz und beginne, im Zimmer umherzulaufen. Auf und ab, kreuz und quer. Wahrscheinlich so ähnlich, wie es Napoleon vor wichtigen strategischen Entscheidungen zu tun pflegte. Dabei denke ich an das, was mir Jenny und Jasmin aus ihrem Leben über die Liebe erzählt haben, und an den Tipp von Großmutter:

 »Spätestens, wenn selbst an deiner Sonnenbrille Tränen hängen, mein Kind, solltest du etwas an deinem Leben verändern.«

Sie hatte recht. Ich brauche die Wahrheit und nicht das, was am wenigsten weh tut. Im Schneckenhaus bleibt es in jedem Fall dunkel. Ich wollte mich doch hinauswagen! Also dann.

Ich greife zum Handy und rufe ihn an. Erreiche seinen Anrufbeantworter, oute mich und schlage ein Treffen vor.

Als ich meine Freundin am nächsten Tag von meinem Spruch auf seinem Anrufbeantworter erzähle, wird sie ganz blass. »Aber du hast mir doch selbst geraten, dass ich mich mal wieder verlieben soll?«, hake ich nach. Meine Freundin wirkt, als stünde sie immer noch unter Schock. »Okay«, sagt sie schließlich. »Wenn du ohne Fallschirm aus dem Flugzeug springen willst, dann mach es. Ich allerdings denke, das ist zu gewagt.« – »Oder Liebe«, sage ich trotzig wie ein Kleinkind.« Später, nachdem mich meine Freundin verlassen hat, denke ich doch noch mal über den Kern meiner Gefühle nach. Was ist es denn nun? Eine Art Melancholie, der Wunsch, mir mit *ihm* ein Stück unserer Jugend zurückholen? Das erste Anzeichen eines schlechten Gedächtnisses oder wirklich etwas Bedeutendes, das so lächerlichen Dimensionen wie der Zeit einfach den Mittelfinger zeigt?

Meinem Sohn geht es deutlich besser. Das merke ich unter anderem daran, dass sich bei unserem heutigen Abendbrot mal wieder eine unserer typischen Auseinandersetzungen entwickelt. Nach ein, zwei Wortwechseln pfeife ich mich innerlich zurück. Wie war das gleich, was ich mir kürzlich auf dem Terrain vorgenommen hatte? Entweder nur noch das Schöne wahrnehmen oder:

Humor, Humor, Humor!

Also dann. Während er nachdenklich auf den von mir hergerichteten Teller mit Gemüse und Vollkornprodukten schaut, breche ich unseren heftigen Dialog ab und sage lediglich: »Ach Großer, du bist heute so, so ...« Ich suche nach dem passenden Begriff: »... so gröbkörnig.«

Er hebt den Kopf und ergänzt. »Ja, wie dieses Baguette hier, oder?« Jetzt müssen wir beide lachen.

Feiere den Moment

so wie Til Schweiger, wenn er ein Projekt
erfolgreich abgeschlossen hat

Schon wenige Augenblicke nachdem ich in der Woche darauf
in der Arche Hamburg-Billstedt angekommen bin, merke ich:
Das hier ist zwar ein Event mit großem Namen, ein Dutzend
Kollegen von verschiedenen Fernsehstationen warten bereits mit
Kamera und Mikrophon auf den Stargast, aber der Termin ist
keine Til-Schweiger-PR. Heute geht es um seine Foundation.

Um die Kinder, die hier überall im Kreis herumrennen, Fußball spielen und sich die Turnmatten im neuen Arche-Gebäude
schnappen. Auch das Geschenk, das ich mitgebracht habe, nehmen sie gleich in Beschlag, ohne zu wissen, was sich überhaupt
darin befindet. Aber es hängen drei knallbunte Luftballons an
der Schleife, und die eignen sich schon mal gut zum Spielen.
Wenn sie den Karton gleich öffnen, werden sie kleine Bume-
rangs darin finden. Solche zum Selber-Anmalen und Trainieren. Auf die Weise bekommt jedes Kind ein Unikat und lernt
die Technik für größere Modelle. Eigentlich ein schönes Symbol, denke ich, während ich das erste Mädchen damit üben sehe.
Mit der Energie, mit der wir etwas aussenden, bekommen wir
die Dinge im Leben zurück, und irgendwie passt das auch zu
dem Anliegen, das hinter Til Schweigers Projekt steht. Der hat
inzwischen zum Mikrophon gegriffen. Ihm wäre völlig egal,
sagt er, ob die Kinder, die er damit unterstützen kann, nun aus
Magdeburg oder Celle, aus Syrien oder Afghanistan kommen.
Klar schwirrte ihm die Gründung einer solchen Stiftung schon
länger im Kopf herum. Aber er habe sie dann beschleunigt, als
durch Merkels Entscheidung 2015 mit all den »neu Dazugezo-

genen« noch mehr Kinder ins Land kamen, die Unterstützung brauchen. »Und jetzt«, so Schweiger, »sind sie da, und wir sollten mithelfen, sie bei uns zu integrieren.« Dafür hat die Foundation in den ersten beiden Jahren seit ihrer Gründung bereits zwei Millionen Euro einsammeln können. »Letztlich«, betont Schweiger, »möchten wir mit dieser Arbeit aber allen Kindern im Land helfen! Ich habe ohnehin nie in meinen Kopf hineingekriegt, warum hier Millionen Kinder unter der Armutsgrenze leben, während Deutschland eines der reichsten Länder der Welt ist. Keine Ahnung, wie viele Millionäre und Milliardäre wir hier haben. Aber auf jeden Fall genug.« Beifall.

Als er das Mikrophon weglegt, drängeln sich die Kleinen sofort um ihren Filmhelden. Manche wollen auf Nummer sicher gehen, bevor sie den Typ im Parka um ein Selfie bitten. »Bist du wirklich Til Schweiger?«, fragt einer der Jungs. Til lacht, lässt sich nicht lange bitten und übernimmt die Aufnahmeregie am Handy. Hat ja ohnehin den längeren Arm.

»Regisseur, Schauspieler, Drehbuchautor, Produzent, ein Restaurant, jetzt die Kinderfoundation. Was treibt dich an, was ist dein Anliegen im Leben?«, frage ich ihn später, nachdem ich ihm auch von meinem Treffen mit Professor Hüther und seiner Einstellung zu kurzfristigen Zielen berichtet habe.

Til nickt. »Ja, den Professor kenne ich, und bei mir ist der Antrieb ganz klar Spaß! Ich liebe es, Sachen zu tun. Ich bin lieber ein Macher und gestalte etwas, als dass ich herumsitze und auf Dinge warte. Ich persönlich habe es aber ein wenig anders gemacht, als es Prof. Hüther vorschlägt. Ich finde Ziele und Träume ganz wichtig. Aber sie sollten natürlich auch einen gewissen Realitätsbezug haben, und wenn man dann einen Traum, den man sich nicht zu hoch aufgehängt hat, erreicht, dann kann man von da aus den nächsten erobern. Ich gehe also eher schrittweise vor. Wobei ich nie bewusst einen Plan für mich gemacht habe und mit dem Stift in der Hand dachte: Also, erst muss ich mir das, dann das und dann jenes vornehmen. Ich bin auch oft gefragt worden: Mensch, jetzt hast du so einen erfolgreichen Film gemacht. Wie willst du das denn noch toppen? Aber ich will das ja gar nicht toppen! Ich sehe das so: Diese Sache habe ich nun. Die kann mir keiner mehr wegnehmen, und nun will ich wieder eine nächste versuchen. Natürlich ist es nicht garantiert, dass das dann auch wieder klappt. Aber falls nicht, dann bricht mir das ja auch keinen Zacken aus der Krone, oder?«

Sehr gut, denke ich. Diese entspannte, flexible Komponente habe ich häufig nicht auf dem Schirm. Bin extrem fleißig, einfallsreich, oft auch wagemutig. Konnte damit schon viele schöne Dinge erreichen. Aber wenn ich ehrlich bin und mir Tils Perspektive anhöre, gehe ich oft zu verbissen vor, und genau dadurch lasse ich dann Kraft.

In der Zwischenzeit wird Til von einem Jungen angesprochen, der ihn zum Mitspielen beim Fußball überreden will. Promi-Status ist dem Kleinen im Trikot egal. Er schaut einfach, ob er den Mann, der ihn hier besucht, mag und ob er sich für seine Mannschaft eignet. Til reagiert absolut lieb und ruhig. Erklärt dem Jungen, dass er noch in einem Gespräch ist, aber gleich rüberkommt.

Währenddessen unterhalte ich mich mit Martina Krüger. Sie ist die Chefin seiner Kinderfoundation. Sehr erfahren im Führen einer Stiftung. Seit 2015 treibt sie und ihr kleines Team eine Gemeinsamkeit: Für die drei ist die Aufgabe kein Job. Sie wollen Leben verändern. Dazu beitragen, dass sich in jedem Kinderleben, in das sie nun Einblick bekommen, ein Stück die Welt dreht, und zwar in eine schönere Richtung. »Täglich begleiten wir so viele Schicksale«, erzählt mir Martina. »Behinderte Kinder, die durch einen Rollstuhl plötzlich wieder an Klassenfahrten teilnehmen können und einen Freund finden, Kinder, die mit unserer Begleitung ein Forschungslabor eingerichtet bekommen und sich – neben Hausaufgabenhilfe und einem Ort, an dem sie ein zusätzliches Zuhause finden – selbst entdecken können. Herausfinden, was sie draufhaben, und ahnen, was noch alles in ihnen schlummert, dass sie Dinge selbst gestalten können.« Martina Krüger redet dabei mit dem ganzen Körper, und bevor sie weitermuss, beschreibt sie mir noch, was das mit ihr macht. »Durch all das, was wir hier täglich mitbekommen, werden wir jeden Tag aufs Neue so unglaublich geerdet. Wenn durch die Unterstützung unserer Foundation auch nur ein einziges Kind eine neue Entscheidung für sich treffen kann und andere Wege einschlägt, dann hat sich das alles schon für mich gelohnt! Denn dann bekam doch mindestens ein Leben für immer eine andere Richtung!«

Auch Til verabschiedet sich von Martina. »Ja, das mit der Foundation«, sagt er mir dann, »mache ich, weil es mir ein Bedürfnis ist.« Dabei schaut er mir direkt in die Augen, und ich kann sehen, dass es stimmt. »Alles andere in meinem Leben«, hängt er an, mit einer Betonung, wie nur er sie bringt, »mache ich aus Spaß!«

Er zündet sich eine Zigarette an. »Das habe ich auch versucht, meinen Kindern so weiterzugeben: In dem Moment, wo ihr etwas findet, was euch Spaß macht, wird euch das guttun, und Arbeitszeit ist nun mal Lebenszeit. Ich finde, es ist viel wichtiger, einen Job zu finden, mit dem du vielleicht weniger Geld verdienst, der dir aber Spaß macht, als einen sogenannten sicheren Job, der mehr Kohle bringt, dich innerlich aber überhaupt nicht bewegt.«

»Und diese Sichtweise hattest du auch schon mit achtzehn?«, frage ich nach.

»Nein, mit achtzehn war mir nur klar, dass Eltern, die ihre Kinder unter Druck setzen, dass sie endlich studieren sollen, damit nur das Gegenteil erreichen. Vielleicht fangen die Kinder tatsächlich an zu studieren, damit die Eltern Ruhe geben und sie ihnen die Wohnung finanzieren, ein monatliches Taschengeld zustecken oder etwas in der Art. Aber sie vertrödeln ihre Zeit mit einem Studiengang, auf den sie überhaupt keinen Bock haben! Ja, das habe ich damals als Achtzehnjähriger schon gesehen. Aber da wusste ich natürlich noch nicht, dass ich mal Filme mache. Mit achtzehn wollte ich Lehrer werden.«

»Was war dann die nächste, entscheidende Weggabelung für dich?«

»Genau die, dass ich einige Zeit später versucht habe, Schauspieler zu werden, und allen Unkenrufen zum Trotz – es waren ja nicht alle in meiner Familie davon begeistert – habe ich gesagt: Ich probiere das jetzt eine Zeitlang, und wenn ich merke, dass ich meinen Fuß nicht in die Tür kriege, dann werde ich nicht als vierzigjähriger arbeitsloser Schauspieler irgendwo gefrustet in der Kneipe sitzen. Sondern werde rechtzeitig akzeptieren, dass das nichts für mich ist, und etwas anderes machen.« Til überlegt, wie er das in einen kurzen, griffigen Impuls für mich verpacken kann. »Wir müssen also flexibel sein! Wenn man einen Traum hat, muss man an einem bestimmten Punkt auch genauso akzeptieren können, dass der Weg vielleicht nichts wird, und dann muss man jederzeit beweglich genug bleiben, um wieder umzusatteln!«

Ich nicke. Passt zu dem, was ich mir vorhin als erste Inspiration von ihm notiert habe, und auch zur Philosophie, für die meine Muschel steht: Gelassenheit gepaart mit Flexibilität.

»Du hast unglaublich großen Erfolg, Til. Was ist Glück für dich?«

Aus dem lässigen Gesichtsausdruck wird ein sanfter. »Glück ist für mich die Zeit, die ich mit meinen Kindern verbringen kann, ein Essen mit meinen Freunden. Lachen. Ja, Lachen ist für mich Glück, und anderen zu helfen, das macht mich auch glücklich!«

»Und worüber ärgerst du dich?«

»Am meisten ärgere ich mich über Menschen, die nicht in

der Lage sind, ihre Fehler zuzugeben, und auf andere abwälzen. Auch das habe ich immer versucht, meinen Kindern zu übermitteln. Hab ihnen gesagt: Sobald ihr aussprecht, ich habe Mist gebaut, dann ist es vorbei. Dann kann euch keiner mehr böse sein!«

Ich nehme den Gedanken auf. »Also ehrlich sein.«

»Genau, Ehrlichkeit. Ist nur leider so ein plakatives Wort.« Er überlegt. »Geiz beispielsweise finde ich auch schlimm! Das ist für mich die schlimmste Charaktereigenschaft, die ein Mensch haben kann. Neid ist auch sehr destruktiv. Eine Haltung, die dir überhaupt nichts im Leben bringt, sondern nur dafür sorgt, dass du dich selbst schlecht fühlst. Das bringt dir nix! Genauso habe ich das auch meinen Kindern erzählt: Dadurch, dass du so herangehst, wirst du nicht schöner, nicht reicher, nicht schlauer ...«

»... sei also großzügig«, ergänze ich die Aufzählung und denke wieder an das Mädchen mit dem Bumerang. »So wie du selbst an das Leben rangehst und dabei austeilst, so bekommst du die Dinge auch wieder zurück, oder?«

Til nickt. »Genau! Daran glaube ich auch. Sogar ganz fest.«

»Das heißt, Gesundheit und ein wenig Hirn für unsere Selbstbestimmung im Kopf vorausgesetzt, gibt es deiner Meinung nach keine wirklichen Grenzen für uns Menschen, in keinem Alter?«

Til überlegt. »Wenn mich junge Schauspieler bitten, dass ich ihnen für ihren Weg ein paar Tipps gebe, dann sage ich ihnen: Den ersten Tipp, den ich euch geben kann, ist, seid nicht neidisch. Freut euch über den Erfolg von anderen, umgebt euch mit Leuten, die ähnlich ticken wie ihr, und befruchtet euch gegenseitig. Um eure eigenen Themen in die Hand zu nehmen, schreibt Drehbücher oder sucht euch Leute, die Drehbücher schreiben können, und jammert nicht herum, dass euch eure Agentin seit drei Wochen nicht mehr angerufen und einen Job angeboten hat. Selber machen ist wichtig und dass ihr euch mit ehrlichen

Freunden umgebt. Mit Menschen, die auch das Positive im Leben sehen. Nicht immer dasitzen und über das jammern, was fehlt.«

»Was war denn der beste Tipp, den du bekommen hast?«

Til denkt nach. »Oh, ich habe so viele Ratschläge bekommen. Gute und falsche. Aber einer, an den ich mich erinnern kann, kam von Bernd Eichinger, nachdem ich gerade *Knocking on Heaven's Door* gemacht hatte.«

Ich nicke, erinnere mich. Damals hagelte es Preise für das Roadmovie. Es wurde zum erfolgreichsten Kinofilm seines Erscheinungsjahres.

»Das war damals mein erster eigener Film. Hatte ihn zusammen mit jemandem geschrieben und genauso umgesetzt, wie ich ihn im Kopf hatte. Das war wirklich ein riesiger Erfolg. Damals hat Bernd zu mir gesagt: Und jetzt, Til, tu dir bitte den Gefallen und feiere das ausgiebig! Schließlich wirst du wieder einen Film machen, mit derselben Überzeugung, mit derselben Gewissheit, und er wird nicht funktionieren. Für nichts im Leben gibt es eine Garantie. Er kannte nämlich das Gefühl, von seinem Film *Christiane F.* Er meinte, da habe er auch gedacht, dass er nun nicht mehr zu stoppen sei. Dass ihm ab jetzt alles gelingen wird, und dann habe er gemerkt: Mist! Das mit dem Erfolg ist ja nicht zwangsläufig so. Also, riet er mir, nimm dir auch die Zeit, ihn zu feiern, wenn er da ist!«

Stimmt, denke ich, auch diesen Punkt habe ich meist nicht im Blick. Renne nach einem gut abgeschlossenen Projekt sofort zum nächsten und powere gleich wieder drauflos, ohne Luft zu holen und zu genießen, und das schildere ich Til.

»Ja, das geht vielen so. Auch mir. Ich habe damals genau gehört, was mir Bernd gesagt hat, und ich habe es auch verstanden. Trotzdem bin ich nach *Knocking on Heaven's Door* sofort weiter. Habe dann aber auch gemerkt: Scheiße, der hat ja recht gehabt. Etwas, was ich ja eigentlich auch als Wahrheit in mir spürte, und spätestens ab dem Punkt habe ich mir dann gesagt: Wenn ich noch einmal so ein großes Ding lande, dann feiere ich ausgiebig.« Til lacht. »Und das habe ich dann auch getan!«

Wir reden über Musik, die in seinen Filmen immer eine wichtige Rolle spielt und wie gut sie einem auch im Alltag tut. Ich frage ihn, welcher Song am besten zu ihm passen würde. »Genres sind mir ja relativ schnuppe! Musik braucht für mich immer eine Melodie, eine Harmonie, und ich mag euphorische Lieder, die mich in eine gute Stimmung versetzen. Ja, die passen zu mir. Ich bin zwar auch mal traurig oder gefrustet. Im Großen und Ganzen bin ich aber ein euphorischer Mensch. *»Break even«* von The Script ist so ein Song für mich.«

Die Art, wie er mit mir redet, ohne allgemeines Presse-Bla-Bla, lässt mich Vertrauen fassen, und deshalb stelle ich auch die nächste Frage:

»Du hast ja schon einiges an Kritik und Häme erlebt auf deinem Weg. Gib mir doch bitte noch einen Tipp, wie ich es als sensibler Typ noch besser schaffe, mit Meinungen von außen umzugehen. Wie kriegt man es hin, dass es einen nicht mehr kümmert, was andere über einen sagen, denken, schreiben? Oder«, füge ich hinzu, »ist es am Ende wichtig, dass man auch da immer offen bleibt und selbst solche Dinge an sich heranlässt?«

Tils Blick ist ganz klar. »Es kommt immer darauf an. Bei mir sagen viele Leute: Eh, lass die Deppen doch schreiben! Das kann dir doch am Arsch vorbeigehen. So nach dem Motto: Was juckt es die deutsche Eiche, wenn sich eine Sau an ihr kratzt. Nun bin ich aber ein Gerechtigkeitsfanatiker. Gut, wenn ich selbst Mist gebaut habe – und das habe ich ja auch immer mal –, dann muss ich mir natürlich sagen: Selber schuld, klar. Aber, wenn ich merke, dass ich ungerecht angegriffen werde, dann wehre ich mich! Auch das habe ich versucht, meinen Kindern mitzugeben. Habe ihnen gesagt: Ich möchte, dass ihr eine große soziale Kompetenz entwickelt und Empathie. Dass ihr Mitmenschen helft. Aber ihr dürft euch auch wehren, wenn jemand versucht, euch auszunutzen oder zu verarschen, zu mobben. Dann dürft ihr dagegenhalten. Das ist absolut legitim. Das nennt man Notwehr.« Er überlegt. »Ich selbst kann da aber wahrscheinlich nicht so viele gute Tipps geben. Als ich zum Beispiel den Film *Manta, Manta* gemacht habe, wurden wir von der Presse derart in den Hintern getreten. Da habe ich gedacht: Mist, was haben wir denn verbrochen? Wir haben doch nur einen Film gedreht! Warum sind die denn jetzt alle so böse? Klar, man braucht da manchmal ein dickes Fell ...«

»Aber an dem Punkt hast du es noch nicht gehabt?«

»Nein. Deshalb hat mich das auch so getroffen. Aber man braucht es und bekommt es auch irgendwann. Im Endeffekt würde ich es so sagen: Je mehr echte Freunde du besitzt und je mehr du dich um deine Familie kümmerst, je mehr Menschen du hast, die dir wichtig sind und für die du wichtig bist, desto mehr prallen diese Dinge an dir ab. Denn am Ende geht's doch nur um die Anerkennung, Freundschaft und Liebe deiner Kinder, deiner Familie und der dir nahestehenden Menschen, oder?«

Ich gebe ihm recht, und Til hebt die Hand. Ihm ist noch ein Punkt eingefallen, den er mir dazu sagen möchte:

»Und ich finde, man kann sich helfen, indem man sich sagt: Der, der zum Beispiel den ganzen Tag vor seinem Rechner sitzt und nur destruktive Nachrichten und Meinungen verbreitet, der ist doch die arme Sau! Denn er geht abends bestimmt nicht froh ins Bett, nur weil er heute wieder zehn Leute gehatet hat. Sondern dieser Mensch geht immer unglücklich ins Bett. Deswegen macht er das ja auch, und deshalb denke ich: Wenn er das mit seiner Lebenszeit anstellt, anstatt sie mit etwas Schönem zu verbringen – etwas Neues zu entdecken, zu probieren, zu kreieren, zu erschaffen – und stattdessen lieber auf andere mit Beschimpfungen und Kritik draufhaut, dann ist er doch eigentlich die arme Wurst, und für ihn gibt's auch keine Entwicklung. Klar,

Fehler machen ist menschlich. Wir alle machen Fehler! Aber wenn wir sie gemacht haben oder andere verletzen, ist es wichtig, das auch zu erkennen. Bereit zu sein, sich beim anderen zu entschuldigen und etwas zu verändern!«

Als ich mich später von ihm verabschiede, fällt mir auch wieder dieser Disney-Film ein, dessen Hauptfigur er in den Neunzigern synchronisiert hat. Mein Sohn hat ihn damals auf Video geguckt und derart geliebt, dass das Band im Handumdrehen kaputt war und wir gleich ein zweites kaufen mussten. *Herkules* hieß der Streifen, und der Held war perfekt für kleine Jungs vor dem Fernseher, denn Herkules war cool, und er tat nicht weniger, als die Welt zu retten. Vorher aber musste er erst einmal lernen, sich selbst zu verstehen und die in ihm wohnenden Kräfte sinnvoll einzusetzen. »Lass uns den Film doch wieder mal anschauen«, schlägt mir mein Sohn vor, als ich an dem Abend aus Hamburg zurückkomme und ihm von meinem Gespräch mit Til erzähle. Ich wundere mich. Schließlich ist mein Baby mittlerweile achtzehn Jahre und liebt doch alles andere mehr, als abends gemütlich mit seiner Mutter Trickfilme anzuschauen. Genau deshalb lasse ich mir das auch nicht zweimal sagen, und wir suchen die Fassung von 1997. Jetzt natürlich nicht mehr auf Band, sondern in einer Online-Videothek.

Kurz vor dem Showdown fällt einer der schönsten Sätze. Herkules' Trainer sagt vor einem entscheidenden Kampf zu seinem jungen Schüler:

»Ein wahrer Held wird nicht durch die Größe seiner Kraft bestimmt, sondern durch die Größe seines Herzens.«

Mein Sohn und ich schauen uns bedeutungsvoll an. Haben die Stelle schon immer geliebt, und ich, bei Filmen grundsätzlich nah am Wasser gebaut, habe sofort wieder Tränen in den Augen. »Herrlich, die Helden seiner Kindheit wiederzusehen«, sagt nun auch mein Großer, so als wäre er schon weit über dem Zenit des Lebens angelangt.

Meine Gedanken wandern noch einmal zu meiner Begegnung mit Til. Ich bin froh, beschlossen zu haben, ihn und seine Foundation-Crew persönlich zu treffen. Mit Helden, die man nur aus Filmen kennt, kann das ja manchmal eine Enttäuschung sein. War es aber nicht. Der Typ ist zu Recht ein Star, denke ich. Glitzert nicht, sondern leuchtet, und das – nach dem, was ich heute erlebt habe – auch fleißig auf Wegen von anderen Menschen.

»Was hast du denn, Mama?«, fragt mich mein Junge, als er mich derart abwesend sieht. »Ach, Großer«, sage ich, »das heute war einfach ein schöner Tag, und ich habe dich sehr lieb!«

Er nickt. »Ach so. Na, dann lass uns jetzt weiterschauen!«

 Tils Tipp
Bleib bei den Träumen, die du ansteuerst, flexibel und gelassen. Wenn etwas nicht funktioniert, brichst du dir auch keinen Zacken aus der Krone. Probier's einfach und gehe plateaumäßig vor. Mach einen Schritt nach dem anderen. Umgib dich mit Menschen, die nicht neidisch sind und die dich unterstützen. Sobald du etwas erreicht hast, feiere es ausgiebig! Für Erfolge gibt's keine Garantie.

? Fragen an mich selbst
Til hat beim Start seiner Schauspielkarriere einfach mal einen Weg für sich ausprobiert und die Option zugelassen, wieder zu wechseln, falls es nicht klappt. Warum bestehe ich immer so auf dieses Schwarzweißmuster? Auf ein »Ganz oder gar nicht«?
Einer der besten Ratschläge, die Til Schweiger bekam, war der, einen Erfolg ausgiebig zu feiern. Schließlich gibt es für den nächsten keine Garantie. Wo ist meine nächste Chance, das auszuprobieren, und warum stürze ich nach einem Erfolg immer sofort zur nächsten Aufgabe?

Offenbar hat sich etwas an meiner Ausstrahlung verändert. Die Anzahl von Verehrern hat sich erhöht, und mir fällt auf, dass ich auch ein deutlich besseres Verhältnis zur gedrosselten Fahrweise entwickelt habe. Selbst hier, während ich im Bus sitze und er vor einem anstehenden Termin im Schritttempo durch die Stadt zuckelt, komme ich ohne nennenswerte Adrenalinschübe aus. Neben uns an der Ampel steht ein Lieferwagen. »Wohlfühlen ist einfach« lese ich die Botschaft auf seiner Plane. Lächele und bedanke mich für das Zeichen. War ja längst wieder einmal eines fällig, und es passt bestens in die Situation. Immerhin, das kann ich spüren, haben sich seit meinem Aufbruch vor vielen Monaten mindestens zwei Dinge in meinem Alltag verändert. Mittlerweile besitzen meine Tage nicht mehr den Actionfaktor eines Bankangestellten, und trotzdem sind jetzt weniger hektische dabei. Die mit dem Wohlgefühl in der Brust haben zugenommen. So wie meine Lächel-Quote. Im Podcast unter meinen Kopfhörern beginnt gerade der Bericht über eine Frau, deren Alltag sich ebenfalls verändert hat. Eine gewisse Helga Hengge. Ich drehe lauter. Irgendwann, so der Moderator, schmiss diese Dame ihr Leben komplett um. Die angestellte Moderedakteurin entschied sich von einem Tag auf den anderen, endlich ihren Kindheitstraum zu verwirklichen. Sie wurde Bergsteigerin, und zwar nicht irgendeine, sondern die erste deutsche Frau, die den Mount Everest bezwang. Drei Jahre hat sie sich darauf vorbereitet mit unendlich vielen Einzeletappen auf ihrem Weg zum Ziel. Nach eigener Aussage wollte sie ein Abenteuer wagen. Nämlich das, wirklich groß zu denken und über sich hinauszuwachsen. Diese Erfahrung mache sie heute zu einer gefragten Rednerin in den Führungsetagen deutscher Unternehmen. Dort erzählt sie von physischen und emotionalen Grenzgängen und dem Mut, aus dem alten Leben hinauszuwandern. Tolles Beispiel, denke ich beim Zuhören und notiere mir später noch schnell den Tipp ihres Kletterlehrers, der sie auf das Ganze vorbereitete. Für besonders schwere Wege riet er ihr zu kleinen Schritten und einem gedrosselten Tempo. »Passe es an!«, hatte er ihr vorm Anstieg gesagt. »Du darfst immer nur so schnell gehen, wie du entspannt durch die Nase atmen kannst.«

Werde ich gleich mal ausprobieren, denke ich, während ich beim Aussteigen auf die Uhr schaue. Wird schon knapp für den Termin. Werde aber trotzdem nicht rennen!

Bevor ich mich am nächsten Wochenende an den Schreibtisch setze, fällt mein Blick auf den frisch gepflanzten Baum an der Straßenseite gegenüber.

Der, bei dem vor einigen Monaten einer der Stadtgärtner richtig angepackt hat und die vier anderen danebenstanden. Aus dem Pflänzchen ist etwas geworden. Es ist gewachsen und hat Wurzeln geschlagen. Die Nachricht an *ihn* offensichtlich nicht. Die Vorstellung schmeckt mir wie das Herumkauen auf Papier. Ich nehme den letzten Schluck Kaffee aus meinem Becher und erinnere mich an einen klugen Satz von Herman Bang.

»Gleichgültigkeit ist der bitterste Bodensatz der Liebe.«

Besser kann man es nicht auf den Punkt bringen. Ich selbst hatte meinen Regungen in der Angelegenheit ja lange und gründlich genug nachgespürt, bevor ich mich noch mal aus der Deckung wagte. Dachte, diesmal wären beide auf unserer Seite: die Liebe und die Zeit. Doch manchmal gerät man mit Perfektion nur auf den richtigen falschen Weg, und nun, da ich schon länger auf eine Reaktion von ihm warte, bin ich beinahe froh über jeden weiteren Tag der Funkstille. So kann ich es mir in meiner dicken Wattejacke der Hoffnung weiter gemütlich machen. Selbst im Hochsommer. Er hingegen hat die letzten Gefühle für mich wahrscheinlich längst amputiert, und das, was ich trotzdem noch bei ihm wahrzunehmen glaubte, war nur eine Art Phantomschmerz. Dabei wollte ich genau das nicht mehr in meinem Leben! Dass mir noch einmal jemand so nahekommt, dass ich hoffe.

Ich starre aus dem Fenster und bin traurig. Fühle, dass ich bald vor einer nächsten Entscheidung stehe. Denn so viel hatte ich mittlerweile gelernt: Es gibt immer nur zwei mögliche Fehler beim Reagieren auf eine Situation. Zu früh oder zu spät gehen.

Doch welcher der beiden Zeitpunkte war jetzt?

Der Vorteil am Älterwerden ist nicht nur die Tatsache, dass man noch nicht gestorben ist und auch die Ja und Nein des Lebens klarer werden. Mit zunehmender Erfahrung – in meinem Fall auch, seitdem ich dem Prinzip der Muschel folge – kann ich in Krisen rücksichtsvoller mit mir selbst umgehen.

Wenn ich beispielsweise durch eine schlechte Nachricht, Absage, schwierige Begegnung, zu viel Input oder Zweifel meine innere Mitte nicht mehr finde und bemerke, dass ich dort – wo sich eigentlich meine Magengrube befindet – einen kompletten Durchschuss habe, dann weiß ich neuerdings, wie ich dieses Loch wieder stopfen kann. Nämlich, indem ich auf die Bremse trete. Und meist, je nach Problemlage, ist innerhalb von einer Stunde oder einer Nacht wieder alles im Lot mit meinem Solarplexus. Die drei Grundregeln des Muschelprinzips eben:

 Perspektivwechsel –
Geduld – Vertrauen

Der Witz ist: Kaum ist man sich in einer Sache so sicher, kommt schon der nächste Praxistest. So als würde das Leben einem zuzwinkern und rufen: »Na komm, machen wir uns den Spaß und probieren das gleich mal aus!«

Heute ist so ein Tag, an dem das Leben Lust auf einen »Spaß« hat. Das Prüfungsthema: meine immer noch zu große Verbissenheit, die ich selbst bei frei gewählten Aufgaben an den Tag lege, und so kommt auch im Außen postwendend das, was kommen muss. Nachdem es wunderbar losging mit Ideen und Kontakten – sowohl für mein Buchprojekt als auch für das Event, an dem ich gerade sitze –, hagelte es plötzlich Absagen von tollen Partnern, und ich bekomme die nächste saftige Schreibblockade.

Peng, Durchschuss, Loch in der Magengrube.

Hektisch wähle ich alle Nummern, von denen ich einen Rückruf erwarte. Wieder und wieder! Erreiche aber niemanden. Irgendwann ahne ich, was die Funkstille bedeuten könnte. Ich sollte den Angstanfall offensichtlich erst einmal mit mir selbst ausmachen. *Ich* bin hier schließlich die Muschel, von der der ganze Zauber ausgeht. Wenn ich eine miese Energie und Grundeinstellung zur Perlenproduktion habe, was soll da schon Großartiges herauskommen? Aber zum Glück kenne ich ja nun meine Erste-Hilfe-Maßnahme für den Fall, dass ich in den Panikmodus rutsche. Den kann unser Hirn laut Verhaltensforschern ja nur maximal fünfundvierzig Minuten aufrechterhalten. Also: Computer zuklappen. Jacke an. Raus in die Natur.

Kurz darauf wandere ich die üblichen Parkwege ab und gehe noch mal meine neue Liste durch. Die mit den Dingen, die mir guttun und mein Leben leichter machen. Drei Sätze für Krisensituationen müssten dort noch mit drauf. Sätze wie »So ist es eben«, »Auch das geht vorbei« oder »Das ist nur in meinem Kopf«. Irgendwann setze ich mich ans Flussufer. Das ruhige Dahingleiten des Wassers zu beobachten tut gut. In seiner Seelenruhe hält sich der Fluss genau an das, was er immer zu tun pflegt. Egal, ob Wind, Regen, Hagel, Schnee, ohne Unterbrechung nimmt er seinen Weg. Immer in eine Richtung. Frei von Aufregung, Zweifel oder der Erwägung, doch lieber mal umzukehren. Ich lege die Hand auf die Brust und atme langsam ein und aus. Kann spüren, wie sich mein Puls verändert. Ein Summen am Handy. Einige neue Nachrichten. Aber anstatt sie zu öffnen, greife ich in die Tasche und berühre den kleinen Glücksbringer, den ich als Memo bei mir trage. Was wäre, wenn so eine Muschel auf halbem Weg aufgeben würde? Plötzlich am eigenen Können oder am Erfolg ihres Vorhabens zweifeln und den Mut verlieren würde, nur weil sie nicht die einzige im Meer ist, die diese Idee mit der Perlenproduktion hatte, oder weil ihr der lange Prozess einfach zu anstrengend wird? Ich schließe die Augen und improvisiere ein passendes Mantra:

Kann jemand genau deine Träume und Talente leben, Peggy? Hat jemand genau dieselbe Hoffnung, dieselbe Berufung und einen identischen Plan wie du? Wie war das gleich noch mal mit der Perle: Ist sie nicht einzigartig, in jeder Weise?

»Also ruhig, Brauner«, sage ich laut und entschlossen zu mir selbst, als ich die Augen wieder öffne. »Du machst weiter dein Ding. Niemand kann dich abhalten. Für heute hast du dich genug geängstigt, genug bedauert und ausreichend im Grünen erholt.« Ich schwinge mich auf und laufe so schnell wie möglich zurück nach Hause. Schließlich müssen die Texte fertig werden, und ich habe auch schon wieder die nächste Idee.

Werde zum Freudefinder

so wie Best Age Model und Dichterin Greta Silver,
als sie mit sechsundsechzig Jahren ihren YouTube-Kanal
startete

Greta hatte ich vor ein paar Wochen in dieser Fernsehdokumentation gesehen, und ich war sofort verliebt.

Mit welcher Lebensfreude und Schönheit die Siebzigjährige

dort im Kettenkarussell durch die Gegend flog, veranlasste mich, gleich im Anschluss ihren YouTube-Kanal zu besuchen. *»Zu jung fürs Alter – Inspiration für Lebensfreude pur«* heißt er, und nach dem ersten Video war mein Entschluss gefasst. Diese Frau muss ich treffen! Bei unserem Essen einige Wochen später in Hamburg frage ich sie als Erstes, warum sie eigentlich Ketten-karusselle mag?

»Dort hat man einen guten Überblick, kann frei sein und fliegen!«, lautet ihre Antwort. Sie erzählt mir von ihren persön-lichen und beruflichen Stationen, und mir wird klar: Neuan-fänge sind Gretas Markenzeichen. Siebzehn Jahre Hausfrau und Mutter von drei Kindern, in dieser Zeit mit dem Malen und Dichten angefangen, dann mit achtundvierzig Jahren spielerisch in die Selbständigkeit gestartet, als Inneneinrichterin das Büro eines ihr bekannten Geschäftsmannes eingerichtet. Es kamen Folgeaufträge für eine Hausbootflotte, eine Ferienhaussiedlung und eine große Hotelanlage. Für dasselbe Unternehmen über-nahm sie später die Pressearbeit und schrieb Artikel für Zeit-schriften. Wieder einige Zeit später wurde sie freie Eventma-nagerin für große Kongresse in Deutschland und ein gefragtes Best-Age-Model.

Greta hat sichtlich Spaß dabei, mir von diesem Potpourri zu berichten. »Das alles ohne Studium nach siebzehn Jahren Ab-stinenz vom Berufsleben, und währenddessen hatte eine techni-sche Revolution stattgefunden. Das musst du dir mal vorstellen, Peggy: Vor dem Kinderkriegen saß ich im Büro an der Schreib-maschine, und als ich ins Berufsleben zurückkehrte, stand plötzlich auf jedem Schreibtisch ein Computer.« Gretas Lachen ist ansteckend. »Aber dann habe ich eben gelernt, mit ihm um-zugehen, und auch beim Gründen meines YouTube-Kanals mit sechsundsechzig Jahren habe ich mich erst einmal ein halbes Jahr in die dazugehörige Technik eingearbeitet. Jetzt bin ich tatsäch-lich die Einzige in unserer Familie, die so etwas je gemacht hat.«

Greta nimmt einen Schluck Wasser und geht noch einmal zurück zu ihren Gefühlen beim Start in die Selbständigkeit mit achtundvierzig Jahren. »Klar pochte mir das Herz bis zum Hals, als mich der Auftraggeber für das Einrichten seiner sechzig Ferienhäuser auch gleich noch darum bat, dieses Konzept für die Kreditbewilligung der Bank vorzustellen. Aber ich habe es versucht und geschafft! Ich lernte die Umsetzung von Bauplänen. Gab Möbel in Auftrag, ohne aus einer solchen Branche zu kommen. Tat die Dinge so, als würde ich Häuser für mich selbst einrichten, und ich tat es mit Herzblut. Kam in dieser Phase täglich mit vier Stunden Schlaf aus. Aber die Begeisterung trug mich, und ich selbst«, lacht sie, »trug in der Zeit ständig einen Schlips. Wohl, um bei den Arbeiten auf den Baustellen in einer von Männern, Zigarettenrauch und derben Witzen durchtränkten Domäne nicht als Frau wahrgenommen zu werden. Habe gegenüber den Auftraggebern nie behauptet: Ich kann das! Habe einfach gesagt: Ich mache Ihnen mal einen Entwurf, und so hat es dann auch geklappt.«

Greta strahlt mich an. »Ich glaube, Peggy, ich bin einfach wie dieses Mädchen in dem Märchen von den Sterntalern. Ich habe die Schürze aufgehalten, und die Schätze flogen mir hinein. Ja, ich denke, mein Talent ist das Zugreifen, sobald Chancen vorbeikommen. Ich habe mich bei allen Stationen einfach auf den Weg gemacht, ohne fachlich schon alles zu wissen. Auf dem Weg habe ich mich dann weiterentwickelt. Genau das ist doch das Tolle an Aufbrüchen: sich wieder spüren und merken, was noch alles in einem schlummert.« Sie macht eine Pause. »Ja, ich denke sogar, dass das Nichtwissen bei Neuanfängen gewisse Chancen bietet. Denn so startet man ohne Grenzen im Kopf. Ohne Angst vor Dingen, die schwierig werden oder nicht klappen könnten. Irgendwo habe ich dazu einen tollen Tipp gehört, und der lautet: Fange nicht beim Anfang an! Wenn dir wenigstens ein Puzzleteil deines neuen Vorhabens klar ist, zum Beispiel irgendetwas aus der Mitte, dann fang eben in der Mitte an. Mach es wie große Firmen, bevor sie mit dem Entwickeln eines neuen Produkts anfangen. Denk dir erst mal die spätere Pressemitteilung dafür aus. So verschaffst du dir Klarheit, und dann setze deine Vision um. Schritt für Schritt, ohne Bange, einfach probieren.«

Ich hänge an ihren Lippen und bemerke, wie gut selbst die Tapete, vor der sie sitzt, zu dem passt, wovon sie gerade redet. Wir haben uns ein besonderes Séparée in diesem Restaurant ausgesucht, und so sitzt Greta nun vor einer Fototapete, die über und über mit bunten Schmetterlingen bedruckt ist. »Woher kommt denn deine Offenheit gegenüber Veränderungen? Dieses Urvertrauen, das du hast, stammt das schon aus deiner Kindheit?«, frage ich.

Sie lässt sich nach hinten fallen, mitten in die Schmetterlinge. Erzählt mir von ihrem Großwerden auf dem Land und ihren wunderbaren Eltern. »Sie vermittelten mir Selbstverantwortung. Ich werde auch nie vergessen, wie mir mein Vater mit siebzehn Jahren ohne Führerschein bereits mal seinen Autoschlüssel in die Hand drückte und meinte, ich solle den Wagen mal ein Stück für ihn vorfahren. Wahrscheinlich habe ich mich damals nur mit zehn Stundenkilometern vorwärtsgetraut. Dennoch dachte ich, ich fliege! Durch das Zutrauen meines Vaters habe ich mich eben getraut. Das alles habe ich dann versucht, auch an meine Kinder weiterzugeben. Habe mit ihnen Picknicks veranstaltet, kleine Flöße aus Stöcken gebaut, oben mit einem Segel dran, damit kleine Marienkäfer auch ein Boot haben, wir haben Kekse fürs Altersheim gebacken, uns gegenseitig Geschichten ausgedacht, die jeweils der andere weitererzählen musste, und schon morgens vor der Schule Bücher gelesen. In dieser Zeit als Mama habe ich viel gelernt für mein späteres berufliches Leben. Eine Menge Empathie und vor allem, Intuition als kalkulierbare Größe im Leben zu nutzen.« Greta lächelt in sich hinein. »Da gab es diese

Sache, die meine Kinder bei den Pfadfindern gelernt hatten. Die habe ich gleich für uns zu Hause übernommen: Demnach hat man nur das Recht, einen anderen Menschen zu kritisieren, wenn man ihm vorher etwas Positives gesagt hat. Irgendwann wurde es einem meiner Söhne zu bunt. Er meinte, dass ihn das richtig nerve, dass er immer erst einen Pluspunkt an mir nennen muss, bevor er mir auch mal sagen darf, was ihn an mir stört. Er möchte mir lieber eine Liste erstellen mit den Punkten, die er an mir toll findet, um dann mit seiner Wut gleich rauszupoltern. Diese Liste habe ich tatsächlich bekommen. Ein toller Schatz, den ich nun besitze.« Greta ist nachdenklicher geworden. »Man bekommt die guten Dinge wirklich zurück im Leben. Später war es meine Tochter, die mich zu diesem YouTube-Kanal inspirierte. Sie sagte: Mami, du musst der Welt erzählen, wie toll es ist, älter zu werden, und einer meiner Söhne sagte, dass er durch mich ein völlig neues Frauenbild bekommen habe.«

»Toll«, sage ich. »Was für Komplimente. Gab es denn nie ein tiefes Loch in deinem Leben, aus dem du beinah nicht mehr rausgekommen wärst?«

Gretas Blick verändert sich. »Doch, der Tod meines Vaters. Da war ich gerade neunzehn Jahre alt. Geriet erst mal in eine Art Schockstarre und irgendwann zu einer entscheidenden Frage. Sie lautete: Wie funktioniert Leben, damit man dabei erfüllt und glücklich sein kann, und was könnte ich dafür tun?« Greta beugt sich zu mir herüber. »Und ich sage dir, die Antwort, die ich darauf fand, versetzte mir gleich den nächsten Schreck! Denn ich fand heraus, dass ich eine Menge dazu tun kann. Mein Glück wortwörtlich selbst in die Hand nehmen muss.« Ihre Augen werden immer größer. »Puh, vor einer so großen Verantwortung hatte ich gehörigen Respekt! Denn wenn man das einmal erkannt hat, kann man sie ja nicht mehr abschütteln oder auf andere abschieben.« Sie lacht. »Aber dann habe ich auf meinem Weg ein paar gute Rezepte gefunden. Zum Beispiel, einen Liebesbrief an mich selbst zu schreiben.« Greta sprüht vor Energie. »Hast du das schon einmal gemacht, Peggy?«

Ich bin erstaunt über diese Parallele und erinnere mich an den Brief, den ich nach Walters Impuls vor einiger Zeit an mich selbst abgeschickt habe. Erzähle auch Greta davon. Sie nickt. »Ja, das klingt auch gut. Mir half der Liebesbrief an mich selbst, um überhaupt erst einmal meine größte Stärke herauszufinden. So ähnlich, als würdest du die Presseerklärung nicht für ein Produkt mit Alleinstellungsmerkmal schreiben und dafür den allerbesten Werbeslogan suchen, sondern eben für dich selbst.« Ich überlege. Nicht übel. Ein Werbeslogan für meine Persönlichkeit. Was macht mich aus, was ist mein Alleinstellungsmerkmal, mein USP? Eine Denksportaufgabe für die Rückfahrt, beschließe ich und frage nach Gretas Ergebnis. »Was hast du dabei über dich herausgefunden, was ist dein Markenzeichen?« Sie strahlt. »Dass ich ein Freudenfinder bin. Ich habe ein Talent dafür, das Gute im Leben zu finden – Lebensfreude eben –, und ich habe mir im Übrigen auch angewöhnt, sie mir nicht mehr nehmen zu lassen.« Ich bin gespannt, was jetzt kommt. »Na, das kennst du sicher«, erklärt Greta weiter, »du kommst gutgelaunt von einem Job oder einer Begegnung, die dich aufgebaut hat. Du könntest platzen vor guter Laune, und dann betrittst du deine Wohnung, und der Rest der Familie hat gerade ein Problem. Früher hat mich das sofort runtergezogen, weil ich natürlich Anteil am Leid der anderen genommen habe. Aber heute frage ich mich: Warum sollten mich eigentlich die anderen immer runterziehen. Ich kann sie doch stattdessen auch zu mir hochziehen. Das ist doch viel besser, oder?«

O ja, denke ich. Das muss ich unbedingt weiter üben! Ich bestelle uns einen Espresso und gehe zu einem schwergewichtigen Thema. Dem Ende unserer Reise. »Bei dieser ganzen Lebensfreude, die du nun empfindest, genießt und an andere weitergibst, Greta, bist du dann nicht besonders traurig, wenn es mal vorbei ist?« Sie überlegt. »Nein, denn dann habe ich es ohne Ende genossen! Kann meine Freude also gar nicht mehr steigern.« Ich stutze. »Weißt du, Peggy, besonders klar wurde mir das nach dieser Fernsehdokumentation, die mit meinem Porträt im *Ersten* ausgestrahlt wurde. Kaum lief der Trailer auf Facebook, schossen die Nutzerzahlen und Klicks innerhalb von sechs Tagen auf über eine Million. Ich war begeistert. Trotzdem war mir klar: Meine Lebensfreude hat immer nur mit mir zu tun und ist von nichts und niemandem da draußen abhängig. Keinem Erfolg, keinem anderen Menschen.« Ob sie schon einmal bereut hat, solche Sachen nicht schon früher für sich erkannt zu haben, will ich wissen. Sie schüttelt den Kopf. »Natürlich habe ich mich schon einmal gefragt, was eigentlich wäre, wenn die Greta von heute – also die mit den siebzig Jahren Lebenserfahrung – bei der Greta von damals – der Neunundzwanzig- oder Neununddreißigjährigen – vorbeigeschaut hätte?« Sie lacht. »Ich glaube, meine junge Version hätte mich überhaupt nicht verstanden. Vieles, von dem, was ich ihr rüberbringen würde, könnte sie noch gar nicht begreifen.« – »Und was würdest du einer jungen Frau raten, die dich trotzdem um einen Tipp bittet und zum Beispiel Angst vor dem Älterwerden hat?« Greta überlegt. »Na, zunächst einmal die Sache mit der Angst noch einmal genau anzuschauen. Stattdessen kann ich mich doch fragen: Was wäre, wenn alles gutgehen würde, und ich könnte mir noch etwas anderes klarmachen. Das Leben gibt uns mit zunehmenden Jahren jede Menge Geschenke! Eine riesige Schatzkiste an Erfahrungen und Know-how und das Geschenk des Rückblicks. Bevor ich eine nächste aufregende Stufe wage, kann ich mich vorher fragen: Und, Greta, kam es bisher in deinem Leben jemals so schlimm, wie du früher vielleicht vermutet hast? Meist kann ich die Frage mit Nein beantworten, und das macht mich dann ruhiger und freier vor einem neuen Projekt. Das sind doch tolle Geschenke, oder?«

Auf der Heimfahrt höre ich diesmal keine Musik. Denke lieber weiter an den Anblick von Greta, dort in ihrer Schmetterlingsecke. Wahrscheinlich werde ich künftig bei jedem Schmetterling, der mir an der Nase vorbeiflattert, an diese Frau denken, und vielleicht war die Begegnung heute sogar der Beginn einer Freundschaft.

Abends, zurück auf dem Sofa, blättere ich in Gretas Gedichtband *Für Lebensfreude pur*, den sie mir mitgegeben hat. Auf Seite 51, bei der Überschrift *»an mich selber glauben«*, halte ich inne:

> *»Wunder brauchen den geschärften Sinn*
> *über Gräben springen – im eigenen Kopf*
> *Zäune, Grenzen sprengen – das Herz mitnehmen ...*
> *warum eigentlich nicht – was habe ich zu verlieren*
> *im eigenen Leben gilt nun mal:*
> *wenn nicht ich, wer dann«*

Ich denke an die Metapher, die sie heute Mittag benutzte, als sie mir die Vorteile vom Älterwerden erklärte. Sie verglich den Prozess mit unseren wachsenden Künsten beim Kochen, sobald wir häufiger üben und ausprobieren. Genauso wächst mit zunehmenden Jahren auf dieser Welt die Intensität dessen, was wir hier wahrnehmen können. Auch in unserem Leben schmecken wir zunehmend mehr für uns heraus, und für Greta, das weiß ich nun, sollte jeder Tag ein wenig perlen und nach Unvergesslichem schmecken. So wie sie es hier in ihren Gedichten beschreibt.

 Gretas Tipp
Überlege gut, wem du ein Mitspracherecht in deinem Leben einräumst, und bevor dich bei wichtigen Entscheidungen die Angst lähmt, frage dich: »Was bringt dir

diese Angst? Wie könnte sie dir dabei helfen?« Überlege vielleicht lieber »Was wäre, wenn alles gutgeht«, und wenn es sein muss, versuche selbst aus Traurigem eine gewisse Süße herauszuschmecken. Denn nur, wenn du die Fähigkeit hast, ein Tief zu empfinden, wirst du später auch wahrnehmen können, wenn aus ihm ein großes Glück aufsteigt.

? Fragen an mich selbst

Greta begann neue Projekte, ohne schon alles über den neuen Bereich wissen zu können. Sie sagte sich: Ich versuche es mal! Wo gehe ich immer noch zu perfektionistisch an Dinge heran und warum?

Greta lässt sich nicht mehr von der Stimmung anderer herunterziehen. Sie versucht lieber, die anderen hochzuziehen. Was könnte ich als sensibler Mensch für mich tun, um in meiner guten Stimmung zu bleiben, wenn um mich herum gerade das Chaos tobt?

Greta hat mit sechsundsechzig Jahren einen YouTube-Kanal eröffnet und sich in die komplette Technik eingefuchst. Warum habe ich manchmal Angst, dass mir die Zeit für bestimmte Dinge im Leben davonläuft?

Das nächste Wochenende ist perfekt, denn ich habe Zeit.

Zeit fürs Seelenrauschen. Um gedankenverloren vor dem eigenen Buchregal zu stehen und den Bestand zu studieren, um alte Notizen und Liebesbriefe wiederzufinden, die ich lange nicht mehr in der Hand hatte, oder Zeit für stundenlanges Kochen bei lauter Musik. Zwischendurch taucht ein Gedanke auf, der mir wichtig erscheint.

»Immer« glücklich und gelassen sein, das werde ich aller Wahrscheinlichkeit nach kaum schaffen. Viel eher wird es darauf ankommen, die kostbaren Momente des Flows zwischendurch zu nutzen. Diese Lücken des Loslassens von all dem Machen und Tun, in denen gerade alles stimmt und man Luft holen kann für die nächste Runde auf dem Stimmungskarussell.

Ein paar Tage später habe ich noch einmal Thomas am Telefon.

Den Vertriebschef des großen Versandhauses, der mir damals von meinem Experiment der Arbeitspause und dem Aufräumen im eigenen Leben dringend abriet, und natürlich kommt er sofort auf das Thema zurück. Nach einem unverfänglichen interessierten »Wie geht es dir denn so damit?«, auf das ich tatsächlich einsteige, serviert er mir noch einmal seine Sicht auf die Dinge. Sogar mit ähnlichen Vokabeln wie bei unserem ersten Austausch.

»Mensch, Peggy, ich meine es doch nur gut. Du kommst mir gerade so vor, als würdest du nicht erwachsen werden wollen. Diese ganzen naiven, finanziell völlig unpraktischen Träume, die du dir da noch behältst, die lebt man doch höchstens mit achtzehn.«

Na, wunderbar, denke ich, dann ist das doch auch eine Form von Anti-Aging! Rufe mir dabei auch gleich noch einmal die Erkenntnis ins Gedächtnis, die ich bereits nach unserem ersten Gespräch darüber hatte. Man darf die richtigen Sachen nie mit den falschen Leuten besprechen. Dann wechsle ich das Thema, bevor wir auflegen. Manchmal, denke ich anschließend, kann Thomas eine richtige Miesmuschel sein. Er mag es gern versalzen. Sorgt dafür entweder im eigenen Leben oder in dem eines anderen. Natürlich geht Veränderung nur mit einer gesunden Portion an unverbrauchter Träumerenergie, gepaart mit ausreichend Pragmatismus. Sonst bleiben Visionen nichts als Spinnerei!

Aber, wer ernsthaft denkt, Mut, Aufbruch und ungewöhnliche Entscheidungen wären ausschließlich der Jugend vorbehalten, wer das ausgerechnet in diesem schnelllebigen, verrückten 21. Jahrhundert tatsächlich noch für den Stein des Weisen hält –

verzeih mir alter Freund –, der sollte doch besser seinen selbstgeschnitzten Speer nehmen und auf einem gezähmten Bison in den Sonnenuntergang reiten.

Irgendwann ist meine Auszeit beendet, und es kommt immer mehr in Bewegung.

Nachdem ich von meinem Sender das Angebot für die Moderation einer Unterhaltungsreihe erhalten hatte, besuche ich dafür gemeinsam mit dem Team Events in der Region. Dort sammeln wir Geschichten von Machern, um sie anschließend für die Zuschauer zu porträtieren. Gedreht unter Live-Bedingungen, nah an den Menschen mit einer Mannschaft, in der ich mich beruflich wieder richtig zu Hause fühle. Außerdem kann ich thematisch weiterhin Sachen ausprobieren, die der private Teil in mir wahrscheinlich nie planen würde. Ich reite mit Pferden direkt am Strand, lasse mir von einem Sportschützen einen Apfel vom Kopf schießen, drehe Loopings mit einem Segelflieger, rase unter Anleitung eines Weltmeisters mit über hundert Stundenkilometern eine Bobbahn hinunter und darf mit 345 PS als Beifahrerin mehrmals über den Nürburgring kurven. Abenteuer und Interviews mit spannenden Menschen, einfach ein kreatives Geschenk. Wenn ich nach einem Drehtag müde nach Hause komme, dann ist es eine Erschöpfung von dieser guten Art. Die, die man verspürt, wenn man zu viel von einer Sache tut, die man liebt.

Auf der Hinfahrt zu den heutigen Dreharbeiten höre ich einen meiner Lieblingssongs von Gregor Meyle. Der, der mich damals beim Aufbruch begleitet hatte. Ich drehe lauter und singe mit:

»Wenn alles, was vor dir liegt, plötzlich 'nen Sinn ergibt, dann scheint durch die Dunkelheit am Ende das Licht ...«

Am Drehort angekommen, besprechen wir mit Kameramann, Ton und Redaktion den Tagesplan. Heute sind wir bei einem großen Event dabei, bei dem Chris de Burgh erwartet wird. Mit ihm haben wir einen Interviewtermin vorm Soundcheck bekommen. Als wir im Pressezelt ankommen, ist der Musiker bereits umringt von Journalistenkollegen. Geduldig und charmant posiert er mit jedem einzelnen. Vor mir die Kollegin einer Zeitung, eine gewisse Ingrid. Auch sie war in den neunziger Jahren selbstverständlich ein großer privater Fan und hatte damals sogar ein Poster von ihrem Star an der Wand. Damals kam gerade seine »Lady in Red« heraus. Irgendwann komme auch ich an die Reihe und werde ihm namentlich vorgestellt. »Peggy Patzschke vom Deutschen Fernsehen«, und auch ich darf mit ihm und seiner Gitarre für ein Erinnerungsfoto posieren. Ein kurzes Vorgespräch, die Kamera an, und los geht's. Ich führe das Interview auf Englisch und nutze meine Chance. Bitte ihn um einen spontanen Gefallen und darum, wenigstens einmal im Leben speziell für meine Zuschauer und mich zu singen. Chris de Burgh lässt sich nicht lange bitten. Kommt ganz nah an mich heran und spielt als Unterhaltungsprofi den großen Verführer. Flirtet mit mir und der Fernsehkamera und singt dann mit Samttimbre vier Zeilen seines Welthits. *»Lady in red ... the way you look tonight ...«*

Dann die letzte Zeile spontan umgetextet, mit persönlicher Widmung nur für mich: *»I never will forget ... Ingrid was here, schallalla ...«*

Ich schunkle und lausche und schmelze dahin. Doch halt, wer um alles in der Welt ist Ingrid? Meint er etwa mich mit der eingebauten Widmung? Ja, er meint mich! Hat mich lediglich verwechselt, wahrscheinlich mit dieser anderen Journalistin von vorhin. Die von der Zeitung, die ihm kurz vor mir vorgestellt wurde. Ich lächle in die Kamera. Reiße mich zusammen. Aber die Freude ist getrübt. Einmal im Leben singt Chris de Burgh ganz für mich allein. Vor der Fernsehkamera, für die Ewigkeit festgehalten!

Und dann heiße ich ausgerechnet Ingrid.

Im Abteil auf der Rückfahrt sitze ich neben einer Oma, die ihrem Enkel eine Geschichte vorliest.

Auch ich lehne mich zurück und lausche. Sie handelt von einem Vogel, der das Fliegen liebte. »Eines Tages«, liest die Großmutter weiter, »kam ein heftiger Regen, und seine Flügel wurden so nass, dass er stürzte und sich dabei einen Flügel brach. Er brauchte lange, um sich zu erholen. Als er dann nach einiger Zeit wieder fliegen wollte, und er wollte es wirklich, schien ihn allerdings irgendetwas tief in ihm drin davon abzuhalten. Er schaffte es nicht. Plötzlich kam unerwartet ein starker Wind auf und trug den kleinen Vogel ein Stück mit sich. Immer weiter und weiter, weit hinauf in die Luft. Der Vogel fasste Mut. Schlug so, wie er es früher immer getan hatte, einfach weiter mit den Flügeln und genoss die geliebte Höhe und Freiheit, die er damit erreichte. Endlich erinnerte er sich wieder an das, was er früher so gut konnte, so sehr liebte und unbedingt zum Glücklichsein brauchte. Er war wieder in seinem Element.« Die Großmutter machte eine Pause, sah bedeutungsvoll zu ihrem Enkel und beendete die kleine Geschichte. »Ab und an«, erklärt sie ihm dann noch, »braucht jeder von uns diesen Wind, und meist begegnet er uns in Gestalt von anderen Menschen, die unseren Weg kreuzen und genau das für uns tun.«

Wie schön, denke ich und schaue aus dem Fenster. Auf die vorbeirasende Landschaft. Genau das erlebe ich seit Monaten ,und so hat sich viel in meinem Alltag verändert. Bin dabei, mich wieder vom Glück finden zu lassen, und zwar hauptsächlich durch ein anderes Herangehen meinerseits.

Bingo.

»Du, Mama, ich habe die Zulassung und einen WG-Platz. In fünf Wochen ziehe ich aus!«

In mir macht sich ein verwirrender Gefühlscocktail breit. Zum einen ist da diese Melancholie, wie sie vielleicht nur Mütter empfinden, wenn Söhne aus dem Haus gehen. Gleichzeitig freue ich mich so für ihn! Erstens, weil er endlich die heftige Erkrankung überstanden hat und zweitens, weil er sich also nun in sein eigenes Leben hinaustrauen kann. Das hat er sich ja sehr gewünscht. Er wird neue Leute kennenlernen. Neue Eindrücke bekommen. Ganz bestimmt sind auch ein, zwei neue Freunde dabei. Menschen mit ähnlichen Interessen und Träumen. Vielleicht auch ein nettes Mädchen. In jedem Fall wird er seine eigene aufregende Reise planen.

Ich schaue ihn an.

Sehe einen jungen, attraktiven Mann mit Dreitagebart vor mir und vor meinem inneren Auge all diese Momente mit ihm. Die, mein Großer, in denen wir früher mit nackten Füßen in Farbtöpfe getreten sind, um damit einzigartige Gemälde auf große Papierbögen zu zaubern, die wir dann überall im Kinderzimmer auslegten. Wie wir hinterher die bunten Abdrücke bestaunten und in all die lustigen Kleckse Phantasiegestalten hineindeuteten. Wie ich bemerkte, dass du mit deinen farbigen Füßen durch die restliche Wohnung gelaufen warst, um dir zwischendurch Limonade aus der Küche zu holen, und wie wir nach einem Schreckmoment einfach darüber kicherten. Wie ich dich dann in riesige Schaumberge setzte und das »Badewannenfernsehen« erfand, denn zum Baden wolltest du unbedingt diese eine Lieblingsserie sehen. Da sich in unserem Bad aber nun mal kein Fernseher befindet, stellte ich kurzerhand einen großen Spiegel in den Flur. Genau zwischen Bad und Wohnzimmer und zwar in dem Winkel, dass du deinen Trickfilm über das Spiegelglas mitverfolgen konntest, während wir dir die restliche Farbe vom Gesicht schrubbten. Später, beim Ins-Bett-Bringen, ließ ich die Kinderzimmertür noch einen Spalt offenstehen. So konntest du beim Einschlafen den Lichtschein aus dem Wohnzimmer sehen. Dieses Prinzip nanntest du dann »Burgwache«, da Mutter draußen vor den Toren deines Reiches den Schlaf bewachte. Ich erinnere mich, wie gern wir »Tarzan« als Zeichentrick schauten und wie wir diese eine Stelle liebten. Die, an der die Affenmutter ihre riesige Handfläche gegen die kleine von Tarzan hielt. Wie wir es den beiden Figuren gleichtaten. Ebenfalls unsere Handflächen gegeneinanderhielten und staunten, wie viel größer meine im Vergleich zu deiner war. Einige Jahre blieb das auch so. Badewannenfernsehen, Burgwache, klecksende Füße, das war eine schöne Zeit.

Jetzt, da du in fünf Wochen auszieht, bin ich unglaublich froh, dass ich kurz vor Toresschluss kapiert habe, dass auch die schwierige Zeit – die mit Krankheiten, Abgrenzen, Streiten und Erwachsenwerden – dazugehört. Dass ich irgendwann aufgegeben habe, damit zu hadern, sondern stattdessen versuchte, auch diese Phase bewusst zu nutzen. Denn du warst immer noch hier und wahrscheinlich mein unerbittlichster Trainer in Sachen Gelassenheit. Nein, man darf sich *niemals, nie* gegen eine Phase seines Lebens wehren. Jede einzelne gehört dazu und dir, mein Herz, kleiner Tarzan.

Zieh also los! Pack das Leben bei den Eiern und lass nie mehr los. Alles wird gut.

In den nächsten Tagen schreibe ich mit dem Laptop öfter im Freien.

Mittags gönne ich mir eine Pause und laufe zum nahe gelegenen Italiener. Stoppe diesmal an einem Spielplatz, an dem ich schon als Kind war. Der Elefant! Schön, dass es den noch gibt. Eine Rutsche in Form eines alten Dickhäuters, wie habe ich den geliebt. Auf seinem Rüssel bin ich dann immer in den Sandkasten gerutscht. Als Kind wirkte aber alles viel größer. Selbst das Rutschtempo kam mir damals so vor, als hätte ich mindestens hundert Stundenkilometer drauf. Ob ich noch mal? Klar, warum nicht, und schon nehme ich die Stufen am Rücken meines Elefanten, setze mich auf seinen Kopf, rein in den Rüssel und ab die Post! Huch, geht heute so langsam. Aus den hundert Stundenkilometern wird plötzlich ein Stop-and-go. Liegt sicher an der veränderten Breite meiner Hüfte. Aber ich komme bis runter, ohne stecken zu bleiben. Gott, sei Dank. Alles andere hätte mir ernsthaft die Laune verdorben. Dann wäre die Pasta gleich danach ausgefallen.

Als ich drei Wochen später an der Aschenbahn unserer hiesigen Sporthochschule vorbeikomme und die Athleten beim Training beobachte, wird mir klar, dass das Leben auch viel mit dem Laufsport zu tun hat.

Weniger mit der Sprintdisziplin. Eher mit schwierigen Ausdauerstrecken, schließlich kommt es auf den langen Atem an. Gerade die letzten Meter entscheiden über Sieg oder Niederlage. Ich jedenfalls habe in dieser Woche keinen guten Lauf. Zwar fehlt es meinem Buch nur noch an wenigen Seiten, und auch diese Konzeptidee kommt gut voran. Könnte alles bis zum vereinbarten Termin schaffen. Allerdings hatte ich in diese Berechnung keine weitere Störung eingeplant. Nun aber erfahre ich von Dritten, dass jemand aus meinem privaten Umfeld ein Vorhaben plant, das in einem der darin enthaltenen Punkte sehr ähnlich erscheint. Jemand, der von meinem Event wissen konnte und sich vorher noch nicht mit solchen Projekten beschäftigt hatte. Zufall oder Kopie, eine der Möglichkeiten lag näher. Als ich die Information über die plötzliche Parallele bekomme, bin ich gerade dabei, eine schwerere Grippe auszukurieren. Sofort kommen Fieber und Husten zurück. Den ganzen Abend hocke ich, geplättet von der Hiobsbotschaft, auf der Fernsehcouch und versinke so tief in Gedanken, dass ich erst nach einer halben Stunde mitbekomme, was auf dem Bildschirm läuft. Offensichtlich konsumiere ich hier die ganze Zeit eine musikalische Reise durch das Leben von Schlagersänger Semio Rossi. Spätestens als ich mich, ebenfalls entgegen meinen sonstigen Gewohnheiten, am nächsten Tag beinahe auf die Telefonakquise einer windigen Glücksspiel-Lotterie einlasse, wird mir klar:

Mich hat es übel erwischt.

Ich versuche es mit Kundalini-Yoga, in dem ich mal das linke, mal das rechte Nasenloch beim Atmen zuhalte. So kann man angeblich für mehr weibliche oder männliche Energie im Körper sorgen und sich so beruhigen oder aufbauen, ganz, wie man will. Aber selbst meine Chakren schalten auf Durchzug. Kein Wunder, denn falls diese Konzeptparallele kein Zufall ist, hätte ich so ein Vorgehen jedenfalls nicht von dieser Person erwartet. Natürlich kenne ich den Spruch: »Wenn das Leben dir Zitronen gibt, mach Limonade daraus«, und unterschreibe den auch. Aber was um alles in der Welt macht man mit faulen Früchtchen?

Einen Tag später versucht mich eine Freundin aus dem Loch herauszuholen. Sie will mich ablenken. Also schleppt sie mich notdürftig aufgepäppelt in ein Konzert unserer Lieblingsband. Dennoch bekomme ich nur die Hälfte davon mit. Stecke noch immer in Gedanken an eventuelle Probleme für meine Veranstaltung und an einen möglichen menschlichen Verrat. »Komm«, hakt mich meine Freundin schunkelnd unter, »falls es so ist, wie du vermutest, dann lass der Person nicht noch die Genugtuung und Macht, dass du nicht mehr aufhören kannst, an sie zu denken!« Ich liebe diese Freundin. In einem Punkt kippt meine Bewunderung für sie manchmal sogar in Neid um, obwohl mir diese Eigenschaft sonst eher fremd ist. Doch immer dann im Leben, wenn man sein eigener Ritter sein muss und es ratsam ist, das Schwert zu ziehen, dann gelingt es ihr besonders schnell. Unbeeindruckt schlägt sie sofort zurück, anstatt sich erst noch zu fragen, warum sie sich unter Umständen in einem Menschen geirrt hat. Sich zu schnell zu öffnen, das würde ihr ohnehin nicht passieren. An der Stelle, wo mein Herz hin und wieder aus Butter besteht, besitzt ihres eine vernünftige Schicht

Sandpapier. Also sage ich »Ja, du hast recht« und versuche mich auf den Abend einzulassen. Vergesse den Ärger für einige Zeit. Das Licht im Stadion, die glücklichen Menschen um mich herum, die Luftschlangen und Ballons, die über unseren Köpfen tanzen – all das verschafft mir irgendwann das Gefühl, wieder durchatmen zu können. »Ach«, sage ich beim Finale zu meiner Freundin, »schade, dass es schon vorbei ist!« Sie nickt und knuddelt mich noch einmal. Diese Pause war so schön, denke ich, dass ich gar nicht zurück nach Hause, in meinen Alltag, möchte. Ein lautes Bühnenfeuerwerk, noch mal eine Ladung Flitter und Konfetti. Dann ein wichtiger nächster Gedanke:

Was für ein Quatsch, Peggy!

Auch dieser sogenannte Alltag ist mein Leben. Jeder einzelne Moment davon, und keinen lasse ich mir künftig mehr so madig machen, dass ich ihn am liebsten abkoppeln will.

Der Weg zum Erfolg ist eben auch mit Prüfsteinen gepflastert. Wo bleibt sonst der Suspense, wie die Filmleute gern sagen, das Spannungsmoment? Unter Druck entstehen schließlich Diamanten und echte Perlen nach einem Schmerz. Ich überlege. Offensichtlich lautet die letzte Geheimzutat zum Glück in meinem Fall »Locker machen!«, und genau das musste mir noch einmal klarwerden. »Good bless you!«, ruft in dem Moment der Sänger meiner Lieblingsband ins Publikum. Dann ein allerletzter Bühnenböller und meine erneute Entscheidung. Schon mindestens zweimal in letzter Zeit getroffen. Jetzt aber für immer:

Meine Ideen, Konzepte, Geschichten, Sendungsthemen oder all die anderen Dinge, die mir künftig noch einfallen, werden allesamt toll! Mit oder ohne Wadenbeißern oder faulen Früchtchen. Sie werden einzigartig, denn sie sind von mir gemacht und von keinem anderen und schon allein deshalb nicht zu kopieren.

Mit Konsequenz schaffst du es an die Spitze

so wie Peter Maria Schnurr, als sein Gourmet-Restaurant
das beste Ostdeutschlands wurde

Zwei Tage später sitze ich auf Einladung von Bekannten in einem der höchstgelegenen Restaurants des Landes, dem mit zwei Michelin-Sternen ausgezeichneten Restaurant FALCO in der 27. Etage des Leipziger Westin-Hotels. Der Chef, Peter Maria Schnurr, begrüßt uns persönlich. Erst kürzlich wurde er vom Restaurantführer Gault & Millau zum Koch des Jahres gekürt, wobei er selbst den Titel stets anders formuliert. Er sagt dann: »Wir sind Koch des Jahres«, denn allein könne er so etwas nicht schaffen. Er sei lediglich der Impulsgeber für ein Endergebnis. Ich hatte zuvor einiges über ihn gehört. Sachen wie: Man müsse unbedingt hier gegessen haben, denn die Küche sei ein Erlebnis – letztlich aber on top zu dem, was den Chef als Typ ausmache. Ich schaue mich im Raum und auf den Tellern der Nebentische um. Mein Blick fällt auf ungewöhnliche Dekorationen und »Produkt-Allianzen«, wie es Fachleute ausdrücken würden, und ich staune über die Energie des Mannes, der vor uns steht. Peter Maria Schnurr wirkt wie ein Vulkan, scheint die Kraft für drei zu haben und ist auch Ideengeber jeder Marketingaktion und Veranstaltung seines Restaurants. Dafür braucht er keine Werbeagentur. Er erzählt mir von seinen Anfängen als Koch und seinen Visionen. Die nächste befindet sich noch eine Etage höher. Direkt über uns, auf dem Dach des Hotels, denn er plant eine Skybar, und schließlich darf ich auch in den Backstage-Bereich seines Reiches. In die Küche des FALCO. Aufgeräumt und sauber wie im Operationssaal der Herzchirurgie. Auf den Küchenfliesen überall Autogramme von Gästen und Freunden. Mal unterschrieben von Neo Rauch, mal von George Clooney. Irgendwann reichten die Fliesen in der Küche nicht mehr aus. Also wurden kurzerhand auch die Wände des Flurs davor zur Erinnerungsmeile erklärt. Einige Schritte weiter, kurz vor den ersten Gästetischen, die lebensgroße Figur des Motorrad-Stuntfahrers Johnny Blaze aus dem Film *Ghost Rider* mit Nicolas Cage. Mindestens auch 1,88 Meter groß, in einem roten Lackanzug und auf dem Kopf ein Helm. »Eine Leihgabe des amerikanischen Künstlers Brandon Vickerd«, erzählt mir unser Gastgeber, während er sich neben den originellen Freund stellt und ihn umarmt. »Brothers von another Mothers«, kommentiere ich, und Peter lacht. »Ja, eigentlich ist das hier nämlich das totale Punk-Restaurant«. Dann frage ich ihn nach seinem Credo im Leben. Seine Antwort kommt schnell. »Wer viel nach links, rechts oder nach hinten schaut, kommt ins Straucheln. Mehr nach vorn gucken, darauf kommt es an, und ich sage mir auch immer: Wenn die meisten Leuten links stehen, dann gehe ich nach rechts, und auf dem Weg nach rechts muss ich mir dann überlegen, was ich dort tue. Aber der linke Weg ist blockiert, weil da nämlich schon hundert andere Affen stehen.« Jetzt lachen wir alle ganz laut. Dieser Mann ist offensichtlich nicht nur Koch, sondern auch Entertainer. Ich überlege. Ein Kochbuch hat er ja schon herausgebracht. Aber warum hat er eigentlich noch keine eigene Fernsehsendung? In jedem Fall muss er auf meine Liste mit Menschen, mit denen ich mich ausführlich unterhalten möchte! In meinem Notizbuch ist ja noch Platz, und jeder, der Peter Maria Schnurr mit seiner Mannschaft hier oben, kurz vor den Wolken, besucht, wird feststellen: Auch an diesem Ort wird der Horizont verschoben, und zwar täglich.

Als ich zwei Stunden später aufbreche, habe ich einen Termin für ein längeres Gespräch mit dem FALCO-Chef ausgemacht und notiere einen Tipp, den ich bereits aus dem Kennenlernen mitnehme:

Peter Maria Schnurrs Tipp
Wenn alle links stehen, gehe rechts entlang. Irritiere und mach DEIN Ding. Gib immer alles. Bleib aber trotzdem cool. Hundert Prozent schafft niemand. Schon fünfundneunzig wären genial.

Ja, denke ich auf dem Heimweg, wichtiger Punkt für die Zukunft:

Wo setze ich mich immer noch unter falschen Druck und verlange unmögliche einhundertzwanzig Prozent Leistung von mir?

Ein paar Tage später macht mir eine Freundin das größte Geschenk, das sie mir in der Phase meiner Projektfertigstellung machen kann.

Sie muss für einige Zeit verreisen und bringt mir ihre Katze zur Pflege. Coco, eine British Kurzhaar mit einem Schuss Scottish Fold, kleinen Knickohren und einem so glänzenden, kuschligen Fell, dass man die Kleine prompt mit einem Edelnerz verwechseln könnte, sobald man sie sich im Spiel um die Schultern legen würde. Da ich ein eingefleischtes Stadtkind bin und noch nie ein Tier im Haushalt hatte, bin ich gespannt, wie ich damit klarkomme. Schönes Experiment. Also stelle ich regelmäßig Milchschälchen auf, hole extra zarte Scheiben vom Rind beim Fleischer um die Ecke, samstags auch mal Lachs oder Thunfisch, und bereits nach kurzer Zeit spreche ich in meinen vier Wänden so, als hätte ich wieder ein Baby im Haus:

»Na komm, meine Kleine, jetzt gibt es erst einmal etwas Leckeres zu essen, und dann ruhen wir zwei Hübschen uns aus …

Na komm, wo ist der Ball? ... Fang ihn! Klar macht das müde ... Komm, meine Hasenmaus, kuschle dich ein ... ich pass inzwischen auf ... Ja, so ist es fein!«

So geht es nun den ganzen Tag. Vor lauter Muttergefühlen nenne ich das Gastkätzchen meist »Hase« oder »Maus«, und mein Schreibtisch im Arbeitszimmer sieht mich eher selten. Derzeit ist es spannender, Coco bei ihren Tagesbeschäftigungen zuzusehen. Essen, spielen, räkeln, Körperhygiene, Käfer beobachten, Fliegen fangen, Seifenblasen durch die Gegend schubsen, dem eigenen Schwänzchen hinterherjagen, wieder essen, träumen. Sich nur nach Dingen umschauen, die Spaß machen! Ja, so ein Tier hat es gut, denke ich dabei. Ständig ist es im Hier und Jetzt, und es wertet nicht. Am meisten mag ich ihr Schnurren. Wenn ich dabei nah an ihrem Körper liege, erinnert mich der monotone, tiefe Brummton an einen Helikopter, der gerade abheben will, und überhaupt scheint mich weniger aufzuregen, seit Coco bei uns wohnt. Wenn mich jemand anruft, um mich spontan aus dem Haus zu locken, überlege ich mir das nun dreimal, und wenn ich es tue, dann halte ich es nicht so lange aus wie früher. Muss schließlich zurück nach Hause. Die Kleine wartet. Braucht Futter oder Streicheleinheiten. Eine Katze ist schließlich auch nur ein Mensch, und auch ich habe Sehnsucht. Schon nach der ersten Woche beginne ich die Tage zu zählen, da ich die Kleine wieder hergeben muss, und auch Coco scheint es in ihrem Ferienheim gut zu gefallen. Als an einem Abend ein heftiges Gewitter aufkommt, verkriecht sie sich unter dem Schreibtisch und legt sich dort neben meine Füße. Von da aus kann sie das Herabperlen der dicken Tropfen am Fenster noch besser beobachten. Außerdem hat sie einen besonderen Draht zu meinem Jungen, und ich staune über seine plötzliche Ausdauer. Es herrscht stetiger Frieden im Haus. Vielleicht hätte ich mir viel eher eine Katze zulegen sollen?

»Wusstest du, dass das Schnurren von Katzen eine Frequenz

von fünfundzwanzig Hertz besitzt und damit gesundheitsfördernd ist?«, fragt mich meine Freundin später bei der Abholung. Nein, wusste ich nicht, habe ich aber erlebt. Mit Coco war plötzlich ein neuer Entspannungsfaktor in mein Leben gekommen, also muss auch der unbedingt auf meine Goodys-Liste. Die mit den Dingen, die mir guttun. Lustigerweise wieder etwas mit dem Anfangsbuchstaben »K«, denke ich und notiere im Inneren alle K-Faktoren, die inzwischen zusammengekommen sind:

Katzen, keine Termine, Kochen, Kamillentee, komplexer kleinbeeriger Wein mit schönem Körper und Kleid, Spaziergänge mit Zeit zum Kastaniensammeln oder Schaumbäder mit Kornblumenduft ...

»Du könntest dich nach der langen Reise auch erst noch ausschlafen«, schlage ich meiner Freundin vor, die mir irgendwie zu früh von der Dienstreise zurückkommt. »Ich würde dann noch eine Nacht auf die Kleine aufpassen und sie dir morgen vorbeibringen.« – »Nein, lass mal. Alles gut«, ruft sie eilig und trägt Coco nach draußen zu ihrem Auto. »Schade, dass Katzen nicht in den Kopierer passen«, rufe ich noch fröhlich hinterher. »Von der Kleinen hätte ich dann gern eine Kopie!« In meiner Brust aber, aua, macht es ganz laut knacks. Meinen Job als Katzen-Patentante hatte ich vorbildlich gemacht. Nur leider hatte ich etwas anderes unterschätzt. Nämlich die Möglichkeit, dass ich mich so heftig verliebe.

Noch ein Mauzen von Coco, als sie meine Freundin auf den Rücksitz bugsiert und auch ein leises von mir.

Tschüs, meine Kleine ...

Noch Tage später schaue ich beim Arbeiten immer mal unter den Schreibtisch.

Niemand, der neben meinen Füßen hockt und darauf wartet, dass ich eine Pause einlege. Manchmal drehe ich mich mitten im Schreiben um, weil ich meine, hinter mir einen kleinen Helikopter abheben zu hören. Aber nichts. Niemand, der auf der ersten Stufe unserer Wohnungstreppe liegt. »Ach, Coco«, seufze ich beim Weitertippen und atme gleich noch ein zweites Mal schwer hinterher. Da erscheint oben rechts auf meinem Bildschirm die Vorschau einer eingegangenen E-Mail. Rasch lese ich Absender und Betreff. Juhu, denke ich, eine Bekannte von mir mit dem Hinweis auf das nächste Konzert mit Udo Lindenberg in meiner Stadt. Mit einem meiner größten Neustart-Helden. Dem Altmeister des »sich immer wieder neu Erfindens«. Ich schaue auf die Karte mit einem lustigen Udo-Spruch, die gegenüber an der Pinnwand hängt. »*Realität ist eine Illusion, die sich aus Mangel an Drinks einstellt*«, steht darauf. Stammt wahrscheinlich noch aus seiner Eierlikörphase. In jedem Fall freue ich mich. Zu dem Konzert muss ich unbedingt hin.

Also ein zweites »Juhu« und ein letztes »Ach, Coco«, denn hinter dem Horizont geht's weiter.

Kurz bevor ich meine neuen Projekte abschließen werde und mein Sohn ausziehen wird, beschließen wir eine letzte gemeinsame Fahrt.

Nur drei, vier Tage Mutter und Sohn noch einmal an ihrem Lieblingsort am Meer. Mal ein gemeinsamer Strandspaziergang und gemeinsam essen. Dann macht wieder jeder seins. Am ersten Morgen besuche ich die kleine Schifferkirche, die auch genauso aussieht. So wie ein Boot. Es ist Gottesdienst, und ich bleibe gern da. »Im Loslassen liegt das Leben«, sagt der Pfarrer zum Abschluss. Ich atme tief ein und schaue mich um. Über den Sitzreihen hängen, passend zur Kirche, vier kleine Schiffsmodelle. Jedes mit anderem Namenszug. Ich drehe den Kopf zur Seite und versuche zu entziffern, was an den Modellen über meinen Sitznachbarn steht. Ich lese: »Frieden, Glaube, Hoffnung«. Schön, denke ich und verdrehe mich so, dass ich auch das Wort an dem Schiff über mir lesen kann. Dort steht »Liebe«, und ich freue mich über den Zufall, mit dem ich vorhin den Sitzplatz gewählt habe.

Von der Kirche schlendere ich hinüber zum Meer. Sitze lange im Strandkorb und mache jede Menge Erinnerungsfotos. Heute mal nicht mit dem Handy. Sondern so, wie es damals Gregor Meyle am Ende seines Konzertes vorgeschlagen hatte. »Die besten Erinnerungen im Leben«, sagte er, »hat man ohnehin im Kopf«, und er hat recht. Wir sammeln Tonnen von Selfies und verlernen in dem Moment zu staunen, in denen die Dinge passieren. Also nehme ich meine Finger und halte sie vor die Augen, bis ich den perfekten Ausschnitt erwische. Dann imitiere ich das Geräusch fürs Abdrücken und speichere das Foto ab. Direkt in mir, für immer. Mein Blick bleibt an den Wellen hängen. Wo sie enden, ist bekannt. Doch wo beginnen sie eigentlich, überlege ich und suche ihren Anfang in der Ferne. Ich spiele mit den nassen Sandklumpen zwischen den Füßen und lasse mir noch mindestens eine Stunde lang den Wind um die Nase wehen. Er riecht nach Algen.

Am nächsten Tag macht das Wetter meinem Jungen und mir einen Strich durch die Rechnung. Es regnet ohne Unterlass. Zum Abend bricht der Himmel aber doch noch mal auf. Am Rand des Meeres zeigt sich ein Abendlicht, mit dem heute niemand mehr gerechnet hätte, und genauso verhalten sich auch die Gäste des Restaurants, in dem wir zu dem Zeitpunkt sitzen. Einige lassen ihr Essen kalt werden und starren aus dem Fenster. Andere rufen den Kellner herbei, zahlen und eilen nach draußen, um Fotos mit dem Handy zu machen. Auch ich drücke meinem Jungen das Telefon in die Hand und schicke ihn mit demselben Auftrag als Vorhut vor die Tür. Will mich inzwischen um die Rechnung kümmern. »Was soll ich denn machen?«, fragt mein Sohn noch einmal nach, und ich habe Bange, dass er gleich die besten Momente verpasst. »Schnapp dir deine Jacke und dann raus mit dir!« – »Und wohin?«, fragt er ein zweites Mal. »Na, am besten dorthin, wo dir niemand im Licht herumsteht«, erteile ich zügig Antwort. Höchstwahrscheinlich einer der kürzesten und besten Lebenstipps, die ich meinem Kind überhaupt jemals gab. Müsste dann eigentlich mit in dieses Erinnerungsbuch für ihn. Er lacht und folgt dem Befehl. Einige Momente später pilgert unsere soeben neu zusammengefundene Touristengruppe »Reiseziel Sonnenuntergang« gemeinschaftlich hinüber zur Düne, und da stehen wir dann als große Fangemeinde. Manche von uns ständig am Fotografieren. Andere genießen das Schauspiel im Hier und Jetzt und starren in die dramatisch zusammengerollten Wolken, die mit jedem Augenblick lachsfarbener werden. Hinter uns ein Regenbogen, als Andenken an den nassgrauen Tag. Vor uns die untergehende Sonne als Rockstar. Da entdecke ich neben mir im Sand wieder eine schöne Muschel. Unbeschädigt und diesmal etwas größer als der Glücksbringer, den ich schon in der Tasche habe. Ich bücke mich und stecke auch den zweiten dazu. Dann schaue ich mich um. Auf den Balkonen und Terrassen der umliegenden Häuser haben sich weitere Schaulustige zusammengefunden, so als wäre gerade ein kostenloses Strandkonzert der Rolling Stones angekündigt worden. Herrliche Szene, denke ich. Wie sehr wir uns doch alle nach Licht sehnen! Schon nach einem einzigen Regentag.

Kaum, dass die Sonne vollständig im Meer verschwindet, gehen alle wieder nach Hause. Wie auf Kommando. Doch jeder geht mit einem Lächeln. Glücklich über das unerwartete Geschenk. Den Anblick eines perfekten Sonnenuntergangs!

Manchmal muss so einer ja viele Monde halten.

Ich pfeif' auf Plan B

Abgucken beim Altmeister des Sich-neu-Erfindens Udo Lindenberg

Eine Woche später stehe ich noch immer unter dem Eindruck von Udos Konzert in der Leipziger Arena. Auch »Hinterm Lebenswerk geht's weiter«, das hatte er wieder einmal bewiesen. So wie bei all den anderen Shows zuvor: Fliegende Ufos, illustre Gäste, eine riesige LED-Leinwand, er als Raketenmann – unterwegs sein als Lebensprinzip und sich immer wieder neu erfinden, dazu inspiriert er auch mich seit langem. Das erste Mal fasziniert von seinem Spirit war ich mit elf Jahren bei seinem Song »Wozu sind Kriege da«. Das erste Mal verliebt mit »Bis ans Ende der Welt« im Ohr. Den ersten schweren Liebeskummer und die erste heftige Trennung erlebte ich bei seinem »Goodbye Sailor«, und ein wichtiges berufliches Steuer herumgerissen habe ich während sein »Plan B« im Radio lief. Egal also, ob unser Leben in der Welt da draußen immer schneller wird, irgendwie ist dieser Mann tatsächlich stärker als die Zeit und mit Sicherheit nicht nur ständiger Begleiter in meiner Vita. Damit zählt er zu den wertvollen Inspiratoren auf meiner Liste und während ich diesen Gedanken fasse, lande ich bei meinem heutigen Gang durch den Sender vor einer Fotowand, die nun in unserem Foyer hängt. Genau vor der Momentaufnahme mit ihm auf der Bühne. Festgehalten von meinem Kollegen und Fotografen Werner G. Lengenfelder, versehen mit einem handsignierten Impuls, den Udo darauf hinterlassen hat. Ich lese:

Udos Gruß

»Never too old to Rock 'n' Roll and too old to die« –
»Weder für Rock 'n' Roll noch fürs Sterben sind wir zu
alt.«
»No Panic, Udo.«
Ja, genau so, denke ich und schicke ihm innerlich ein paar
Grüße aus Leipzig, der Stadt, in der die Linden wachsen.

TEIL III

Endlich wieder Rückenwind

Glück für Fortgeschrittene

Zurück am Steuer

Eine Woche später habe ich meine nächste Fernsehsendung am Rande einer großen Theateraufführung unter freiem Himmel.

Alles läuft toll. Darsteller, Interviewpartner, unser Team, alle sind freudig und hilfsbereit bei der Sache. Nur einer der Manager, mit denen wir zu tun haben, macht uns das Leben schwer. Am liebsten sei ihm, wenn man ihn bitte überhaupt nicht anspräche. Selbst mit einer besonderen Charme-Offensive ist hier nichts zu machen. »Unangenehmer, hartherziger Typ!«, schimpft einer aus dem Drehstab. »Den knacken wir nicht. Aber sieht er denn nicht, dass wir hier auch bloß unsere Arbeit machen wollen?«, ärgert er sich weiter, und wir alle schaukeln uns mit ihm hoch. »Aber vielleicht«, überlegt ein anderer aus unserem Team noch mal neu, »ist er ja auch gar nicht hartherzig. Sondern kann sich und seine Interessen bloß besser schützen als wir.« Alle lachen. Ich auch. Der vorgeschlagene Perspektivwechsel tut in der Hektik unseres Drehplans gut, und mir wird durch den Vorfall noch etwas anderes klar. Früher hätte ich in derselben Szene mit Sicherheit gedacht: Und ob ich den Typen knacken kann. Den krieg ich! So, wie ich früher immer alle Menschen »kriegen« wollte. Ganz besonders die Kühlen, Kontrollierten, Unnahbaren, Unfreundlichen. Die haben mich besonders gereizt. Lag wahrscheinlich auch nahe. Nicht nur aufgrund meines Charakters, sondern eben auch durch den vermittelnden Beruf, den ich schon sehr lange ausübe. Heute aber ist auch in dieser Hinsicht etwas anders. Ich mache mir keinen Stress. Bemühe mich nicht mit einer zweiten Charme-Offensive um Mister »Sprich mich nicht an«. Wer mich nicht mag, mag mich nicht, und was sich finden soll, das findet sich schon. Selbst auf der beruflichen Bühne.

Punkt.

Volle Kraft voraus – in ein Meer voller Möglichkeiten

In den nächsten Tagen geht es Schlag auf Schlag.

Ganz offensichtlich habe ich die fiese Lernkurve hinter mir. Die, die zunächst einmal ewig dauert, so wie man es von Trompetenschülern her kennt. Aber nun bin ich wohl in der Spur. Wähle auch für die restlichen Zimmer meiner Wohnung eine neue Wandfarbe und stelle fast überall die Möbel um. Außerdem entscheide ich mich für zwei neue Aus- und Weiterbildungen, die mir privat am Herzen liegen. Suche mir nach all den Jahren mal wieder einen guten Stimmtrainer und beschließe, eine private Weiterbildung zur ehrenamtlichen Seelsorgerin anzutreten. Denn auch das wurde mir in den vergangenen Monaten klar: Diese Sache mit dem Weitergeben von Kraft, Freude und Liebe meine ich ernst. Nicht nur in der Familie oder über den Beruf und durchaus ohne Geld. Wie es jemandem in einer Krise oder den Nachwehen eines noch nicht geheilten Schmerzes geht, habe ich ja erlebt. Sowohl durch die Geschichte einer kriegsgeschüttelten Generation, die Teil meiner eigenen Familiengeschichte ist, als auch durch meine eigene Erfahrung aus einer Zeit, in der ich meinte, dass mir das Glück durch die Finger bröselt und ich lediglich zuschauen kann. Jetzt will ich mir zusätzliches Wissen und Handwerkszeug holen, um auch andere dabei unterstützen zu können, ihr Lachen wiederzufinden. Habe schon ein, zwei Ideen für Krankenhäuser, Altersheime, Schulen oder Kinderstationen im Kopf, wo ich im Rahmen meiner Möglichkeiten ehrenamtlich mithelfen kann, genau das zu tun. Als ich am Tag meiner Anmeldung den Briefkasten öffne, finde ich die nächste gute Nachricht. Eine aus Flensburg.

Mein Führerschein ist zurück.

Also nehme ich zur nächsten Verabredung mit Hartmut, meinem Lieblingskollegen, auch gleich mal das Auto. Bin gutgelaunt und singe hinter dem Lenkrad. Beim Stopp an der nächsten Ampel erinnere ich mich an die Fahrt zu Sebastian Krumbiegel, denn wieder wundert sich der Fahrer im Nachbarauto über mich. Mache mir auch heute nichts draus und singe weiter.

»Und, wie läuft's mit deiner neuen Sendung?«, frage ich Hartmut später als Erstes. Er lacht. Aber nur mit dem Mund. Um die Augen herum wirkt er müde. »Du, die Quote stimmt, und die letzten Gäste waren wirklich klasse!« – »Ach schön«, sage ich mit ehrlicher Bewunderung. »Du bist ja auch unser Bester. Das habe ich dir immer gesagt!« Er nickt. »Ja, ich freue mich auch sehr darüber, wie sich jetzt alles entwickelt hat.« Er lässt eine Pause. »Nur Urlaub habe ich schon lange nicht mehr gemacht, und meine Frau findet das überhaupt nicht mehr lustig.« Ich will ihn aufmuntern. »Vielleicht findest du ja nach der ersten Staffel Zeit dafür!« Er nickt. »Ja, vielleicht.« Dann geht wieder ein Ruck durch ihn. »Und wie geht es dir? Was hast du denn nun eigentlich in deiner freien Zeit so getrieben?« Ich strahle. »Ach du, das war so wertvoll. Ich konnte für meine Familie da sein, habe tolle Leute kennengelernt, in mich reingehört, aufgetankt, geschrieben und«, jetzt mache ich eine dramaturgisch wichtige Pause, »stell dir vor, ich hatte eine Katze. Das war so herrlich!« Ich sprudle über vor Details von meinen Tagen mit Coco, und Hartmut kommt nicht mehr zu Wort. Irgendwann, als ich doch mal Luft holen muss, nutzt er seine Chance. »Du, aber wenn du jetzt auf die Katze kommst, dann wird das mit dem Mann nichts mehr, das weißt du schon, oder?«

Ich stutze. »Wie jetzt, was soll denn das mit dem Thema Männer zu tun haben?«, frage ich sichtlich aus dem Konzept gebracht. Hartmut bleibt in dem Punkt völlig klar. »Na, weil die meisten Männer nun mal keine Katzen mögen. Wir Kerle sind Hundetypen. Du weißt schon. Die Art Haustier, mit dem man raufen, jagen und einsam in den Wald gehen kann, und außerdem finden wir es ziemlich fraglich, wenn sich ein gestandenes Mädchen plötzlich eine Katze zulegt.« – »Wie jetzt, fraglich?«, hake ich nach. Hartmuts Gesichtsausdruck zeigt, dass er nicht weiß, wie er mir das schonend beibringen soll. »Nun, sagen wir mal so. Wenn eine Frau über vierzig bereit ist, eine Katze als WG-Partnerin zu erwählen, dann bleibt für uns Männer ja nicht mehr viel Platz. Deshalb denken wir dann, die Frau hat mit unserer Gattung abgeschlossen.« Hartmut überlegt noch mal. »Gut, sagen wir mal, eine Katze wird mindestens zwölf Jahre alt, dann müsstest du demnach mit etwa zwei Exemplaren bis zur Rente kommen. – »So ein Käse!«, kommentiere ich seine Herleitung. Später, auf dem Heimweg, brüte ich aber doch noch eine Weile über seiner Erklärung. Schließlich ist er ein Mann. Er müsste es ja wissen. Sollte ich den Besichtigungstermin bei der Züchterin nächste Woche vielleicht lieber absagen? »Käse«, sage ich noch einmal laut zu mir selbst. »Und sorry, Hartmut! Katzen und Kerle passen prima zusammen. Fangen schließlich beide mit K an.«

Auf die erste Auffrischungsstunde bei meinem Stimmtrainer bin ich sehr gespannt.

Sein Händedruck ist fest und das Studio, in dem die Unterweisungen stattfinden, sehr aufgeräumt. Er wirkt streng, so wie diese angsteinflößenden Professoren in Prüfungskommissionen. Aber ich beschließe, auch diesem Experiment eine Chance zu geben. »Warum trennen Sie denn Ihre berufliche Stimme, also die für Mikrophon und Bühne, momentan von Ihrer privaten?«, will

Herr Professor von mir wissen. Gleich mit seiner ersten Frage an mich, nach zwei, drei kurzen Sprechübungen zum Kennenlernen, trifft er den Nagel auf den Kopf. Um es so auf den Punkt zu bringen, hatte ich selbst nun viele Monate benötigt. »Ihre professionelle Stimme klingt fest und hell. Die private zurückgenommen und nachdenklich. Warum machen Sie diese Trennung?« Ich denke nach. War ja schon immer ein Mensch der Gegensätze. Wie auch immer, die Trennung ist Mist! Da hat Herr Professor absolut recht. »Also dann«, kommt sofort seine Anweisung, »jetzt mal die Füße fest auf den Boden und tief einatmen, aber bitte durch die Nase und ohne Geräusche. Jedes Einatmen, das Geräusche verursacht, ist falsch, und wenn wir im Leben die Füße nicht auf dem Boden haben, dann erreichen wir auch nichts. Egal, bei welchem Thema. Ein fester Stand ist das A und O eines jeden Erfolgs. Das gilt für Bäume, Häuser und Menschen, und daran wird sich nie etwas ändern.« Dabei bittet er mich, eine Hand auf mein Zwerchfell zu legen, die andere aufs Steißbein, und schon verkündet er das Kommando zum Einatmen.

Herrlich, denke ich, jemand, der mich zwingt, meine Gegensätze zu versöhnen. Die extrovertierte Seite muss sich dringend mit der introvertierten bekannt machen und dann würde ich, laut Herrn Professor, auch nie mehr mit zwei verschiedenen Stimmen sprechen. »Warum fühle ich mich denn in der Nähe von Bühne oder Mikrophon so viel wohler als in meiner privaten Welt?«, traue ich mich schließlich eine Nachfrage an den Experten zu stellen. Der lächelt und wird nun auch etwas zutraulicher. »Ja, das kenne ich gut«, sagt er. »Auch von mir, und das Phänomen ist wirklich keine Seltenheit. Auf der Bühne wissen wir Menschen nämlich immer, wie die Dinge für uns ausgehen. Das gibt uns Sicherheit. Im Privaten weiß man das allerdings nie, nicht wahr?« Ich überlege. »Dann hat das also auch beim Sprechen oder Singen mit dem Wunsch nach Kontrolle zu tun?« Wieder ein erfahrenes Lächeln auf der anderen Seite. »Oh, Kontrolle ist ein sehr negatives Wort, und das Negative verbannen wir bitte gleich aus unserem Trainingsraum! Sagen wir bitte stattdessen eher: Da droht uns nicht so viel Gefahr. Aber lassen Sie uns fürs Erste an ihrem festen Unterkiefer arbeiten. Der muss wirklich lockerer werden!« Ich mache große Augen. »Keine Bange, auch das ist nichts Seltenes«, beruhigt mich mein Trainer sofort. »Das hat bei den meisten von uns mit den Lebensumständen zu tun. Zu viel Ballast, Kummer, Pflichten, eben zu viele Fragen, die auf uns lasten und zu wenige Schaukelstuhl-Momente. Ganz besonders bei starken Frauen, und irgendwann verkrampft dann die Muskulatur.« – »Wow«, entfährt es mir, »das ist sehr philosophisch.« Mein Trainer zuckt mit den Schultern. »Nein, nicht besonders. Eher eine praktische Angelegenheit, und nun üben Sie bitte das langsamere Atmen und das Lockerwerden. Mindestens fünf Minuten am Tag.« – »Nur fünf Minuten?«, frage ich zurück. Mein Trainer nickt. »Ja, nur fünf Minuten. Aber in der kurzen Zeit müssen Sie innerlich zu einhundert Prozent anwesend sein! Keine Ablenkungen, Sorgen oder Gedanken an dies und das. Seien Sie bitte ganz bei sich und immer schön die Füße auf den Boden!«

Als ich später nach Hause gehe, habe ich das Gefühl, über dem Boden zu schweben.

Der Trainer war streng, aber gut, und spannend war es zu erfahren, wie sich die ganze Last und Ungeduld des Alltags sofort auf die Atmung legt. In Zukunft werde ich das beachten! Ich hole die Post aus dem Briefkasten und schwebe mit dem Fahrstuhl weiter nach oben in meine Wohnung. Ob ich gleich noch mal eine dieser Übungen mache? In Gedanken öffne ich einen der eingegangenen Briefe und überfliege ihn kurz. Wusch, Peng, Absturz. Ich lese die Zeilen der Hausverwaltung noch einmal von oben bis unten. Die Ankündigung einer Mieterhöhung, und sofort bin ich wieder im Schnappatmungs-Modus.

Katastrophe!

Stopp, höre ich Herrn Professor in meinem Kopf zu mir sagen: Katastrophe ist ein viel zu negatives Wort. Ein weiteres Mal will ich das hier in meinem Trainingsraum nicht hören. Also bitte los: Eine Hand aufs Zwerchfell und die andere an den Steiß. Arschlöcher und Katastrophen, solche Wörter nehmen wir ab heute nicht mehr in den Mund. Letztlich ist das nur das ganz normale Leben, und wie wird das bewältigt? Genau, durch Übung. Also dann, auf mein Kommando: Atmen, atmen, atmen, und wenn ich bitten darf, mit Ruhe ...

»Und dein Sohn zieht in Kürze aus?«, fragt mich meine Freundin am nächsten Wochenende.

Ich nicke. »Wie geht es dir denn damit?«, hakt sie nach. Ich überlege. »Ich glaube, es wird nicht so schlimm, wie ich früher immer dachte. Wahrscheinlich, weil unsere letzte gemeinsame Zeit wieder so schön war und ich ein gutes Gefühl für uns beide habe! Schau mal ...« Ich ziehe eine Schachtel aus der Tasche. »Den habe ich ihm vorhin als Glücksbringer besorgt.« Meine Freundin packt aus und hält eine kleine Holzdose in der Hand, darin einen Kompass mit goldener Gravur. Sie liest »So you'll always know where you are and where home is.« – »So weißt du immer, wo du bist und wo deine Heimat ist.« Sie ist gerührt. »Ach, das ist eine schöne Idee. Der wird ihm bestimmt Glück bringen.« Ich nicke. »Ja, vor allem der letzte kleine Urlaub mit ihm, diese Tage am Meer«, ich seufze, »die waren herrlich!« Mein Blick geht in die Ferne. »Du kennst doch dieses Gefühl, das man bei Heim- und beim Fernweh hat? Wenn ich nach solchen Tagen von der Küste zurück in die überfüllte Stadt komme, habe ich gleich wieder Meerweh.« Meine Freundin lacht und will noch mal die Details wissen. »Was habt ihr denn so gemacht?«, fragt sie. »Ach du«, sage ich »einfach keinen Stress. Wir haben uns gut verstanden, und auch mit diesem letzten Abend hatten wir so viel Glück! Wir haben in einem Restaurant zu Abend gegessen und dann am Strand in der ersten Reihe einen dieser unglaublichen Sonnenuntergänge verfolgt. Das war so eine Stunde, in der sich sämtliche Gesichtszüge entspannen, weil einfach alles stimmt. Wir aßen frisch gegrilltes Gemüse und ein Rinderfilet, das nach seiner 24-stündigen Garzeit im Mund zerfiel. Ein Geschmack, bei dem man meinte, Sex mit einem Stück Fleisch zu haben.« Meine Freundin kichert. »Das hätte ich auch gern erlebt!« – »Ja«, sage ich, »der Abend war jedenfalls perfekt. Wir kauten, schwiegen und waren glücklich. Die Aufregung der vergangenen Monate war plötzlich gelöscht. Und später lag die Abendsonne als Goldklumpen vor uns im Meer, und wir hatten Zeit, ihm gemeinsam beim Versinken zuzusehen.« Meine Freundin hat mittlerweile ihren Kopf in die Hand gelegt und stellt sich die Szene genau vor. »Warum kann man sein Leben zu Hause eigentlich nicht immer wie einen Tag am Meer leben?«, sagt sie schließlich. »Auf alle Fälle freue ich mich für euch! Gerade nach der letzten Zeit mit dieser Krankheit und der ganzen Aufregung um deine Eltern.« Sie lehnt sich zurück und nimmt einen Schluck Wein. »Aber so wie du es beschreibst, klingt eure Idylle wie in einem Rosamunde-Pilcher-Roman.« Ich nicke. »Genau das habe ich auch gedacht, als sich das Abendlicht an einigen Stellen des Himmels brach, heillos kitschig.« Meine Freundin wird nachdenklich: »Ja, manchmal ist das Leben kitschiger als jeder Roman. Aber genau da müssen wir zupacken und den Kitsch für uns konservieren. Wer weiß, wann die nächste Lieferung kommt.«

Mit einem Mal wird mir klar, dass ich am Ende der Liste mit den Menschen, die ich unbedingt sprechen wollte, angelangt bin.

In nächster Zeit wird es kein Treffen mehr geben. Dabei werde ich richtig traurig, denn das alles hat so viel Spaß gemacht. Seltsam, korrigiere ich mich gleich im nächsten Moment: Warum trauert man überhaupt, sobald etwas Schönes vorbeigeht, anstatt sich zu freuen, dass man es hatte? Vieles von dem, was mir die Macher aus ihrem Leben erzählt haben, wird mich in meinem Leben weiter begleiten. Außerdem sind unter den 25 neue Freunde, und mir ist aufgefallen, wie viele »Leuchttürme« auch gleich nebenan wohnen. Menschen, die einem an einem schlechten Tag guttun. Diese eine Verkäuferin aus dem Supermarkt zum Beispiel, meine neuen Freunde aus der Seelsorgeausbildung oder unser Postbote. Egal wie es ihnen selbst geht, ob das Gewicht stimmt, die Ehe, das Gehalt, sie sind herzlich und hilfsbereit und lächeln die Menschen, mit denen sie gerade zu tun haben, an. Sie tun es auf eine Weise, bei der man spürt, dass sie das mit der Kürze und Würze des Lebens verstanden haben, und so geben sie auch anderen Kraft für den Tag. Nur durch eine kleine Begegnung.

Ich denke an diese plötzlich auftauchende Welle mit Zufällen und Hilfe von außen, die einen vorwärtsträgt, sobald man eine klare Entscheidung getroffen hat. Das hatte ich in den vergangenen Monaten erlebt, und am Ende war das mit dem eigenen Aufbruch so ähnlich, wie es viele Ethnologen bei Reisen in fremde Länder beschreiben: »Man muss tief in andere Welten eintauchen«, behaupten sie, »um die eigene besser zu verstehen.« Auch für mich ging es auf meiner Reise nie ums Nachahmen. Sondern darum, Inspiratoren zu finden, die dieselbe Sprache sprechen, ihnen die richtigen Fragen zu stellen und mich wieder von einem Funken anstecken zu lassen, um die eigene Route fortzusetzen. So wie früher in meinen Zwanzigern und Dreißigern bei meinen Reisen über fünf Kontinente. Erst dort, in der Fremde, wurde mir klar, dass echte Abenteuer nicht unbedingt mit dem Entdecken neuer Landschaften zu tun haben. Sie zeigten sich eher dann, wenn ich anfing, Dinge mit anderen Augen zu sehen, und auch ein gutes Leben ist kein Ort, an dem ich irgendwann ankomme. Sondern der Blick, mit dem ich täglich auf meine Welt schaue. Ich trete an mein Regal. Das mit den Reiseführern von früher und meinen Lieblings-CDs und -Büchern daneben. Ich studiere die Namen der Musiker und Autoren, die mich inspiriert haben. Irgendwie, denke ich, haben meine Wege viel mit meinen Büchern gemeinsam. Da gibt es diese glatten, sauberen, beinah unbenutzten und die mit zahlreichen Kratzern und Markierungen. Doch überall ist es dasselbe. Egal, ob bei Büchern, Menschen oder unseren Plüschtieren aus Kindertagen:

Die mit den meisten Schrammen sind diejenigen, mit denen wir am intensivsten gelebt, gelitten und geliebt haben, und genau deshalb bedeuten sie uns später auch am meisten.

Unterwassersturm

Ein paar Tage später fällt mir beim Öffnen eines Schranks mein Lieblingsanhänger entgegen. Einer aus Achatstein mit einer Maserung in Form eines Herzens. Nur fiel er so tief auf den harten Parkettboden, dass das Herz jetzt aus zwei Hälften besteht. Zerbrochen, genau in der Mitte, und ein früheres Geschenk von *ihm*. Der abergläubige Teil in mir weiß sofort Bescheid, und tatsächlich piept am selben Abend mein Handy.

Eine Nachricht von *ihm*. Extra öffnen brauche ich sie nicht. Sie ist so kurz, dass sie mit komplettem Wortlaut als Vorschau auf mein Display passt.

»Sorry, momentan schlecht. Hab' Stress!«

Das ist alles.

Oha, denke ich, so schreiben Erwachsene also nein. In meiner Brust wird es eng. Dann ordne ich meine Gedanken. Was mache ich mit so einer Ansage? Ist sie das Ende der Welt oder ihr Anfang? Soll ich mich entschließen, ihn eine neue Runde zu hassen, weil Wut nun mal einfacher ist als Trauer? Schon seltsam. Obwohl *ich* ihn damals verlassen habe, ist es jedes Mal *er*, der mein Herz mit sich mitnimmt.

Ich lese die Mitteilung ein zweites Mal, und meine Gedanken wandern zurück zum vergangenen Wochenende. Ich war mit Freunden im Varieté. Wir erlebten einen Artisten, der Phantasiewelten entstehen ließ, indem er aus Seifenwasser wunderschöne Blasen zauberte. Es war herrlich, ihnen beim Schweben zuzusehen und sich mit ihnen irgendwohin zu träumen. Doch so schnell wie Seifenblasen kommen, das weiß jedes Kind, platzen sie auch wieder. Also versuche ich mich zu erinnern. Wie geht noch mal loslassen? Annehmen, Perspektivwechsel, Geduld. Gut. Und konkret:

1. Den Segler-Trick nutzen. Also nicht gegen den Wind (das, was dir das Leben serviert), sondern mit ihm!
2. Den Scanner ausstellen, mit dem ich nach den falschen Dingen suche.
3. Meine Selbstliebe hochfahren, und zwar bis zum Anschlag.
4. Mich an neue Orte begeben und mich dort gut umschauen.

Ein letztes Mal blicke ich auf die Nachricht und zähle nach. Gerade zu fünf Wörtern hatte es gereicht. Okay, denke ich, nur das, was wiederkommt, gehört einem wirklich. Also ruf an, wenn die Phase deines Lebens vorbei ist. Inzwischen wechsle ich nun auch bei diesem Thema die Fragetechnik: Ab heute lautet die Schlüsselfrage nicht mehr »Wer *war* meine große Liebe«, sondern »Wer *ist* es?« Dann drücke ich auf Löschen.

Ein paar Tage später nehme ich mir mal wieder die teuren Nordic-Walking-Stöcke und drehe ein paar Runden im Park.

Es ist windig. Schon nach wenigen Metern bemerke ich, wie das Rauschen, das durch die Baumkronen geht, anschwillt, und wieder einige Momente später überrascht mich ein Gewitter.

So heftig, dass ich mich nur mit Mühe unter den Schirm eines nahe gelegenen Freisitzes retten kann. Kaum dass ich ihn erreiche, steigt ein Gedanke in mir auf, der in seiner Klarheit ebenso heftig ist wie der Wolkenbruch über mir. Nein, ich hatte in den vergangenen Jahren keine Fehlentscheidungen getroffen! Weder beruflich noch privat. Zweifel, die ich hegte und die zu bestimmten Entscheidungen führten, hatten zum damaligen Zeitpunkt ihre Richtigkeit. Und nein, ich habe weder an bestimmten inneren Kämpfen meines Kindes Schuld noch am Verhalten gewisser Personen, die ich momentan nicht einzuschätzen weiß. Auch nicht am Verlauf von Dingen, die sich nicht so entwickeln, wie sich das mein Kopf zurechtlegt. In Wirklichkeit ist alles richtig, wie es ist, und ich kann zwei Dinge tun, um mein Glück auch künftig zu unterstützen. Erstens: Freudig und konsequent weiter am Training meines kreativen Muskels arbeiten, denn genau das ist er. Ein Muskel. Und zweitens kann ich mich selbst an jedem neuen Tag gut behandeln. Zum Beispiel mit Hilfe einer dieser Zutaten: zulassen, weglassen oder loslassen. Und Gottvertrauen. Sollte mir künftig eine Entscheidung besonders schwerfallen, werde ich einfach Gedankenreisen machen und mich fragen: Was wäre, wenn ich die Sache später als achtzigjährige Frau betrachte, und wie würde ich wählen, wenn ich keine Angst hätte?

So wie ich hier unter einem Schirm stehe, der der Heftigkeit des Regengusses nicht gewachsen ist und mir die Wasseransammlungen vom Rand des Stoffes regelmäßig über das Gesicht kippt, ist es, als würde mich die Regenfront vom letzten emotionalen Müll frei waschen, der immer noch an mir geklebt hatte. W. z. b. w., sage ich zu mir selbst, so dass mein alter Mathematiklehrer stolz auf mich wäre. Was zu beweisen war. Alles kommt so, wie es kommen soll, und alles ist gut.

Um das zu verstehen, braucht man eben manchmal noch einen Spaziergang mehr und eine Gewitterlänge Geduld.

»Hast du seit deinem Spruch auf seinem Anrufbeantworter und diesem zerbrochenen Herzanhänger eigentlich noch mal was von *ihm* gehört?«, fragt mich meine Freundin ein Wochenende später am Rande einer Veranstaltung.

Ich schüttle den Kopf und sage »Nein.« Eigentlich möchte ich sie nicht anlügen. Will ihr aber nichts mehr von der kurzen SMS erzählen. Würde nur meine neue Klarheit stören. Meine Freundin nimmt einen Schluck vom Prosecco. »Das kenne ich. Ist mir auch schon mal so gegangen. Noch gar nicht so lange her!« Sie lacht. »Gott, war ich hungrig nach ihm. So hungrig wie eine Pflanze nach Licht.« Ich bin neugierig. »Und, was hast du dann gemacht?« Sie erhebt ihr Glas zum Toast. »Na das, was man immer in solchen Situationen macht. Leiden, trinken, weiterleben!« Ich lache und proste ihr zu. »Weißt du«, sagt sie nach einer Weile, »manchmal beneide ich die Pinguin-Damen. Die haben es mit ihren Männern wesentlich leichter als wir.« Ich mache große Augen. »Warum?« Bevor sie weiterspricht, genießt es meine Freundin, mich gleich mit ihrem Spezialwissen überraschen zu können. »Na, die sind treuer und die vergessen ihre Mädels nicht so schnell.« Sie beugt sich weit über den Tisch. »Pinguin-Paare sind ja manchmal lange voneinander getrennt. Manchmal sogar Jahre oder Jahrzehnte. Aber sie erkennen sich gegenseitig immer wieder. Ganz egal, wie viel Zeit dazwischen vergangen ist, und weißt du, was sie tun, wenn sie sich wiederfinden?« Ich warte auf die Pointe, und meine Freundin präsentiert sie mit vollem Körpereinsatz: »Na, sie werfen ihre Köpfe zurück, wedeln wie wild mit den Flossen und schreien vor lauter Glück, so laut sie nur können. Uah, uah, uah!!!«

Ich bin begeistert. »Klasse«, sage ich, »sobald ich meinen Pinguin wiedergefunden habe, werde ich es genauso machen.« Ich ahme meine Freundin nach. »Kopf zurück und mit beiden Flossen wedeln: Uah, uah, uah, und zwar egal, wo ich zu dem Zeitpunkt gerade bin!« Meine Freundin kichert. »Gut, in ICE,

Bus oder Bahn oder auf einer offiziellen Party wie hier wäre das vielleicht etwas peinlich. Aber was soll's. Was muss, das muss!«

Land in Sicht

Der Countdown läuft. Sowohl der für die Manuskriptabgabe als auch für einen Event, den ich organisiere, und es steht eine nächste Fernsehaufzeichnung an.

Folglich brauche ich in diesen Tagen eine umwerfende Ausstrahlung!

Ich überlege. Gute Ausstrahlung, gute Ausstrahlung – in solchen Fällen steht der modernen Frau ja einiges an Hilfsmitteln zur Verfügung. Neben diversen Feuchtigkeitscremes mit dem Vermerk Anti-Aging bietet der Markt noch Hyaluron-Booster, Botox und Filler. Ich entscheide mich heute für eine weitere Unterspritzung des Selbstbewusstseins. Nehme mir das Notizbuch und schreibe auf eine neue Seite »Meine Erste-Hilfe-Liste mit sieben heilenden Aussagen«, frei nach dem Motto:

Stell dir vor, es ist so und nicht anders
1. Dass es keine Konkurrenz für meine aktuellen Ideen gibt, weil meine nur durch mich umgesetzt werden können.
2. Dass »etwas« (Zwischenfall A, B oder C) so sein muss, weil es einen guten Grund dafür gibt, den ich erst später erkenne.
3. Dass ich mir, trotz scheinbarem Zeitdruck, dennoch genügend Raum für eine Veränderung geben kann.

4. Dass neben Dingen, die nicht klappen, noch etwas Besseres auf mich wartet.
5. Dass ich den, der mich nicht unterstützt, auch nicht wirklich gebraucht habe.
6. Dass mich Zwischenfälle wie A, B oder C für etwas Bestimmtes schulen.
7. Dass ich meine Ziele freudig, locker und bedenkenlos anpacken kann, so wie damals als Kind.

Wenn ich mir in all diesen Punkten also vorstelle, die Dinge lägen tatsächlich so und nicht so, wie ich es bisher automatisch annehme, gibt das bestimmt einen tollen Effekt! Nämlich den, dass ich mich plötzlich wieder frei fühle. Also noch mal ganz fett mit dem Marker:

Die letzte Würze zum Erfolg
ist eine Prise Lockerheit.

Verbissenheit macht nichts als Falten.

Am Abend entdecke ich auf meinem Balkon ein Spinnennetz, in dem sich ein Marienkäfer verfangen hat, und beobachte, wie die Spinne ihr Abendbrot vorbereitet. Also stehe ich vor einer großen Entscheidung:

Den Kleinen retten, weil er mir leidtut, oder der Spinne den Lohn ihres harten Einsatzes lassen?

An sich, das ist mir klar, sollte man in die Abläufe der Natur nicht eingreifen. Es ist besser, allem, was geschieht, seinen natürlichen Lauf zu lassen. Dem Fluss des Lebens zu vertrauen, das hatte ich ja gerade erst in eigener Sache rekapituliert. »Sorry, Spinne«, sage ich schon im nächsten Moment und beginne, den

Kleinen aus ihrer Umklammerung zu pulen. Kein leichtes Unterfangen, da er offenbar schon länger in einem Gefängnis aus Fäden und Klebstoff festsitzt. Nun bin ich mir gar nicht mehr ganz sicher, ob er überhaupt noch lebt. Die Aktion also Sinn macht. Aber ich bleibe bei meinem Vorhaben. Greife weiter ins Schicksal ein. Befreie den Käfer Faden für Faden und zähle dabei seine Punkte. Es sind sieben an der Zahl. Kann mir als Retterin also später einen ähnlichen Gürtel sticken, wie es in diesem Märchen beschrieben wurde. *Sieben auf einen Streich!* Und ach, was für ein schöner Anblick, als der Kleine nach kurzer Verschnaufpause tatsächlich wieder die Flügel ausbreitet und eilig davonschwirrt. Mein Blick fällt wieder auf die Spinne. »Sorry«, wiederhole ich noch einmal. War keine faire Aktion. Bestimmt ist sie sauer.

Doch manchmal muss man als kleiner oder großer Kämpfer auch mal Glück haben, und dann geht's mit ein bisschen Nachhilfe zurück in die Freiheit.

In der darauffolgenden Nacht komme ich ungewöhnlich schnell zur Ruhe, und mein Traum trägt mich in eine vertraute Kulisse.

Ich erkenne den Strand wieder, an dem ich schon einmal den alten Darwin traf. Ich bücke mich und greife nach meiner Muschel. Diesmal, um etwas mit ihr in den Sand zu schreiben. Wähle eine Stelle, die nicht so schnell von der nächsten Welle überspült werden kann, und hole weit aus. Als ich fertig bin, trete ich einen Schritt zurück, um die Inschrift noch einmal im Ganzen zu lesen. »Das Leben ist schön«, steht dort in großen Lettern, und kaum, dass ich zu Ende gelesen habe, tippt mich jemand von der Seite an. »Hübsch«, sagt Darwin. Ich scheine von seiner Anwesenheit nicht sonderlich überrascht zu sein. »Demnach geht es dir gut?«, fragt er mich noch einmal direkt. Ich strahle ihn an. »O ja!«, sage ich. »So herrlich beschwingt, als würden meine Füße von einem dieser schnellen Laufbänder in einer Flughafenhalle vorwärtsgetragen werden!« Der Alte runzelt die Stirn. »Ich verstehe nicht«, sagt er. »Was um alles in der Welt sind laufende Bänder, und was meinst du mit einem fliegenden Hafen?« Selbst im Traum wird mir klar, dass mein Vergleich für einen Forscher aus dem 19. Jahrhundert ausgesprochen unpassend ist. Also versuche ich es anders. »Ach, lieber Darwin, stell dir mein Wohlgefühl am besten so vor, als würdest du an Deck eines großen Segelschiffes stehen. Der HMS Beagle von der Royal Navy zum Beispiel, und dann denk dir, sie läge richtig gut im Wind und gewinne zunehmend an Fahrt. Dort stehst du dann am Bug, die salzige Luft, die Sonne und einige Meeresspritzer im Gesicht, hast gerade eine Reise hinter dir, die ausgesprochen erfolgreich war, und nun freust du dich auf zu Hause. Ungefähr so fühle ich mich gerade.«

Der Alte lächelt und streicht sich zufrieden über den Bart. »O ja, das kenne ich. Mit der richtigen Ausbeute im Gepäck ist die Heimfahrt immer das Beste!«

Nein ist sexy

In den nächsten Wochen bin ich fleißig am Schreiben. Privat legt sich meine alte Schulbekanntschaft noch mal mächtig ins Zeug.

Nachrichten, Ausflugsangebote, Konzert- und Essenseinladungen. Ich mag ihn. Aber spätestens heute, nach unserem zweiten Restaurantbesuch mit erneut langen Monologen seinerseits wird mir klar: Ich bin nicht sein Typ. Das weiß er nur noch nicht. Er selbst würde mich vom Fleck weg heiraten, wie er gerade sagt. Steuerlich, so meint er, sei das auch das bessere Modell. Auf jeden Fall kommt sein »Ich liebe dich« unerwartet schnell. Bei der heutigen Verabschiedung fasst er sich ein Herz, streicht mir eine Haarsträhne aus der Stirn und serviert mir die

Botschaft ohne Vorwarnung. Vielleicht liegt es an seinem Sternzeichen. Stier, Aszendent Widder. Ich lasse mir eine Pause für die Reaktion. Immerhin hat mein Großhirn gerade ordentlich zu tun. In der ersten Millisekunde meldet sich mein altes Höflichkeitsgen. Außerdem überprüft es noch mal den Standpunkt dieser Kollegin. Den mit der positiven Wirkung auf den Teint ab vierzig hatte ich nun schon öfter gehört und mir gemerkt. Grundsätzlich ist auch nichts gegen diese Sichtweise einzuwenden. Eine weitere Millisekunde später meldet sich allerdings ein alternativer Gedanke. Zugegebenermaßen einer aus der Abteilung »Alte Muster«. Aber in diesem Fall scheint es mir angemessen, und so werde ich eine Ausnahme machen. Ich beschließe: Wenn sich auch sonst vieles in meiner Welt verändern darf, in diesem einen Punkt bleibe ich die Alte, und die hat zu so einem Angebot eine klare Haltung. Wenn ich eine Liebesbekundung aus rein medizinischen Gründen erwidern würde, wären das Fake News. Also nichts mit längerer Haltbarkeitsdauer. Ich trete einen Schritt zurück, entferne die Hand des Bekannten aus meinem Gesicht und verabschiede mich eindeutig. Mit einem Kopfschütteln und einem freundlichem »Es tut mir leid«.

Mag ich mich auch bei allen anderen Themen des Lebens neu erfinden, in dem Punkt nicht!

Ein »Ich liebe dich to go« ist keine Option.

Den Heimweg nehme ich durch den Park.

Neben dem Eingang parkt eins dieser Autos mit Werbebotschaft. Diesmal eins von einem Personaldienstleister mit dem Slogan »Dein Typ ist gefragt.« Ich lächle. »Na, mal schauen.« Dann nehme ich meinen Lieblingsweg. Irgendwann stoppe ich, denn in dem Moment steht die Abendsonne wie ein Scheinwerfer zwischen den Bäumen und entfaltet die volle Strahlkraft. Sobald ich die Augen zusammenkneife, schwillt das Glitzern an, und je nachdem, ob ich mit dem linken oder rechten Auge blinzle, tanzt der Lichtball hin und her. Bis er sich verfärbt. Aus dem Weißgold wird nun ein tiefes Rot, und irgendwann verschwindet er ganz hinter den Bäumen. Das letzte Licht des Tages kriecht über das Gras, und ich bin ohne Gedanken.

Ruhig, zufrieden und frei.

Flaschenpost

Am nächsten Tag erhalte ich überraschende Post.

Der Brief an mich selbst, den ich vor einem Jahr meinem Freund gegeben hatte und der ihn offenbar pünktlich wieder an mich abgeschickt hat, liegt in meinem Briefkasten. Wirklich ein besonderer Moment, als ich das Kuvert – von mir selbst frankiert und in meiner eigenen Schrift adressiert – in den Händen halte. Wie einen Schatz trage ich den Brief hinauf in die Wohnung und nehme mir einen bedeutungsvollen Moment der Ruhe, um ihn zu öffnen. Nicht oft bekommt man Post von sich selbst, und tatsächlich hatte ich über all die Monate vergessen, was genau ich mir damals geschrieben hatte. Ich bin neugierig.

»Meine liebe Peggy«, steht da, *»... was wir uns beide von Herzen für die zweite Lebenshälfte wünschen:*

1.) Wir schauen nach dem Schreiben dieses Briefes auf zwölf Monate zurück, die uns ordentlich in Bewegung gebracht und unsere Welt verändert haben.

2.) Wir tanzen und lachen wieder öfter und von ganzem Herzen.

3.) Wir sind unserem Kind die allerbeste, fröhlichste und gelassene Mutter, damit es sich zuversichtlich auf seinen Weg begeben kann.

4.) Wir haben selbst wieder Ziele und entscheiden klar.

5.) Wir tun das, was unseren Talenten entspricht, und wir lieben es.

6.) Wir machen uns bei unseren Träumen nicht von anderen abhän-

gig. Wir bleiben unsere eigene Autorität und agieren, anstatt zu reagieren.

7.) Wir achten auf regelmäßige Auszeiten.

8.) Wir öffnen uns für eine Partnerschaft, in der wir uns angekommen fühlen.

9.) Wir sind Freund, Mutmacher und Sonne für andere.

10.) Wir bleiben niemals nie stehen!

Lass Dich auch künftig vom Leben und all den schönen Zufällen unterwegs führen.

In Liebe, Deine Peggy

Ich bin berührt von den Zeilen.

Zwei Dinge gehen mir unter die Haut. Wie mitfühlend und liebevoll ich zu mir selbst sein kann, wenn ich es möchte, und wie klar ich meine Anliegen schon damals formulieren konnte. Außerdem stelle ich fest, und das ist das Beste, dass ich viele dieser Punkte bereits umgesetzt habe, und da, wo der Wunsch noch nicht Realität ist, befinde ich mich auf dem Weg.

Die Erkenntnis trifft mich wie ein Hammer.

Natürlich wäre es noch immer nicht erstrebenswert, morgen sterben zu müssen. Doch wenn es aus irgendwelchen Gründen so zu sein hätte, wäre es jetzt nicht mehr so schlimm wie noch vor einiger Zeit. Mittlerweile hatte ich tatsächlich mit Dingen begonnen, die mir noch am Herzen liegen, und egal, ob von diesen künftig jemand etwas hören, sehen oder lesen möchte, wie das mit dem Moderieren, Organisieren, Unterrichten, Lachen, Lieben weitergeht – diese Dinge stehen bei mir auf keiner »Man-müsste-mal-Liste« mehr. Ja, manche Erinnerungen schmecken später einmal süß und manche bitter. Bei den Bitteren handelt es sich häufig um verpasste Gelegenheiten. Ich aber habe schon vieles getan.

Ich lege den Brief in mein Notizbuch und male auf den nächsten freien Seiten die vier Stationen meiner Reise in den vergangenen Monaten auf. Alle Stufen, die mich von meinem Schmerz in ein verändertes Lebensgefühl führten. Als Überschrift schreibe ich:

»In vier Schritten zur eigenen Perle«
1. Annahme
2. Perspektivwechsel
3. Klarheit und Entwicklung
4. Reife

Denn genauso war es. Nach vier aufregenden Phasen verstehe ich den Nutzen all meiner Erfahrungen und Krisen auf dem bisherigen Weg. Ich streiche über den kleinen Glücksbringer auf dem Schreibtisch und notiere mir seine Erfolgszutaten, mit denen er mich die ganze Zeit über inspirierte. Im Kern dieselben, wie ich sie auch bei meinen Inspiratoren fand. Ich schreibe:

Die sieben Erfolgsgeheimnisse der Muschel
1. Sie weiß, dass echte Wunder innen entstehen. (Selbstverantwortung)
2. Sie nimmt an, was ist, und nutzt es zu ihren Gunsten. (Annahme / Perspektivwechsel)
3. Sie entscheidet zügig. (Mut)
4. Sie macht sich dabei nicht von anderen abhängig. (Selbstbewusstsein)
5. Sie hat Ausdauer beim Vollenden ihres Werkes und weiß, dass Erfahrung die besten Perlen hervorbringt. (Geduld)
6. Sie macht sich keine Sorgen. (Glaube)
7. Sie weiß, dass sie und ihr Schatz – die Perle – einzigartig sind. (Vertrauen)

Dann schließe ich die Augen und nehme mir ein paar Dinge für die nächste Zeit vor. Praktische Sachen, die mir guttun werden und helfen, mich nicht mehr im Alltag zu verlieren:

Ruhiger atmen. Shit schneller loslassen. Regelmäßig in die Natur gehen. Mir Rückenmassagen gönnen. Wieder öfter Musik hören. Mehr lachen. Nur lachen, wenn ich es auch will. Weniger geliebt werden müssen. Mir noch öfter erlauben, mich selbst zu lieben. Andere ermutigen und zum Lachen bringen. Danken, singen, vergeben, umarmen, vertrauen – mindestens einmal am Tag. Außerdem täglich ein Puzzleteil für die Realisation eines Herzenswunsches bewegen. Das mit der Geduld weiter üben. Nie, nie, niemals aufgeben. Erfolge wirklich genießen. Mir jeden Tag Zeit zum Träumen lassen. Vielleicht doch Katzenmutter werden und nicht nur Tante. Mir vor allem keinen Stress wegen dieser Vorsätze machen – und immer wieder:

Lachen, kochen, lesen, lieben!!!

Dann mache ich mich zurecht für den Abend. Auch der wird aufregend. Es wird ein Test. Eine kleine private Probelesung mit Freunden aus den ersten fertigen Kapiteln für mein Buch.

Der Mann aus den Bergen

Am nächsten Tag renne ich in der Mittagspause schnell zu diesem kleinen Café neben meinem Haus.

Ein Wrap und ein Smoothie to go und dann wieder zurück an die Arbeit. Auch diesmal geht es am schnellsten in diesem bequemen Survivaloutfit, und ich zwirble nur mal fix die Haare hoch. Keine Zeit für einen Kajalstrich oder sonstige Mätzchen dieser Art. Aber mit »schnell und fix« wird es trotzdem nichts. Die Schlange vor der Kasse ist lang und unübersichtlich. Der eine Kunde kommt von rechts, der andere von links. Jeder in so lockerem Abstand von der Theke, dass keiner mehr weiß, wer hier eigentlich zuerst dran ist. Also mache ich das, was sonst nicht meine Art ist. Ich stelle mich selbstbewusst in die Mitte, so provokant weit nach vorn, dass es bestimmt wie Vordrängeln wirkt. Aber Zeit ist Geld, und die anderen scheinen es ja nicht sonderlich eilig zu haben. »Ja, bitte?!«, sagt in dem Moment die Bedienung zu mir, und prompt bekomme ich doch ein schlechtes Gewissen. »Ich glaube«, räume ich ein, »der Herr hier rechts neben mir ist zuerst dran.« – »Nein, ich bitte Sie«, höre ich sofort einen Einwand von der Person neben mir, »schöne Frauen haben immer den Vortritt!« Was für eine Stimme, denke ich und drehe mich um, um den Mann, dem ich den Platz überlassen wollte, zu mustern. Irgendwie kommt er mir bekannt vor. Hat ein wenig Ähnlichkeit mit Dan Haggerty, dem Hauptdarsteller aus einer meiner Lieblingsserien in den Achtzigern, »Der Mann in den Bergen« mit dieser phantastischen Titelmusik »Maby« von Thom Pace. Der Held des Filmes hatte von der Zivilisation genug und lebte mit einem ausgewachsenen Grizzly als Freund in einer Blockhütte in der Wildnis. Er schlug sich sein eigenes Feuerholz, heilte Tiere und besaß diese unwiderstehlich blauen Augen. Nur, dass die Outdoorklamotten von dem wilden Kerl hier neben mir an der Kasse deutlich hochpreisiger sind, sein Bart gepflegter wirkt und er an der rechten Hand einen geschmackvollen Siegelring trägt. Gut, auch der Bär an seiner Seite fehlt. Aber der Rest ist genauso wie in meiner Achtzigerserie. Die Stimme, die Aura. Wow, ist mein zweiter Gedanke. Der dritte allerdings gleich wieder: Mist. Immer wenn es darauf ankommt, laufe ich ohne Kajalstrich durch die Gegend! »Und wenn sie nicht nur schön, sondern auch klug sind, dann um so mehr«, fügt der Mann aus den Bergen schließlich noch an. Er lächelt. »Also bitte, bestellen Sie zuerst!« Spätestens jetzt denke ich, er will mich veralbern. Schön, klug, ohne Schminke und total hektisch? Ich werfe noch einen Blick auf seinen Siegelring und bemerke den Ausdruck auf seinem Gesicht. Irgendeine besondere Ruhe geht von ihm aus. »Woher nehmen Sie denn so schnell Ihre Einschätzung?«, frage ich viel zu schnippisch zurück, weil mir vor lauter Verwirrung überhaupt nichts Sinnvolleres einfällt. Er aber behält sein vertrauenerweckendes Lächeln. Eins, das sagt: Nein, ich veralbere Sie nicht. »Nun, das merkt man angesichts bestimmter Reaktionen doch recht schnell, oder?«, antwortet er und noch mal ein Wow. Gleichzeitig bemerke ich den genervten Blick der Bedienung, schließlich geht in ihrer Schlange überhaupt nichts voran. Also wende ich mich von dem neuen Bekannten ab, bestelle einen Wrap und Smoothie to go und bin gleichzeitig dankbar für die kleine Pause in der Konversation, denn irgendwie irritiert mich die Situation schon extrem. »Lassen Sie es sich schmecken!«, ruft mir der Mann aus den Bergen noch hinterher, und ich nicke im Gehen. Als ich mit dem Mittagessen zurück in meiner Wohnung bin, fasse ich mir an den Kopf. So ein toller Typ, und ich schaffe gerade mal ein Nicken. »Wenn ich so weitermache«, sage ich laut zu mir selbst, während ich energisch in den Wrap beiße, »wird es wirklich nur noch die Katze als WG-Partner.« Dann verziehe ich schmerzvoll mein Gesicht. Die gefüllte Teigrolle ist viel zu heiß. Verärgert trete ich ans Fenster, und da mache ich eine interessante Beobachtung. Der Mann aus den Bergen stellt seinen Coffee to go auf dem Autodach ab, räumt zwei dicke Zimmerpalmen vom Rücksitz und stellt sie einen Hauseingang weiter ab. Ich kombiniere. Sieht nach Umzug aus. Dann analysiere ich sein Nummernschild. DD-GM 77. Aha, denke ich, der Mann kommt also gar nicht aus den Bergen, sondern aus Dresden, ist mein neuer Nachbar und heißt irgendwas mit GM. Zufrieden schließe ich das Fenster und freue mich auf die Mittagspause.

Sollte ich allerdings jemals wieder meine Wohnung verlassen, dann trage ich definitiv einen Kajalstich oder auch zwei.

Die Probelesung vor ein paar Tagen mit meinen Freunden war spannend.

Es war eine völlig andere Bühne als die, die ich seit fünfundzwanzig Jahren gewohnt bin. Aber eine, auf der ich mich genauso wohl fühlte. Auch meine drei neuen Reisegefährtinnen Célia, Felicitas und Christel waren dabei. Die eine hatte gerade eine neue, begehrte Perlenkollektion auf den Markt gebracht, die zweite erhielt ein immenses Echo auf ihre neue PR-Agentur. Die dritte auf ihr Konzept, mit denen Firmen nun Geld sparen und bestes Personal gewinnen. Die drei hatten gerade ein aufregendes und erfolgreiches Jahr hinter sich. Für jede von uns war es Zeit des Lernens und der Freundschaft. »Das Leben ist wirklich wie ein Fluss«, sagte mir Christel an dem Abend zum Abschied, »und manchmal verfangen wir uns im Gestrüpp eines Seitenarmes. Toll, dass du es da wieder rausgeschafft hast, und hör nie auf zu schreiben, wenn dich das so glücklich macht!« Schön, dass sie das sagt, dachte ich in dem Moment, und dass sie mir so genau zugehört hat, denn genau zuhören bedeutet lieben. Gleich darauf zog die Tochter einer anderen Freundin an meiner Jacke.

»Macht das Mädchen aus deiner Geschichte noch andere Reisen?«, fragte sie, und auch darüber hatte ich mich so gefreut. Überhaupt sind Kinder ja viel schlauer als wir Großen, ging mir durch den Kopf, als ich ihr beim Gehen zurückwinkte. Schließlich lachen sie mindestens vierhundertmal am Tag. Erwachsene höchstens noch fünfzehnmal. Aber, tröstete ich mich in Gedanken an Professor Hüther, wenn wir etwas verlernen, können wir es ja einfach wieder neu lernen.

Angestachelt von so viel guter Energie, gebe ich in den nächsten Tagen noch einmal richtig Gas. Schreibe an den letzten Buchkapiteln und an meinen neuen Konzepten – eins für den Event und eins zum Vorstellen in meinem Haus –, als gäbe es kein Morgen mehr. Auch das mit den ermutigenden Zeichen von außen, sobald ich sie mal brauche, funktioniert. So treffen in letzter Zeit öfter E-Mails von Greta aus Hamburg ein, und am meisten liebe ich, wie sie dann unterschreibt. Meist stehen da Sachen wie »Ich wünsche Dir einen vergnügten Kopfsprung in eine spannende Woche« oder »Bleib' vergnügt, es steht Dir so gut!«

Greta ist ein Mensch, bei dem selbst auf dem Boden der Tatsachen noch etwas Goldstaub liegt, denke ich, und auch ich möchte künftig immer ein Freude-Finder sein, so wie sie. Oder nein – wollte ich mir nach unserer Begegnung nicht einen eigenen Slogan ausdenken? Also, mal überlegen, was passt am besten? Mein Blick fällt auf mein neues Fahrradschloss. Mein Sohn hatte es kürzlich für mich besorgt und sich damit einen Spaß gemacht. Es ist eins von diesen Kinderketten in Form einer Rakete. Nein, denke ich, das ist es nicht. In manchen Dingen bin ich eher ein Spätzünder. Ich überlege weiter. Was ich gut kann, ist das Verbinden von Menschen. Dabei mache ich häufig besonders spannende Exemplare ausfindig, und ich interessiere mich ehrlich für sie. Mit den so ausgegrabenen Schätzen, Ideen und Geschichten gebe ich gern Kraft an andere weiter. Ja, denke ich, das ist es! Demnach bin ich ein Freude-Verteiler. Jemand, der – um sie später zu verschenken – nach Perlen taucht. Nur eben nicht im Meer, sondern unter Menschen.

Danke, Greta.

Kurz darauf folgt der erste Test für eine meiner neuen Ideen.

Der Auftrag, bei dem ich als freie Moderatorin und Organisatorin das Business-Event für ein großes Unternehmen auf die Beine stelle. Ein Impulsabend mit prominenten Rednern und besonderen Themen. Solche, die Führungskräfte und Mitarbeiter stärken und neue Perspektiven im täglichen Hamsterrad eröffnen. Ich habe telefoniert, einige der besten Horizontverschieber, die ich kenne, dafür gewinnen können, einen Ablauf entworfen und organisiert. Alles, was so dazugehört, und auch heute sitze ich dafür noch mal am Computer. Hebe zwischendurch den Blick und schaue durchs Fenster. Nicht uninteressant, der Typ auf der Terrasse gegenüber. Macht sicher etwas Sport und mag offensichtlich Pflanzen. Was er wohl beruflich macht, wenn er hier kurz nach Mittag Zeit hat, seine Palmen zu gießen? Ich beobachte ihn einen Moment lang, während ich mich für meine weiteren Texte sammle, da – plötzlich, Hilfe – winkt er mir zu. Kann er mich etwa hier hinter dem Fenster erkennen? Schließlich habe ich ein Stück vom Vorhang davor. Gott, ist das peinlich, und wer ist dieser Mann überhaupt? Doch ohne die Frage zu Ende denken zu müssen, kommt die Erleuchtung: Das ist der Mann aus der Schlange! Mein neuer Nachbar. GM, der Mann aus den Bergen. Heute ohne Bart. Auch nicht übel. Und jetzt? Sofort den restlichen Vorhang zuzuziehen würde es sicher nicht besser machen. Also lächle ich und schaue dann weg. Muss ohnehin mal aufstehen, um mir einen Kaffee zu machen. Gott, war das peinlich!

Aber ohne Bart? Steht ihm schon gut.

Champagner bitte – der Schatz wird gehoben

Ein paar Wochen später ist es so weit.

Das Buch ist fertig und liegt beim Verlag. Das nächste Abenteuer, sobald das Buch erscheint. Außerdem ist diese Firmenveranstaltung fertig organisiert und startet in genau drei Stunden. Während ich mich dafür zurechtmache und in meinem Schlafzimmer ein, zwei Outfits ausprobiere, frage ich mich, wie ich mit der Ameisenarmee umgehen soll, die gerade im Bauch aufmarschiert.

Der erfahrene Gärtner würde als Gegenmittel zu Lavendelblüten, Zimt, Gewürznelken, Chilipulver oder Zitronenschalen greifen. Manchmal auch Bier, mit ein wenig Honig dabei. Aber nur, um sein Lampenfieber im Griff zu haben mit einer dicken Zimtstange im Revier aufzumarschieren, einem Korb voller Zitronen oder mit Bierfahne? Nicht praktikabel. Also versuche ich es mit einem anderen Trick. Denke einfach an das Schlimmste, was dabei passieren könnte, stelle wie immer fest, dass ich in keinem Fall sterben werde, und schon werde ich wesentlich gelassener. Phantasie beruhigt! Klappt fast immer.

Von meiner Terrasse nebenan schwappt Musik herüber. Etwas Hiphop, etwas House. Gemischt mit fröhlichen Schreien. Mein Junge mit seinen Schulfreunden bei einem ihrer letzten gemeinsamen Abende, bevor sie zum Studium aufbrechen. Ich lächle, weil ich mich freue, dass es ihnen gutgeht und auch ich die Atmosphäre unseres geöffneten Hauses genieße. Er ist ganz schön gewachsen in den letzten Monaten, denke ich. Ich allerdings auch. Zumindest innerlich. Für den Rest gibt es hohe Absätze. Ich öffne den Schuhschrank. Heute entscheide ich mich aber mal anders. Greife zur Abwechslung nach den flacheren Exemplaren, ganz hinten im Regal.

Heute bleibe ich einfach ganz ich.

Nachdem ich eine Stunde später am Eingang etliche Hände geschüttelt habe, stehe ich als Moderatorin des Abends mit dem Mikrophon hinter einem Blumenkübel und betrachte die sich füllenden Zuschauerreihen. Erfahrene Manager und Managerinnen und ein Firmenboss, der sich für seine Mannschaft interessiert. Genau deshalb hatte er den Wunsch nach dieser Veranstaltung. Erfolgreiche Unternehmensführung mit aufrüttelnden Impulsen, die Menschen bewegen und weiterbringen. Sie werden von Bestsellerautor, Coach und Redner Walter Kohl kommen, und zwar zum Thema »MACHTvolle Kommunikation – aus Mitarbeitern MitMACHER machen«.

Ich freue mich auf den Abend, denn damit schließt sich für mich ein Kreis.

Dann träume ich mich weg und verwandle das heutige Publikum im Geist zu dem, das später vielleicht einmal in einer Lesung von mir sitzt. Der zu dem Buch, das nun fertig ist, oder zu einem, das vielleicht noch entsteht. Falls da mal etwas für Kinder dabei ist, würden die hier später sitzen und Großmütter, Mütter oder Väter. Manche von ihnen haben vielleicht mein kleines Buch in ihrem Schoß. Lachen, reden, blättern darin. Ein warmes Gefühl steigt in mir auf. Ich erinnere mich an meine Gefühle vor einigen Monaten. Damals, als ich so unglücklich auf dem Wohnzimmerteppich lag. Wie ich die Lust an allem verloren hatte, was meinen Alltag gerade ausmachte. Wie sehr mich das erschreckte und wie ich auf diese Unsicherheit reagierte. Wie ich zunächst alles ablehnte und wie sich dann irgendwann unterwegs das Motiv meiner Suche verändert hatte – und zwar in entscheidender Weise! Ich wollte die bekannte Welt nicht um jeden Preis verlassen. Schon gar nicht, weil ich sie hasste und endlich loswerden wollte. Im Gegenteil. Ich begann wieder, die Dinge wahrzunehmen, die ich dort liebte. Den Rest sah ich als guten, wichtigen Abschnitt, neben dem es nun Zeit für einen nächsten geworden war. Ja, durchfährt mich ein nächster Gedanke:

 Gehe niemals aus Hass oder Frust.
Folge ausschließlich der Lust an Neuem.

Die zurückliegenden Monate haben mir die gute alte Lebensweisheit »Alles kann sich ändern« bestätigt. Man kann schon mal an einen Punkt kommen, an dem man denkt, andere zögen seit Jahren erleuchtet an einem vorbei. Irgendwie um Lichtjahre zufriedener und gelassener. Nur bei einem selbst wäre der Motor ausgefallen. Und dann, ganz unerwartet, wendet sich das Blatt. Dort, wo sich unsereins mittlerweile am falschen Ort vermutete – in einem Versteck, an dem einen das Glück nicht mehr finden kann –, stellt sich der Standort plötzlich als perfekt heraus. Als Treffpunkt für eine neue Liebe oder als Terrain für eine nächste Lieblingsaufgabe, und dann scheint rückblickend selbst die betrauerte Flaute davor einen Sinn zu ergeben. Während die ewig Erfolgreichen, die, die uns mit Vollgas überholten, plötzlich im Nichts verschwinden. In einem unvorhergesehenen Loch oder einer ähnlichen Pause, weil auch sie etwas verändern wollen. Vieles kann sich ändern, immer und immer wieder, und sich dabei tatsächlich zum Guten wenden. Selbst dann, wenn wir nicht mehr daran glauben.

Allerdings hat alles seine Zeit.

Im Nachhinein kommt mir die Unruhe in meiner Brust, damals dort auf dem Teppich, wie ein Ruf vor. Nämlich der nach der Dringlichkeit, *jetzt* durch eine neue Tür zu gehen. Wer mich wohl damals gerufen hat? Wahrscheinlich war ich es selbst. »Sind Sie so weit?«, fragt mich der nette Firmenchef. »Ich glaube, jetzt sind alle aus unserer Mannschaft da.« Ich nicke. »Ja, lassen Sie uns beginnen.« Dann denke ich – wie immer, bevor sich der Vorhang hebt – an dieses Kommando, das sich Fallschirmspringer kurz vor dem Absprung zurufen.

»*Ready, set, go!*«

Nehme Haltung ein, das Mikrophon nach oben, und los geht's.

Nachdem ich mich bei allen verabschiedet habe, trete ich hinaus ins Freie und atme durch.

Die Veranstaltung ist gelungen. In zwei Tagen habe ich die nächste Fernsehsendung und bin noch immer dankbar für dieses Team, denn hier sind wir nun wirklich ein Wir. Außerdem erblickt mein Buch in Kürze das Licht der Welt. Dann bin ich Jungautorin mit Mitte vierzig. Ich lache. Nein, die Lebensmitte ist nicht der Zenit, nach dem es abwärtsgeht. Sondern der perfekte Zeitpunkt, um sich mit einer dicken Schatzkiste voller Erfahrungen auf Neues einzulassen oder um sich das zurückzuholen, was man dringend wieder braucht. Nämlich der Mittelpunkt seiner eigenen Welt zu sein, und da brauchen die besten Perlen eben manchmal etwas länger. Mein passendes Ziel fand sich nun fast nebenbei und auch eher mit dem Bauch als mit dem Kopf. Es kam nur darauf an, offen zu sein, und darauf, einmal kurz stehen zu bleiben. Wohl, um sich daran zu erinnern, dass man frei sein kann, wenn man es will. Ja, diese komplizierte Kunst mit dem Loslassen ist eins der Muschelgeheimnisse und in meinem Fall wohl der wichtigste Schlüssel zum Glück. Neben dem Akzeptieren meiner inneren Gegensätze und damit so unterschiedlicher Wünsche. Ich steige ins Auto und gebe die Heimatadresse im Navi ein. Alles in Zeitlupe. So sehr genieße ich den Abend. Will nicht, dass er vorbeigeht. Genauso wenig wie das Gefühl in der Brust. Es ist eine seltene, lang vermisste Ruhe, die sich dort gerade breitmacht. So schön, dass ich eigentlich ein neues Wort für schön brauche. Im Radio laufen die Beatles: »Here comes the sun«. Das Universum hat wirklich Humor. Als ich eine halbe Stunde später auf den Parkplatz vor meinem Haus einbiege und das Navi die Ankunft vermeldet, kann ich das Gefühl endlich in Worte fassen: »Sie haben ihr Ziel ZUHAUSE erreicht«, sagt die Computerstimme. Etwas abgehackt. Sehr nüchtern. Aber treffender könnte ich die Tatsache nicht ausdrücken. Angekommen nach einer aufregenden Reise. Ausgelöst wird sie ja entweder durch Ereignisse von außen oder durch die eigene Entscheidung. Gott sei Dank war ich aufgebrochen, denke ich, während ich den Fahrstuhl zu meiner Wohnung betrete. Ansonsten hätte mein künftiges Leben ohne mich stattgefunden. Doch ich war losgelaufen, ohne zu wissen, wo ich ankomme, und ganz bestimmt nicht zum letzten Mal. Inzwischen hatte ich eine bessere Gebrauchsanweisung für mich selbst gefunden. Weitere Kenntnisse über die Art, wie ich gestrickt bin, was mein Herz zum

Hüpfen bringt und vor allem, wie ich es beruhigen kann, wenn es dabei im Dreieck springt. Schon erstaunlich, was die Zeit mit einem macht. Wahrscheinlich finden deshalb manche von uns ihren Frieden erst dann, wenn sie etwas älter sind. Ich jedenfalls weiß jetzt, dass ich – die Gesundheit immer vorausgesetzt – auch künftig aus allem, was mir das Leben präsentiert, etwas machen werde. Und das, was ich früher als die Suche nach dem Glück bezeichnete, ist eigentlich die Suche nach etwas, bei dem ich mich spüre. Diese Erfahrung ist mein Schatz der zweiten Lebenshälfte. Oma sagte früher: »Du kannst sein, was du sein willst!« Bin ich es jetzt?, frage ich mich, während der Fahrstuhl in der richtigen Etage hält und ich nach dem Wohnungsschlüssel krame. Zumindest bin ich wieder nah dran. Ich weiß, was ich tun will. Weiß, wen ich lieben möchte, und vor allem liebe ich mich wieder selbst. Dann eine Überraschung. Eine Rose an meiner Tür mit einem kleinen Zettel. Nur zwei Zeilen stehen darauf:

»Unser Wiedersehen bei einem schönen Essen, mit Wein und sehr viel Zeit?«

Keine Unterschrift. Ich überlege. Eine Nachricht von GM, dem neuen Nachbarn? Oder von wem? Ich stecke den Schlüssel ins Schloss und lächle. Wird sich schon zeigen. Von wem auch immer Zettel und Rose sind, auf jeden Fall hat sie der Absender an die richtige Tür gesteckt.

Denn dahinter verbirgt sich ein Schatz :-)

Nach der Perle ist vor der Perle – die Reise geht weiter

Das waren sie, meine Fundstücke beim Aufbruch in die zweite Lebenshälfte.

Erlebnisse und Entscheidungen, die meinen Alltag in den

vergangenen Monaten schöner gemacht haben, und falls es Sie interessiert: Natürlich habe ich den Verfasser dieser zwei Zeilen wiedergesehen. Auf alle Fälle gehört sein kleiner Zettel zu den vielen Überraschungen, die mir auf dieser Reise begegnet sind. Deshalb bin ich mir jetzt auch ganz sicher: Der Moment, in dem wir anfangen, uns selbst noch einmal mit anderen Augen zu betrachten, und an das, was wir dabei sehen, zu glauben, hat tatsächlich etwas Magisches. Ganz egal in welchem Alter wir aufbrechen. Letztlich, so glaube ich, geht es nicht darum, sich komplett neu zu erfinden oder auf die nächste breite Erfolgsspur einzubiegen. Sondern vielleicht vor allem darum, sich treu zu bleiben oder seine Balance wiederzufinden. Dabei wird es nicht unbedingt darum gehen, schlagartig den Weg zu ändern. Wohl eher darum, sich selbst weniger im Weg zu stehen. In den meisten Fällen hassen wir unser Leben ja nicht. Manchmal fehlt nur etwas Würze. Bei mir waren es die Momente der Stille, bei denen ich Nachholbedarf hatte. Und beim »Auf mich achten«. Dafür genügt manchmal schon eine leichte Kursänderung. Oder etwas, was man sich als weitere Säule zum Glück dazuholt. Doch selbst vor einem großen Wandel hätte ich keine Bange mehr. Garantien gibt's im Leben ja ohnehin nie. Diese eine aber stelle ich Ihnen unbedingt aus:

 Selbst kleine Entscheidungen können Großes bewirken, wenn wir sie umsetzen.

Dabei ist natürlich jeder von uns ein anderer Typ.

Da gibt es die Langstreckenläufer und die Turmspringer. Also die unerschrockenen Krieger, die bereits mit einem auffälligen Angstmangel geboren werden, und solche, die zunächst wie Angsthasen wirken. Nichts gegen Sicherheiten einzuwenden haben, aber trotzdem neugierig genug bleiben, um notfalls die Komfortzone zu verlassen. Vielleicht rennen die Langstreckenläufer nicht sofort los und auch nicht in Siebenmeilenstiefeln. Aber sie wagen sich Schrittchen für Schrittchen voran, und auch so kommt man bekanntlich ans Ziel. Ich jedenfalls spüre, es hat sich etwas Wichtiges verändert, und ich übe weiter an den beiden Sachen, die noch nicht zu meinen Stärken zählen: ruhig atmen und geduldig bleiben! Aber auch hier muss ich mich eigentlich nur »erinnern«. An diese Szene damals als Kind, als ich vor einem großen See mit glatter Wasseroberfläche stand und nicht widerstehen konnte. Mich unbedingt im Steinchen-Weitwurf probieren musste! Mit einem großen Stein erzielte ich schnell einen beeindruckenden Kreis auf der Wasseroberfläche. Aber eben nur einen und nur für einen Moment. Wesentlich mehr Kreise, von beachtlichem Ausmaß und größerer Überlebensdauer produzierte ich, wenn ich es mit vielen flachen Kieseln, etwas Übung und einem ruhigen, beständigen Werfen versuchte. Ja, schnelle Erfolge halten selten sehr lange an. Der Mix aus Geschick und Ausdauer ist häufig der größere Wurf. Bei Menschen und Muscheln, eben überall dasselbe Prinzip:

 Echte Schätze brauchen länger. Sie reifen unbemerkt und entstehen im Inneren. Für Vollkommenheit brauchen sie Geduld und keinerlei Widerstand. Später aber kann ihnen Zeit nichts mehr anhaben.

Heute möchte ich jedenfalls nicht mehr, dass mir die Tage wie Kieselsteine durch die Finger gleiten. Möchte aus so vielen wie möglich Perlentage machen. Wache morgens nicht mehr als Erstes mit Gedanken daran auf, was ich alles tun muss. Heute beschließe ich, das, was vor mir liegt, zu genießen, auch tagsüber einfach mal den gegenwärtigen Moment gut zu finden. *Mich* zu sehen, wenn ich vor dem Spiegel stehe, anstatt die angeklebten Termin-Post-its, die einem die Sicht versperren. Und wenn künftig etwas schal schmeckt in meinem Leben, dann werde ich mich daran erinnern, dass ich gerade den Faden verliere. Zu viele Dinge tue, die ich selbst gar nicht tun will. Nein, Glück ist kein Zufall. Es ist trainierbar, und da bleibe ich dran. Selbst wenn ich dafür immer wieder etwas umprogrammieren muss im Alltag. Aber ich weiß ja nun: »Kaum macht man es richtig, schon geht's.« Den Tipp werde ich bestimmt nicht mehr vergessen.

Für Ihre nächsten Reise wünsche ich Ihnen ganz viel Glück! Singen Sie Ihr Lied, träumen Sie Ihren Traum, machen Sie Ihr Ding und machen Sie es jetzt. Wenn ich ehrlich bin, wäre ich schon neugierig, wohin Ihre Route führt. Vielleicht schreiben Sie mir ja mal. In jedem Fall:

 Seien Sie so glücklich, wie Sie nur können.
Time is honey.

Und falls es zwischendurch mal länger dauern sollte, bleiben Sie geduldig. Ganz besonders dann, wenn Sie denken, dass die Zeit rennt. Ich weiß, das ist der schwierigste Teil. Vielleicht schnappen Sie sich für unterwegs ein paar Leuchttürme? Oder stecken Sie sich als Memo eine kleine Muschel in die Tasche.

Wir sehen uns beim Perlensammeln, und wer weiß, vielleicht treffen wir unterwegs den alten Darwin. Mit den richtigen Träumen ist vieles möglich. Man muss mit allem rechnen.

Vor allem mit dem Guten.

DANKE

»*Das Muschelprinzip*« hätte niemals das Licht der Welt erblickt, wenn es nicht so viele wunderbare Menschen gegeben hätte, die uns beide – die Muschel und mich – auf diesem Weg so tatkräftig unterstützt haben. Danke für eure Liebe und Kraftquellen! Danke an meine Familie, meine Eltern, meinen Sohn. Auch für deine Kochkünste, Großer! An alle Freunde, Lieblingsmenschen- und kollegen, Kunstkäten, Couchfreunde und Horizontverschieber: An Sylke, Christel, Felicitas, Claudia, Eva, Gerd, Uta und Sylvia. Danke an Jürgen für unsere Gespräche auf der »Couch«. Ohne dich wäre es damals, als der Nebel aufzog, ziemlich hart gewesen. Du warst der Erste, dem ich von der Muschel erzählt habe, und du hast uns beide ermutigt. Danke an unsere Vor-Ort-Familie und an Michael Wenkel dafür, mit und bei dir gestalten zu können. Du bist nicht nur sehr gut in dem, was du tust, sondern auch einer der wertvollsten Menschen, die ich kenne. Danke an meine Literaturagentin und Lektorin Imke Rötger mit ihrer Agentur und Diensten für Autoren und Verlage. Dich mit deinem Können, Gespür und deiner Art in meinem Leben zu haben und mit dir gemeinsam diese Welt zu erkunden ist ein Geschenk. Eines der kostbarsten und schönsten in den vergangenen Jahren. Danke an die wunderbare Crew vom Fischer Verlag. Ein großartiges Team mit seiner Programmleiterin, Dr. Julia Schade, das sofort an mich und die Muschel glaubte und in dem wir uns beide auf Anhieb zu Hause fühlten. Danke für unser tolles, offenes Miteinander. Ich bin stolz darauf, mit Ihnen / euch allen gearbeitet zu haben.

Danke von Herzen an alle Inspiratoren in diesem Buch. Danke an Walter Kohl, Florian Sitzmann, Gregor Meyle, Tino Schumann, Laith Al-Deen, Dieter Thomas Heck, Babak Rafati,

Inge Sieber, Henning Wehland, Jenny Jürgens, Salim Sahi, Rafael Fuchsgruber, Sebastian Krumbiegel, Dr. Christine Theiss, Clemens Kuby, Nelson Müller, Prof. Dietrich Grönemeyer, Helmut Lotti, Georg von Bismarck, Jasmin Taylor, Prof. Gerald Hüther, Dr. Auma Obama, Til Schweiger, Greta Silver, Peter Maria Schnurr, für die Songs von Udo Lindenberg und all die anderen Horizontverschieber!

Seine Lieblinge treffen zu wollen ist nicht immer eine gute Idee. Manchmal ist es besser, sie aus der Ferne zu beobachten. Diese erfolgreichen Macher tatsächlich aufzusuchen war in meinem Fall goldrichtig, denn ich traf faszinierende und authentische Menschen mit Weite im Kopf und einem doppelten Abschluss an der Universität des Lebens: einem Diplom in »Wissen« und einem im Studiengang »Herzensbildung«. Walter Kohl, Sie waren der Erste. Sie haben mich angestoßen und mir an einem Punkt geholfen, der – wie Sie sagen würden – kriegsentscheidend war. Ohne Sie, Ihre treue, ehrliche Begleitung, Ihre Seminare und Bücher hätte ich diese Reise vielleicht nie oder erst viel später angetreten.

Genauso danken möchte ich der kleinen Muschel in meiner Tasche. Danke, dass du mich auf dieser Reise immer an mein Ziel erinnert hast und so viel Geduld mit mir hattest. Immer realistisch bleiben und unbedingt ein Wunder einplanen – ich merk's mir! Toll waren auch all die herrlichen Zufälle, die sich mir in den vergangenen Monaten in den Weg schoben. Die passenden Songs im Radio, die Autos, die zur rechten Zeit am rechten Ort meinen Weg kreuzten, mich zum Lachen brachten oder mir mit ihren bedeutungsvollen Kennzeichen und Werbeaufschriften einen extra Schub verpassten. Denn ja, auch diese »Zeichen« gab es tatsächlich und sogar in der hier beschriebenen Reihenfolge. Dies war kein literarischer Kunstgriff. Aber Anlass genug, abzuwägen, ob an Bestellungen beim Universum vielleicht doch etwas dran ist :-)

EINLADUNG

Reiseproviant für Ihr nächstes Abenteuer mit Event-Tipps und einem Überlebenspaket für unterwegs habe ich für Sie auf

www.peggy-patzschke.de

hinterlegt. Dort freue ich mich auch auf Ihre elektronische Flaschenpost mit eigenen Erlebnissen oder kleinen und großen Wundern beim Aufbruch zu neuen Ufern.